U0892638

高等学校人力资源管理专业系列教材

战略人力资源管理

主编 汪群 李卉
副主编 邓玉林 曾建华 王全蓉 奚红华

高等教育出版社·北京

内容简介

在信息时代和知识经济时代，如何抓好人力资源，让人力资源管理服务于企业发展战略，已经成为企业在新时代保持其竞争优势的关键问题。本书从战略视角介绍了人力资源管理的相关理论知识，主要围绕价值创造，注重人力资源管理的内外部契合性，并突出不同环境和条件下的权变性，讲授人力资源管理理论、方法和实践。 本书全面阐述了战略人力资源管理的理论与概念，充分吸收国内外前沿研究成果，系统地归纳了本学科知识点的相互联系与发展规律，增加了近年来人力资源管理领域相对热门的新议题，同时每章辅以学习目标、开篇案例、即测即评、思考题和阅读材料，并通过二维码关联思考题答案解析，以帮助读者更好地理解和更深入地学习相关理论知识和实操技能。

本书适用于普通高校工商管理等专业的本科生及硕士研究生，也可供对人力资源管理感兴趣或有志于从事企业人力资源管理工作的读者学习参考。

图书在版编目(CIP)数据

战略人力资源管理 / 汪群,李卉主编.--北京:高等教育出版社,2019.9

ISBN 978-7-04-052566-3

Ⅰ.①战… Ⅱ.①汪… ②李… Ⅲ.①人力资源管理-高等学校-教材 Ⅳ.①F243

中国版本图书馆 CIP 数据核字(2019)第 181819 号

ZhanLüe RenLi ZiYuan Guanli

策划编辑 奚 玮　　责任编辑 奚 玮　　封面设计 王 洋　　版式设计 于 婕

插图绘制 于 博　　责任校对 马鑫蕊　　责任印制 田 甜

出版发行	高等教育出版社	网　　址	http://www.hep.edu.cn
社　　址	北京市西城区德外大街 4 号		http://www.hep.com.cn
邮政编码	100120	网上订购	http://www.hepmall.com.cn
印　　刷	北京天宇星印刷厂		http://www.hepmall.com
开　　本	787mm×1092mm 1/16		http://www.hepmall.cn
印　　张	23.5		
字　　数	490 千字	版　　次	2019 年 9 月第 1 版
购书热线	010-58581118	印　　次	2019 年 9 月第 1 次印刷
咨询电话	400-810-0598	定　　价	49.80 元

本书如有缺页、倒页、脱页等质量问题，请到所购图书销售部门联系调换

物 料 号　52566-00

前　　言

人力资源是信息时代和知识经济时代最重要的资源，优秀的人力资源可以为企业创造更多的经济效益和社会效益。人力资源管理能为企业提升竞争优势，使企业在众多竞争者中脱颖而出。哪个企业能掌握并管理好人才，让人才为企业战略服务，哪个企业就能在市场竞争中占据高地。因此，以企业战略为指导，科学管理和提升人力资源是新时代下企业发展的重中之重。企业要想获取和提升自身的竞争力，就要从最核心的方面入手，即实施战略人力资源管理。就目前市场竞争趋势来看，只有战略人力资源管理模式才能从根本上为企业构建难以替代的人力资源队伍，创造企业的高价值，以资源的合理配置来保证企业长期发展目标的实现。

本书以人力资源管理为着眼点，突出战略人力资源管理在不同环境和条件下的权变性，从战略角度对其进行全新定位和概述，继而系统分析了战略人力资源管理各项职能的具体内容，并介绍了该学科目前的新研究议题。

第一章阐述了人力资源管理的内涵，并界定了战略人力资源管理等相关概念，介绍了战略人力资源管理的理论基础和基本特征，构建了本书的逻辑结构。第二章对战略人力资源管理的外部环境和内部条件进行了分析，并介绍了在不同战略人力资源管理环境中组织模式的选择。第三章从会计与审计、指数标准和计量分析方法的视角分别对战略人力资源管理进行了效益评估，并介绍了人力资源计分卡和人力资源成熟度模型。

第四章、第五章、第六章、第七章、第八章、第九章，分别介绍了战略人力资源管理的规划与设计、招聘与甄选、绩效管理、薪酬管理、培训与开发及员工关系管理等各项职能，首先阐述了它们各自的内涵，然后介绍了它们实施的流程与方法。

第十章、第十一章、第十二章则介绍了目前人力资源管理的三个新议题，分别是国际人力资源管理、电子化人力资源管理和共享经济下的人力资源管理。主要阐述了这三个新议题的基本内涵以及在新时代背景下人力资源管理各项职能的发展变化。

本书是河海大学教学团队共同努力的结果。其中，汪群教授设计了整体思路和框架，李卉老师负责第一章、第二章、第三章、第十章、第十一章及第十二章的编写，邓玉林老师负责第四章和第六章的编写，曾建华老师负责第五章的编写，王全蓉老师负责第七章和第九章的编写，奚红华老师负责第八章的编写，全书由汪群教授负责统稿。本书在编写过程中，参考了大量的国内外文献资料和最新研究成果，从中吸取了很多有益的观点和个案，谨在此一并致谢。还有一些典型案例取材自互联网，因部分作者无法查找，在此也对这些佚名作者表示感谢。还要感谢高等教育出版社的有关编辑，他们的精心策划和编辑使得本书增辉不少。

由于时间有限，本书还存在种种不足之处，敬请同行的专家学者和广大读者批评指正。

汪群

2019 年 3 月

目　录

第一篇　概　述　篇

第二篇　职　能　篇

第三篇 新 议 题

第一篇
概述篇

第一章　战略人力资源管理概述

学习目标

1. 掌握人力资源的基本概念
2. 了解人力资源管理的主要内容
3. 明确战略人力资源管理的概念
4. 掌握战略人力资源的模型结构

开篇案例

中集集团战略目标与人力资源管理

中国国际海运集装箱(集团)股份有限公司(简称中集集团)初创于1980年1月,是中国最早的集装箱专业生产厂和最早的中外合资企业之一。中集集团于1982年9月22日正式投产,1993年改组为公众股份公司,1994年在深圳证券交易所上市,1995年起以集团架构开始运作。集团致力于为现代化交通运输提供装备和服务,主要经营集装箱、道路运输车辆、机场设备制造和销售服务。自1996年以来,中集集团的集装箱产销量一直保持世界第一,国际市场份额超过50%,在集装箱行业确立了世界级地位。

中集集团的战略目标是为现代化交通提供装备和服务,成为行业内世界级企业。集团的基本理念是:在全球市场中,成为能按客户要求提供世界一流的现代化交通运输工具和相关服务的主要供应商;创造为客户所信赖的知名品牌,保持稳步健康的价值增长,为股东和员工创造最大利润。中集集团力图通过整合管理资源、建设管理平台,提高组织运作效率,发挥规模效益。通过强调绩效理念,关注组织反应速度和创新能力,保持竞争优势。集团通过多元化战略,以兼并和收购的方式,加快国际化进程,使经营范围不断扩大。

集团战略决定了其人力资源战略。人力资源管理贯穿集团公司的各个层面,包括集团层面、业务层面和职能层面。

集团层面:形成绩效导向的组织机构、管理流程、工作习惯和企业文化;企业凝聚力强、团队协作好、反应速度快,保持了持续竞争力。作为主要的管理杠杆,推动集团化管理进程,提高组织运作效率,为集团成为世界级企业奠定基础。

业务层面:准确及时配置管理人才、技术人才、国际人才、特殊人才,有效应对业务拓展及相应的技术发展、组织调整、区域变化。推动变革管理,提供足够的人才及政策支持以适应业务拓展和市场变化。

职能层面:为员工提供优良的成长机制和发展空间,提高员工的贡献度和竞争力。各项工作专业化,总体管理水平国内领先;有充分的变革管理能力;使中集成为优秀管理人才、专业人才的摇篮。

与此对应,人力资源管理战略目标是:通过资源整合,形成统一的 HR 管理平台;通过 HR 开发和配置,有效支持业务拓展;通过竞争平台强化绩效导向,提高组织效率。核心策略是以制度建设和资源共享为切入点建立管理平台;以人才培养和储备体系为基础,形成持续稳定的人才供给渠道;以绩效管理体系和激励体系为基础,形成统一的竞争平台。通过五种管控模式对人力资源管理战略进行实施:招聘选拔、培训发展、考察评价、人员激励和任用安置。集团确定总体政策取向,各公司可根据具体情况细化或适当变通。

中集集团将员工划分为五个系列:管理系列、技术系列、市场系列、事务系列和工人系列。对高层人才招聘强调国际化,对中层人才的招聘强调专家化,而对基层人员的招聘强调中集化。高层经理需要有全球视野,掌握国际经济运行规律和国际市场通行的商业规则,具有跨文化、跨国界的适应能力、沟通能力和经营管理能力;中层员工具备专业的知识和能力,形成自身的核心专长和竞争力;基层员工注重认同中集集团的企业文化和核心价值观,认可中集集团的远大抱负和追求,具有中集员工的精神风貌、工作作风和行为方式。

中集集团重视员工的职业化素养,加强人力资源的规划预测、开发培训、使用考评工作,使中集每一级的每个岗位,都成为中集员工展示自己奋斗人生的舞台。中集集团采用分级培训政策。高层培训面向国际化,培养高层领导者的全球视野,跨文化适应能力、沟通和经营管理能力。中层领导面向专家化,培养其专业知识和技能,提高其职业技能,形成自身的核心专长和竞争力。基层培训面向中集化,主要使基层人员认同企业文化和核心价值观,掌握基本岗位工作技能;培育中集人的精神风貌、工作作风和行为方式。

中集集团倡导绩效管理,重视员工的自我管理能力,强调全面、公正、实效和效益导向的个体绩效评估原则。每年年终集团都会评选出绩效优异、技术创新及 AA 级员工等奖项,并进行相应的表彰和奖励。对中高层的评价以职责为基础,通过严密的绩效评价系统进行。对中高层人员的评价以中长期绩效为主,还包括以国际化和专家化为导向的能力评价及忠诚度。对基层人员而言,评价以短期绩效为主,但能力提升、态度同样重要。

中集集团实施市场上具有竞争力的薪酬政策,坚持“以人为本、国强民富共同发展”的人力资源管理理念。集团实行在市场上具有竞争力的薪酬政策。干部薪酬以职责为基础,根据绩效表现计发;工人薪酬以工作量为计发依据。

中集集团实行“双向晋升通道”,打破“官位”一条路,使得管理、技术、市场、事务等人才在各自的专业技术领域都拥有上升通道。晋升政策的核心是为员工创造多元化职业路线;同时通过末位淘汰机制创造内部竞争压力,保持组织活力。

中集集团内部有多种沟通渠道,定期举行“对话”活动,重视协同合作,倡导同事间简单、信任、相互友爱的关系。中集集团致力于为员工提供良好的工作环境,让每一个员工都能心情愉悦地工作、学习、成长。

资料来源:杨百寅,韩翼.战略人力资源管理.北京:清华大学出版社,2012.

第一节 人力资源

一、人力资源的含义

资源,从字面上来说,就是资财的来源。也可以说,资源是被用来满足人们的需要的、人类赖以生存的物质基础。在经济学中,资源被认为是投入生产活动因而创造物质财富的一切要素,是以自然、物质、人力、时间、信息等形式而存在的。可根据不同的标准对资源进行分类。例如,从资源能否可再生角度,可以把资源分为可再生资源和不可再生资源。而人力资源是可再生资源,是活的资源。与一般意义上的物理资源不同,人力资源不仅具有自然性,还具有物质性。现代管理科学普遍认为,在一个企业中,人力资源、财力资源、物质资源和信息资源是其生存和发展所必不可少的四大资源。其中,人力资源是最为重要的资源。

什么是人力资源?不同的定义往往从不同角度描述了人力资源的部分特征,不同的学者从不同角度诠释了人力资源。

彼得·德鲁克(Peter Drucker)1954年在其《管理的实践》一书中首先正式提出和明确界定了“人力资源”这一概念。他指出,人力资源,即企业所雇用的整个人,是所有资源中最富有生产力、最具有传统才能,同时也最丰富的资源。和其他所有资源唯一的区别就是这种资源是人,并且是经理们必须考虑的具有“特殊资产”的资源。德鲁克认为人力资源拥有当前其他资源所没有的素质,即“协调能力、融合能力、判断力和想象力”。

伊万·伯格(Lvan Berg)曾提出:人力资源是人类可用于生产产品或提供各种服务的活力、技能和知识。

雷西斯·列科(Rensis Lakere)认为:人力资源是企业人力结构的生产和顾客商誉的价值。

郑绍廉指出:人力资源是指能够推动整个经济和社会发展的具有智力劳动和体力劳动能力的人们的综合,它应包括数量和质量两方面。

结合上述几项观点可以看出,人力资源具有以下几个要点:首先,人力资源的载体是人,本质上是人所具有的脑力与体力;其次,人力资源被用于创造价值;最后,人力资源需要被企业利用，也可以推动经济与社会的发展。

二、人力资源的性质

人力资源的本质是人所具有的体力和脑力。人力资源具有主观能动性、两重性、时效性、增值性、可再生性和社会性的特点。

（一）主观能动性

人能够积极主动、有目的、有意识地认识世界、改造世界。在价值创造过程中，人力资源总是处于主动地位，是劳动过程中最积极、最活跃的因素。人作为人力资源的载体，和自然资源一样是价值创造的客体，但同时它还是价值创造的主体。它的能动性表现为主体，即人，能够自我强化、选择职业、积极劳动等。而自然资源则相反，自然资源在价值创造过程中处在被利用的地位，它服从于人力资源。

（二）两重性

人力资源的载体是人，企业通过人力资源的各项职能实现对企业的管理以及对产品的生产。企业产品的消费对象是广大的消费者。这些消费者对于其他不同的企业也是生产者，或是管理者。对于企业来说，人不仅是企业产品的生产者，同时也是企业产品的消费者。人不仅是生产产品的工具，也是消费产品的对象。

（三）时效性

时效性是指人力资源的形成和作用效率要受其生命周期的限制。人力资源的本质是人的体力和脑力，人具有生命周期，一般可以分为成长期、成年期、老年期三个阶段。因此，对人的培养和使用也有培训期、成长期、成熟期和老化期四个时期。由于人在成长期，脑力和体力还不能被用来进行价值创造，所以不能被称为人力资源，而在老年期，体力和脑力在不断地衰退，也不能进行劳动。因此在成长期和成熟期进行开发、利用，通过培训使其掌握职业技能。

（四）增值性

人具有思维力、记忆力、观察力、想象力、判断力等，而这些能力为企业的生产、创新等做出了极大的贡献。在一定的范围内，人力资源会不断增值，从而创造的价值也越来越多。但这个增值是有一个限度的，不会无穷无尽地增值下去。

（五）可再生性

人力资源可以不断消耗、生产、再消耗，如此循环下去。潜在的人力资源正是通过参加劳动生产，转变成现实的人力资源，使自身的知识、智能和技能真正发挥价值。人力资源的可再生性不同于一般生物资源的可再生性,除了要遵循一般生物学规律以外,还要受到人类意识的支配和人类活动的影响。因此,人力资源要实现自我补偿、自我提高与自我更新,必须进行二次开发乃至多次开发。

(六) 社会性

从根本上讲,人力资源是一种社会资源,属于社会而不属于哪个社会经济单位。人所具有的体力和脑力会受时代和社会因素的影响。社会政治、经济、文化不同,社会发展阶段不同,必将导致人力资源质量上会有明显的差异。比如,发达国家的人力资源质量要远远高于发展中国家,因为发达国家经济发展较快,科技较为先进。社会不断向前发展,科技越来越发达,人力资源质量会渐渐提高。

三、人力资源的分类与作用

人力资源是一定时空范围内具有劳动能力的总人数,是具有智力和体力劳动者的总称。图 1-1 为宏观人力资源分类。人才资源是人力资源当中最稀缺的资源,劳动力资源其次。潜在的人力资源数量由未成年就业人口、适龄就业人口、失业人口、暂时不能参加社会劳动的人口、其他人口以及老年就业人口这六个部分构成,现实的人力资源数量由未成年就业人口、适龄就业人口以及老年就业人口组成(见图 1-2)。

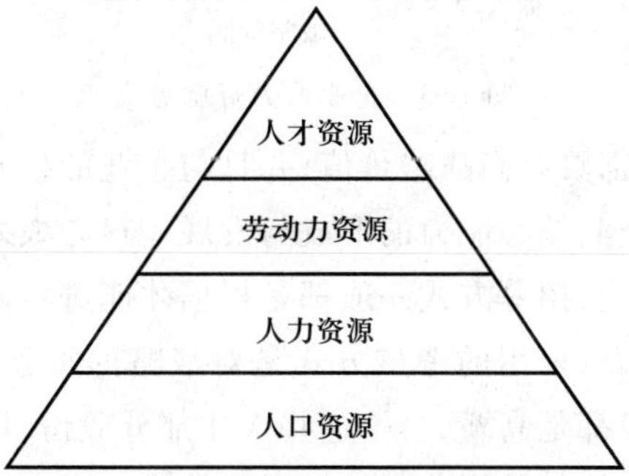

图 1-1　宏观人力资源分类

在 20 世纪 80 年代以前人力资源是按照传统的方法进行分类的,即:蓝领,分为技工、操作工、非农业劳动力、服务业劳动工人、农业工人;白领,分为专业技术人员、经理和行政人员、销售人员、职员。

美国商务部在 20 世纪 80 年代公布了新的分法,它将人力资源分为以下六类:管理人员和专业人员、技术人员、服务人员、农林渔业工人、技工、操作工。其中,将管理人员单独分出来,是突出了管理的重要性,管理在企业中的地位逐渐上升,人们也开始重视人力资源管理。

中国是最大的发展中国家,经济和科技不太发达,因此专家倡导中国人力资源分为非熟练工、熟练工、技工、职员、专业管理人员、工程技术人员、主管人员。

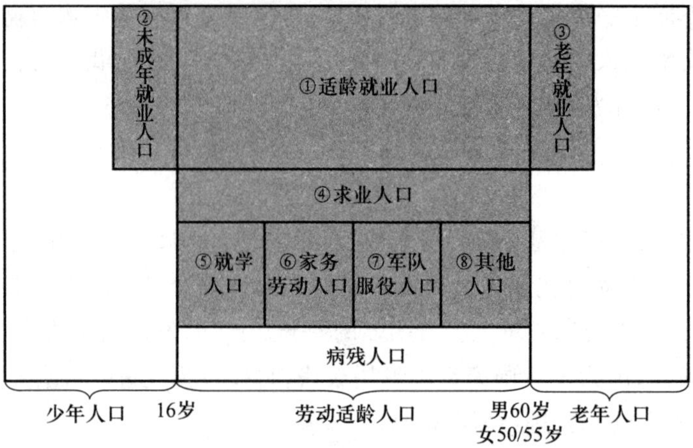

说明：现实的人力资源数量由①②⑥三个部分组成。

图 1-2 人口构成示意图

在业内，根据稀缺性以及战略价值的高低，又可将企业人力资源分为四类：稀缺人才、核心人才、辅助人才和通用人才，如图 1-3 所示。

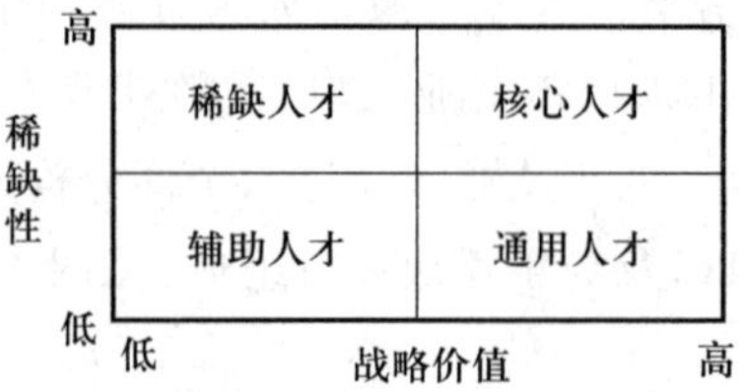

图 1-3 企业人力资源分类

核心人才和通用人才都具有高战略价值，并且与企业的核心能力具有直接的联系，培养好这两种人才，有助于企业核心能力的形成与发展。核心人才具有独一无二性，他们掌握了公司特殊的知识和技能，招募方式一般都是根据才能进行内部提升，对核心人才进行具有本公司特色的在职培训，采用的考核方式是对战略的贡献等。企业对核心人才的薪酬管理注重外部公平，一般都是高薪，会给这些人才部分股份，用以留住人才。

通用人才具有普遍性，他们掌握普通的知识和技能。对于这类人才，企业一般是外部招聘或者根据业绩进行提升，企业会根据公司的具体情况对他们进行培训开发，并且注重短期效果，期待短期内实现效益。对于这类人才的考核内容包括培训效果及绩效。薪酬管理同样注重外部公平，采用的是市场比率，一般都是按绩效付薪。

辅助人才和稀缺人才战略价值低。辅助人才属于操作性角色，具有普遍性的知识和技能。这些人才的招聘一般都是通过人力资源外包或者为特殊的任务而进行招聘。它的培训与开发是局限于规章和流程的。其薪酬是以小时或者临时工计算的。

稀缺人才是与核心价值具有间接联系的，他们具有特殊的知识和技能，工作设计一般以团队为基础。其招聘通常是以合作的方式进行的。培训开发要以公司的实际情况为主，进行在职培训。考核是以团队为核心来考察目标的完成情况。薪酬管理是以团队为基础进行激励，以合同、年薪的方式为知识付薪。

人力资源是形成社会运动的基本前提,是组合、运用其他资源的主题,它与自然资源一起构成了财富的源泉,推动着财富的形成。随着科学技术的发展,知识在科技发展中占据越来越重要的位置,而知识的来源是人,人力资源对价值创造的贡献越来越大,社会经济发展对人力资源的依赖程度也越来越重。

企业中集合了各种资源,通过有效的方式加以整合和利用,从而实现自身利益最大化并满足利益相关者的要求。在企业集中的各种资源中,人力资源是第一位的,是首要的资源;人力资源的存在和有效利用能够充分利用、激活其他物化资源,从而实现企业目标。

四、人力资本

人力资本亦称非物质资本,与物质资本(亦称非人力资本)相对应,是体现在劳动者身上的资本,强调的是人力资源的质量方面。

西奥多·舒尔茨认为,人力资本是劳动者身上所具备的两种能力:一种能力是通过先天遗传的,为个人与生俱来的基因所决定的;另一种能力是后天通过个人努力学习而形成的。即人力资本是体现在人身上的知识、能力与健康。

(一)人力资本的类型

人力资本可分为若干等次或层次,如初级和高级两个层次。前者主要是指人的体力、经验、知识和技能,后者主要是指人的天赋、才能和资源等可以被发掘出来的潜能的集中体现——智慧;有的建议分为主持型、支持型、参与型人力资本。

按人力资本所具有的不同的生产力形态可以把人力资本分为同质型人力资本与异质型人力资本。前者主要是指在特定历史阶段中具有边际报酬递减生产力形态的人力资本,后者则是指在特定历史阶段中具有边际报酬递增生产力形态的人力资本。

而现在普遍认同的观点是:人力资本这种体现在具有劳动能力(现实或潜在)的人身上的、以劳动者的数量和质量(即知识、技能、经验、体质和健康)表示的资本,是需要通过投资才能够获得的。它可以在未来特定的经济活动中给有关经济行为主体带来剩余价值或利润收益。

(二)人力资本的特点

(1)人力资本与其所有者是天然不可分的,是寄予在劳动者身上的一种能力,其他任何个人、经济组织或政府对人力资本的形成、支配和使用并从中获得收益,都不能无视或超越它的载体、归属体或直接所有者——个人而为之。

(2)人力资本能够为其所有者和投资者带来收益。

(3)人力资本是通过人力资本投资形成并且不断进行积累的,是投资的产物。但花费相近的投资,所形成的人力资本可能存在差异。

(4)人力资本与物质资本投资相似,投资者亦需承担投资风险,花费相近的投资所获得的回报可能存在差异。人们在进行人力资本投资时,也要考虑收益和成本两个因素。

只有当收益大于等于成本时,人们才会去投资人力资本,否则就不会投资。

(5) 人力资本的价值信息是难以测度并易于隐藏的,如管理能力、知识等,因而人力资本定价问题始终是经济学和管理界的一个悬而未决的难题。

(6) 多数人力资本是专用的,因而人力资本所有者在运用人力资本时,通常经过协作的方式来进行。组织的重要职能就是整合不同专用属性的人力资本达到整体效能最大化。

(三) 人力资源与人力资本的异同

(1) 人力资源是具有体力劳动和脑力劳动能力的人的总和,人力资本是由劳动者的知识、智能和技能构成的资本,二者都是以人为研究对象的,都与劳动生产有关,也都离不开人、离不开劳动。人力资源是一种资源的形式;人力资本是一种资本形式,是一种生产要素。

(2) 人力资源与人力资本在逻辑上是有联系的,但形成的前后顺序有区别。人与生俱来就具有潜在的体能、脑力,这样看来,人力资源是一种天然资源;同时人在成长的过程中,通过教育、培训、迁移等一系列投资行为,而获得知识、技能与经验,也就是获得了人力资本。

(3) 资源具有生产性,而资本具有增值性,所以无论是人力资源还是人力资本,都不能离开生产劳动。作为人力资源的人只有通过参加劳动,才能体现他的劳动能力;而人力资本也只有在劳动者参加劳动,将其作为生产的要素真正投入生产之后,才能实现价值增值,才能有所回报。

综上所述,人力资源与人力资本是两个范畴不同的概念,人力资源是把人当作一种资源,继而投入生产过程中;人力资本是把人的能力视为一种资本要素投入生产过程中。二者之间通过投资和劳动联系起来。人力资源通过投资形成人力资本,人力资本可以在对人力资源的长期投资中不断提高。潜在的人力资源正是通过参加劳动生产转变成现实的人力资源,使自身的知识和技能真正发挥价值,转变成人力资本;而人力资本又是依赖人力资源这个载体,在生产过程中体现其资本的本质特征的。所以,"为了生产我们向往的东西,必须使用人力资源。人力资源由各个工作人员所构成,劳动对生产过程的贡献会被增加。每当潜在的劳动者经受学校教育和专业训练,以及每当实际劳动者学习新技术后,他们对生产的产出量的贡献就会提高"①。

第二节 人力资源管理

一、人力资源管理的含义

管理就是在特定的环境下,对组织所拥有的各种资源进行计划、组织、领导和控制,保

① 彼得·蒙德尔,等.经济学解说,北京:经济科学出版社,2000:187.

证以有效的方式实现组织既定目标的过程。作为管理的一个构成部分，人力资源管理属于管理这个大范畴，也需要遵循管理的一般原则和规律。

对一个企业来说，必须对构成生产力最主要资源的人力资源进行科学有效的管理。人力资源管理是当代管理科学体系的重要组成部分，是展示当代管理科学最新发展水平的标志和代表，也是当代管理科学研究中最具应用价值和最受关注的领域之一。

人力资源管理作为企业的一种职能性管理活动来提出，最早源于工业关系和社会学家怀特·巴克（E. Wight Bakke）于1958年出版的《人力资源功能》，其中首次将人力资源作为管理的一项普通职能来加以讨论。巴克主要从七个方面说明为什么人力资源管理职能超出了人事或工业关系经理的工作范围：

（1）人力资源管理职能必须适应一定的标准，即“理解、保持、开发、雇佣或有效地利用以及使这些资源成为整个工作的一个整体”。

（2）人力资源管理必须在任何组织活动的开始时就要加以实施，并且贯穿组织活动的整个过程。

（3）人力资源管理职能的目标是使企业所有员工有效地进行工作和取得最大的发展机会，并通过利用他们所有的与工作相关的技能从而使工作达到更高的效率。

（4）人力资源管理职能既要包括与人事劳动相关的薪酬和福利，还要包括企业中人们之间的工作关系。

（5）人力资源管理职能和组织中各个层次的人员都息息相关，既包括公司高层管理者，又包括公司下层的员工。

（6）人力资源管理职能必须通过组织中负责监督他人的每一个成员来实现。直线管理在期望、控制和协调等其他活动方面承担着基本的人力资源职能。

（7）所有人力资源管理的结果关注的一定是企业和员工根本利益的同时实现。

皮格尔斯、迈尔斯和马姆（Pigors，Myers&Malm，1996）在《人力资源管理：认识行政管理读本》一书中，强调管理人是管理的中心，是首要的。他们把“人力资源的管理”看成比人事管理更广泛和更全面的一个概念。

美国学者雷蒙德·A. 诺伊在《人力资源管理：赢得竞争优势》一书中提出：人力资源管理是指影响雇员的行为、态度以及绩效的各种政策、管理实践以及制度。

舒勒等人在《管理人力资源》中指出：人力资源管理是采用一系列管理活动来保证对人力资源进行有效的管理，其目的是实现个人、社会和企业的利益。

《人力资源管理》的作者加里·德斯勒这样定义人力资源管理：人力资源管理是为了完成管理工作中涉及人或人事方面的任务所需要掌握的各种概念和技术。

迈克·比尔指出，人力资源管理包括要影响到公司和雇员之间关系的（人力资源）性质的所有管理决策和行为。

赵曙明教授则把企业看作一个资源转换器，认为人力资源管理就是对人力资源在企业中转换过程的管理，包括：如何选择和控制进入企业的人力资源，如何对进入企业的人力资源进行开发与利用，如何保留和更替进入企业的人力资源。

综合来说,从微观上来说,人力资源管理是指企业通过制定各项规章制度,来吸引、保留、激励和开发与员工,调动员工工作积极性,充分发挥员工潜能,进而促进组织目标实现的管理活动。从宏观上来说,人力资源管理是社会层面的人力资源管理,是指一个国家或地区乃至一个行业系统,运用法律、政策以及各种经济手段和行政手段对范围内人力资源的供需、开发、流动、配置、使用、分配与保障所进行的管理,包括:宏观人力资源需求预测、计划和规划;就业政策的制定与就业管理;社会人力资源投资和投资政策制定;收入政策及其调节机制的设定;社会人力资源保护;组织并协调劳务输出和输入;人力资源管理法规的制定与执行等。宏观人力资源管理的主体是政府或是能代表政府的有关部门,其追求的管理目标是:为社会的协调发展和可持续发展提供充足的、高素质的人力资源支持。

正确理解人力资源管理,要区分开几个概念:人力资源管理不同于单纯的人事管理,人力资源管理是人事管理的继承与发展。人力资源管理是由人事管理发展而来,继承了人事管理的许多职能,但同时是对人事管理的发展,是站在一种全新视角下的人事管理。

人力管理是人力资源管理发展的第一阶段,是有关人事方面的计划、组织、指挥、协调、信息和控制等一系列管理工作的总称。通过科学的方法、正确的用人原则和合理的管理制度,调整人与人、人与事、人与组织的关系,谋求对工作人员的体力、心力和智力做最适合的利用与最大的发挥,并保护其合法的利益。

人力资源管理和人事管理的区别体现在以下九个方面:管理视角、管理目的、管理活动、管理内容、管理地位、部门性质、管理模式、管理方式、管理性质。如表 1-1 所示。

表 1-1　人力资源管理和人事管理的区别

比较项目	人力资源管理	人事管理
管理视角	视员工为第一资源	视员工为负担、成本
管理目的	组织和员工利益的共同实现	组织短期目标的实现
管理活动	重视培训和开发	重使用、轻开发
管理内容	非常丰富	简单的事务管理
管理地位	战略层	执行层
部门性质	生产效益部门	单纯的成本中心
管理模式	以人为中心	以事为中心
管理方式	强调民主、参与	命令式、控制式
管理性质	战略性、整体性	战术性、分散性

1993—1994 年英国的一项研究表明，现代人力资源管理工作的内容可分为下述五类：

（1）战略和组织：为组织战略做出贡献，组织结构和活动，文化和价值观，人事战略和计划。

（2）人力资源的吸纳：吸纳战略和计划，招募新员工，人员调配，人员离职，聘用承包商。

（3）发展：绩效发展战略和计划，绩效管理，培训，个人长远发展，团队发展。

（4）报酬：报酬战略和计划，报酬水平，福利和薪酬。

（5）雇员关系：雇员关系战略和计划，雇员投入感，沟通，雇员支援，健康和安全，服从，与个别员工和团队进行磋商，平等机会。

二、人力资源管理的基本价值观

人性假设是人力资源管理的基础，是管理层对员工本性的假设，是管理行为的出发点，是人力资源管理最基本的价值观，能够决定基本管理方针和政策。依据薛恩的人性假说，人可分为四类：经济人、社会人、自我实现人、复杂人。

（一）经济人

经济人（rational-economic man）也叫唯利人或实利人。该观点认为人的行为动机源于经济诱因，在于追求自身的最大利益。为此，需要用金钱与权力、组织机构的操纵和控制，使员工服从与维持效率。

薛恩将经济人假设的观点总结为以下几点：

（1）人是由经济诱因引发工作动机的，并谋求最大的经济利益。

（2）经济诱因在组织控制之下，人是被动地受组织操纵、激发和控制而工作的。

（3）人的感情是非理性的，必须善于干涉他所追求的私利。

（4）组织必须设法控制个人的情感和无法预计的品质。

与经济人假设相应的管理措施：

（1）管理重点是强调以工作任务为中心，完成生产任务，提高生产效率。

（2）管理的主要职能是计划、组织、经营、指导、控制、监督。

（3）领导方式应是专制型的，管理是少数人的事，与广大员工无关。

（4）在奖惩制度上，以金钱来提高工人的生产积极性，用惩罚来对付工人消极怠工的行为。

（二）社会人

社会人假设是人际关系学家的倡导者梅奥等人提出的。梅奥把重视社交需要和自我尊重的需要，而轻视物质需要与经济利益的人称为“社会人”（social man）。它最初的依据就是历时8年之久的霍桑实验所得出的一些结论。社会人也叫社交人。这种假设认为：人们在工作中得到的物质利益对于调动生产积极性只有次要意义，人们最重视的是工作中与周围人的友好关系。良好的人际关系是调动职工生产积极性的决定因素。

薛恩将社会人假设的观点总结为以下四点：

(1) 人类的工作以满足社会需要为主。

(2) 工业革命与工业合理化造成分工过细，使工作本身变得单调乏味，因此必须从工作的社会关系中寻求其意义。

(3) 人们对其所在团体社会力的反应，远比对诱因管理的反应要强烈。

(4) 人们最希望管理人员能满足自己的社会需要。

与社会人假设相应的管理措施：

(1) 强调以人为中心的管理，管理不应只注意生产任务，而应注意关心人，满足人的社会需要。

(2) 管理人员还应重视员工间的人际关系。

(3) 在奖励时提倡集体奖励，不主张个人奖励制度。

(4) 提倡参与式管理，即让职工在不同程度上参与企业决策的研究和讨论。

(三) 自我实现人

自我实现人假设相当于麦格雷戈提出的Y理论，马斯洛的需求层次理论中自我实现的需要和克里斯·阿吉里斯的不成熟-成熟理论中个性的成熟也都属于自我实现人的假设。自我实现人(self-actualizing man)也叫自动人。这种假设认为：人并无好逸恶劳的天性，人们力求最大限度地将自身的潜能充分发挥出来，只有在工作中将自己的才能充分表现出来，才会得到最大的满足。工作是满足人的需要最基本的社会活动和手段。

薛恩将自我实现人假设的观点总结为以下几点：

(1) 只要情况适当，一般人不但能学会承担责任，且能学会争取责任。

(2) 以高度的想象力、智力和创造力来解决组织上各项问题的能力，乃是大多数人拥有的能力，而不是少数人独具的能力。

(3) 在现代产业生活中，常人的智慧潜能仅有一部分被利用。

与社会人假设相对应的管理措施：

(1) 管理重点在于重视工作环境。

(2) 管理职能在于使管理者成为生产环境与条件的设计者与采访者。

(3) 奖励制度：重视内部激励，即重视职工获得知识，施展才能，形成自尊、自重、自主、利他、创造等自我实现的需要来调动职工的积极性。

(4) 管理制度：主张下放管理权限，建立较为充分的决策参与制度等制度，满足自我实现的需要。

(四) 复杂人

复杂人假设类似于约翰·J. 莫尔斯和杰伊·W. 洛尔施提出的超Y理论。薛恩认为,经济人假设、社会人假设和自我实现人假设并不是绝对的,它们在不同的环境下针对不同的人具有一定的合理性。由于人们的需要是复杂的,因此不能简单地相信或使用某一种假设。复杂人(complex man)假设认为:上述三种人性假设有其合理性的一面,但并不能适用于一切人。因为人是很复杂的,不能用单一的模式去管理。复杂人假设就是以这样的事实为基础,以求合理解释人的需要与工作动机关系的理论。

这一假设包括以下几方面的内容:

(1) 同一个组织的成员是有差异的,不同的人有不同的需要,且人的需要是多种多样并在不断变化的。

(2) 人在同一时期内有各种需要和动机,它们会相互作用并结合为一个统一的整体,形成错综复杂的动机模式。

(3) 动机模式的形成是内部需要与外界环境相互作用的结果。

(4) 一个人在不同的组织中或在一个组织的不同部门工作,会产生不同的需要。

(5) 由于人们的需要不同,对同一管理方式会有不同的反应。

与复杂人假设相应的管理措施:

(1) 采用不同的组织形式提高管理效率。

(2) 根据组织情况不同,采取具有弹性、应变的领导方法,以提高管理效率。

(3) 善于发现职工在需要、动机、能力、个性上的个别差异,因人、因时、因事、因地制宜地采取灵活多变的管理方式。

三、人力资源管理原理

人事管理原理很多,我们选择其中一些来加以介绍,如表 1-2 所示。

表 1-2 人力资源管理原理

同素异构	能级层序	要素有用	互补增值	动态适应
• 源自化学,指相同成分可以因为不同的结构而产生不同的结果 • 同样的人用不同的组织网络连接,产生不同的效果	• 源自物理学,指系统因内部不同的能量形成不同的结构层次和秩序 • 具有不同能力的人应放在不同的层次位置上,只有能力与职位相符,才能发挥个人和组织的最大功能	• 任何人都是有用的,能否充分发挥其功用要看有没有适合的条件,如政策和工作环境 • 人力资源管理者应创造条件让每个人有充分发挥的机会	• 通过个体间的取长补短形成群体优势。可以是知识、能力、性格、年龄和关系等 • 适用于人力资源规划	• 人与事的适应是动态的 • 在人力资源管理中,要对人才、岗位和工作时间等进行动态的调配 • 适用于工作设计

续表

激励强化	公平竞争	信息催化	主观能动	文化凝聚
• 利用激励产生和强化期望行为 • 通过创设满足员工个人需要的条件激发其动机 • 绩效评估与薪酬管理的基本原则	• 竞争各方从同样的起点用同样的规则竞争 • 要建立公平的竞争机制,公正地进行考核录用工作调配奖惩 • 绩效评估与薪酬管理的基本原则	• 通过信息的吸收发展智力和培养非智力素质 • 利用发展培训保持人力资源的质量优势	• 人的思维运动对人的生命运动有能动作用 • 管理者要重视人才的培养和使用,通过刺激员工的思维运动产生期望的行为	• 指精神文化即共同的价值观,对组织的凝聚力(包括组织与个人、个人与个人)有强有力的影响 • 通过文化建设凝聚人才

(一) 同素异构原理

同素异构原理是化学中的一个原理,指相同成分可以因为不同的结构而产生不同的结果,甚至发生质的变化。把这个理论用在人力资源管理领域,即指同样的人用不同的组织网络连接,产生不同的效果。用系统的理论来分析,组织结构的作用是使人力资源形成一个有机的整体,可以有效发挥整体功能大于个体功能之和的优势。

(二) 能级层序原理

能级的概念出自物理学,表示事物系统内部按个体能量大小形成的结构、秩序、层次。由于不同能量的电子各在其位,所以才形成了稳定的物质结构。将能级层序原理引入人力资源开发管理领域,即指具有不同能力的人应放在不同的层次位置上,只有能力与职位相符,才能发挥个人和组织的最大功能。

(三) 要素有用原理

要素有用原理的含义是:在人力资源开发与管理中,任何人都是有用的,能否充分发挥其功用要看有没有适合的条件,如政策和工作环境。

(四) 互补增值理论

人作为个体,各有长短,但我们的工作往往是由群体承担的,作为群体,完全可以通过个体间取长补短而形成整体优势,达到组织目标。可以是知识、能力、性格、年龄和关系等的互补,适用于人力资源规划。

(五) 动态适应原理

在人力资源的开发与管理中,人与事的不适应是绝对的,适应是相对的,从不适应到适应是在运动当中实现的,即人与事的适应是动态的。在人力资源管理中,要对人才、岗位和工作时间等进行动态的调配。这种原理同样适用于工作设计。

(六)激励强化原理

激励是指创设满足员工各种需要的条件,激发员工的动机,使之产生实现组织目标的特定行为的过程。激励是管理的一项重要职能,也是人力资源开发与管理的一个重要内容。利用激励可以产生和强化期望行为,通过创设满足员工个人需要的条件激发其动机。激励也是绩效评估与薪酬管理的基本原则。

(七)公平竞争原理

公平竞争是指对竞争各方遵循同样的规则,公正地进行考核、录用、晋升和奖惩的竞争方式。竞争各方从同样的起点,用同样的规则竞争;同时要建立公平的竞争机制,公正地进行考核录用工作调配奖惩。公平竞争原理也是绩效评估与薪酬管理的基本原则。

(八)信息催化原理

信息是指作用于人的感官并被大脑所反映的事物的特征和运动变化的状态。不同的事物具有不同的特征和运动状态,会给人们带来各种不同的信息,人们通过获得和识别自然界和社会的不同信息来区分不同的事物。离开了信息,就谈不上人力资源的开发。根据信息催化理论,企业人力资源管理和开发需要通过信息的吸收发展智力和培养非智力素质,并且利用发展和培训保持人力资源的质量优势。

(九)主观能动原理

人是生产力中最活跃的因素、最宝贵的资源。人是有生命、有思想、有感情、有创造力的一种复合体。人的运动形式是最高级的运动形式。人具有主观能动性,人的思维运动对人的生命运动有能动作用,管理者要重视人才的培养和使用,通过刺激员工的思维运动产生期望的行为。

(十)文化凝聚原理

这里的文化指精神文化即共同的价值观,对组织的凝聚力(包括组织与个人、个人与个人)有强有力的影响。文化建设凝聚人才,依靠建立良好的群体价值观,建设优良的组织文化来凝聚广大员工,才会事半功倍。只有组织的凝聚力强,才能吸引人才和留住人才,才有竞争力。凝聚力包括两个方面:一是组织对个人的吸引力,或个人对组织的向心力;二是组织内部个人和个人之间的吸引力或黏合力。

四、人力资源管理的功能

人力资源管理的功能可以从不同的角度给予认识,本书主要从形成核心竞争力、取得和提高组织绩效、提升人力资本三个方面来介绍。

第一项功能是形成核心竞争力。人力资源是组织的第一资源,是组织的首要资源,是组织核心竞争力的构建者和支撑者。但是,并不是所有的人力资源都能够形成组织核心竞争力,只有那些具有高价值性、独特性、不可模仿性的人力资源才能够形成组织的核心竞争力。因此人力资源管理最重要的功能就是识别和获取、保持、激励组织的核心人才,形成或是继续维持、发展组织的核心竞争力。只有有效的人力资源管理才能帮助组织形成核心竞争力。

第二项功能是取得和提高组织绩效。组织绩效是依靠组织人力资源的合理有效配置和工作流程的合理设计以及有效的激励来取得和提高的,而这一系列功能正是人力资源管理的基本功能。在对人力资源进行管理过程中,管理者首先是通过工作分析,对工作进行科学的设计和再设计,然后对组织现有的人力资源进行评估,最后进行科学配置实现人岗匹配,其目的就是取得和提高组织绩效。对组织现有员工进行激励,调动他们的工作积极性,激发他们的潜能,充分发挥他们的作用,继而实现他们的价值,其目的还是取得和提高组织绩效。通过人力资源管理,使员工在自己的岗位上实现绩效,再进一步将所有岗位绩效集合成为部门绩效,这样无疑将会提升组织的绩效,并进一步将组织绩效转化为组织的市场效益。

第三项功能是提升人力资本。人力资本是通过投资才形成的,其表现形态为员工的知识、技能、健康等,其实现途径为通过人力资源的交换使组织获得相应绩效并使个人得到相应的回报。人力资源管理的主要功能之一就是通过各种形式的培训或是激励来提升组织成员人力资源的质量,这在本质上就是组织的人力资本的投资和开发过程。在这一过程中,不仅组织的人力资本总量得到提升,而且组织成员在个人素质提高的同时也提升了组织的人力资本,其在实现个人绩效和组织绩效的过程中自己人力资本的价值也得以实现。

也有人提出人力资源管理的功能是指围绕人力资源所开展的管理活动的作用。它需要通过人力资源管理的职能来实现,是履行人力资源管理职能的结果。一般认为,人力资源管理的功能主要表现在四个方面:吸纳(选人)、维持(留人)、开发(育人)、激励(用人)。

吸纳功能表现为吸引优秀的人才加入本企业,为实现组织目标而贡献自身力量;维持功能是指通过薪酬、晋升等管理活动,提高员工的工作积极性、主动性,创造更好的工作环境,提高员工的工作满意度,使员工乐意留在企业工作;开发功能是指企业通过培训等方式来提高员工的工作技能,能够满足当前及未来工作需要;激励功能是指通过引导和改变员工的态度、行为,让员工在现有的职位中创造出优良业绩。

就这四项功能之间的相互关系而言,吸纳功能是基础,它为其他功能的实现提供了条件,不将人员吸引到企业中来,其他功能就没有发挥作用的对象;激励功能是核心,是其他功能发挥作用的最终目的;开发功能是手段,只有让员工掌握了相应的工作技能,激励功能的实现才会具备客观条件;维持功能是保障,只有将吸纳的人员保留在企业中,开发和激励功能才会有稳定的对象,其作用发挥才可能持久。

五、人力资源管理的目标

人力资源管理是为实现企业目标,即向社会提供它所需要的产品与服务,也是为企业在市场竞争中得以生存和发展服务的。因此,人力资源管理目标是指企业人力资源管理需要完成的职责和需要达到的绩效。人力资源管理既要考虑组织目标的实现,又要考虑员工个人的发展,强调在实现组织目标的同时实现个人的全面发展。

人力资源管理目标包括全体管理人员在人力资源管理方面的目标任务与专门的人力资源部门的目标任务。显然两者有所不同,属于专门的人力资源部门的目标任务不一定是全体管理人员的人力资源管理目标任务,而属于全体管理人员承担的人力资源管理目标任务,一般都是专门的人力资源部门应该完成的目标任务。属于全体管理人员承担的人力资源管理目标是为组织整体战略目标服务的,属于专门的人力资源部门的目标任务必须服从和服务于这个目标。进行人力资源管理的目标任务,主要包括以下三个方面:第一,保证组织最大限度地满足人力资源的需求;第二,最大限度地开发与管理组织内外的人力资源,促进组织的持续发展;第三,维护与激励组织内部人力资源,使其潜能得到最大限度的发挥,使其人力资本得到应有的提升与扩充。

人力资源管理的目标也可以从最终目标和具体目标这两个层面来理解。人力资源的最终目标就是实现企业的整体目标,人力资源管理作为企业管理的一个部分,企业管理所要实现的目标也是人力资源管理的目标,而企业管理是为了实现企业目标而服务,那么企业管理必须服从和服务于这个目标。对于不同的企业,其整体目标的内容可能有所不同,但是基本目标是一致的,那就是要创造价值以满足相关利益群体的需要。在实现最终目标的前提下,人力资源管理还要达成一系列具体目标,包括:① 保证价值源泉中人力资源的数量和质量;② 为价值创造营造良好的人力资源环境;③ 保证员工价值评价准确有效;④ 实现员工价值分配公平合理。除此之外,人力资源管理还应以协助企业发展其竞争优势、提高企业效率和协助企业树立良好形象为其工作的目标。

如何实现人力资源管理目标?

(1) 要获取和保持适当的人力资源,确保企业拥有适当的人力资源去完成工作,这也是人力资源管理最基本的目的。企业要尽可能地吸引能干的员工,并对他们进行适当的管理,提高其到勤率和留任率。企业除了要有足够和合适的人力资源去完成其工作外,还要确保这些资源的稳定性,以免影响企业的运作。企业人力资源的稳定性通过企业的缺席率和流失率来体现。

(2) 提高员工的工作满足感。工作满足感指员工从工作中产生的愉快情绪,它来自员工对企业政策和措施的观感、与其他员工的交往、对工作环境的适应、对企业文化的认同和投入,以及对工作本身的喜好程度等。员工的工作满足感具有几大特点:① 因人而异。由于每一个人都是相对独立的个体,不同的员工,即使从事相同的工作,其工作满意感也可能不同。② 满足程度取决于员工的理想和现实间的差距。员工对工作的满足,由其对工作的期望和在工作中的实际经历所决定。员工对工作的期望,受家庭背景、个人性格、价值观等方面的影响。要提高员工的工作满足感,企业除了改善工作设计和工作环境外,也可尝试通过改变员工对工作的期望,以降低员工的不满程度。③ 对员工行为产生影响。员工满足与否是影响员工工作表现的一个重要因素,虽然员工工作满足与员工工作绩效没有直接关联,但对员工其他行为有较大影响。

六、人力资源管理主体

人力资源管理主体包括高层管理者、直线管理人员、人力资源部门、员工自我。

高层管理者的责任是:把握未来人力资源管理的发展方向,倡导企业各级管理者都关心人力资源问题,承担人力资源管理责任;其角色定位是:人力资源战略的倡导者、人力资源政策的制定者、领导团队的建设者、人力资源政策导向的把握者、自我管理者。

直线管理人员是人力资源管理最直接的实现者,其职责一是贯彻人力资源管理的实践,包括面试求职者,为新员工提供培训、指导,提供业绩评估的信息,传达评定的结果,提供提薪意见,执行惩罚程序,开展事故调查,解决投诉问题;二是为人力资源专业人员提供必要的投入,包括提供信息,评阅人力资源专业人员的工作报告,建议培训的内容、类型和对象等。它的角色定位是:优秀团队的建设者、教练或教育者、啦啦队队长、绩效伙伴、辅导者或激励者、顾问或参谋。

人力资源部门的责任是:人力资源部门从权力机构转变为专业化秘书、咨询机构,对集团人力资源管理起决策支持作用。它的角色定位是:人力资源开发与管理方案的制定者、人力资源政策的制定者和制度执行的监督者。

因此,人力资源部门与直线部门在人力资源管理过程中存在不同的分工,如表 1-3 所示。

表 1-3 人力资源部门与直线部门的具体分工

职能	人力资源管理部门	非人力资源管理部门
职位分析	• 根据其他部门提供的信息,编制职位说明书 • 与其他部门进行沟通,修订职位说明书	• 向人力资源管理部门提供信息 • 配合人力资源管理部门修订职位说明书

续表

职能	人力资源管理部门	非人力资源管理部门
人力资源规划	• 汇总各部门的人员需求计划,综合平衡预测公司的人员需求 • 预测公司的人员供给 • 拟订平衡供需计划	• 向人力资源管理部门提出人员需求计划
招聘录用	• 根据规划确定招聘的时间、范围,发布招聘信息 • 对应聘人员进行初步筛选 • 配合其他部门对应聘者进行测试,确定最终人选 • 为新员工办理各种手续	• 提出人员需求的条件 • 在人力资源管理部门的配合下确定最终的人选
培训开发	• 制定培训体系,包括培训的形式、项目、责任等 • 汇总各部门的需求,平衡并形成公司的培训计划 • 组织实施培训计划 • 收集反馈意见	• 向人力资源管理部门提出培训的需求 • 参加有关培训项目 • 提出意见
绩效管理	• 制定绩效管理体系,包括考核内容的类别、周期、方式和步骤等 • 指导各部门确定考核指标的内容和标准 • 对管理者进行考核培训 • 组织考核实施 • 处理员工对考核的申述 • 保存考核结果 • 根据考核结果作出相关的决策	• 具体确定本部门考核指标的内容和标准 • 参加对考核者的培训 • 具体实施本部门的考核 • 与员工进行沟通,制定绩效改进计划 • 根据考核的结果向人力资源管理部门提出相关的建议
薪酬管理	• 制定薪酬体系,包括薪酬的结构、发放方式、确定的标准等 • 核算员工的具体薪酬数额 • 审核各部门的奖惩建议 • 办理各种保险	• 向人力资源管理部门提出相关的奖惩建议
员工关系管理	• 制定企业文化建设方案并组织实施 • 建立沟通的机制与渠道 • 听取员工的各种建议 • 规划员工的职业生涯	• 具体实施企业文化建设方案 • 向人力资源管理部门提出员工职业生涯发展的建议 • 直接处理员工的有关意见

员工自我开发与管理的责任是:由他律到自律,自我开发与管理。心理契约、团队管理、学习型人才与学习型组织、职业生涯管理、跨团队跨职能的合作。

七、人力资源管理者和人力资源管理部门

美国学者斯蒂芬·P. 罗宾斯曾提出：管理者就是那些在组织中指挥别人活动的人。在现代企业中间，管理的作用越来越重要，而作为管理活动和管理职能的承担者的管理者在企业中的地位也日趋重要。

管理者按照不同的标准，可以分为不同的类型。常见的分类即是按照组织层级将管理者分为高层管理者、中层管理者和基层管理者。

高层管理者一般在组织的最高层，他们要对整个企业的运作负责。他们关注的是组织的大政方针，以及对关乎整个企业的问题进行决策处理，并且负责组织的“外交”问题。中层管理者作为高层管理者以及基层管理者之间的桥梁，既要向下传达高层管理者的决策命令，监督、协调基层管理者的工作，又要向高层管理者反映组织存在的问题，帮助高层管理者决策。基层管理者主要是负责监督、协调工人们的工作。

人力资源管理和人力资源管理部门在整个人力资源管理活动中占有非常重要的地位，他们不仅是人力资源管理职能和活动实现的载体，而且直接决定了人力资源管理作用的发挥。

对于两者之间的关系，我们可以通过内容与形式的角度来理解：人力资源管理者是主体的内容部分，而人力资源管理部门则是主体的形式部分，内容虽然决定形式，但是形式对内容也有反作用。

（一）人力资源部门的基本职能与职责

雷蒙德·A. 诺伊提出企业人力资源管理部门负责的活动包括被企业解雇员工的新职业介绍、劳动法的遵守、员工工作记录的保持、甄选测试、失业补偿以及福利管理方面的一些活动。人力资源部门在雇用面试、绩效管理和惩戒以及质量改善和生产率提高方面，是最有可能与企业的其他职能进行合作的。人力资源正在从一种单纯的管理职能转变为企业经营的战略伙伴。

人力资源管理部门和人力资源管理者主要的活动内容包括：职位分析、人力资源规划、招聘录用、培训开发、绩效管理、薪酬管理、员工关系管理等，如表 1-4 所示。

表 1-4 人力资源管理部门所承担的活动

职位分析	编制职位说明书；修订职位说明书
人力资源规划	预测人力资源需求；预测人员供给；拟订平衡供需计划
招聘录用	确定招聘的时间、范围，发布招聘信息；初步筛选；确定最终人选；办理手续
培训开发 绩效管理	制定培训体系；形成公司的培训计划；组织实施培训计划；收集反馈意见确定考核内容和标准；进行培训，实施考核；处理员工对考核的申述；保存考核结果；决策

续表

职位分析	编制职位说明书;修订职位说明书
薪酬管理	制定薪酬体系;核算员工的薪酬数额;审核各部门的奖惩建议;为员工办理保险
员工关系管理	制定、组织实施企业文化建设方案;建立沟通的机制和渠道;听取建议;规划员工的职业生涯

职位分析包括:① 根据其他部门提供的信息,编制职位说明书;② 与其他部门进行沟通,修订职位说明书。

人力资源规划包括:① 汇总各部门的人力资源需求计划,综合平衡预测公司的人员需求;② 预测公司的人员供给;③ 拟订平衡供需计划。

招聘录用包括:①根据规划确定招聘的时间、范围,发布招聘信息;② 对应聘人员进行初步筛选;③ 配合其他部门对应聘者进行测试,确定最终人选;④ 为新员工办理各种手续。

培训开发包括:① 制定培训体系,包括培训的形式、项目、责任等;② 汇总各部门的需求,平衡并形成公司的培训计划;③ 组织实施培训计划;④ 收集反馈意见。

绩效管理包括:① 制定绩效管理体系,包括考核内容的类别、周期、方式和步骤等;② 指导各部门确定考核指标的内容和标准;③ 对管理者进行考核培训;④ 组织考核实施;⑤ 处理员工对考核的申述;⑥ 保存考核结果;⑦ 根据考核结果作出相关的决策。

薪酬管理包括:① 制定薪酬体系,包括薪酬的结构、发放方式、确定的标准等;② 核算员工的具体薪酬数额;③ 审核各部门的奖惩建议;④ 为员工办理各种保险。

员工关系管理包括:① 制定企业文化建设方案并组织实施;② 建立沟通的机制和渠道;③ 听取员工的各种建议;④ 规划员工的职业生涯。

近年来,由于科学技术的发展以及管理逐渐趋向专业化发展,人力资源管理者和人力资源管理部门省去大量的行政事务活动,剥离出部分业务性职能活动给专业人事代理服务公司,还可以将许多工作外包给专业人事代理服务公司。借助专门的人力资源管理软件和网络技术,完成工作的时间大大节省。原本需要人力资源管理者和人力资源管理部门完成的工作,现在可以由该部门或员工完成。通过这些方式,人力资源管理部门可以节约资源,节省人力,将资源运用于更有价值的活动中去。

(二)人力资源管理者角色定位

每个管理者在人力资源中都会扮演一定的角色,而人力资源管理者也是管理者的一部分。人力资源管理部门的角色就是各个人力资源管理者角色的汇总。

美国国际人力资源管理学会认为,人力资源管理者承担着四种角色:业务合作者、变革推动者、领导者与人力资源管理专家。

密歇根大学的戴夫·乌里奇(Dave Urich)教授根据人力资源管理活动是关注于过程

还是人员，着眼于未来/战略还是日常/操作，将人力资源管理者和部门扮演的角色划分为战略伙伴、管理专家、员工激励者、变革推动者。他后来又给四种角色进行了补充，提出了人力资源管理者和人力资源管理部门的五种角色。他把关注人员的角色分成人力资本开发者、员工鼓舞者两种。

如今，人力资源管理者和人力资源管理部门充当人力资本开发者的角色，建设未来的员工队伍；担任职能专家角色，负责设计和开展能施展个人能力与创造组织能力的人力资源实践活动；还需要担任领导者角色，将所有的人团结在一起，获得内外部人员的信任。

关于人力资源管理者所扮演的角色，大家已经达成了共识，人力资源管理者所扮演的角色主要表现在四个方面：

(1) 战略伙伴。这是人力资源管理者所能够扮演的最重要的角色之一。这一角色的主要任务在于确保企业所制定的人力资源管理战略得以贯彻执行。而战略的执行是建立在将人力资源战略与企业经营战略相结合的基础之上。

(2) 管理专家。扮演管理专家的角色要求人力资源管理者必须能够设计和贯彻有效的人力资源管理制度、管理过程以及管理实践，包括有关雇员的甄选、培训、开发、评价以及报酬。人力资源管理者及时对本企业的人力资源制度的贯彻情况进行检查，了解是否有低效率的情况。并且通过人力资源的外包和精简，可以降低人力资源运行成本，提高运行效率。

(3) 员工激励者。员工激励者的角色承担着对员工的献身精神和贡献进行管理的任务。不管劳动者的工作技能有多高，如果他们内心对组织感到不满意，或者是疏远组织，那么他们就不会尽自己最大的努力去为组织的成功而奉献自己的力量，也不会在组织中工作太长时间，甚至还会选择在短期内离开组织。由此看来，组织要想在人力资源上取得竞争优势，那么，激励政策就尤为重要。在激励方面，企业的人力资源管理者可以开发出一系列沟通机制。通过这个机制，既要让雇员们了解公司的发展状况以及规划机制，也要让企业的管理者们知道员工们关心的问题。加强公司管理高层与员工的沟通，让公司高层知道员工的不满和抱怨，重视员工提出的问题并给予回答。这样员工对公司的献身精神和信任程度就会提高。

(4) 变革推动者。变革推动者要求人力资源管理职能在对组织进行重整以适应新的竞争条件方面扮演自己的角色。在当今这个急剧变化的充满竞争的社会中，企业不仅需要经常进行变革，同时也需要培养自己实现变革的能力。人力资源管理者必须帮助企业来确定何时进行变革并且对变革的过程进行管理。要提高营运绩效，组织必须建立可行的工作时间表，同时还要获得全体员工对于执行时间表的承诺。雇员的参与和对他们的及时激励增强了雇员贯彻这个时间表的坚定性。

(三) 人力资源专业人员需具备的技能

素质是指驱动工作者产生优秀工作绩效的各种个人特征的集合，它反映了可以通过不同方式表现出来的员工的知识、技能、个性与内驱力等。

人力资源管理的素质模型，旨在揭示优秀的人力资源管理者与绩效水平一般的人力资源管理者之间在个人特征上的差异。

1993 年，两位管理咨询专家巴金汉和艾略特总结出人力资源管理专业人员所共有的一些素质和能力，并称其为优异能力模式，如表 1-5 所示。

表 1-5 人力资源管理者素质要求

内容	含义	素质
动机	主动进行工作的冲动和愿望	奉献、诚信、好胜、成长需求
价值观与道德	工作中遵循的原则和具备的行为标准	人性、良知、责任、道德
活力	行动能够产生影响的能力	支配、勇气
执行与实施	区分事情轻重缓急并贯彻执行的能力	创意、专注、自律
关系	人际关系和协调能力	开发、团队、组织

雷蒙德·A. 诺伊根据人力资源管理专业人员所承担的角色提出了人力资源管理专业人员应具备的能力，如图 1-4 所示。

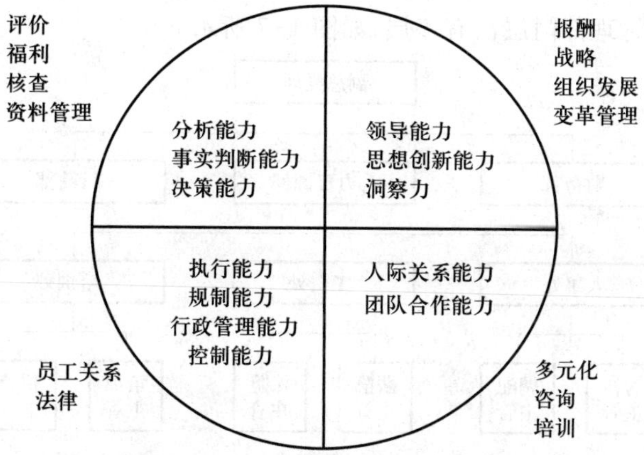

图 1-4 人力资源专业人员所承担的角色和所需具备的能力

随着人力资源管理被管理者们看成为企业在市场上赢得竞争优势的重要因素，人力资源管理的重要性逐渐呈现出一种上升的趋势。有理由相信，这种情况的出现是因为人力资源管理实践已经与企业在面对竞争性挑战时的结果成败直接联系在一起了。

（四）人力资源部门结构类型

不同模式的组织结构对人力资源管理职能要求的侧重点不同，因而人力资源部门的结构也会有所不同，一般来讲，人力资源部门结构可以分为以下几种类型。

人力资源管理部门传统的组织结构往往是按照直线职能制来设置的。小型企业由于工作量不大，因此往往没有设置独立的人力资源管理部门，而是将这部分职能合并到其他部门中,多数在行政管理部门,如总经理办公室、综合管理部门,如图 1-5 所示。

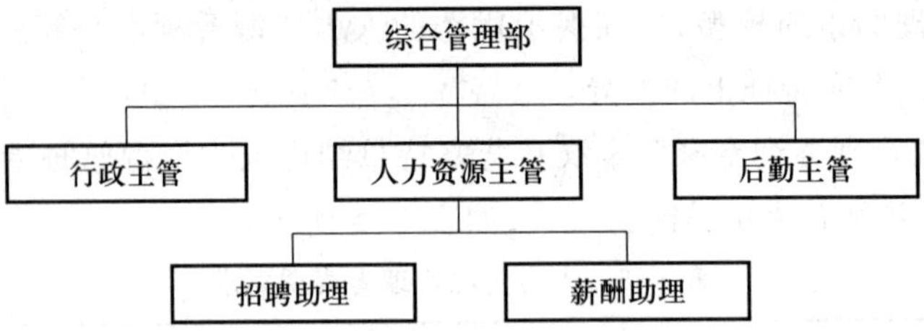

图 1-5 HR 部门结构——小型企业

大中型和特大型企业的人力资源管理部门往往是单独设立的,分为两种情况:

(1) 人力资源管理部门层次只有一个,如图 1-6 所示。

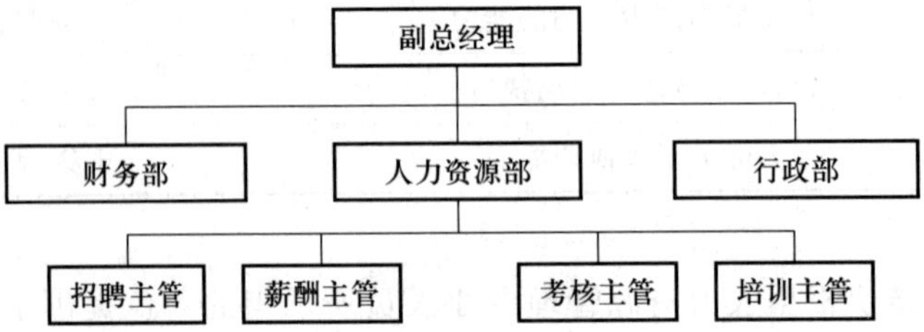

图 1-6 HR 部门结构——中大型一层

(2) 人力资源管理部门层次有多层,如图 1-7 所示。

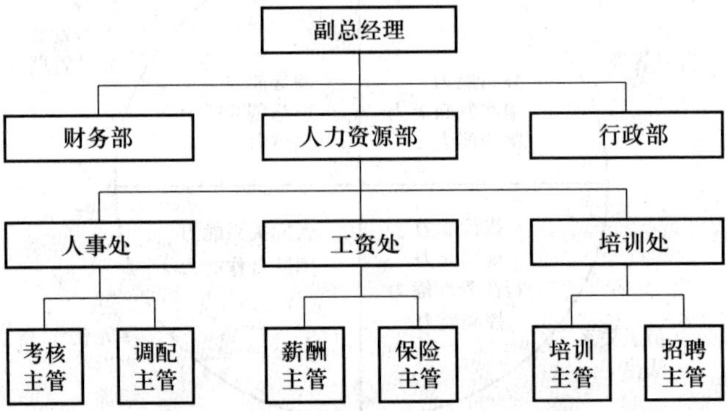

图 1-7 HR 部门结构——中大型多层

近年来,随着流程再造思想的推广和普及以及计算机和网络技术的发展,产生了一种以客户为导向、以流程为主线的新型人力资源部门的组织结构。如图 1-8 所示。

从图 1-8 中可以看到,人力资源管理的职能被划分为三个部分:专家中心、现场人力资源管理群体,以及服务中心。

专家中心通常由招聘、甄选、培训以及薪酬等传统人力资源管理领域中的职能专家所组成。这些人的主要任务是在建立和开发适用于组织的人力资源管理体系和管理实践的过程中充当顾问。

现场人力资源管理群体由一般性的人力资源管理者所组成,他们被分派到企业的各个业务部门之中,常常有双重的报告工作关系,既向业务部门直线领导报告工作,同时也向人力资源管理部门的领导报告工作。

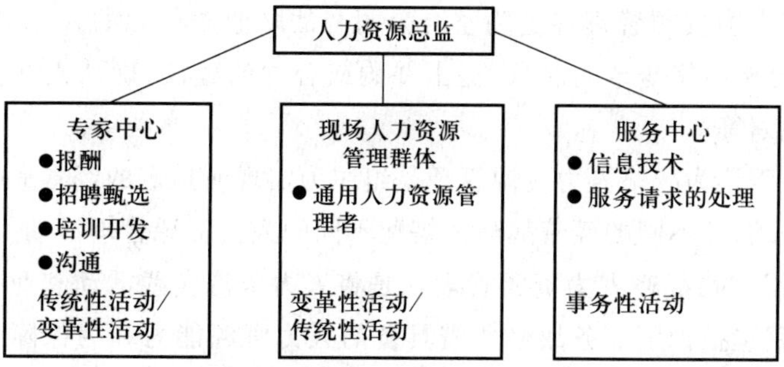

图 1-8　HR 部门结构——新型

最后,服务中心则是由那些需要确保日常事务性工作能够在整个组织中得到有效完成的人所组成。这些服务中心常常通过信息技术的运用来有效地为员工提供服务。

这种结构安排通过专业化改善了服务。专家中心的员工可以不受事务性工作的干扰而专门来开发自己现有的职能型技能,而现场人力资源管理者则可以集中精力来了解本业务部门的工作环境,而不需要竭力维护自己作为一个专门化职能领域中的专家地位。最后,服务中心的员工可以把主要精力放在为各个业务部门提供基本的人力资源管理服务上。

第三节　战略人力资源管理

一、战略人力资源管理的含义

经济全球化和技术创新导致了竞争加剧,战略人力资源管理应运而生。战略管理自从 20 世纪 50 年代被正式提出来以后,就一直受到各方面的关注。长期以来,企业非常重视内在效率的提高,从企业结构到企业功能的安排都是围绕提高内在经营效率进行的。然而,战略使企业经营的组织和功能有了另一种不同的安排,它提供了一种视角、思想和方法,使经营者和企业中的各层级经理重新安排自己的工作。这些思想和方法对人力资源管理起着重要的导向作用。人力资源管理不仅仅是为企业配备适合于企业生产、技术开发、市场开发、行政管理等合格的人才,而且对企业未来的发展负有不可推卸的责任。

战略人力资源管理产生于 20 世纪 80 年代初期,由德瓦纳、福姆布龙和蒂奇(Devanna,Fombrun,Tichy)第一次明确提出。此后许多学者根据自己的理解对战略人力资源管理进行定义,其中以舒勒(Schuler)、泰森(Tyson)、德莱里和多蒂(Delery and Doty)为代表。

舒勒将战略人力资源管理界定为使用整合和调整的方式,目的是确保人力资源管理活动与组织的经营战略及战略性需求相匹配;人力资源政策能与组织内的水平职能政策及垂直层级结构保持一致;管理者与员工共同参与,并能够被组织成员接受。

泰森将战略人力资源管理界定为整合公司与战略业务单元的人力资源战略,包括把员工视为资产、分析组织变革的需求、提出并购或合并的建议、确认人才需求以及制定战略性人力资源规划等。

德莱里和多蒂认为战略人力资源管理是组织为实现所指定的经营战略而采取的不同人力资源管理活动,即不同的经营战略需搭配不同的人力资源管理活动。

我国有学者认为,战略人力资源管理就是将人力资源实践活动和业务战略联系起来的过程,这个过程包括识别业务战略所需具备的人力资源能力和为保障这些能力而专门设计的政策和实践做法。

综合上述观点,我们可以发现一些共同点:战略人力资源管理(SHRM)是为实现企业的长期总体目标服务的,通过协同人力资源管理的各种职能活动,推动组织战略的实现,来保持竞争优势,实现组织目标。

二、战略人力资源管理的基础

战略人力资源管理是在不断吸收和借鉴相关理论的基础上发展起来的,主要包括资源基础理论、人力资本理论、行为观点理论、人力资源优势理论以及一般系统理论等。

(一)资源基础理论

资源基础理论源于20年纪50年代彭罗斯(Penrose)的著作《企业增长理论》,之后于80年代由沃纳菲尔德(Wernerfelt)在其论文《企业资源基础论》中首次对其完整地进行了阐述。20世纪90年代,巴尼(Barney)做了进一步研究,提出了VRIO的分析框架,即对异质性资源从价值(value)、稀缺性(rareness)、模仿性(imitability)和组织(organization)四个方面进行研究。资源基础理论区分三种组织资源,即物质资本、人力资本与组织资本,强调组织为了获取持续竞争优势所依赖的组织内部的有形和无形资源,必须是有价值的、稀缺的、不可模仿的和难以移动的。这一理论将人力资源管理理论和战略管理理论相结合,使管理研究者及实践者对“企业中的人具有重要战略意义”有了一定的了解。因此,资源基础理论是战略人力资源管理研究的基础性理论。

(二)人力资本理论

20世纪60年代,由美国芝加哥大学经济学教授西奥多·舒尔茨完整地提出并论证了人力资本理论。人力资本理论观点认为,组织的成员所具备的技能与知识、能力等是具有经济价值的,而且人力资源管理活动对于人力资本的提升具有正向关系,这些提升人力资本的人力资源管理活动对组织绩效的发挥是最有利的。由于个人所具备的知识、技能、才干和资历具有不可完全让渡性,因此人力资本具有稀缺性。同时,个人在工作过程中不断学习,使人力资本的存量增加。并且人力资本的投资具有货币收益、心理收益和社会收益,使人力资本具有递增性、投资收益多样性的特点。另外,人力资本兼具复杂性、可变性、层次性、投资不可逆性和难以测度性等特点,使其在短时间内难以被替代,因而决定了人力资源可以通过获取人力资本优势成为组织的战略资产。但是人力资本理论是从静态的角度分析人力资本,过于强调员工所拥有的知识与技能,却没有考虑企业在持续竞争优势获取的过程中,员工如何获取知识与技能,以及组织环境动态变化特征等 SHRM 对组织绩效的动态贡献。

(三)行为观点理论

20 世纪 80 年代中后期,战略人力资源管理在理论上出现创新与突破。受产业经济学的“结构-行为-绩效”研究范式的影响,研究者转而从行为主义视角入手,研究不同环境下战略人力资源管理对员工行为的影响。社会心理学领域的学者将行为角色定义为当一个人的行为与他人的行为发生适当关联时,能够产生预期的结果。不同的组织特性及经营战略会引发不同的态度与行为需求,而人力资源管理实践可以引导或控制员工的态度和行为。因此可以通过与战略一致的人力资源管理活动来激发与员工相应的角色行为。行为观点理论根植于角色理论,其运用 SHRM 主要论点是:员工的行为是战略及组织绩效的中介变项,而人力资源实务是为了诱导或控制员工的态度与行为,不同的组织特性及经营战略则会引发不同的态度和行为需求,由此可以推论在战略人力资源管理的系统中,由于每一个战略所需要的人员态度与行为不同,组织的人力资源实务也随之改变。舒勒等学者将人力资源管理实践与组织的竞争战略和绩效相联系,提出了战略人力资源管理的 5P 模型,即人力资源哲学(HR philosophy)、人力资源政策(HR policy)、人力资源规划(HR program)、人力资源实践(HR practice)和人力资源流程(HR process)。他认为,正是这些活动尤其是人力资源实践活动激励组织成员展示不同战略所需要的行为,而与战略匹配的行为是有效的行为。换言之,匹配于战略人力资源管理活动所激发出来的相应行为是组织获取竞争优势的关键。

(四)人力资源优势理论

博克塞尔(Boxell)以资源基础理论为逻辑基础提出了人力资源优势(human resource advantage)理论,认为组织可以通过获取人力资源优势而获取竞争优势。人力资源优势主要源于两个方面:一是当组织获取了相对于竞争对手的具有高技能水平和对组织高度认可的“内圈核心”和“外圈核心”时,就拥有了人力资本优势。“内圈核心”由那些负责创新的管理者、技术专家及处于战略岗位的与员工组成;“外圈核心”由那些拥有行业特殊技能的员工组成。二是人力整合过程优势。当员工关系问题和协作问题的解决过程使组织更有效时,组织就获得了人力资源整合优势,这两种优势的整合使人力资源具有价值性、稀缺性、不可模仿性和不可替代性的特征,从而成为组织持续竞争优势的源泉。即人力资源代表了企业竞争优势的可能性,而人力资源管理活动使这种可能性转化为现实。

（五）一般系统理论

一般系统理论是由理论生物学家贝塔朗菲（Bertalanffy）创立的。该理论认为，任何系统都是一个有机的整体，而不是各个部分的机械组合或简单相加，系统的整体性是各要素在孤立状态下所不具备的特质。该理论反对那种认为要素性能好、整体性能一定好，以局部说明整体的机械论观点；认为系统中的各要素不是孤立存在的，每个要素在系统中都居于一定的位置，起着特定的作用。要素之间相互关联，构成一个不可分割的整体。莱特和斯内尔（Wright and Snell）根据一般系统理论，提出了用开放性的系统观点来解释组织的竞争管理模式，其中员工能力与技能被视为“投入”，员工行为被视为“转换”，员工满意度与工作绩效则被视为“产出”。在这个系统中，有效的管理才能包括才能获取、才能利用、才能维持和才能剔除。根据一般系统理论，战略人力资源管理系统可以通过整合和协同人力资源管理的各项职能活动，来提升组织绩效。

三、战略人力资源管理的基本特征

当今世界，经济全球化趋势加快发展，现代科学技术突飞猛进，国际竞争日趋激烈。这种竞争，归根到底是人力资源能力的竞争，是人力资源开发水平和人才选用机制的竞争。人力资源管理已经经历了人事管理、人力资源管理及战略人力资源管理三个阶段。这三个阶段既有联系又有区别。从人事管理到人力资源管理，再发展为战略人力资源管理，人力资源管理逐渐专业化，向更高层次发展，更加重视对员工的能力开发。

（一）战略人力资源管理具有战略性

相对于人事管理和人力资源管理，战略人力资源管理重视与组织战略相结合，着眼于未来，为实现组织的长期目标而服务。在这种理念的指导下，人力资源管理部门的地位得到提升。并且随着科技的发展，组织的人力资源管理部门的管理方式发生改变，计算机可以帮助完成很细琐的工作。人力资源管理必须交付价值，人力资源管理活动必须创造投资者、顾客、直线经理以及员工都认同的价值。人力资源部门必须组建起来，必须执行创造价值的战略，通过有效率和有效力的方式交付业务成果。人力资源专业人员在其个人具备提交业务成果的能力时，就能交付价值。价值是人力资源管理体系结构的基础和前提。人力资源专业人员应当更多地关注可提交的成果而不是可做的事情或活动，可提交的关键成果就是组织的能力和无形价值，因为它们确定了组织的特性和个性，并且能向所有的利益相关者提交优秀的绩效。人力资源领导者能使人力资源管理活动更有效地执行业务战略。

（二）战略人力资源管理具有系统性

相较于单纯的人事管理或者人力资源管理，战略人力资源管理提出了人力资源管理并不只是人力资源部门的工作,要求人力资源管理决策的系统性,要求人力资源管理者具有全局思想和整体观念,进而要求人力资源管理部门对组织内其他部门的业务情况更加了解,着眼于组织战略全局。

(三) 战略人力资源管理具有匹配性

匹配性是战略人力资源管理的核心要求。匹配性既指内部匹配,也指外部匹配。外部匹配指战略人力资源管理要和组织战略相协调,战略人力资源管理要为增强组织的竞争优势,实现组织长期目标服务。内部匹配指发展和强化人力资源管理的各种政策和实践必须一致。通过战略人力资源管理与组织战略一致、组织内人力资源各项活动一致,来发挥组织的协同作用和促进战略目标的达成。

(四) 战略人力资源具有动态性

人事管理主要注重于短期内的管理,采取的是被动的工作方式;而人力资源管理一般注重于短期和中期的管理,采取的是灵活的工作方式;战略人力资源管理着眼于短期、中期和长期的管理,采取的是主动的工作方式。面对多变的外部环境,人力资源管理战略不断调整来与之适应;组织内部的战略匹配,也要保持灵活的动态互动。

四、战略人力资源管理系统

战略人力资源管理把人力资源管理放在战略地位,将人和组织系统联系起来,建立统一性和适应性相结合的人力资源管理。战略人力资源管理强调与组织的使命、核心价值观、愿景与战略保持一致,并且在组织战略目标的领导下与业务流程、组织架构等相匹配,并力求获得各项职能之间的协同效应。组织构建并实施有效的战略型人力资源管理系统,可以确保组织战略的灵活性与可执行性,进而引导人力资源管理活动及集中人力资源的能力,使之集中于组织战略,形成价值高、不易模仿、难以替代的人力资源队伍,真正实现企业的竞争优势,创造组织的高价值,实现企业的长期目标。图 1-9 为战略人力资源管理系统,该模型从战略的角度来说明人力资源管理的实质,这也是本书的逻辑结构。

从图 1-9 可以看出,模型中涉及影响战略人力资源管理系统的主要变量,包括企业的使命、核心价值观、愿景、战略等。企业的环境一般分为内部环境与外部环境。使命和愿景为组织制定了总目标和方向。使命是企业存在的根本理由,是核心经营理念的一部分,表明了人们在组织中从事工作的理想动力。愿景即表明了企业未来将成为什么样的企业,是企业渴望的未来状态,是感召人们的一股力量,能够激发出强大的精神力量。只有在界定使命和愿景将如何服务于战略,使命和愿景才真正有可操作性。核心价值观反映了组织深层的信仰,是指引组织的永恒原则。组织的核心价值观是组织长盛不衰的指导原则。

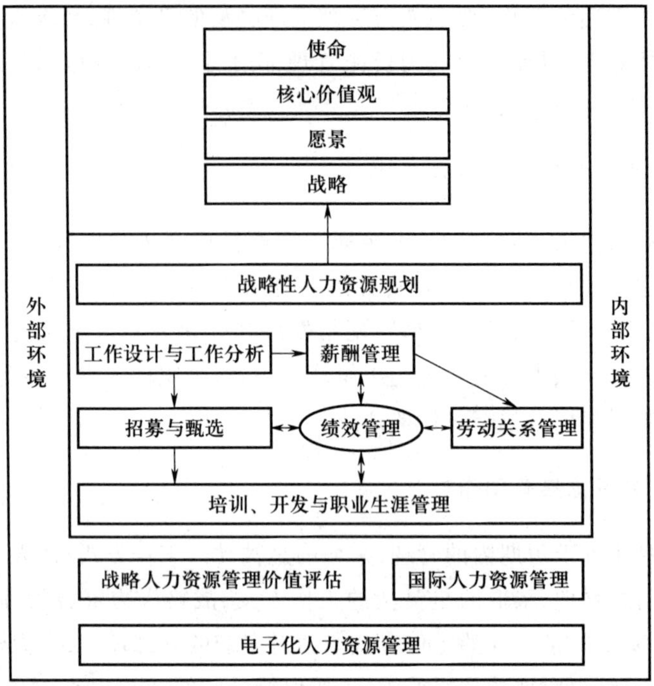

图 1-9 战略人力资源管理系统

在明确制定企业的使命、核心价值观、愿景和战略后,人力资源管理系统通过战略性人力资源规划、工作设计与工作分析、招募与甄选、培训、开发与职业生涯管理、薪酬管理、绩效管理、劳动关系管理、战略人力资源管理价值评估、国际人力资源管理与电子化人力资源管理等职能进行运作,各职能之间相互联系,相互作用,构成一个完整的体系。工作设计与工作分析是其他职能的基础,通过工作分析,可以了解组织的人力资源需求以及人力资源结构,确定人力资源净需求,从而制定招聘计划,通过合适的方法,招募到适合的人才。再对招聘到的人员实施职业生涯规划,对其进行培训,并安置在相应的职位上。在工作人员工作的过程中,根据其对组织战略目标的贡献程度进行绩效管理与考核,支付其合理的薪酬,这就是人力资源管理的核心职能。在人力资源管理阶段,要对其进行战略评估,确定人力资源管理手段是否与组织战略目标相符合。人力资源管理应服从和服务于组织的战略目标,并随战略目标的变动而变化。

当今社会,经济全球化快速发展,现代科学技术突飞猛进,产业结构调整步伐加快,国际竞争日趋激烈。世界各国纷纷采取措施,加大培养、吸引人才及开发人力资源的力度,增强核心竞争力,使得国际人力资源管理、电子化人力资源管理也在不断变化发展,成为战略人力资源管理不可分割的重要而独立的研究领域。电子化人力资源管理为战略人力资源管理提供了重要支撑以及技术平台,成为战略人力资源管理有效实施的基石。电子化人力资源管理的实现使那些简单机械的工作由计算机完成,节省了人力,将人力资源集中到重要的战略性项目,使人力资源部门逐渐转化为核心的战略性部门。

本章小结

人力资源的载体是人，本质上是人所具有的脑力与体力；人力资源被用于创造价值，对于创造价值起积极作用，并且人力资源被企业利用，也可以推动经济与社会的发展。人力资源具有主观能动性、两重性、时效性、智力性、可再生性、社会性的特点。

人力资本这种体现在具有劳动能力（现实或潜在）的人身上的、以劳动者的数量和质量（即知识、技能、经验、体质和健康）表示的资本，是需要通过投资才能够获得的。

人力资源是形成社会运动的基本前提，是组合、运用其他资源的主题，与自然资源一起构成了财富的源泉，推动着财富的形成。

随着科学技术的发展，知识在科技发展中占据越来越重要的位置，而知识的来源是人，人力资源对价值创造的贡献度越来越大，社会经济发展对人力资源也越来越依赖。

企业中集合了各种资源，通过有效的方式加以整合和利用，从而实现自身利益最大化并满足利益相关者要求。在企业集中的各种资源中，人力资源是首要的资源；人力资源的存在和有效利用能够充分激活其他物化资源，从而实现企业目标。

人力资源管理，是指企业通过制定各项规章制度，来吸引、保留、激励和开发员工，调动员工的工作积极性，充分发挥员工潜能，进而促进组织目标实现的管理活动。人力资源管理的功能主要表现在四个方面：吸纳（选人）、维持（留人）、开发（育人）、激励（用人）。就这四项功能之间的相互关系而言，吸纳功能是基础，它为其他功能的实现提供了条件，不将人员吸引到企业中来，其他功能就没有发挥作用的对象；激励功能是核心，是其他功能发挥作用的最终目的；开发功能是手段，只有让员工掌握了相应的工作技能，激励功能的实现才会具备客观条件；维持功能是保障，只有将吸纳的人员保留在企业中，开发和激励功能才会有稳定的对象，其作用才可能持久。

人力资源管理者和人力资源管理部门充当人力资本开发者的角色，建设未来的员工队伍；担任职能专家角色，负责设计和开展能施展个人能力与创造组织能力的人力资源实践活动；还需要担任领导者角色，将所有的人团结在一起，获得内外部人员的信任。

人力资源管理职能所扮演的角色主要表现在四个方面：① 战略伙伴。这是人力资源管理职能所能够扮演的最重要的角色之一。② 管理专家。扮演管理专家的角色要求人力资源管理职能必须能够设计和贯彻有效的人力资源管理制度、管理过程以及管理实践，包括有关雇员的甄选、培训、开发、评价以及报酬。③ 雇员激励者。雇员激励者承担着对雇员的献身精神和贡献进行管理的任务。④ 变革推动者。变革推动者要求人力资源管理职能在对组织进行重整以适应新的竞争条件方面扮演自己的角色。

人力资源管理者和人力资源管理部门的关系可以从内容与形式的角度来理解：人力资源管理者是主体的内容部分，而人力资源管理部门则是主体的形式部分，内容虽然决定着形式，但是形式对内容也有反作用。

战略人力资源管理是为实现企业的长期总体目标服务的，通过协同人力资源管理的各种职能活动，推动组织战略的实现，来保持竞争优势，实现组织目标。战略人力资源管理具有战略性、系统性、匹配性、动态性等特点。

影响战略人力资源管理系统的主要变量，包括企业的使命、核心价值观、愿景、战略等。在明确制定企业的使命、核心价值观、愿景和战略后，人力资源管理系统通过战略性人力资源规划、工作设计与工作分析、招募与甄选、培训、开发与职业生涯管理、薪酬管理、绩效管理、劳动关系管理、战略人力资源管理价值评估、国际人力资源管理和电子化人力资源管理等职能进行运作，各职能之间相互联系，相互作用，构成一个完整的体系。

思考题

1. 什么是人力资源？什么是人力资本？
2. 人力资源与人力资本的联系与区别有哪些？
3. 什么是人力资源管理？人力资源管理的功能是什么？
4. 什么是人力资源管理的目标？怎样实现人力资源管理的目标？
5. 人力资源管理者和人力资源管理部门的角色实现了什么样的转变？
6. 什么是战略人力资源管理？
7. 战略人力资源管理的特点有哪些？战略人力资源管理系统包括哪些？

（扫描右侧的二维码，查看思考题答案解析。）

阅读材料

戴夫·乌尔里克和韦恩·布罗克班克是两位全球最具影响力的人力资源管理大师。在过去的几十年中，他们在人力资源管理领域的一系列研究成果对该领域的发展产生了深远的影响。由于他们具有多年积累的研究、咨询与针对高级别主管的教学经验，他们能总结提炼并开创出很多创新思维，在如何使企业变革、建立组织能力、人力资源如何为企业外部和内部客户创造价值方面提出了很多独特的见解，其中关键的是他们把人力资源管理的角色从传统的事务性工作提升到更高的战略层面。他们所著的《人力资源管理价值新主张》一书对学术界和企业界都做出了很大的贡献，得到了众多商界精英和学者的高度评价。

世界人事管理协会联合会主席杰夫·阿姆斯特丹曾说过：对任何严肃对待人员管理的人来说，这本书都是一个重要的、富有价值的指南。

知名学者康奈尔大学人力资源研究教授李·戴尔提出：我们许多人在研究智力游戏的难题拼图。而乌尔里克和布罗克班克则是将这些碎片拼接起来。这正是该书独树一帜之处。他们集合出这个整体的图画，是一个改革我们领域的完整无缺的、切实可行的计划。

《人力资本投资回报率》一书的作者杰克·费茨恩兹高度评价了乌尔里克和布罗克

班克两位作者：两位著名的人力资源管理学者准确地阐明了人力资源管理专业的实际需求，提供了将人力资源管理从行政管理中心转变为增值的核心业务职能部门的详尽地图。他们并没有局限于谈论人力资源管理为什么必须进步，而是论述了如何使人力资源管理提升到战略层次。

《人力资源管理价值新主张》中清楚地阐述了公司的人力资源管理如何为股东、客户、员工和经理创造价值。在当前的竞争环境下，传统上人力资源管理的事务性角色正趋于自动化和被外包。该书明确了在这样的前提下，企业人力资源管理如何向更具战略重要性的角色演变，成为帮助企业取得业务成功的关键领域，同时提出了要扮演好这一角色人力资源的专业人员需具备的能力。其核心内容是：人力资源管理必须交付价值。人力资源管理活动必须创造投资者、顾客、直线经理以及员工都认同的价值。同时该书也探讨了下列面向未来的问题：

（1）为什么现今人力资源管理变得更为重要？

（2）我如何说服我的直线经理去关注人力资源问题？

（3）人力资源专业人员可以采取哪些具体行动去与顾客、投资者、员工以及直线经理建立联系？

（4）人力资源管理活动正在形成什么？虽然所能提交的成果（结果、无形价值或能力）很重要，但在对人力资源管理活动的投资中，导致这些结果产生的投资是什么？

（5）我们如何创建一种强有力的能将业务战略与人力资源管理联系起来的景观？

（6）我们如何组织人力资源管理部门？特别是，当我们将工作外包之后，我们如何完成更具有战略意义的人力资源工作？

（7）人力资源管理如何帮助企业创造无形价值，而不仅仅是评价无形价值的创造？

（8）对人力资源专业人员而言，正在形成和发展的角色是什么？

（9）人力资源专业人员应当明确具备哪些对业务绩效具有影响的知识、技能和能力？

（10）我们如何开发出更有能力的人力资源专业人员和部门去完成这些任务？

该书作者认为，人力资源专业人员应当更多地关注可提交的成果而非可做的事情或活动。可提交的关键成果就是组织的能力和无形价值，因为它们确定了组织的特性和个性，并且能向所有的利益相关者提交优秀的绩效。人力资源领导者能通过人力资源管理活动更有效地执行业务战略。确实具有适当的胜任能力，并且扮演适当角色的人力资源专业人员将比其他的人更有效力。本着创造性的思想和原则，这些信念将会成为能够交付价值的行动。总之，该书作者的观点就是，现在正是成就人力资源专业人员的大好时机。

在该书中，介绍了能够说明如何将这些思想转化为行动的经验式的最佳实践案例。人力资源部门必须组建起来，执行创造价值的战略，通过有效率和有效力的方式交付业务成果。人力资源专业人员个人具备提交业务成果的能力时，就能交付价值。价值是人力资源管理体系结构的基础和前提。《人力资源管理价值新主张》论述了一种完整的方法，说明人力资源专业人员和部门能够和应当如何做才能持续创造价值。该书将人力资源管理角色、人力资源管理所能提交的无形价值的成果、人力资源管理战略、人力资源专业人员胜任能力，或人力资源管理外包等因素整合在一起，形成了关于未来人力资源管理的一幅完整的蓝图。同时，对无形价值、战略执行、人力资本以及有关组织和人的问题越来越感到担忧的直线经理也可以用这幅蓝图去确定，他们可以期望从其人力资源管理部门得到什么。在人力资源管理开始转型的过程中，职能部门，比如营销、财务、信息技术、设备以及研究与发展部门，也可选择采用这些方法去完善职能。它呈献了一系列有关一个完整模式的思想，说明人力资源专业人员可以并且应当如何履行职能。它是一部行动指导书，体现了注重如何履行人力资源管理的思想，而不是只宣传人力资源管理可以做什么和应当占据什么地位。

中国正处在社会转型时期，社会转型引发管理转型。毫无疑问，作为管理范畴内的人力资源管理也迫切需要转型，即传统事务性人力资源管理到战略人力资源管理的转型。当前中国企业界面临的最大挑战就是人才管理，企业需要从推动战略实施的角度出发，重新审视人力资源管理的角色：它们如何在管理好事务性工作的前提下，在战略层面上运用和管理好企业最宝贵的资源——人力资源，帮助企业达到业务目标，建立竞争优势。战略人力资源管理要求企业从推动战略实施的角度出发，重新审视人力资源管理的角色，帮助企业建立竞争优势。可以这样说，战略人力资源管理对人力资源管理各个层面的要求更高、更深入。因此，要建设战略人力资源管理，仅仅做到如上所述的为关键利益相关者创造价值还不够，还必须将价值最大化，因而人力资源管理必须实现自身的价值增值。

要成功实现人力资源管理从传统事务性人力资源管理到战略人力资源管理的华丽转型，需要企业上下共同努力，转变思维方式，创新学习方法，嵌入企业文化，提升企业的团队能力。只有这样，人力资源管理才能更好地帮助关键利益相关者创造价值、增加价值，帮助企业建立竞争优势，实现战略目标。

因此，我们给大家推荐《人力资源管理价值新主张》（戴夫·乌尔里克、韦恩·布罗克班克著，商务印书馆出版）这本书，希望通过对这本书的深度阅读与学习，帮助大家更深刻地认识如何实现人力资源管理的价值增值。

参考文献

1. 方振邦，徐东华. 战略性人力资源管理. 北京：中国人民大学出版社，2010.

2. 董克用. 人力资源管理概论.3版. 北京：中国人民大学出版社，2011.

3. 杨百寅，韩翼. 战略人力资源管理. 北京：清华大学出版社，2012.

4. 宋培林. 战略人力资源管理. 北京：中国经济出版社，2011.

5. 雷蒙德·A. 诺伊，约翰·霍伦拜克，拜雷·格哈特，帕特雷克·莱特. 人力资源管理：赢得竞争优势. 刘昕，译.3版. 北京：中国人民大学出版社，2001.

6. 王云昌. 人力资源管理. 南京：河海大学出版社，2002.

7. 赵永乐，王全蓉，陈丽芬，薄赋徭. 人力资源管理概论.3版. 上海：上海交通大学出版社，2010.

8. 戴夫·乌尔里克,韦恩·布罗克班克. 人力资源管理价值新主张. 吴雯芳,译.北京:商务印书馆,2008.

9. 张德. 人力资源开发与管理.4版. 北京:清华大学出版社,2012.

10. 吴克功. 论人力资源与人力资本及其转化. 科技与管理,2002(3).

11. 滕玉成,周萍婉. 人力资源与人力资本. 山东大学学报,2004(6).

12. Jay Barney. Firm Resources and Sustained Competitive Advantage. Joural of Management,1991(17).

13. Peter Boxall. Achieving Competitive Advantage Through Human Resource Stratrgy:Towards a Theory of Industry Dynamics. Human Resource Management Review,1998(8).

14. Patrick M. Wright,Scott A. Snell. Toward an Integrative View of Strategic Human Resource Management. Human Resource Management Review,1991(1).

第二章　战略人力资源管理环境分析

学习目标

1. 掌握战略人力资源管理环境的影响因素
2. 了解外部环境影响因素对人力资源管理政策和活动的影响
3. 了解内部条件影响因素对人力资源管理政策和活动的影响
4. 明确战略人力资源管理环境

开篇案例

吉利基因

吉利控股集团的人力资源变革，被看作其迎接多元化时代到来而做出的主动反应。作为一家汽车生产、销售与制造厂商，吉利控股集团（简称吉利控股）的员工构成现在恐怕已经超出了“五代同堂”。

但在过去的几年里，这家公司的班子成员还以“50后”和“60后”等创业元老为主体，除此之外，他们还返聘了数量可观的退休工程师和专业技师，用他们的经验继续为这家企业发挥着余热。这些被返聘回来的技术人才不但继续忙碌于生产和研发一线，而且很大程度上承担着培养新人的重任。也正因此，吉利汽车过去的管理体系与人力资源策略，在有限的资源条件下，更为保护这些资历较为深厚的老员工。

一场始自2009年年末的人力资源变革打破了这一现状。首先是第一代创业的资深元老，只要达到法定退休年龄，从2010年开始一年签一次合同，接下来的一些变革更是吉利控股前所未有的——吉利控股自创立以来二十多年没有双休制度，今年开始实行双休；以前加班提倡奉献精神，鼓励加班，而且没有加班费，现在加班需要合理解释，加班从提倡奉献变为追求效率，不为无效加班埋单；开设领导接待日、热线电话、员工信箱……这些改变背后的深层意义在于为适应集团新的人力资源发展趋势的顺势而为，这一趋势表现最为明显的地方在于，吉利洞悉了职场年龄代际为企业带来的变化与影响。

这一变革可以看作吉利收购沃尔沃的“同步战略”，即通过一系列内部管理变革，让吉利汽车变得更加国际化、人性化。

百日革新

吉利控股的人力资源转型主要从理念上进行变革。变革前夕，分管集团人力资源的副总裁魏梅对整个集团各个年龄层次的员工特点进行了仔细的调研与分析，她把现有的五代人大体上划分为两类:创业人与职业人。创业人大部分是1979年以前出生的员工,相对于金钱、家庭、个人生活质量、休闲等物质享受,他们更在乎有事做,是为了事业而工作;“80后”“90后”是职业人,这群人年轻有朝气,讲究公平感,但对企业缺少创业人的主人翁意识,在工作的同时更在意梦想,但在这一群人看来,“我的梦想与你无关,之所以与你有关是因为我愿意与你有关,我的梦想没有义务一定与你有关……”

市场在变,战略在变,更主要的是落实战略的人也在变,这一切都不断地对人力资源管理提出了更多的挑战。以前,组织通常采用“熔炉”的方式将组织中的差异融合,而在今天,“熔炉”的假设正被差异性取代。

吉利控股的这些调整也正是基于理解职业人群体的需求而主动求变。例如绩效体系改革,以前的绩效管理体系更多的是单纯以结果为导向,用的是非常简单的量化指标体系,企业赚了钱才可能给员工涨工资,员工严格按照比例计件提成,因而忽略了个性和个体能力的差异。

新的绩效体系包含岗位等级、能力等级、绩效等级,不同岗位所体现出的价值也不一样,不同能力的人会获得不同的待遇,而绩效是重要的价值体现。此外还增加了许多非量化的指标,直接指向员工的行为表现,用来评估员工实现业绩指标的整个过程。如果某位员工实现了绩效指标,但在实现指标的过程中妨碍了客户利益,以牺牲别人的利益为代价,或者诚信缺失,不符合吉利的基本价值观,就不可能再像以前那样取得一个好的绩效评估成绩。

寻找“吉利基因”

经过几十年的积累,中国的产业工人队伍已今非昔比,大体上来看,中国产业工人已进入第二代,其成长背景与其父辈已有根本差异。这一代人通常在城市长大,甚至就在城市出生,农村对于他们才是陌生的。与父辈不同,他们更见多识广,也更具个性,对于家长式整齐划一的管理方式、对厂区军事化的生活、对没有社会化接触的碎片化生活也更抵触,容易产生消极情绪。如果用老一套的制度体系来对其进行管理,矛盾冲突就难以避免。

对员工年龄代际的变化,吉利汽车已经有了预见,正所谓老人老办法解决不了新人新问题,如果管理机制跟不上现代职场的发展变化,企业管理很容易出现问题。

“喜欢享受的人不是吉利需要的。没有能力和品行的人,在吉利是待不下去的。”魏梅专门邀请了一家心理学研究机构,总结出12项优秀吉利人的行为特质,这12项素质模型被称作“吉利基因”。吉利基因就是优秀吉利人身上的行为特质,将其作为新进员工的招聘与培训标准。但这并不代表吉利的制度就是铁板一块,新老员工可以有自己的想法和意见,不过要以这种意见或建议不违背团队合作精神为前提。

管理员工期望值

“今后很长一段时期企业都将会面临这种代际更替问题,现在企业可能更多是‘三代同堂’,将来‘四代同堂’‘五代同堂’的情景都有可能出现,作为管理者和HR,要及早把握这一趋势,做好应对准备。”魏梅认为,职业人不讲究这些,他们是公司的骨干,以事业为重，希望通过自身努力得到晋升。

“作为HR学会理解不同年代员工的价值观，在此基础上管理他们的期望值。”魏梅说。借这次改革的时机，吉利控股开始调整管理架构，在一些制度上更多向年轻一代倾斜，例如以往提倡责任心、忠诚度，现在将一些细节变为制度和考核指标，管理更加精细化和人性化。这都是针对职业人进行的调整，要为他们创造一个公平、合理的平台。“职业人的特点就是这样，他们觉得放弃自己的休息时间去工作，公司要给他们一个合理的解释，他们不会讲无谓的奉献。”

但这样的变革并不容易，特别是老人与新人之间会产生矛盾，老员工尤其看不惯年轻人的行为，就像长辈看不惯自己的孩子一样。这就需要发挥HR的作用。HR并不是调解员，而是及早发现问题并化解矛盾，从制度上杜绝问题的产生。其实员工的代际更替是必然会发生的管理问题，关键是要让这几代人有共同的理念和价值观。在同样的企业文化下去做事，在一定程度上可以减少不同年代人不同的文化差异，吉利的“千人研究生计划”“导师制”“吉利大讲堂”等制度设计，就是为了营造相互帮助共同成长的大家庭文化。

资料来源：杨百寅，韩翼.战略人力资源管理.北京：清华大学出版社，2012.

人力资源管理的环境，主要是指能够对人力资源管理活动产生影响的各种因素。世界上任何事物的存在都不可能是孤立的，都会受到各种因素的影响，有其生存的环境条件，这种环境不仅包括自然环境，还包括社会环境。人力资源战略管理环境分析的目的是确定企业存在的人力资源管理问题，明确环境条件，有助于实现人力资源管理活动与环境的和谐统一。环境分析包括评价外部环境、考察内部条件，从而获取可能对企业未来绩效产生影响的信息。这是收集信息、分析信息与对问题进行提炼的过程。这项活动可以与制定整个企业的战略而进行的环境评估合为一体，也能针对人力资源管理单独进行。

作为一种职能战略，人力资源战略的制定、运作、实施、反馈、评价以及修正都在一定的环境中进行，人力资源战略环境一般分为内部条件和外部环境。内部条件包括企业自身能够加以控制或可以施加决定性影响的因素，如组织文化等；外部环境包括企业不能控制或不能施加多大影响的因素，如国民经济状况、法律法规等。

第一节 战略人力资源管理的外部环境

21世纪以来，市场经济已经成为全球的主流经济制度，我国早在20世纪80年代也已走上市场经济的道路。由于全球化、关税壁垒的降低和管理全球事务的机构的企业化等，经济领域的竞争愈趋激烈。信息技术和通信技术的快速发展，使地球渐渐发展成为村落，同样对人力资源的环境产生了巨大影响。技术的变化必然引起社会文化的融合和变化，因此引起人们价值观、道德标准、风俗习惯的转换。

竞争和技术的发展，几乎使所有企业都开始向知识性企业转变。21世纪社会经济的发展主要依靠知识，而作为知识创造者和知识载体的人，将取代企业所拥有的其他资源，开始成为最重要的战略性资源。伴随着知识经济的到来，技术更新速度加快以及创新周期缩短，因而使企业间的竞争不仅仅是简单的品牌和资本的竞争，人力资源的价值成为衡量企业整体竞争力的新的标志。

与之相应，企业的人力资源管理正遭受前所未有的来自经济全球化、信息网络化、人口老龄化、教育普及化、工作方式多变化、社会知识化、人口城市化、顾客的力量、投资者的力量、组织发展的速度与变革的力量等的冲击，企业的人力资源管理面临着环境等各种不确定因素的挑战，因此传统的人力资源管理研究也需要为迎接新的挑战进行相应的调整。人力资源管理不仅在过去很重要，其在将来更加重要。其原因在于人力资源管理环境目前正在发生一些变化，而这些变化又要求人力资源管理工作在单位组织中扮演越来越重要的角色。

外部环境是指某一事物赖以生存和发展的各种外部条件或影响因素。人力资源存在于特定的环境中，战略人力资源与所处环境因素两者相互促进，相互制约。与人力资源战略相关的外部环境因素主要包括政治法律因素、经济因素、社会文化因素、科学技术因素等，如图 2-1 所示。

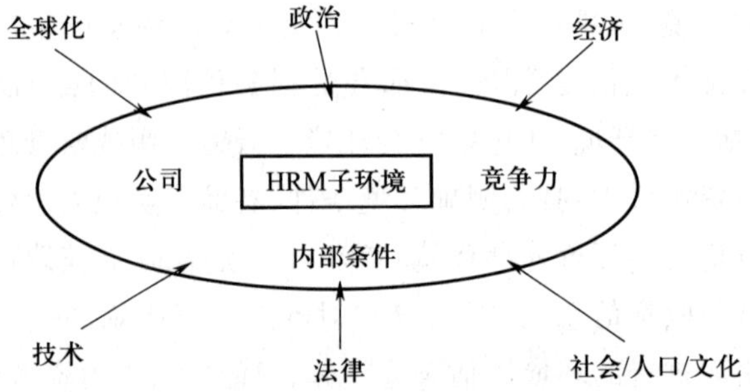

图 2-1 人力资源管理外部环境

一、政治因素

政治因素是指一个国家或地区的政治制度、体制、国家方针政策。它对组织的生存和发展有深远影响。任何组织都是这个社会的构成个体，不可能脱离这些政治因素而独立存在，必须适应政治因素。政治因素包括一国的政治环境、政府的管理方式以及政府的方针政策等内容。

政治因素一般并不会直接作用于企业内部的人力资源管理活动，但是会影响整个企业的系统，进一步影响企业各个子系统的人力资源管理系统。政治局面的混乱必然导致企业无法正常运转，甚至可能危及其生存，从而导致人力资源管理活动的停滞或者混乱。众所周知，若是一个国家政局动荡或是战乱不断，那么该国的企业经营状况会变得糟糕。企业的状况会影响企业人力资源管理的状况。但同样，人力资源管理部门作为企业子系统的一部分，有效的管理是企业正常运转的前提之一。发展良好的企业可以给人力资源管理活动提供相对较大的空间和较多的支持,而状况不佳的企业在进行人力资源管理活动时就会受到很多制约。

政府的管理方式以及政府的方针政策与政治环境不同,它是直接作用于企业,甚至可以直接决定企业人力资源管理活动的很多方面。政策的变化会影响人力资源管理活动的方向,对人力资源管理活动具有一定的引导性和支配性。此外,由于政府是国家政权的行使者,在整个社会中居于主导地位,因此政府对企业的管理方式直接决定了企业进行人力资源管理活动的空间。如果政府对企业活动控制过严过多,企业的自主权就会被削弱,人力资源管理的活动空间也会变得狭窄。反之,企业就会拥有较大的自主权,人力资源管理的活动空间相应也比较大。同时,政府管理方式和方针政策的连贯性和延续性也会影响企业人力资源管理活动。虽然连贯的政府管理方式和方针政策不是企业人力资源管理活动保持稳定的充分条件,却是它的必要条件。政府的管理方式和方针政策若是经常发生变化,企业的人力资源管理也要经常变化,企业内部人力资源管理活动也会随之发生波动,从而会影响人力资源管理的效果,同样不利于企业的经营发展。

但同时,国家的政策对企业具有导向作用。人力资源管理活动可以从这些政策导向中捕捉到未来应重点招募、培训哪些行业的人才等有用信息。

工会也会带来影响。工会通过自己的努力,可以影响政府相关政策法规的制定,从而带动人力资源管理政策和活动的变化。工会通过不同层次的劳资协商和集体谈判,可以影响或参与企业人力资源管理的相关决策,从而对企业的人力资源管理活动产生影响。

二、经济因素

一个地区、国家乃至全球的经济状况对人力资源管理的影响很大,包括经济发展水平、经济发展态势、就业状况、利率、通货膨胀水平、税收政策、股市行情等。作为经济活动实体,企业本身就是一个经济性组织,因此与政治因素相比,经济因素的影响更加直接。

首先,是经济体制的影响。经济体制是一个国家经济运行的具体方式,集中体现为资源的配置方式。经济体制主要有两种形式:一种是计划经济体制;另一种是市场经济体制。两种体制下资源配置的方式是完全不同的。在各种资源的配置中,人力资源是很重要的一种,因此经济体制不同,会造成不同的人力资源管理方式。在计划经济体制下,企业基本上没有什么决定权和控制权,完全要按照政府的指令行事。人力资源也是这样,人力资源管理的很多决策都是由政府做出的,包括人员的进出、薪酬水平等,企业更多地是在执行政府的政策。与此相适应,企业人力资源管理的方式也相对比较简单,只需要按照统一的规定进行事务性的操作即可。市场经济体制则不同。这种体制下,市场成为资源配置的主体,价格杠杆发挥着重要的调节功能,企业拥有了相对独立的自主权,政府只从宏观上进行调控,并不直接干预企业的决策;相应地,人力资源管理的方式也发生了变化,政府不再统一制定各种具体的制度和规定,不再对人力资源进行统一的配置,企业要根据内外部的各种因素来自行做出决策,职能性和战略性的工作成为人力资源管理的主体。

其次,是经济发展状况的影响。现如今,市场趋向完整、经济快速发展,经济发展状况和劳动力市场状况已成为人力资源管理的内生变量。企业在做人力资源规划时,需要对人力资源的需求和供给做出预测。而在预测需求时,必须考虑企业的前景。如果企业前景好,人力资源的需求就要增加;反之,就要减少。企业的前景与整个经济的发展状况联系在一起。经济形势繁荣,企业的前景就会好,经济形势低迷,企业的发展也会受到影响。人力资源的供给要考虑内外部两个渠道,外部劳动力市场状况直接决定着外部的供给,劳动力市场状况紧张时,外部供给就会减少,反之就会增多。在需求一定的情况下,外部供给若是不能满足需求,就要调整人力资源管理的相关政策。

在经济全球化背景下,各国各地区的经济相互交织、相互影响并融合成一个整体,生产要素在全世界范围内自由而又合理地配置。各国的贸易壁垒开始逐渐消除,并且终将会消失。这种情况下,传统的人力资源管理理念不断受到冲击,文化多元化、人才流动加剧、领导包容性增强、财务透明化等对传统人力资源产生严重挑战。人力资源需要处理来自多样化、工作团队、透明化和专业化的挑战。

监测和评估一国的经济水平有许多参数,其中对企业的人力资源管理比较重要的有三个:

(1) GNP,即国民生产总值,它表明了一个国家的经济总量。一般来说,规模较大,发展良好的国民经济给企业的各项经营管理活动提供了更大的空间,也表明该企业可以在国内找到较强实力的市场依托,对企业的进一步发展十分有利。

(2) 人均 GNP。这个因素主要是通过影响人力资本的成本,从而影响人力资源管理。一般而言,人均 GNP 高的国家其人力资源成本也必然高,人均 GNP 低的国家的人力资源成本则较低。而人力资源的质量又与其身价(对企业来讲就是成本)成正比,所以高人均 GNP 比较容易吸引到高素质人才。

(3) GNP 的地理分布。对中国而言,沿海地区经济比内陆发达,东部比中、西部发达,开放城市比不开放城市发达,这种国民经济内在的分布不均是人才流动的主要动因。人才流动总是从经济落后的地区流向经济比较发达的地区。

三、技术因素

自 20 世纪后期开始,科学技术与经济、社会逐渐一体化,经济和科学技术的竞争在全球范围内进行,科学技术和学术交流信息化、网络化的趋势加快。人力资源管理也必须紧跟技术变化的步伐进行变革和创新。人力资源管理中,信息技术和管理技术的有机结合,使人力资源管理人员能够从繁冗的日常事务性工作中解脱出来,集中力量从事高价值的人力资源管理活动。

国际互联网、电视会议、全球寻呼、网络、即时信息分析等都在影响着目前的商业活动。科学技术的发展使我们的世界变成一个整体。信息技术的发展缩短了地理距离,克服了语言和文化的差异带来的困难，对人们的工作场所产生了深远的影响。因此，新技术的飞速发展，不仅带动并提高了企业的经营生产效率，大大降低了交易费用，而且对企业的管理方式产生巨大冲击。技术正在改变人们的工作方式，也在改变人力资源管理理论、理念与实践。

企业作为市场经济条件下市场竞争的主体，同样也是技术创新的主体。企业对新技术的开发和应用，是人力资源价值的集中体现。技术与产品更新周期越来越短，带动现有职位不断发生变化，出现的新职位要求更多掌握新知识、新技术、新技能的员工。因此，企业要密切关注科技的发展动向，预测本企业业务及职位对工作技能需求的变化，制定和实施有效的人力资源开发计划，同时更新人力资源管理手段，推进人力资源管理电子化发展。

四、法律因素

在任何一个社会中，人们的行为都会受到法律规范的约束，否则整个社会的社会秩序就会混乱。法律，就是对个人或者组织的行为规范及其相互关系所做的一种规定，它通常是由国家的立法机关通过法定的程序制定，以国家政权的力量作为后盾来强制实行的。法律一经颁布实施，任何个人和组织都必须遵守。能起到强制性行为约束作用的，除了立法机关颁布的法律外，还有国务院及其各部门所制定的具有法律效力的法规、规定、条例等。

企业作为社会组织的一种重要形式，在日常的经营活动中必须遵守国家有关法律法规，因此，法律对企业人力资源管理活动的影响就主要体现在它的约束和规范作用上。法律规范对人力资源管理的影响也主要体现在它的约束和规范作用上。企业制定和实施人力资源战略及政策，必须符合国家和地方政府主管部门发布的各种相关法律和法规，这是企业能够保持正常运转的重要条件。目前，我国已经实施的劳动法、劳动合同法、工会法等法律，对人力资源管理实践具有重要的影响。其中，劳动法的内容几乎涉及人力资源管理的各个方面，包括招募甄选、平等就业、劳动安全和卫生、工资待遇、社会保险和福利、辞退解雇、培训开发等，而劳动合同法在规章制度的制定、书面合同的签订责任、试用期的设置、劳动合同的期限、违约金的数量、劳动合同的解除、集体合同的订立、劳务派遣以及非全日制用工等方面做出了全面的规定，直接规范着人力资源管理的相关活动。需要强调的是，法律的这种规范和约束只是一种底线，企业在进行人力资源管理的过程中绝对不能低于这些标准，在标准之上的，法律是不能干预的。

目前，世界上大多数国家都制定了相关的法律来对本国的人力资源进行最基本的行为规范。我国有关人力资源管理的主要法律法规有《中华人民共和国劳动法》《中华人民共和国劳动合同法》《商业保险条例》《企业职工奖惩条例》《中华人民共和国企业劳动争议处理条例》《劳动保障监察条例》等。

五、文化因素

文化,可以从广义和狭义两个层次来理解。广义的文化是相对于自然而言的,指人们在社会实践过程中所创造的各种事务的总和,既包括物质的也包括精神的;狭义的文化则侧重于精神方面,主要指人们的意识形态,包括价值观念、伦理道德、风俗习惯、宗教信仰等。

对于整个社会而言,文化具有重要的社会整合和社会导向作用。它深深地影响着人们的思维方式和行为方式,而且这种影响具有相对的持久性,在短时间内不会发生变化;同时,对于不同的国家而言,由于其历史传统、地域环境、经济发展水平等都存在一定的差异,因此不同国家的文化也存在一定的区别。这使得在不同国家中,文化的社会整合和社会导向作用在内容上也各不相同。

由于东西方文化在许多基本的世界观、价值观方面的差异极大,造成东西方人在进行跨文化传播和理解时往往会发生歧义。跨国公司已经成为世界经济的主体,在全球市场为目标进行资源、市场的分配,跨国公司的管理不是由某一文化背景的管理者主导,而越来越体现出其国际性,这样不同文化的管理者在一个管理体系下工作,面对不同的企业经营文化环境。这是一个普遍的趋势,这种趋势对人力资源管理提出了更多的要求,文化重要性的突显和文化环境的影响将使未来的人力资源管理具有更多的内容。

由于文化会影响人们的思维方式和行为方式,因此它会对人力资源管理产生重要的影响。在不同的文化传统下,人力资源管理的模式也是不同的。1973 年,美国学者威廉·G.大内(William G.Ouchi)对美国企业和日本企业的管理方式进行了深入的比较了解,总结出两国企业管理模式特别是人力资源管理模式的特点,并提出了著名的"Z 理论"。

"Z 理论"认为,一切企业的成功都离不开信任、敏感与亲密,因此主张以坦白、开放、沟通作为基本原则来实行民主管理。威廉·G.大内将美国的企业称为 A 型组织,日本的企业称为 J 型组织,如表 2-1 所示。

表 2-1 美国企业与日本企业管理的差异

维度	美国企业	日本企业
雇佣制度	短期雇佣制	终身雇佣制
员工的考核和晋升	注重工作业绩考核,考核期较短,晋升较迅速,多看重能力	注重工作态度和工作能力考核,考核期较长,晋升比较缓慢,多看重资历
员工的培训和发展	培训较少,注重专才培养	培训较多,注重通才培养
决策机制	个人决策制	集体决策制
责任制度	强调个人承担责任	强调员工共同承担责任
控制机制	严格的控制,规章制度比较多	松散的控制
员工关系	人际关系比较冷淡	人际关系比较浓重

威廉·G.大内认为,文化的差异是导致日美两国管理模式不同的主要原因。美国由于历史较短、人们之间的关系较为松散等原因,形成了敢于冒险、崇尚英雄、注重结果的文化传统。而日本则受传统的封建式的家庭制度和封建意识的影响较大,讲究“以和为贵”,所以形成了以集体主义为主的文化传统。由于美国的散漫主义,美国企业的雇佣制度都是短期雇佣制;在员工的考核和晋升方面注重工作业绩考核,同样,考核期也相对较短,员工得到回报快,晋升比较迅速,更看重能力在晋升中发挥的作用。在员工的培训和发展方面,培训相对较少,注重员工专业才能的培养,但是这造成员工过分局限于自己的专业,对整个企业并不了解很多。美国企业的决策机制是个人决策制,个人决策过程不利于诱发员工的聪明才智和创造精神;责任制度则是强调个人承担责任,任何事情都有明确的负责人;美国企业规章制度比较多,采取了严格的控制;员工关系比较冷淡。由于受日本集体主义为主文化的影响,日本企业多采用终身雇佣的方式,使员工与企业同甘共苦;在员工的考核和晋升方面,注重工作态度和工作能力的考核,考核期相对较长,晋升比较缓慢,晋升时比较看重资历;员工的培训和发展方面,一般培训较多,并且注重进行全面培训,培养通才,培养适应各种工作环境的多专多能人才;日本企业的决策制度强调员工共同承担责任;日本企业的控制机制较为松散,在此情况下,员工之间的人际关系比较亲密,人们树立牢固的整体观念,员工之间平等相待,每个人对事物均可做出判断,并能独立工作,以自我指挥代替等级指挥。

大内不仅指出了 A 型和 J 型组织的各种特点,而且还分析了美国和日本不同的文化传统以致其典型组织分别为 A 型和 J 型,这样,就明确了日本的管理经验不能简单地照搬到美国去。为此,他提出了“Z 型组织”的观念,认为美国公司借鉴日本经验就要向 Z 型组织转化,Z 型组织符合美国文化,又可学习日本管理方式的优势。

Z 理论强调组织管理的文化因素,认为组织应考虑软性因素,如信任、人与人之间的密切关系和微妙性等。Z 理论则强调在组织管理中加入东方的人性化因素,是东西方文化和管理哲学的碰撞与融合。

第二节　战略人力资源管理的内部条件

与外部环境相对应,人力资源管理的内部条件是指在企业系统之内能够对人力资源管理活动产生影响的各种因素。内部条件的各种因素都处在企业的范围之内,所以企业可以直接控制和影响它们。

人力资源管理的内部条件也包括很多具体内容,凡是在企业内部同时又能够对企业的人力资源管理活动产生影响的因素都在这个范围之内。人力资源是企业维持正常活动的要素之一,人力资源管理活动也贯穿于企业经营的方方面面,由此,构成企业的所有因素都是人力资源管理的内部条件。

一、组织战略

在组织的外部环境变得日益不确定且风险性增大,组织之间的竞争日益加剧的情况下,各种组织的管理者积极开发系统性的方法,以分析环境,评价组织的优势和劣势,并识别有可能建立竞争优势的机会。因此,组织战略已成为组织生存与发展不可或缺的因素。企业发展战略就是指"企业为了收益而制定的与组织使命和目标一致的最高管理层的计划",作为企业经营发展的最高纲领,战略对企业各方面的工作都具有重要的指导意义。

(一) 企业战略规划与人力资源管理之间的联系

雷蒙德·A.诺伊曾经提出在人力资源职能和战略管理职能之间存在四种不同层次的联系:行政联系、单向联系、双向联系,以及一体化联系。这些联系在图 2-2 中进行描述。

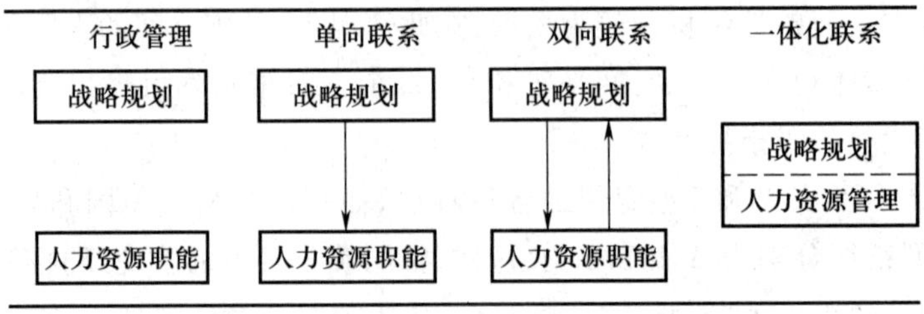

图 2-2 战略规划与人力资源管理之间的联系

资料来源:K.Golden,V.Ramanujam.Between a Dream and a Nightmare:On the Integration of the Human Resource Function and the Strategic Business Planning Process.Human Resource Management,1985,24:429-451.

1. 行政联系

在行政联系层次上,人力资源职能的注意力集中在日常的活动上。人力资源高层管理人员没有时间或者没有机会对人力资源问题进行战略性展望。企业的战略经营规划职能没有得到人力资源部门的任何参与。因此,在这种联系水平上,无论是在战略形成阶段,还是在战略执行阶段,人力资源部门都是与战略管理过程相分离的。人力资源部门仅仅是从事同企业的核心经营需要没有什么联系的日常性行政管理工作。

2. 单向联系

在单向联系层次上,企业高层会首先制定出战略规划,然后再告知人力资源管理职能部门。许多人认为,这种层次的联系已经可以算是构成了战略人力资源管理,人力资源的职能就是设计出执行战略规划的制度或者方案。尽管这种单项联系确实承认了人力资源在执行战略规划方面的重要性,但是它却在战略形成阶段将人力资源问题排除在外了。这种层次的联系往往会导致企业所制定的战略规划难以成功执行。

3. 双向联系

双向联系允许在整个战略形成过程中将人力资源问题考虑在内。这种联系发生在三个步骤上。首先,战略规划小组把企业正在考虑中的各种战略选择告知人力资源职能部门。其次,人力资源高层管理人员对各种不同战略的人力资源内涵进行分析,并且把这些分析的结果报告给战略规划小组。最后,在战略决策做出之后,战略规划小组再将战略规划传达给人力资源管理者,由他们去设计执行战略规划的方案。因此,战略规划职能与人力资源职能就通过双向联系形成一种相互依赖的关系。

4. 一体化联系

一体化联系是一种动态的、多方面的、持续的联系,而不是一种按照先后顺序发生的相互作用。在大多数情况下,人力资源高层管理者是高层管理团队中的一个有机成员。与反复性的信息交换过程不同,在具有一体化联系特性的企业中,人力资源职能是直接融入企业的战略形成和战略执行过程之中的。

这样,在战略性的人力资源管理中,人力资源职能既参与战略形成过程,又参与战略执行过程。人力资源高层管理者负责向战略规划者提供关于企业的人力资源能力方面的信息,因为人力资源能力通常是企业人力资源实践的一个直接函数。这些关于企业人力资源能力的信息能够帮助高层管理者做出最佳的战略选择,因为这时他们就可以充分考虑到每一种战略最终的执行情况。一旦做出了战略选择,人力资源的角色就转变为通过开发和形成人力资源管理实践来为企业提供具备战略实施所需要的那些技能的员工。另外,人力资源管理实践的设计还必须确保能够引发出企业员工的相应行为。

(二)企业战略与人力资源管理的战略规划、组织运作的关系

公司战略与目标要明确企业价值观、企业使命以及公司的远景;人力资源战略主要负责协调企业发展战略与人力资源政策、制度之间的关系;人力资源组织要确定组织内人力资源政策的实施方法和制度;人力资源运作包括开展人力资源日常运作;个人绩效管理是指员工的个人绩效计划和管理。公司的战略目标以及人力资源战略属于战略层面,而人力资源组织是管理层面的内容,人力资源运作与个人绩效管理属于运作层面的内容。如图 2-3 所示。

(三)企业战略与人力资源管理的匹配

不同类型的战略要求设置与其相匹配的人力资源战略,进而招聘配置、培训开发、绩效管理与薪酬管理等人力资源管理活动具有不同的特点。而企业的发展战略又可以分为成长战略、稳定战略、收缩战略。

1. 成长战略

成长战略,又可分为内部成长战略和外部成长战略。内部成长战略是指企业主要依靠自身的资源和积累来实现经营规模或经营领域的扩大;外部成长战略则是指企业借助

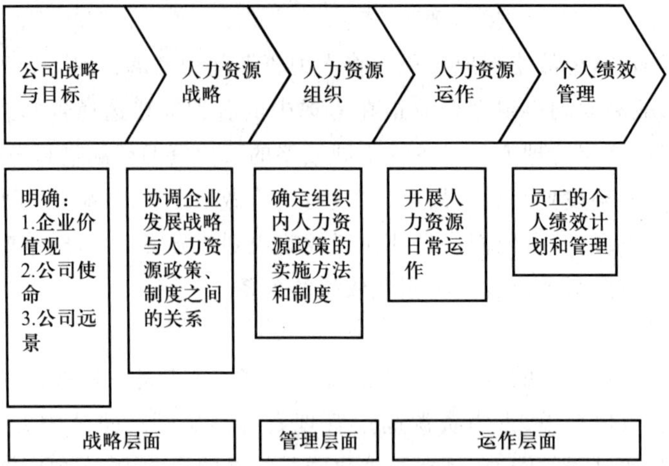

图 2-3 公司战略与人力资源管理的关系

兼并收购，主要依靠外部资源来实现经营规模或领域的扩大。对于内部成长战略而言，企业的着眼点在于增强自身力量，企业的招聘配置大多通过雇佣和晋升来实现，从而满足企业的人力资源需求；企业的培训开发采用多样化培训的方式，增强员工各方面的素质，满足企业多样化的需求；员工的薪酬管理主要通过目标激励来完成，将员工的薪酬与企业目标的完成程度联系起来，激励员工为完成目标而努力；绩效管理是以结果为导向，侧重于目标的实现。对于外部成长战略而言，企业的着眼点是兼并、收购公司，以此来扩大本企业的规模；企业的招聘配置是通过人员重新配置，充分发挥人力资源的作用，提高利用效率；员工的培训开发是以冲突解决为核心，创建和谐的企业文化；员工的薪酬管理和绩效管理都要实现管理实践相统一。

2. 稳定战略

稳定战略是指企业保持目前的经营规模和经营领域，既不扩大也不缩小，力求实现企业的稳定运行。企业若是要实施稳定战略，则着眼点在于做好目前的事情；而企业的招聘配置也是内部调配，通常不会采用另雇人员的方式，因为多雇员工会增加企业人力成本。员工的培训开发一般采用提高现有技能的方式，提高员工的职业技能，从而帮助企业解决难题，提高工作效率，获得竞争优势；员工的薪酬管理追求内部公平，减少矛盾；绩效管理一般都强调工作质量，企业要求员工尽可能地提高工作质量。

3. 收缩战略

收缩战略是指企业要缩小自己经营的规模或减少自己经营的领域。在实施收缩战略时，企业的着眼点在于紧缩规模；员工的招聘配置的核心是留住核心员工，降低人力成本，减少支出；培训开发的重点在于提高员工的态度和士气，使企业整体保持一种昂扬向上的态势；企业的薪酬管理与公司业绩相联系，旨在不断提高企业的业绩；绩效管理是行为导向的。

企业发展战略与人力资源管理的匹配如表 2-2 所示。

表 2-2　企业发展战略与人力资源管理

项目		成长战略		稳定战略	收缩战略
		内部成长战略	外部成长战略		
企业着眼点		增强自身力量	兼并/收购公司	做好目前的事情	紧缩
人力资源管理活动	招聘配置	雇佣和晋升	人员重新配置	内部调配	留住核心员工
	培训开发	多样化培训	冲突解决	提高现有技能	态度和士气提高
	薪酬管理	目标激励	管理实践统一	内部公平	与公司业绩联系
	绩效管理	结果导向	管理实践统一	强调工作质量	行为导向

二、组织结构

企业的组织结构是指企业内部部门和岗位的设置以及组合方式。不同的组织结构，其岗位和部门的设置及组合方式是不同的。人力资源管理的目标之一就是要实现人员与岗位相匹配。

企业为了实现自己的目标，就必须确定实现目标所必需的活动，并对这些活动进行分类，从而形成不同的部门，部门的活动再被细分则会形成不同的岗位；部门和岗位形成以后，按照一定的方式进行组合，就形成了一定的组织结构。按照预定的组织结构，企业要将人员配备到相应的岗位上去，这样企业就能正常运转。由于组织结构不同，岗位从事的活动和相互之间的关系也不一样，因此要实现人与岗位的匹配，人力资源管理活动就会存在差异。

企业的组织结构存在各种各样的类型，如直线制、职能制、分部制、矩阵制、网络制等，但是根据企业的复杂化、正规化和集权化，我们可以将它们归结为两种不同性质的组织结构类型：机械式组织和有机式组织。它们的特点对比如表 2-3 所示。

表 2-3　机械式组织和有机式组织的特点比较

机械式组织	有机式组织
严格的层级关系	合作
固定的职责	不断调整的职责
高度的正规化	低度的正规化
正式的沟通渠道	非正式的沟通渠道
集权的决策	分权的决策

不同的组织结构对应的人力资源管理中的各项活动也有差别。

就机械化组织而言，它的职位分析一般都将工作职责清晰界定，并且相对固定不变；招聘和录用的原则是按岗位职责来确定需求，选人；培训与开发是按岗位要求进行针对性的培训;绩效管理和薪酬管理都是基于个人实施的;在制度建设方面,拥有严格制定的规章制度并且严格按照规章制度进行管理;信息分享层面,信息一般都集中于高层。

有机式组织则与机械化组织不同,它的职位分析只是大致界定了工作范围;招聘和录用一般都是通过考查应聘者的能力和素质之后再确定是否录取;培训和开放方面则是强调培训的通用性和灵活性,以适应职责变动的要求;绩效管理和薪酬管理都是基于团队实施的;制度建设包括两个方面的内容:规章制度和企业文化建设;由于实行的是分权机制,因此信息是高度分享的,遍及组织的各个层级。如表 2-4 所示。

表 2-4 企业组织结构与人力资源管理的关系

项目	机械式组织	有机式组织
职位分析	工作职责清晰界定,相对固定	大致界定工作范围
招聘和录用	按岗位职责选人	考察应聘者的能力和素质
培训与开发	按岗位要求进行针对性培训	强调培训通用性和灵活性
绩效管理	基于个人实施	基于团队实施
薪酬管理	基于个人实施	基于团队实施
制度建设	严格制定规章制度	规章制度和企业文化建设
信息分享	集中于高层	高度共享

三、组织生命周期

生命周期是指人从出生一直到死亡所经过的由相互衔接的几个不同阶段所组成的整个过程。企业同样也是有生命周期的,虽然不同的企业寿命长短不一样,但是每个企业都会大致经过几个相同的阶段,包括产生、成长、成熟、衰退甚至死亡的过程,一个组织从诞生到死亡的全部过程就是组织的生命周期。

企业生命周期对人力资源管理的影响可以从静态和动态两个角度来理解。

以静态的观点看,在生命周期的各个阶段中,由于内外环境不同,企业具有不同的特点,包括发展目标、组织结构、管理方式等,因此在企业生命周期的不同阶段,作为企业管理子系统的人力资源管理也是不同的。

以动态的观点看,生命周期是一个发展演进的过程,企业只有顺利地从一个阶段过渡到下一个阶段,才能够持续地生存并发展下去,而这种极端的转化需要企业内部各方面的支持,其中自然也包括人力资源管理,因此随着企业的发展,人力资源管理也必须进行调整。

根据罗伯特·巴林的观点,组织的发展一般要经过创业阶段、集中化阶段、正规化阶段和合作阶段四个阶段,如图 2-4 所示。不同的发展阶段,企业所采取的人力资源管理政策和活动是不同的,目的是更好地实现组织不同阶段的目标。

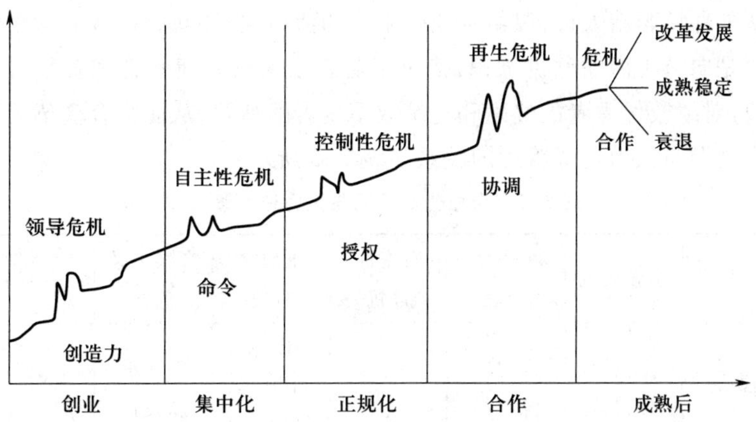

图 2-4　企业生命周期

在创业阶段,组织面临的生存压力很大,员工数量偏少,资金匮乏、知名度低、管理不规范。所以在这一阶段,人力资源管理的重点是:在选人和用人上,充分发挥创始人的领导魅力、人格魅力、创造力和影响力,通过优秀的愿景来吸引和留住人才;在绩效管理方面,更多的是结果为导向,重视员工对组织当前的贡献;在报酬方面,采用薪酬领先策略,鼓励员工追求未来的潜在收益,一般通过投资入股、给予股票期权等方式来激励员工。

在集中化阶段,组织规模会慢慢扩大,员工团队与业务也在不断扩大,组织管理会逐渐趋向规范化。但也存在很多问题,比如,组织的规章制度还不完善,组织结构不稳定,高素质人才缺乏等。因而在这一阶段,人力资源管理的重心在于完善组织结构,制定明确的发展目标和方向,加强对员工的培训,吸引高素质人才,让员工多从事挑战性工作,等等。

在正规化阶段,企业的各项规章制度比较完善,高层更多地思考战略性和全局性的问题,日常的管理都由中层和基层管理者来完成;企业发展的重点转向维持稳定的运行和提高企业的效益;培训开发趋向于对高层加强管理知识培训,而对基层则趋向于规章制度以及技能的培训;薪酬管理逐渐向长期薪酬方面发展,来稳定员工团队,同时薪酬总额要与企业利润相挂钩;绩效管理则要加强对员工的行为考核,以此来保证规章制度的贯彻执行。

随着企业不断发展壮大,企业会面临许多新的问题,比如,容易骄傲自满、沟通不畅、官僚主义、创新精神减弱。这就是所谓的文牍主义危机。这个阶段,要加强学习型组织建设,建立人力资源储备库;加强有针对性的培训;改变传统的分工模式,建立以流程为核心的工作程序,实施团队工作方式。

在合作阶段,要加强进行企业文化的建设,培育共同的价值观,用价值观来潜移默化地影响员工的行为。为了配合企业文化的建设,培训与开发要加强对企业价值观的灌输;为了提高工作效率,鼓励团队进行工作,薪酬管理和绩效管理逐渐转向团队,实施团队薪酬和团队绩效。

随着企业成熟完善,由于人的惰性和制度的惯性,企业会不可避免进入衰退时期。企业需要重新从外部招聘新人员，以给企业带来新的活力，添加新的血液。这个时期企业的培训开发主要是向员工灌输危机意识，使员工防患于未然。绩效管理要坚持赏罚分明的原则，贯彻执行对绩效优秀者的奖励和对绩效不良者的惩罚，从而配合变革的推行。

企业生命周期与人力资源管理的关系如表 2-5 所示。

表 2-5 企业生命周期与人力资源管理

项目	创业阶段	领导危机	集中化阶段	自主性危机	正规化阶段	文牍主义危机	合作阶段	再生需求危机
人力资源管理主体	创业者	专业管理人员	人力资源部门		HR 和中基层管理者	工作重新设计		
职位分析	不详尽		界定各岗位活动	详细的职位分析		工作重新设计		
招聘录用	无明确标准	内选拔外招聘	按岗位要求招聘					外部招聘新人员
培训开发	比较薄弱		新员工培训		管理知识与规章	企业文化建设	文化灌输	灌输危机意识
薪酬管理	外部竞争性		外部竞争内部公平		长期薪酬	关注团队	团队薪酬	
绩效管理	结果导向		结果和行为	完善考核系统	行为考核	关注团队	团队绩效	赏优罚劣

四、组织（企业）文化

组织文化泛指一个组织内部形成的组织成员共同持有的信念、价值观、假设以及表现出来的实践和行为等。作为精神层面的东西，组织文化并不是抽象的，总是以一定的具体实体为载体而表现出来的。

组织文化一般都是企业创始人或企业高层管理者价值观念的直接体现，反映了他们对事、对人的基本看法以及基本价值取向，当这些价值观念在企业成员之间达成共识后，就形成了组织文化；而人们的观念意识又决定了他们的行为，因此不同的组织文化必然会导致不同的管理方式。

组织文化对人力资源管理的影响主要表现在它能够影响甚至决定人力资源管理的方式、内容等。在不同的企业文化下，人力资源管理的具体活动是不同的。

如果一个企业的控制程度比较高，就意味着管理者对员工更多地进行直接的监督控制，管理者的个人因素在管理中就占据着主导地位，这会大大降低人力资源管理的复杂程度。当企业的开放程度比较高时，招聘录用就会从内、外两个渠道来进行；反之，企业员工则不太欢迎外部人员。在强调个人的企业中，薪酬管理和绩效管理都是以个人为基础来设计的；而在重视集体的企业中，工作是以团队进行的，因此，在薪酬和绩效上就会以团队为基础。如果企业更看重员工的工作结果，那么绩效和薪酬都会以结果为导向；如果企业看重员工的工作过程，那么就会在考核中设置与之相关的指标来引导和约束员工的行为。当管理以“事”为出发点，那么人力资源管理的重点就是强调“人”要匹配“事”；当管理以“人”为出发点，那么人力资源管理的重点就是强调“事”要适合“人”。如果企业文化以绝对的观念来看待公平，那么管理就会更多地追求结果公平；如果以相对的观念来看待公平，管理注重的是过程公平，强调付出与获得平等。单向命令式的管理中，管理者处于指挥地位，员工不能参与人力资源管理的决策，人员配置、绩效目标、培训计划都由上级决定；而双向互动的管理则注重管理者和员工的相互沟通，在很多方面都会参考员工的意见和建议。

文化是企业的灵魂所在，无论是国内的华为、海尔还是国外的摩托罗拉、英特尔，都有自己独特的企业文化。人力资源管理要更好地为关键利益相关者增加价值，必须重视文化能力建设，在制定人力资源管理战略时，将文化始终贯穿其中。从文化的定义、规范、构建到文化的创造和保持，人力资源管理活动都要与其保持一致。

组织文化一旦形成就不太容易发生变化，因此它在一定程度上代表着组织的灵魂，是组织彰显自身形象的有效载体。组织文化与人力资源管理紧紧联系在一起，企业文化所提供的组织价值标准、道德规范与行为准则不仅是人力资源管理运作的精神和行为依据，也为组织培育高素质的人才队伍创造了一个良好的环境和氛围；优秀的企业文化不仅吸引高素质人才，协调员工之间的关系，还将组织中的各种成员凝聚在一起，使组织在发展中更具稳定性。人力资源管理的吸纳、激励、开发、维持以及整合等各项基本功能的实现都受到企业文化直接或间接的影响。

同时组织文化对人力资源政策意义重大，因为特定的措施和政策既有可能加强组织文化，也有可能削弱企业文化。例如，不同级别间薪酬差别很大的薪酬体系适合于强调等级的组织文化，而不适合于崇尚平等的文化；在一种强调统一的文化中，很难通过明确的奖金和赞誉来达到激发员工创造力的目的。

美国学者奎因根据组织文化是否具有灵活性以及是否具有外向性，将文化分为家族式文化、发展式文化、官僚式文化以及市场式文化四类，如图 2-5 所示。家族式文化兼具外向性与灵活性，发展式文化则同时具备灵活性与内向性两个特点；相比之下，官僚式文化较为外向，但同时也比较稳定；市场式文化具有内向性和稳定性的特点。

发展式组织文化重在强调创新与创业，市场式组织文化的核心在于工作导向与目标完成，家族式组织文化强调人际关系，官僚式组织文化注重强调规则与制度。不同的组织文化通过影响员工、企业从而渗透至企业各方面，人力资源管理自然也不能逃脱其影响。通过企业的人力资源管理，也可以了解企业的基本文化。

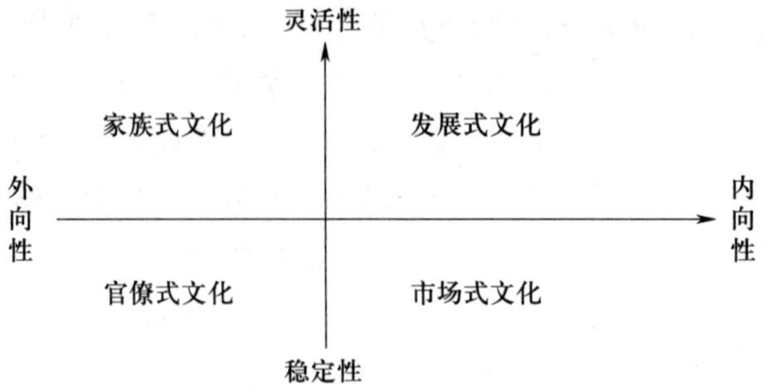

图 2-5 奎因的组织文化分类

五、高层领导风格

在管理学界,从“领导”开始研究至今,“领导”的定义从来就没有统一过。国外学者 Janda(1960)对“领导”给出了自己明确的定义:“领导”从本质上来讲就是上级下级之间的一种比较特殊的权力关系,凭借这种权力关系,一部分人可以规定另一部分人的行为。House(1979)对“领导”也有自己的理解:领导是一种社会影响的过程,它涉及两个或两个以上的领导者和追随者(或更多的潜在追随者)。Bass(2003)认为,领导是上司的一种能够引导个人和团体完成甚至超过目标绩效的一种能力。而 Robbins 认为,领导是一种影响一个群体实现目标的能力。国内管理学家周三多教授认为,领导不仅具有帮助个人或团体完成目标的能力,他还能使个人或团体为了这个目标而不懈努力奋斗。学者们对领导下定义时考虑的角度不同,各有所见,但是从绝大多数领导定义中我们可以发现,对于领导的研究是基于以下三个角度进行假设:第一,领导涉及一个过程;第二,领导涉及促进团体任务绩效的一个影响过程;第三,领导与追随者有着密切的关系。

领导风格其实就是领导的一种行为特点,这种行为特点受到领导的个人特质的影响,与领导者的个人经历、长期的领导实践有显著关系,通常具有鲜明的个人特点。由于领导人个人特质与成长环境不同,一般来讲,每个领导人所表现出来的领导风格都不一样。领导者在对别人施加影响的过程中,为达到目的会采取不同的行为模式,有时会偏向使用监督和控制,有时会偏向使用信任和放权,有时偏向使用劝服和解释,有时则偏向使用鼓励和建立亲近关系,这种行为模式是可以被观察到的,也可被其下属感受到。因此,我们认为,领导风格就是领导的一种带有鲜明个人特点的特殊的行为方式,这种行为方式是在长期的个人经历和管理实践中慢慢形成的。

“领导”一词从 20 世纪 20 年代被提出以后,形成了领导特质理论、行为论、权变论和新领导理论,如图 2-6 所示。

1. 领导特质理论

早期的领导理论研究自 20 世纪 20 年代开始,研究着重在找出杰出领导者所具有的某些共同的特性或品质,称为特性论(或品质论)。著名的有 Stogdill(1948)和 Keithnavis(1972)的研究,其主要目的是要从成功的领导者身上找出共同的身体特征、社交特征、人

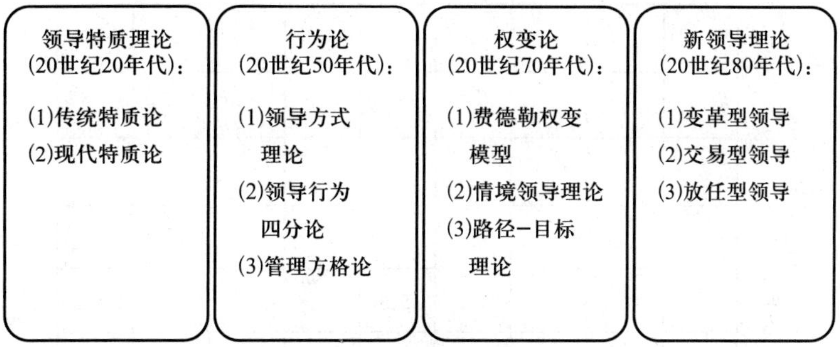

图 2-6 领导风格相关理论

格特征及智慧特征，并以此区分成功与不成功的领导者。

虽然特质理论揭示了领导者的个性特征与成功领导间存在一定的关系，但是特质理论没有考虑到下属需要和外部环境的影响，其结论只能在情景因素完全相同的条件下才能成立，所以 1950 年以后，这方面的研究逐渐减少，并被行为理论取代。

2. 行为理论

行为理论的研究开始于 20 世纪 40 年代，因特质理论无法解释领导本质，且许多管理心理学家在调查研究中发现了领导者在领导过程中的领导风格与他们的领导效率之间有密切的关系，为了寻求最佳的领导风格，许多机构及学者对此进行了大量的研究。领导行为论认为如果找到了有效的领导者所具有的一些共有的特征，那就可以通过培训使人们具备这些特征成为有效的领导者。

最全面，且得到检验比较多的行为理论来自 20 世纪 40 年代的俄亥俄州立大学进行的研究，研究者从多种领导风格因素中抽出了两个基本因素，发现了领导风格的两个互相独立的维度（定规和关怀），并采用了量表作为测量工具来评定这两个维度的领导风格。定规维度指的是领导者更愿意界定和建构自己与下属的角色，以达成组织目标。关怀维度指的是领导者尊重和关心下属的看法与情感，更愿意建立相互信任的工作关系。为了收集资料，该研究发展了一套领导风格行为描述量表（Leadership Behavior Description Questionnaire，LBDQ），用来衡量部属对领导者所感受的领导方法。按照 LBDQ 的两个维度得分高低，可将领导风格分为四类：高定规高关怀、高定规低关怀、低定规低关怀、低定规高关怀。

Blake 和 Mouton（1964）在以往领导行为研究的基础上，提出了著名的管理方格理论。他们用一张 9×9 的方格图，每一个方格表示一种领导风格，纵坐标表示领导者对人的关心程度，横坐标表示领导者对生产的关心程度，两者按程度大小各分成九个等份，因此，在理论上能组合成 81 种不同的领导方式，如图 2-7 所示。

3. 权变理论

权变理论是 20 世纪 60 年代后期发展起来的。该理论认为任何一种领导方式都不能普遍应用到所有的情况，必须将情境因素考虑进去，这就是权变理论的基本概念。对于影响领导风格的情境因素，主要包括领导者特征、部属特征、团体结构及任务性质、组织因

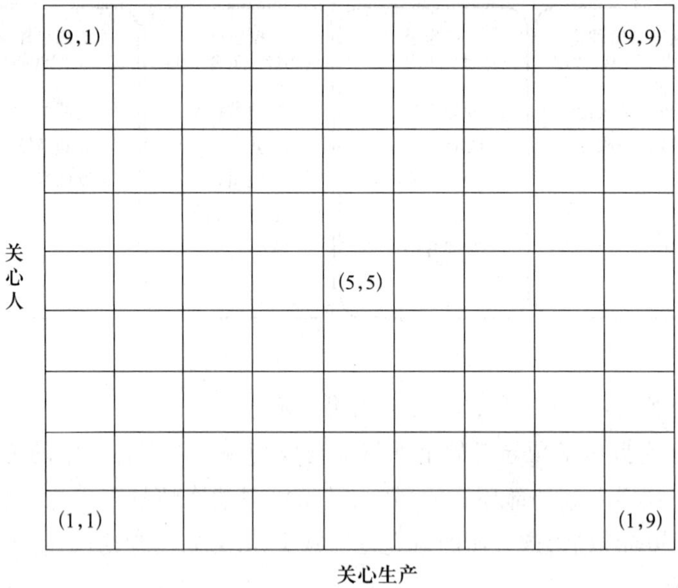

图 2-7 管理方格论

素，即有效的领导是领导特质、领导行为和环境三个因素共同作用的结果。

4. 新领导理论

新领导理论是在 20 世纪 80 年代提出的，它的主要观点是领导要有洞察力，要懂得授权，要有魅力。新领导理论的一个重要贡献是变革型、交易型和放任型领导风格的提出。变革型领导强调给下属更高层次的需求，用终极价值来引导下属，他使下属的目标与自己的目标一致，希望下属能超越自己的期望。交易型领导风格的领导向下属明确自己的任务要求。放任型领导风格的领导则是对下属不做要求，任下属自我发挥才能。

组织的领导者，特别是高层领导者的态度、行为与偏好等，都会影响增进员工交互行为、团队之间的相互关系以及组织目标的实现。因而，不同的领导风格对人力资源管理是不一样的。以人为中心的领导方式，领导者会把下属看得相当重要，不仅关心员工的生活，还关注员工的参与；而以工作为中心的领导方式中，领导者把工作放在第一位，十分看重工作效率，认为只要是高效率的工作者就是理想的工作人员。很明显，在以工作为中心的领导方式中，人力资源管理的重点在于员工选拔、报酬与惩罚等问题；而以人为核心的领导活动中反映了人性化的管理方法，更注重人际关系管理与情感管理。

第三节 战略人力资源管理环境辨别

人力资源管理的环境是由多种因素构成的，所以对环境的分析和评价就非常有必要，只有对环境状况做出了正确的认识和评价，才能相应地实施具有针对性的人力资源管理活动。

对人力资源管理环境的辨别，即对环境的分析和评价主要考虑两个方面的要素：一个是环境的变化程度，也就是要辨别对人力资源管理活动产生影响的因素的变化是大还是小；另一个是环境的复杂性，也就是说要辨别对人力资源管理活动产生影响的因素是多还是少，以及这些因素在不同时期的相似程度是高还是低。如果将这两个要素中的一个看作横轴，另一个看作纵轴，就会形成一个四象限的交叉图，如图 2-8 所示。

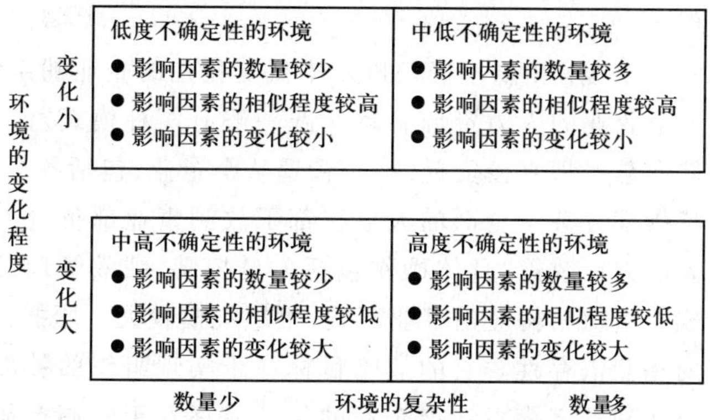

图 2-8　人力资源管理环境的辨别图

若是遵循这个思路进行分析，对人力资源管理环境的辨别就会出现四种情况：第一种是低度不确定性的环境。即影响人力资源管理的环境因素数量较少、相似程度较高且变化程度也较小。在这种环境中，人力资源管理的活动也是最简单的，它完全可以根据以往的经验和惯例做出确定的决策。第二种是中低不确定性的环境。在这种环境中，影响人力资源管理的环境因素较多而且相似程度也较低，但是这些因素的变化却比较小。对于这种环境，由于影响因素的变化程度不大，因此进行人力资源管理活动的关键是确认到底是哪些因素在起作用，只要能够确认这些影响因素，也可以做出比较确定的决策。第三种是中高不确定性的环境。在这种环境下进行人力资源管理活动，难度要大于第二种情况，这是因为虽然影响人力资源管理的环境因素在数量上少于上一种情况而且相似程度更高，但是它们的变化程度却比较大，因此需要进行分析判断，需要对影响人力资源管理活动的因素的变化做出预测，而这也正是有难度的地方。最后一种是高度不确定性的环境，也是最为复杂的一种情况。在这种环境下，影响人力资源管理的因素不但数量较多，相似程度较低，而且变化程度也较大。这样就不仅需要对影响因素进行确认，还要对它们的变化做出预测，因此人力资源管理的难度是最大的，往往需要做出很多新的决策，制定很多新的方案。

人力资源战略管理环境分析的目的是确定企业存在的人力资源管理问题。进行环境评价必须仔细考察一个企业的内部组织和外部环境，获取有关部门可能对企业未来绩效发生影响的信息。这是一个收集信息、分析信息与对问题进行提炼的过程。这项活动可以与制定整个企业的战略而进行的环境评估合为一体，也可以只针对人力资源管理单独进行。

人力资源管理环境具有低度不确定性、较为稳定的组织模式应当是直线职能式。该组织模式下人力资源管理实践具有高度集权的特点，即传统的人力资源部门设置及功能设定，一般定位为管理类部门，统一负责企业内部的各项人力资源活动，其他部门基本无人事权。所应采取的结构应该是职能式的。职能具有非例行性，相互间具有较低的依存性。该企业的战略目标注重内部效率以及技术质量。它的经营目标在于强调实现职能目标，计划和预算皆基于成本的预算以及统计报告，该企业将正式权力赋予职能经理。

人力资源管理环境具有中低不确定以及中低变化性的企业的组织模式应是事业部式。该组织模式下企业的人力资源管理实践一般有两种模式，即集权与分权。集权是指人力资源部向总经理直接负责，统一管理整个企业，包括各个事业部的人力资源工作。分权则是指部分甚至全部的人事权都下放到事业部负责人处，企业人力资源部只负责制定大的方针政策，具体操作包括人员招聘、绩效管理、薪酬管理等由各个事业部自己完成。组织结构应是事业部式，组织规模较大。职能具有非例行性，部门之间具有较高的相互依存性。它的战略目标在于实现组织的外部效益，获取组织的外部适应性以及达到顾客满意。该企业的经营目标在于强调产品线，保证产品线完整与畅通。计划和预算以利润为中心，基于成本和收益。该企业将正式权力赋予产品经理。

人力资源管理环境具有中高不确定性以及客户要求不断变化的企业的组织模式应为混合式。组织结构应采用矩阵式，组织规模相对较大；该组织的职能之间存在一定的依存性；它的战略目标在于追求外部有效性，提供顾客满意度，以及适应外部环境的变化；组织的经营目标在于强调产品线以及某些职能；计划和预算不仅基于事业部的利润中心，同时基于核心职能的成功；该企业的正式权力在于产品经理，但同时取决于职能经理的协作以及责任。

人力资源管理环境具有高度不确定的组织模式应为矩阵式。该组织模式下的人力资源管理实践具有集权与分权相结合的特点，即在矩阵式结构中，临时组成的项目小组握有部分人事权，如小组成员的选择、对小组成员的绩效管理等。但主要的人力资源管理工作还是由企业的人力资源部来完成。组织结构应采用矩阵式，组织规模一般为中等，具有少量的产品线；职能具有非例行性，部门间具有较高的相互依存性；该组织的战略目标在于建立企业的双重核心，包括产品创新以及技术专门化；它的运作目标在于同等地强调产品与职能，将产品与职能置于同等的高度；计划与预算也要依据双重系统，即职能与产品线；正式权力在于职能与产品首脑的联合，如表 2-6 所示。

表 2-6　组织环境影响组织模式以及内部系统

环境	低度不确定性	中低不确定性	中高不确定性	高度不确定性
组织模式	直线职能式	事业部式	混合式	矩阵式
结构	职能式	事业部式	矩阵式	矩阵式
技术	例行，较低的相互依存	非例行，部门间较高的相互依存	例行或非例行，职能间一定的相互依存	非例行，较高的相互依存
战略目标	内部效率，技术质量	外部效益、适应，顾客满意	外部有效性，适应，顾客满意	双重核心——产品创新和技术专门化
经营目标	强调职能目标	强调产品线	强调产品线和某些职能	同等地强调产品和职能
计划与预算	基于成本的预算，统计报告	基于成本和收益的利润中心	基于事业部的利润中心，基于核心职能的成功	双重系统——职能和产品线
正式权力	职能经理	产品经理	产品经理，取决于职能经理协作的责任	职能与产品首脑的联合

本章小结

（1）外部环境是指某一事物赖以生存和发展的各种外部条件或影响因素。人力资源存在于特定的环境中，战略人力资源与所处环境因素之间是相互促进和相互制约的。

政治环境是指一个国家或地区的政治制度、体制、国家方针政策，它对组织的生存和发展有深远影响。任何组织都是这个社会的构成个体，不可能脱离这些政治环境而独立存在，必须适应政治环境。政治因素包括两个方面：一国的政治环境、政府的管理方式以及政府的方针政策等内容。

作为经济活动实体，企业本身就是一个经济性的组织，因此与政治因素相比，经济因素的影响更加直接。首先，是经济体制的影响。经济体制是一个国家经济运行的具体方式，它集中体现为资源的配置方式。其次，是经济发展状况的影响。现如今，市场趋向完整、经济快速发展，经济发展状况和劳动力市场状况已成为人力资源管理的内生变量。

科学技术与经济、社会逐渐一体化，经济和科学技术的竞争在全球范围内进行，科学技术和学术交流信息化、网络化的趋势加快。人力资源管理也必须紧跟技术变化的步伐进行变革和创新。技术正在改变人们的工作方式，也在改变人力资源管理理论、理念与实践。企业对新技术的开发和应用，是人力资源价值的集中体现。技术与产品的更新周期越来越短，带动现有职位不断变化，出现的新职位要求更多地掌握新知识、新技术、新技能的员工。

法律规范对人力资源管理的影响主要体现在它的约束和规范作用上。企业制定和实施人力资源战略及政策，必须符合国家和地方政府主管部门发布的各种相关法律和法规，这是企业能够保持正常运转的重要条件。

（2）人力资源管理的内部条件是指在企业系统之内能够对人力资源管理活动产生影响的各种因素。

企业发展战略就是指“企业为了收益而制定的与组织使命和目标一致的最高管理层的计划”。作为企业经营发展的最高纲领，战略对企业各方面的工作都具有重要的指导意义。企业的发展战略又可以分为成长战略、稳定战略、收缩战略。

对于不同的组织结构，其所对应的人力资源管理中的各项活动也有差别。就机械化组织而言，它的职位分析一般都将工作职责清晰界定，并且相对固定不变；招聘和录用的原则是按岗位职责来确定需求，选人；培训与开发是按岗位要求进行针对性的培训；绩效管理和薪酬管理都是基于个人实施的；在制度建设方面，拥有严格制定的规章制度并且严格按照规章制度管理；信息分享层面，信息一般都集中于高层。有机式组织则与机械化组织不同，它的职位分析只是大致界定了工作范围；招聘和录用一般都是通过考查应聘者的能力和素质之后再确定；培训和开放方面则是强调培训的通用性和灵活性，以适应职责变动的要求；绩效管理和薪酬管理都是基于团队实施的；制度建设包括两个方面的内容：规章制度和企业文化建设；由于实行的是分权机制，所以信息是高度分享的，遍及组织的各个层级。

企业生命周期对人力资源管理的影响可以从静态和动态两个角度来理解。以静态的观点看，在生命周期的各个阶段中，由于内外环境不同，企业具有不同的特点，因此随着企业在生命周期中所处阶段不同，作为企业管理子系统的人力资源管理也是不同的；以动态的观点看，生命周期是一个发展演进的过程，企业只有顺利地从一个阶段过渡到下一个阶段，才能够持续地生存并发展下去，因此随着企业的发展，人力资源管理也必须进行调整。

组织文化与人力资源管理紧紧联系在一起，组织文化所提供的组织价值标准、道德规范与行为准则不仅是人力资源管理运作的精神和行为依据，也为组织培育高素质的人才队伍创造了一个良好的环境和氛围。优秀的组织文化不仅吸引高素质人才，协调员工之间的关系，还将组织中的各种成员凝聚在一起，使组织在发展中更具稳定性。人力资源管理的吸纳、激励、开发、维持以及整合等各项基本功能的实现都受到组织文化直接或间接的影响。同时组织文化对人力资源政策意义重大，因为特定的措施和政策既有可能加强组织文化，也有可能削弱组织文化。

组织的领导者，特别是高层领导者的态度、行为与偏好等，都会影响增进员工交互行为、团队之间的相互关系以及组织目标的实现。因而，不同的领导风格对人力资源管理是不一样的。

（3）低度不确定性的环境，即影响人力资源管理的环境因素数量较少、相似程度较高且变化程度也较小。在这种环境中，人力资源管理的活动也是最简单的，它完全可以根据以往的经验和惯例做出确定的决策。

中低不确定性的环境，影响人力资源管理的环境因素较多而且相似程度也较低，但是这些因素的变化却比较小。对于这种环境,由于影响因素的变化程度不大,因此进行人力资源管理活动的关键是确认到底是哪些因素在起作用,只要能够确认这些影响因素,就可以做出比较确定的决策。

中高不确定性的环境下进行人力资源管理活动,难度要大于环境中低不确定性的组织人力资源管理活动。这是因为虽然影响人力资源管理的环境因素在数量上少于上一种情况而且相似程度更高,但是它们的变化程度却比较大,因此需要进行分析判断,需要对影响人力资源管理活动的因素变化做出预测,而这也正是有难度的地方。

高度不确定性的环境,是最为复杂的一种情况,在这种环境下,影响人力资源管理的因素不但数量较多,相似程度较低,而且变化程度也较大。这样就不仅需要对影响因素进行确认,还要对它们的变化做出预测,因此人力资源管理的难度是最大的,往往需要做出很多新的决策,制定很多新的方案。

思考题

1. 什么是战略人力资源管理外部环境?包括哪些因素?
2. 政治因素是如何影响战略人力资源管理的?
3. 文化因素对于战略人力资源管理的重要性有哪些?
4. 战略人力资源管理内部条件分析包括哪些因素?
5. 什么是机械式组织和有机式组织?它们的特点分别是什么?
6. 组织的生命周期分为哪几个阶段?各个阶段有什么特点?
7. 以工作为核心的领导方式和以人为核心的领导方式各有什么优缺点?
8. 如何辨别战略人力资源管理环境?

(扫描右侧的二维码,查看思考题答案解析。)

阅读材料

这是一个变革的时代,正如查尔斯·汉迪所说的那样,这个时代唯一不变的,就是变化本身。而且,自20世纪80年代以来,全球化和信息技术的巨大力量似乎正在促使这种变化加速与深化。外部环境的动荡与变化,无疑对身处开发系统中的各个组织——无论它是私营部门还是公共机构,是历史比较悠久的大型组织还是新兴的创新型组织——提出了前所未有的挑战。人力资源战略与组织行为效能日益成为管理者在全球化与信息化挑战与竞争背景下面临的焦点问题和最紧迫的任务,人力资源管理与组织行为学也不断成为全球管理教育的重要课程和人才培养的关键内容。经过数十年的成长与发展,人力资源管理与组织行为学在理论、方法与应用上日趋成熟并形成独特的体系。

随着我国改革开放日益深化,人才强国和建设小康社会战略的全面实施,我们越来越注重发展和构建更加适应我国文化背景和现代化建设实际需要的人力资源与组织行为理论和方法,越来越强调基于我国管理实践的整体性人力资源管理和全球组织行为策略,也越来越希望在理论联系实际的层面上加强人力资源管理和组织行为学的教学和应用。《组织发展与转型+有效的变革管理》一书旨在希望补充目前市场上比较欠缺的基于理论研究方法的教材及参考书籍。该书有四大特点:

第一,围绕重点领域。该书选编了人力资源管理与组织行为学中特别活跃和发展迅速的重点研究与应用领域的若干研究生教材、研究论文集以及理论专著,例如,人员选任与配置、激励机制构建、领导力培养、督导管理、组织结构与变革等,使得读者能够针对关键领域阅读和学习有深度的理论和研究成果。

第二,基于实证研究。该书的多数内容都根据实证研究成果提出一些理论原理和方法应用途径,有些本身就是经典研究报告。在该书中,作者还增加了许多来自我国组织行为学实证研究的理论成果和实际案例。这些新的材料,可以帮助读者从研究成果及其应用的角度,深入理解人力资源与组织行为学的理论原理及其应用方法,在对理论原理来源的学习基础上,学会应用这些成果。

第三,强调问题导向。该书的选题和许多章节都是结合我国管理实践中经常面临的问题而选择的,注重帮助读书提出问题并寻求解决问题的方法。

第四,实现组合效应。该书既显学科专题,又具组合结构,既可以独立作为课程或研究的教材,也可组合作为成套专业参考书籍;各章节之间既有联系、相互支撑,又独具风格、自成体系。因此,整体来看,比较灵活,各具特色。经过编排使用,可望实现丛书的组合效应,这在知识领域日益交融、学科体系日趋整体化的今天,尤其具有实际意义和价值。

《组织发展与转型+有效的变革管理》一书提供了组织发展和转型领域的经典文献,并及时提供体现创新和新方法方面的最新文章,其关注与组织发展和转型相关的理论和实践、历史和未来以及问题和机遇。

第一部分,勾画版图。首先是对组织发展渊源的回顾,对于组织发展早期的定义和描述,然后介绍了变革的概念以及有关的组织发展在20世纪80年代中期如何演变的描述,它验证了概念的变化。在一个对组织发展和转型的综合性回顾中摘录的章节,传递了20世纪90年代的最新思想和实践。而对影响管理思想发展的一些主要因素进行的研究表明,这些因素同样影响了组织发展的理论和实践。

第二部分,组织发展与转型的基础。这部分主要描述了该领域的一些理论和实践基础,关于干预的理论、社会技术系统理论、组织中的群体间问题以及组织文化方面的文章,描述了组织发展实践者在试图理解组织动力时,赖以支撑的理论基石。大部分组织发展的实际工作是通过"干预"完成的,即通过一系列有计划的行动设计来引发学习和变革。

第三部分,在基本的干预中探讨了一些干预方法,是早期的组织发展(OD)实践者使用的"工具箱"。这里给出的干预主要用来诊断组织动力、阐明角色期待、解决人际冲突、改善群体间关系以及增强计划和决策程序。本书的这一部分讲述了组织发展实践者在和组织成员一起进行实际工作时,通过什么样的方法来提高个人和组织的绩效。实践证明,这些干预方法在不同类型的机构和组织内都很有效。

第四部分,前沿的变革策略。本部分继续探索组织中产生学习和变革的干预方法,但是讨论的重点转向了可以带来所期望变革的“变革项目”或“宏大战略”。这部分文章描述了近年来组织转型的一些方法,包括自我管理团队、欣赏式探询、前景探索、卓越中心和缩短周期。

这些方法是现在组织转型和组织发展实践中的热门领域。这一部分还讨论了一些关键概念和应用方法。

第五部分,实施原则与问题。本部分提供一些建议,来增大组织转型(OT)和组织发展(OD)项目成功的可能性。在管理长期变革项目时,关键的因素是什么?这些问题都会在本部分得到讨论。这些文章主要涵盖这样一些主题:形成组织变革的意愿,在组织变革中考虑权力和政治的作用,选择干预深度,为实践者考虑一些实战规则,以及通过教练增加变革的有效性。

第六部分,案例与特例,包括英国航空公司、美国退伍军人健康管理局、福特汽车公司、波音公司以及美国宇航员的组织发展报告。在这些项目执行过程中所涉及的议题和挑战表明,组织变革是多么复杂。对于创业型企业以及脱胎换骨情境下的组织发展的讨论文章都表明,组织转型和组织发展可应用的情境是非常广泛的。

第七部分,未来的挑战和机遇,放在了文选的最后。选择的文章主题包括:对自我导向团队授权、伦理、管理不连续的变革、实施有效的人力资源实践,以及在一个数字化、全球化、超竞争环境中,为今天的组织发展(OD)点亮明灯。这些都是该领域所面临的挑战和机遇。但是,如果过去是未来的一个好的预言家,那么新的理论和技术还将会得到发展、检查和证实。

该书收集了关于组织发展和组织转型的理论、实践和研究基础的文献。该领域中优秀学者们的文章为我们提供了一个完整的图像,我们相信,这对管理者、组织动力学的学生、人力资源管理以及组织发展与转型方面的专业人士,都是非常有价值的。

《组织发展与转型+有效的变革管理》这本书的作者希望读者了解:

1. 什么是组织发展理论?

组织发展(organization development,OD)是一套产生于行为科学,并在现实世界中得到检验的、非常有力的概念和技术手段,它可以增进组织的有效性和个人幸福。组织发展关注能够改善组织内人员动力的机会和问题,并提供有效的解决方案。组织发展由干预技术、理论、原则和价值观组成,它向我们展示如何实施有计划的变革并获得成功。组织发展领域不断地引来实践者、客户、理论家、研究者以及新技术,它的应用背景广泛,并且已经成为组织中推动变革的一项首选策略。在20世纪50年代,起初旨在改善组织动力和管理实践的一些孤立的实验,已经演变成了今天我们所熟知的组织发展中的行为准则,而且,组织发展领域还在继续演变。例如,20世纪80年代,由于环境变革范围的扩大和步伐的加快,发展出了一些新的理论和技术来帮助领导者直面大规模、全系统的变革。这些努力被称为组织转型。

2. 什么是组织转型?

组织转型(organizational transformation,OT)是组织发展的最新拓展,它试图在组织的结构、流程、文化和对环境导向方面寻求影响深远的变革。组织转型主要采用行为科学理论和实践,用于影响大规模的、范式转换的组织变革。组织转型常常会在组织和执行工作方面产生全新的范式或模型。组织转型代表的是组织实现根本性转型中的一种组织发展变异。这些转型常常涉及范式的转换——在管理哲学、工作组织方式以及与员工和顾客关系方式上的彻底改变。组织发展与转型关注的是,人与组织和组织中人的功能如何,以及如何使得它们更好地运转。所以组织转型也常被认为是“第二代组织发展理论”。今天的组织对持续变革和适应性需求非常强烈,因此也常被认为是“第二代组织发展理论”。今天的组织对持续变革和适应性需求非常强烈,因此需要做出新的回应。组织转型代表的就是这种回应之一。但是想要明显增进组织的有效性和个人幸福,还有一段路要走。组织发展和组织转型都是达到这一目标的方法。

3. 为什么要研究组织发展?

几个原因表明,理解组织发展是什么以及如何实践组织发展,是非常重要的。它是有用的。组织发展项目能够改善个体绩效、鼓舞士气、提高组织的盈利能力。通过组织发展技术不但可以解决组织的许多老问题,还可以获得许多以前没有意识到的机遇;组织发展的应用正在增加。组织发展方法已经应用于今天的所有组织和行业。无论是制造业还是服务业,高科技组织还是传统组织,公共部门还是私营机构,都在资助成功的企业发展项目。现在人们已经意识到,组织最重要的资产是人力资产——生产商品并进行决策的人。寻求保护、增强和集聚人力资产的方法,并不仅仅是为了有一个好的人际关系,还创造了良好的经济氛围。为了使个人和组织都能从中获得收益,组织发展提供了许多方法来增强组织中人的方面。

组织发展是组织心理学和社会学的一个应用领域,是组织科学的工程学方面。有计划的变革涉及:常识、加班加点的艰苦工作、一种系统化目标导向途径、关于组织动力学以及如何变革的有效知识,这些知识来自基础与应用行为科学。这个来自过去50年实践的一揽子药方,旨在发现组织中什么是有效的以及有效的标准是什么。

组织发展是一项关键的管理工作。我们相信,组织发展的概念和手段将像会计、营销和财务知识一样,迅速成为一个受过良好训练的管理者的基本技能。可以预言,我们即将到达一个转型的新阶段,组织发展的篇章和边界将得到扩展,特别是,组织发展的实践将会融合到管理的艺术和科学中。组织发展为任何想改善目标达成的管理者和组织成员提供了一系列可用的工具。现在的管理者需要管理变革,组织发展领域为提高个体与组织之间,以及组织与环境之间的“完美匹配”提供了药方。这个药方的成分包括:聚焦组织的文化与过程;为设计和实施行动项目提供指导;以系统理论的术语定义组织及其环境;通过卷入、参与和承诺赋能于人,以创建变革流程。管理者需要了解组织发展是什么以及如何实践它。对现在和将来的管理者和领导者而言,深刻理解组织发展有很大的实践价值。组织发展与转型的目标是,在今天日益互赖、复杂和竞争激烈的世界里,帮助个体和组织更好地运转。

按照组织生态理论的观点,面对变化的环境,任何组织的底线或曰终极使命,就是生存。这个看似保守的命题,恰恰要求所有组织在变化着的环境中必须保持积极主动、有所作为。而组织变革的实施,自然也就成为当今组织应对挑战的必由之路。

今天,人们对自我管理团队、扁平化、流程再造、学习型组织,甚至虚拟组织、无边界组织等名词,已经耳熟能详了。但基于我们对组织管理领域有限的了解发现,还有两个关键性问题不是非常清晰:一个问题是,我们虽然一直在讲组织变革问题,但是究竟什么是组织变革?它与组织发展、组织转型有什么不同?它们之间的关系又如何呢?它们各自的理论基础是什么?在组织改善过程中分别扮演怎样的角色?等等。另一个问题是,相对于有关的概念和理论而言,组织变革更有一个实践问题。咨询顾问如何进入一个组织?有哪些可供选择的干预手段?干预的深度应该如何确定?有哪些前言的变革策略?具体实施过程中应该遵循怎样的原则和方针?是否有可供参照的其他组织成功或者失败的案例?等等。这些显然是任何组织本身和咨询界都非常关注的现实问题。

该书很好地解答了上述两个问题,即使对于熟悉这个领域的研究者和实践者来说,对该书的阅读也一定能够使他们对相关理论和实践问题的认识大大向前推进一步。对于企业经营管理者和组织变革实践者来说,该书收录了包括组织信息收集方法、碰头会、平行学习型结构、组织镜像等多种干预方法的专门论述;关于成功的自我管理团队、组织前景探索、建立大规模学习系统、实行欣赏式探询等前沿变革策略的介绍文章;关于如何选择组织的干预深度、如何通过教练提高自我效能等文章,还有包括美国退伍军人健康管理局、创业型企业以及面临脱胎换骨的企业如何实施成功变革管理的案例,等等。所有这些,相信都可以为实业界人士提供良好的帮助。

除上述一般的理论与实践意义之外,该书对处于转型时期的中国理论界和实务界,还有着特殊重要的价值。今天,很多国有企业从计划经济走向现代市场经济的组织转型还远没有最终完成,大多数民营企业在由企业家的企业转变为管理者的企业过程中,还面临相当大的困难与困扰,中国特有的数量庞大的事业单位正处在艰难转型的前夜,因市场机制的引入而带来的种种全新变化,正在日益紧迫地对公共管理机构的改革形成一种“倒逼”力量。所有这些问题的解决,都离不开组织变革方面相关的理论与方法的指导,该书可以为解决这些问题提供一种思路,也可能为理论家和实践者探索符合中国本土管理实践,具有中国特点的组织变革理论和经验,起到积极的作用。

因此,我们给大家推荐《组织发展与转型+有效的变革管理》(温德尔·L.弗伦奇,小塞西尔·H.贝尔,罗伯特·A.扎瓦茨基著,机械工业出版社出版)这本书,希望通过对这本书的深度阅读与学习,可以帮助大家更深刻地认识如何实现人力资源管理的价值增值。

参考文献

1. 方振邦,徐东华.战略性人力资源管理.北京:中国人民大学出版社,2010.
2. 董克用.人力资源管理概论.3版.北京:中国人民大学出版社,2011.
3. 杨百寅,韩翼.战略人力资源管理.北京:清华大学出版社,2012.

4. 詹姆斯·N.巴伦,戴维·M.克雷普斯.战略人力资源:总经理的思考框架.王垒,潘莹欣,译.北京:清华大学出版社,2005.

5. 王云昌.人力资源管理.南京:河海大学出版社,2002.

6. 雷蒙德·A.诺伊,约翰·霍伦拜克,拜雷·格哈特,帕特雷克·莱特.人力资源管理:赢得竞争优势.刘昕,译.3 版.北京:中国人民大学出版社,2001.

7. 温德尔·L.弗伦奇,小塞西尔·H.贝尔,罗伯特·A.扎瓦茨基.组织发展与转型.阎海峰,秦一琼,等,译.6 版.北京:机械工业出版社,2006.

第三章　战略人力资源管理效益评估

学习目标

1. 了解不同视角下战略人力资源管理效益评估的方法
2. 明确人力资源计分卡的主要内容
3. 掌握人力资源成熟度模型

开篇案例

美国通用电话电气公司(GTE),曾是世界500强企业之一,主要经营长话、市话、无线、互联网接入等多个领域的电信综合业务。在20世纪90年代中后期,和电信行业所有的企业一样,GTE几经风雨,发生了巨大的变化。到1995年年中,它完成了重大的合并重组和流程再造,并有效地压缩了规模。在1996—1997年间,又以"正向思维"文化变革理念为指导实现了成功的文化变革,为企业增添了快速发展的强劲动力。2000年5月,GTE与世界500强中当时排名第97位的贝尔大西洋公司合并,成立了美国维森(Verizon)电信公司,成为美国最大的电话公司,从事商业和零售两方面的服务,其服务涉及全球范围内众多地区。

在面对剧烈变革的过程中,GTE人力资源部门开发和使用了一套全新的人力资源管理工具——人力资源计分卡,应用于将公司的人力资源管理与公司战略的匹配和对公司绩效的有效评估,帮助公司成功实现了流程再造、文化改革以及2000年的兼并,现在的GTE——美国维森电信公司已经超过原有GTE,2001年处于世界500强第32位。

在此期间,GTE人力资源部门以"储备人才"作为主要的战略关注,希望能够为未来5~10年内实现公司的经营业绩准备全新的行动和能力。公司人力资源部在分析公司未来战略的基础上,将人才、领导、客户服务和支持、组织统一和人力资源能力作为公司的战略人力资源绩效驱动力。并在与高层不断沟通的基础上,提出了17个具体问题作为建立人力资源计分卡的着眼点,作为连接人力资源管理和企业绩效的关键点,比如:

- 我们拥有确保未来成功所需的人才吗?
- 人力资源管理如何帮助公司始终处于满足外部客户需求的地位?
- 被视为一种激活力的人力资源能吸引并留住公司的高级人才吗?
- 我们应该对员工的流动成本进行管理吗?

- 我们能应对金融危机吗?
- 公司在员工投资方面得到的回报是怎样的?

资料来源:文跃然.人力资源战略与规划.上海:复旦大学出版社,2007.

随着人们对人力资源管理效益这一问题的日益重视,评估人力资源管理对企业的贡献也成了许多学者的研究重点。对企业人力资源管理效益进行评估,能够体现人力资源管理的重要性,发现企业人力资源管理中存在的问题,为改进企业人力资源管理以及促进企业战略目标实现提供重要的决策依据。

企业战略人力资源管理效益评估的重要性:

(1) 有利于实现资源的有效配置。通过对企业人力资源管理效益的评估,人力资源工作人员能够有效识别那些明显改善组织绩效的人力资源活动,从而保证活动实施的有效性,达到有限投入最佳回报的目标。同时,及时客观的评价可以帮助企业及时纠正偏差,避免资源进一步浪费,减少不当的人力资源政策带来的风险,实现资源的有效配置。

(2) 能有效引导企业管理者的行为。通过对企业战略人力资源管理效益的评估,能够使企业管理者及员工不仅看到在人力资源管理上的投入与花费,而且能够看到人力资源管理的有效产出,将人力资源管理对企业的贡献情况显示出来。根据人力资源管理效能对企业的贡献,企业管理者会更加重视人力资源管理,增加有效投入,改变员工的态度、技能和行为,注重企业的长期持续发展能力,促进企业绩效的提高。

(3) 有助于企业制定人力资源发展战略。随着经济全球化的发展,市场竞争日益激烈,企业结构不断变化,工作日益复杂。信息技术的广泛采用以及企业变革的不断出现,都要求企业比过去更加注重人力资源战略的制定和实施,如积极培训企业所需的人才,在企业的兼并重组等企业变革中,保留核心员工,在企业中创造良好的工作环境和工作氛围,培养员工的团队合作精神,提高员工的个人技能等。科学地评估企业战略人力资源管理效益,能有效获取人力资源工作绩效、员工素质、培训与开发效果等相关人力资源信息,这些都是企业制定人力资源战略的基础,同时也是企业战略制定的重要依据。

(4) 有利于保持企业的竞争优势,实现持续发展。随着知识经济时代的到来,企业已经成为知识创造、传播的一个中心,高素质的员工队伍成为企业的核心竞争力。通过对人力资源管理效益的评估,企业能更有效地加大对员工开发的投入,不断提高员工的业务素质和服务能力。企业应充分认识到,加大人力资源开发力度,提升员工技能,是为企业未来的发展做准备,同时也为培训对象提供了一个潜在的发展机会,是一种有效的激励和报酬,能有效增强员工的工作动力,提升员工的工作绩效水平,进而实现企业的持续发展。

建立科学、系统的评价指标体系是正确评价战略人力资源管理效能的前提和基础。下面我们就从不同的视角对战略人力资源管理效益进行有效评估。

第一节　战略人力资源管理效益评估的不同视角

一、基于会计与审计视角

战略人力资源管理效益评估中基于会计与审计的视角是以人力资源会计为代表，主要特点是将人力资源部门视为企业资产或投资，采用一些会计或者审计处理原理对人力资源活动或人力资源管理部门的成本和效益进行评估。这突破了以往会计学只“物尽其用”的局限，将“物尽其用”的思路置于“人尽其才”的基础上，有助于重构一个与知识经济时代相适应、以人力资本为主导并与财务资本相结合的评估理论与方法体系。

（一）人力资源会计

知识经济的飞速发展，使企业从物质资源竞争转向人力资源竞争，竞争取胜的关键是要对人力资源进行科学、合理的开发、利用和管理。传统会计仅仅反映企业实物资源的投资和耗损情况，已不能全面反映、评价企业发展的根本原因，人们越来越重视人力资源的投资和耗损情况，即对人力资源进行会计核算，用会计的方法来评估投资、开展企业的人力资源管理活动，反映在企业发展过程中人力资本开发所起的重要作用。

人力资源会计是20世纪六七十年代才出现的一个会计学的重要分支，是人力资源管理理论与会计理论相结合的产物。美国会计学会人力资源会计委员会对人力资源会计的定义是，人力资源会计是鉴别和计量人力资源数据的一种会计程序和方法，目标是将企业人力资源变化的信息提供给企业和外界有关人士使用。

人力资源会计对于战略人力资源管理效益的评估主要是通过人力资源会计核算模式体现的。人力资源会计核算模式一般分为两种：人力资源成本会计和人力资源价值会计。

1. 人力资源成本会计

人力资源成本会计是较早提出、比较成熟的人力资源会计计量模式。人力资源成本会计是对取得、开发和重置人力资源所付出的代价，即对人力资源的投入所进行的会计核算。主要内容包括人力资源招聘、选拔、安置、培训等成本。其计量模式主要有历史成本和重置成本两种。① 在历史成本模式下，人力资源成本通常包括取得成本和开发成本两部分，且均列为对人力资源的投资即投入。取得成本是企业招聘、选拔、雇用和安置员工而发生的薪金、广告费、代理费等费用支出。开发成本是企业组织培训员工以使其达到预期业务能力或提高其技能而发生的培训费、学费、咨询等费用支出。历史成本模式的优点是根据原始凭证记录数据，计算结果有可验证性、客观性，定量化研究比较容易。② 在重置成本模式下，人力资源重置成本是用在某既定岗位上提供同等服务的人代替该岗位上原职工所发生的费用总和，通常包括取得成本、开发成本和遣散成本。而遣散成本是由于原职工离职造成的损失，具体有遣散补偿成本、遣散业绩差别和空职成本，一般可以按同类职工的平均数及其历史业绩来计量，而空职成本实质为机会成本。该模式获得成本数据较为容易，可以反映人力资源的实际经济价值，但是它带有较强的主观性。

在上述两项基本成本的分析核算外，人力资源管理的成本还可以有以下分类。① 直接成本与间接成本。直接成本是指可以直接计算和记账的支出、损失、补偿。例如，招聘广告费；缺勤、旷工、事故赔偿费及抚恤费等。间接成本是指不能直接记入账目的，通常为时间消耗，或因生产或服务损失导致的加班工时及费用支出等。② 可控成本和不可控成本。可控成本是指通过周密的人才资源管理计划和行为，可以调节和控制的人力资源管理费用支出。例如，可通过控制招募范围，控制人员招募和选拔活动的支出；通过严格挑选培训方案，控制人力资源培训活动支出等。不可控成本是指由人力资源管理者本身是很难或无法选择、把握和控制的因素所造成的人力资源管理活动支出。例如，由于人力市场供需因素造成人力招聘困难，导致人员招募成本上升。可控成本与不可控成本都是相对的。对人力资源管理成本的控制力一方面取决于外部环境，另一方面取决于人力资源管理决策及管理行为的正确性和及时性。③ 实际成本和标准成本。实际成本是指为获得、开发和重置人力资源实际支出的全部成本。标准成本则是指组织根据对自身现有人力资源状况及有关外部环境的因素估价而确定的对某项人力资源管理活动或项目的投入标准。确定这种投入标准对组织的人力资源管理成本控制具有积极意义，但前提是，这种投入标准必须是比较合理而客观的。将实际成本与标准成本进行比较分析，有助于发现组织在人力资源管理程序和行为方面存在的一些问题。

2. 人力资源价值会计

人力资源价值会计是从产出角度对人力资源的经济价值——预计未来人力资产可提供的服务总值的现值，进行会计核算，是一种反映预期价值的会计方法。人力资源价值会计的主要问题是价值计量问题，即确定准确计量人力资源价值的模型。

人力资源价值计量方法包括货币计量方法和非货币计量方法两类。同时从计量角度来看有群体价值计量和个体价值计量。群体价值计量的是职工群体在企业协作中产生的经济贡献；个人价值计量的是职工个体在企业预期服务期间的经济贡献。

目前，虽然人力资源会计理论日趋完善，但实际运用人力资源会计的企业很少，在对外的会计报表中更是鲜见人力资源会计的踪影。但是，这并不是说人力资源会计没有必要发展下去，更不是说人力资源会计没有存在的必要。只是因为人力资源会计还未能引起社会的足够重视，所以其理论在实践中运用时困难较多，许多方法的实施成本过高，不满足成本效益原则。

在当今这个以人为本、重视人才的社会，随着人在生产力发展中所起的作用日趋重要，如人力资源会计的重要作用能被人们意识到，人力资源会计也必将普及性地进入传统会计理论和实践范畴，在实际运用中不断发展、完善，最终融入传统会计，弥补传统会计在人力资源方面的不足，使会计更好地发挥其记录、核算和监督企业经济业务的功能。

（二）投入产出分析

投入产出分析方法最早是由美籍俄裔经济学家、诺贝尔经济学奖获得者 Leontief 提出的。它是用来分析特定经济系统内投入与产出间数量依存关系的原理和方法，是研究经济系统各个部分间表现为投入与产出的相互依存关系的经济数量方法。将这一方法应用于分析企业人力资源管理工作效益，人力资本所创造的价值就是总产出扣除物质投入（包括折旧）后的余额，其数值的大小可以归结为人力资源管理的效益。在利用投入产出分析技术测评人力资源管理工作效益时存在的主要问题是对企业产出效益的核算，如果仅仅考核单一的人力资源管理活动效益，那么还得测算企业效益中有多大成分是由此项活动创造的。一般来说，使用该项技术进行测评时需对人力资源管理效益进行整体测量。

将投入产出分析方法运用于人力资源管理评估，计算人力资源成本与其效益之比，具有较高的信誉度。在企业个案研究中，投入产出分析是较为成功的。一般而言，人力资源项目的成本是可以计量的，但问题是对项目收益的确认，尤其是在确认无形收益时较为困难。投入产出分析在评估人力资源单一项目时还是有效的。但是在评估整个人力资源工作时则效果不明显。人力资本不同于其他资产的地方在人力资产为企业带来的经济利益是其智力因素，而且必须与其他资产相结合才能实现。这样就存在两个问题：一是人力资源的成本支出能给企业带来的经济利益难以从总体利益中区分出来；二是用货币来计量人力资源中最具个性化的智力因素，难度较大。

（三）人力资源成本控制

管理学家彼得·德鲁克提出了人力资源的概念。人力资源主要是指在经济、政治和社会活动中投入的劳动力、劳动对象以及劳动工具等，是在各种活动中从事劳动和脑力，具有经验、知识以及技能的人。而人力资源成本有广义和狭义的区别。广义的人力资源成本，包括劳动力受雇前成本和劳动力受雇后成本；狭义的人力资源成本是企业为了实现自己的经济效益，达到自己的生产发展目标，并获得使用、开发以及保障人力资源所有支出的费用总和。

根据人力资源成本以及员工的关系，人力资源成本主要分为直接成本和间接成本。直接成本主要包括企业在人员管理中的各项费用，主要是开发成本、保险成本以及使用成本等。间接成本主要是指数量、时间和质量方面反映的成本，包括人力资源的离职成本、在决策方面的失误造成的成本等。

人力资源的成本根据发生的环节主要分为获取、使用、开发、离职以及保障成本。其中获取成本主要是指企业在录用和招聘员工过程中的成本。使用成本是指支付给员工的工资、奖金以及福利等。开发成本主要指企业为增加员工素质，对招聘的员工以及在职的员工进行培训产生的费用。离职成本是指员工和企业解除雇佣关系，企业在此期间支付的费用。保障成本是企业要向劳动保障部门支付的费用。

除了上述两种分类，一般情况下，普通的人力资源成本可包括每一位员工的培训成本、福利成本以及薪酬成本等。作为一种人力资源成本控制方法，测算人力资源成本并将其与标准成本比较能有效地评估人力资源绩效。这种方法是对传统成本控制的拓展，在典型的成本控制表中可包括雇佣、培训和开发、薪酬、福利、公平雇佣、劳动关系、安全和健康、人力资源整体成本。

会计理论更多地关注了人力资源会计体系，但实务中却始终没有将人力资源成本的核算纳入正规的账户体系，也没有将人力资源的成本信息运用于人力资源管理实践。随着企业在人力资源支出比重上逐步加大，人力资源成本管理在实践中越来越重要，建立人力资源成本控制体系并研究这一体系中的每一部分变得十分必要。

但就目前所探讨的人力资源成本控制，并没有考虑成本与绩效的关系，对成本的测算仅仅反映了人力资源管理工作绩效的一个方面，缺乏对人力资源管理工作评价的系统考虑。

（四）人力资源利润中心

随着知识经济格局的形成，人力资源与人力资本成为企业获取成功的战略性资源。依据战略人力资源管理理论，企业应利用人力资源管理支持未来战略的实现，运用全新的方法管理人力资本。但在管理实践中日益显现出了一种相反趋势，即人力资源管理的传统功能正在被淡化，向战略角色转型的速度也比较迟缓。一个接一个的人力资源管理职能被分配给了直线部门，一些基础性的人力资源工作又以提高效率的名义被外包出去……人力资源管理如果不能迅速完成战略转型，在组织中的地位将可能越发尴尬。

理论与实践在表面上的矛盾却反映了同样的本质要求：人力资源管理需要花更少的时间从事不能产生价值增值的管理工作，而用更多的时间与直线部门合作来改进组织的运作效率，从而支持组织战略目标的实现。于是，人力资源管理能否成功完成由传统的成本中心模式向利润中心模式的转变，就成了核心问题。

在传统的人力资源管理实践中，人力资源部门是成本中心，以降低人力资源成本、减少人事费用为部门的核心任务；人力资源管理者创造价值的唯一方法就是降低人工成本。而战略人力资源管理则是在企业既定战略规划下，发现和解决与战略相关的人力资源管理问题，进而提升组织的人力资源质量、创造力和生产率。可见，传统的人力资源管理面向过去，而战略人力资源管理则面向未来。

在成本中心模式下，资产负债表中没有反映与人力资源有关的资产负债和权益。在损益表中，人力资源投资被当期全部费用化，而未按预期使用年限分期摊销，从而低估了当期收益。企业短期内迅速增加人力资源投资会低估本期收益，降低当前利润，而减少人力资源投资又会高估本期收益，提高短期盈利水平。这种模式虽然有利于人力资源管理部门提升服务和行政效率，却极大地限制了其为组织创造价值、实现战略的主动性和独立性，而且还可能极大地误导组织决策者，令其忽略人力资源投资，用组织的现在换取未来。

利润中心模式下，人力资源管理职能的每个项目都可以独立计算盈亏，其主管必须对相关负责部门或者项目的盈亏负责，人力资源管理职能能够获得更大的独立性，并且以经济绩效来衡量人力资源部门的成果和贡献，人力资源管理者需要主动寻找和实施能够为企业创造价值的项目，提升人力资源部门在经济绩效方面的作用，阐明其如何为实现组织目标做出贡献。

显然，利润中心模式更能体现战略人力资源管理的要求。一是使人力资源管理部门从如何能“做好”事，转移到如何能“做对”事上来；二是把企业的最终绩效与人力资源部门绩效直接联系起来，促进人力资源管理者时刻关注企业最终目标的实现；三是提高决策层对人力资源投资和人力资源管理职能的重视，真正将人力资源作为组织获取未来竞争优势的核心资源。

由上所述，人力资源管理角色应当从成本中心向利润中心转变，并且从传统的成本中心向利润中心的转变是区分人事管理和人力资源管理的分水岭。

由利润中心模式启发产生的人力资源利润中心评估方法是当代管理理论和实践将人力资源部门视为能够带来收益的投资场所的体现。很多企业设立了人力资源服务中心或人力资源共享中心，向其他直线部门或职能部门提供有偿服务项目。典型的人力资源服务项目有培训与开发、福利管理、招聘管理、招聘、安全和健康、薪资管理以及劳工关系管理等。这种方法可以体现在成本收益中，但无法涵盖人力资源管理部门工作所产生的无形收益。

（五）人力资源管理总效率和智能资产回收率

一个企业人力资源管理系统的成效可以用两个标准来衡量：人力资源管理总效率和智能资产回收率。

1. 人力资源管理总效率

人力资源管理总效率是指企业人力资源管理系统产生的总效应，即按该企业人力资源管理系统为企业发展总目标服务时做出的贡献——有效性以及该人力资源管理系统的效率。具体方程表示如下：

$$\mathrm{Coe}(HRM)=aE1+bE2 \qquad (a+b=1)$$

式中：Coe(*HRM*)代表该人力资源管理系统的总效应，它的有效值在0~100；

E1、*E2* 分别代表该系统的有效性与效率，它们的值在0~100；

a、*b* 分别代表有效性系统和效率系数，有效值在0~1，且两者之和为1。

有效性系数和效率系数是由各企业根据其发展总战略对其人力资源管理的有效性和效率要求及其重视的相对程度决定的。有效性 *E1* 和效率 *E2* 根据企业与同行业中最优秀者的成效相比较而得。

2. 智能资产回收率

智能资产回收率是指该企业的利润和智能资产投资的百分比。它计算方便，但也有很大的局限性。只有和同行业企业相比较，智能资产回收率才有意义。除此之外，它还有另外一个缺点，企业利润中包含了非智能资本的因素所产生的效益和利润，因此，智能资产回收率不能准确地反映企业对非智能资产投资的收益率。

（六）人力资源审计

人力资源审计是传统审计的延伸，主要通过采用、收集、汇总和分析较长时期内的深度数据来评价人力资源管理绩效。这种系统方法取代了过去的日常报告，经过调查、分析、比较和审计为人力资源管理工作提供基准以便人们发现问题，采取措施提高效用。在人力资源审计中可综合使用访谈、调查和观察等方法。按照人力资源审计的概念框架所界定的受托责任主体和审计评判标准来划分，人力资源审计大致可以分为合法审计、制度审计、绩效审计和价值导向审计四种。

1. 合法审计

合法审计关注的焦点是企业是否遵循了相关的劳动法律法规。合法审计产生的直接动因在于雇佣关系中的法律风险。日益复杂的法律条文和不断变化的环境，使得企业经营者在人力资源管理实践中，不得不考虑如何最大限度地避免因人力资源管理不当而产生高昂的法律诉讼成本和由此可能导致的诉讼损失等问题。由于这种审计总会或多或少地涉及企业的商业秘密，包括可能已经存在的违法事实，因此这种审计往往由具备胜任能力的外部审计人员承担。合法审计的一般程序是，将人力资源管理划分为若干方面，如人力资源政策、人力资源档案文件管理、人力资源管理的具体程序和活动等；采用文件查阅、现场观测、调查访谈等审计技术和方法，对照现行法律法规的要求进行对比分析，评价企业人力资源管理活动的合法性，识别可能引起法律诉讼的风险因素；针对违反有关法律法规或可能引起法律诉讼的制度和程序，提出改进意见和建议，最终形成企业人力资源管理实践的合法性评价报告。

2. 制度审计

这种人力资源审计首先按照一定的程序确定需要评价的人力资源管理问题。在服务复杂性、企业内外部劳动力市场发展变化等因素一定的情况下，企业的人力资源管理实践可以分类进行审计，如可以着眼于整个服务，也可以从其中的任何子集来考虑人力资源问题；对人力资源的利用，可以从雇主也可以从员工的角度考虑。一般按照人力资源职能理论将人力资源管理划分为人力资源计划、招募与配置、培训、绩效管理、薪酬与激励、人力资源信息系统等方面。

在审计领域划定以后，人力资源制度审计主要关注以下问题：企业是否有根据目标设定的内部控制制度？对这些制度遵循得如何？是否制定了适当的人力资源政策？这些政策的实施结果是否达到了目标？典型的制度审计程序为：识别内部控制制度参数和管理目标；检查现行制度，并确定相关控制目标；确定能够实现控制目标的期望控制制度；将现行制度与期望制度进行比较；对控制制度进行测试；在对审计证据进行分析综合的基础上，就控制制度是否为有效控制提供了制度保障以及在实际中是否得到了遵守等做出评价。

制度审计的目标是确定企业是否建立了能够确保人力资源得到经济、有效利用的内部控制制度，检查这类制度的实施状况，并针对不足之处提出改进意见和建议。人力资源管理制度审计的隐含假设是存在最佳管理实践，如果依照最佳管理实践确定的制度或公认管理原则能够有效地付诸实施，人力资源管理职能就有可能经济、高效地发挥作用。

3. 绩效审计

绩效审计是指通过定量或定性分析，审查和评价企业人力资源管理活动的绩效，并提出改进意见或建议，以促进人力资源管理和企业绩效改善的审计过程。绩效审计关注的焦点，就是人力资源管理在企业运营中的地位和作用。人力资源管理在企业内部（其他部门提供服务）、企业整体两个层面上发挥作用。前一层面上的绩效评价即将人力资源管理部门作为一个生产服务单位，考察其为服务对象（顾客）提供人力资源管理服务的经济性、效率和效果，相关审计评价方式是顾客满意度审计。在考察人力资源管理对企业总体绩效的作用和影响时，往往进行人力资源管理功能审计。

人力资源管理功能审计主要关注相关程序是否得到充分运用，是否正确地发挥了作用，也就是检查目标和程序之间的关系是否合理，是否呈现最佳的成本效益关系。其审计步骤为：首先，对人力资源管理领域进行划分，并设定适当的绩效指标。其次，获取被审计单位的绩效数据，通过将绩效数据与同类企业、历史或行业的平均水平等基准进行比较，来判断企业绩效管理的薄弱环节，并提出改进意见和建议。

由于很难全面获得有关企业人力资源管理绩效的量化信息，而且很难定量分析人力资源管理活动对企业绩效的贡献程度，因此通常采用一种依赖定性分析、将顾客的主观评价与定量分析相结合的顾客满意度审计方法。这种审计方法强调人力资源管理部门对企业其他部门的服务作用，从投入、产出和满足顾客需要等角度评价企业人力资源管理的绩效。其基本理念是：所有人力资源管理活动都能够被理解为投入、产出和顾客三者相互作用的过程，强调顾客对人力资源管理绩效评价的参与。

4. 价值导向审计

价值导向审计的基本指导思想是：人力资源管理是为企业的特定价值目标服务的，通过将人力资源管理的期望结果与实际情况进行比较，可以得出企业人力资源管理的薄弱环节，从而有针对性地制定改进计划。这种审计的一般程序为：首先，识别并确定企业的目标价值及其期望状态，可以同时或顺次确定企业人力资源管理各专项内容的期望状态。其次，通过一定的技术方法，如生产技术准备审计中的技能和知识应用矩阵，对比分析企业现状与未来期望之间的差距。最后，根据差距分析，制定未来行动计划。这种审计的具体形式有生产技术准备审计、企业能力审计、战略贡献审计等。

人力资源审计四种模式的优缺点见表 3-1。

表 3-1　人力资源审计四种模式的优缺点对比

审计模式	主要关注领域	主要优点	主要缺陷
合法审计	人力资源管理活动和政策建立	降低雇佣关系的法律风险，促进公平交易	在经营和战略领域作用有限

续表

审计模式	主要关注领域	主要优点	主要缺陷
制度审计	建立充分的控制制度	关注制度设计和整合，能够促进公平交易	导致官僚主义，不能评估制度绩效，可能仅仅是制度证实等
绩效审计	绩效的定量指标	通过绩效指标的审计和分析，避免了最佳实践的要求	很难建立可靠和有效的组织绩效定量指标等
价值导向审计	人力资源对企业战略的贡献	战略导向价值的评价，不关注经营细节	对企业战略的支持性评价不足，企业可能没有或制定了错的战略

使用审计方法最主要的困难是审计信息和组织的整体有效性之间没有直接的关系。审计的目的是改善人力资源管理工作效率，保证有效人力资源管理计划的所有部分各就其位、各负其责。简而言之，人力资源审计是必需的、重要的，尽管它可能还不是非常有效的评估战略人力资源功能的方法。

（七）文化审计

人力资源部门对于企业组织最好的建设就是营造一个适合企业生存的文化氛围，最终对企业业绩做出很大的贡献。然而，如何衡量人力资源部门对组织的绩效贡献，人力资源部门对组织战略的贯彻结果起到哪些作用，如何来评判人力资源部门经理的业绩，这些都是困扰职业经理很久的问题。文化审计作为一个创新的审计手段来进行企业人力资源管理的业绩分析，从另外一个角度对这些软性指标进行量化分析，从而可以实现人力资源部门对整个组织绩效的贡献度的衡量。

英格哈特等人（Inglehart）的研究报告显示，文化审计大致可以分为以下六个步骤：

（1）明确审计目标。企业进行文化审计的时候，首先要确认企业的战略目标，从而了解其分解到企业文化层次的次级别目标有哪些。其次，分析有哪些企业文化建设方面可以显示出这些文化层次的次级别目标的完成情况。

（2）选择审计指标。在明确公司的企业文化层次的次级别目标以后，审计人员才能够分析有哪些企业文化建设方面可以显示出这些文化层次的次级别目标的完成情况，从而确定具体的审计目标。

（3）明确企业文化的目标。在确定这些审计指标以后，我们必须明确企业进行这次文化审计的目的，是衡量人力资源部门在这次战略执行过程中执行的业绩考评。

（4）实行企业文化具体审计。通过使用审计的基本数据获取程序，收集到相关审计指标的相关数据，并且最终出具审计报告。如果有必要的话，还可以出具管理当局建议书。

（5）文化差异分析。通过比较文化审计的最终报告结果同原来的预期期望值，可以得出企业具体的文化差异,即文化建设方面同企业既定目标的差距。

(6) 行动方案修正。通过以上文化差异分析,可以修正人力资源部门在战略执行部门对于战略执行的最终贡献程度,并且可以帮助人力资源部门修正其原来的行动方案,在审计结果与预期数据有出入的方面,可以有所改进。否则,由于缺乏战略层次上的考评,人力资源部门的绩效往往无法有效评估。

二、基于指数标准视角

与会计与审计视角不同的是,在指数标准视角下,企业应当基于人力资源管理各职能活动制定一些定量或定性标准,然后将各职能活动取得的实际结果与标准加以对照,以评估战略人力资源管理效益。

(一) 人力资源指数

"人力资源指数"这一概念最早是由 Rensis Likert 提出的,他在 20 世纪 60 年代从事人力资源统计时,企图在收入报表和收支平衡表上综合人力资源统计和财力数据,以此对人力资源管理做出评价。Likert 的这种做法在运用推广的过程中受到了包括专业会计人员在内的反对,渐渐地,在人力资源统计的过程中只好尽量少地运用财力数据,更多地运用对一个企业管理氛围的调查数据来测评其人力资源管理的现状。

企业在衡量人力资源管理效果时,往往只注重"硬指标",如投资收益率、员工的缺勤率、抱怨率、工作转换要求率、员工改进建议数目等,而忽视了员工对工作的满意度、对人力资源管理的满意度等"软指标"。由于"硬标准"的变化可能比人力资源管理条件的变化滞后,因此,增加关于员工的激励和满意度的测量和评估是非常重要的。自从 Likert 提出人力资源指数的概念之后不久的 1997 年佛罗里达大西洋大学管理学院的 Frederick E. Schuster 设计了"人力资源指数"(human re-sources index),用它来进行企业自下而上的沟通气氛的调查,通过员工对 15 项人力资源管理工作方面的测量,获得对企业人力资源管理绩效和整个组织环境气氛状况的评价。

人力资源指数反映了被调查职工的想法,它罗列了有关组织的 60 多个问题,诸如:"本单位各部门之间有着充分的沟通和交流,信息能够分享""职工的技能在单位里能够得到充分的发挥"等。对每个问题职工可以从下面 5 种选择中挑选一种最适合于他本人所处的环境和表达的感受:A. 几乎从来没有;B. 不经常;C. 有时;D. 经常;E. 几乎总是。针对上述 5 种备选答案的选择赋予相应的分值,对 64 个问题分别计分和汇总,用这 64 个问题来确定以下 15 个因素的综合分数:① 报酬制度;② 信息沟通;③ 组织效率;④ 关心员工;⑤ 组织目标;⑥ 合作;⑦ 内在满意度;⑧ 组织结构;⑨ 人际关系;⑩ 环境;⑪ 员工参与;⑫ 工作群体;⑬ 基层管理;⑭ 群体协作;⑮ 管理质量。

Schuster 教授指出,人力资源指数调查方法在许多企业经过使用都证明是有效的,它运用心理测量的方法与技巧来评估职工的态度、满意度和对组织目标所做的贡献,准确地找出企业中那些影响企业效率的、隐藏的、来历不明的因素，从而为企业实施有针对性的管理提供了思路。但人力资源指数问卷也有一些缺点，比如通过该指数依然不能揭示员工意向与企业组织绩效之间的关系，也无法阐释人力资源管理对组织的贡献度。

（二）人力资本指数

人力资本指数是全球知名人力资源公司华信惠悦发明的用来计算人力资本和股东价值相关性的方法。这家著名咨询公司于1999年开发并推出了人力资本指数量表，试图以此来衡量人力资源管理对组织经营业绩的影响程度。华信惠悦公司通过对18个国家750家公司的数据进行分析，得出了在人力资源管理措施上得分高的公司，其5年的股东回报率也明显高于其他公司。另外，华信惠悦公司还对各项人力资源管理措施进行了独立调查，结果发现整体奖励回报系统、轻松和谐的工作氛围与场所、人员的招聘与留用、充分的沟通、有重点的人力资源服务技术这5项措施均与企业的市值呈正相关关系。而且这5项措施上一个标准差的改进可以使公司市值增长47%。

由此可见，华信惠悦公司所研发的人力资本指数，力图通过揭示人力资源管理措施质量与公司5年股东回报率的关系而建立一套通用的人力资源管理措施标准。

（三）人力资源关键指标

关键绩效指标，是企业人力资源管理一个极为重要的组成部分。企业要发展，离不开全体员工努力工作，更离不开全体员工持久旺盛的工作热情，要做到这一点，企业就必须有一个公平、公正的价值评价体系和客观公正的绩效考评体系。只有在这样的评价体系中，每一个员工的自我价值和工作绩效才能获得正确、公正的衡量，从而获得公正合理的激励，关键绩效指标测评体系正好能担当此重任。

关键绩效指标，其含义是通过对组织内部某一流程的输入端和输出端的关键参数进行设置、取样、计算及分析，用以衡量流程绩效的一种目标式量化管理指标。关键绩效指标作为一种先进的管理工具，可以把企业的战略目标分解为可运作的远景目标，是企业绩效管理的基础。

而人力资源关键指标就是运用一些测评组织绩效的关键量化指标（即关键绩效指标）来衡量人力资源部门的工作情况。这些关键指标包括就业、平等就业机会、培训、员工评估和开发、生涯发展、工资管理、福利、工作环境、劳动关系和总效用等。每一项关键指标均需给出可量化的若干指标，如培训可采用每种岗位上员工完成培训人数的比例及每一个员工的培训时间等。一般来说，信效度较高的一套人力资源关键指标与人力资源管理活动和组织绩效可能都具有较高的相关度。但由于企业人力资源管理功能会伴随社会经济发展而演变或转化，而且不同国家或地区、不同企业自身实际情况存在差异，所以人力资源关键指标的设计、指标权重的确定等都存在着较大的不确定性，需要根据一定社会经济发展水平、国家或地区文化背景和企业实际情况等因素进行调整。

（四）人力资源目标管理

目标管理最先由美国管理大师彼得·德鲁克于1954年在其名著《管理的实践》中提出。目标管理亦称“成果管理”，俗称责任制，是以目标为导向，以人为中心，以成果为标准，而使组织和个人取得最佳业绩的现代管理方法。

目标管理最广泛的应用是在企业管理领域。企业目标可分为战略性目标、策略性目标以及方案、任务等。一般来说，战略性目标和高级性策略目标由高级管理者制定；中级策略性目标由中层管理者制定；初级策略性目标由基层管理者制定；方案和任务由职工制定，并与每一个成员的应有成果相联系。自上而下的目标分解和自下而上的目标期望相结合，使经营计划的贯彻执行建立在职工的主动性、积极性的基础上，把企业职工吸引到企业经营活动中来。

目标管理方法提出来后，美国通用电气公司最先采用，并取得了明显效果。其后，在美国、西欧、日本等许多国家和地区得到迅速推广，被公认为是一种加强计划管理的先进科学管理方法。中国20世纪80年代初开始在企业中推广，采取的干部任期目标制、企业层层承包等，都是目标管理方法的具体运用。

这里的人力资源目标管理就是运用目标管理的基本原理，根据组织目标要求，确立一些可量化的目标来评价人力资源工作。这种方法的关键在于目标的合理性、可评估性、时效性和富有挑战性，且符合实际、与组织绩效相关、易于理解和尽可能被量化。

（五）人力资源竞争基准

人力资源竞争基准就是将本企业人力资源工作的关键产出列出来，然后再将此与同行业中的佼佼者进行比较，从而对人力资源工作进行评估。这种方法通常只关注产出，而忽视了投入，缺乏对人力资源管理工作评价的系统考察。另外，对同行业中的佼佼者在人力资源管理方面相关数据的审计或获取存在一定的难度。

（六）无形资产检测体系

无形资产包括外部结构、内部结构及员工能力，Sveiby据此开发了一个无形资产检测系统。该系统从知识的观点出发，揭示了一个组织内部的无形资产是什么，其衡量指标包括三个方面：

（1）成长、更新指标。由专业年资、教育水平和员工流动率等具体指标衡量，以了解公司在某专业领域上所累积经验与能力的平均变化程度。

（2）效率指标。用专业人员所占比例、杠杆效果和专业人员的平均附加价值等统计数据衡量，以了解专业人员对公司的重要性及其为公司所带来的附加价值。

（3）稳定性指标。用员工平均年龄、年资、专业人员流动率和相对薪资水平衡量，以了解公司员工能力的稳定程度。

总体而言，从指数标准衡量视角研究战略人力资源管理效益评估，在一定程度上显得相对便捷和直观。虽然各评价体系多采用定性与定量相结合的方式，如选用员工满意度、离职率等指标，但纵观各种评价体系，其指标体系往往过于庞杂，具体衡量指标多达几十个。一方面众多的定性指标要通过大量的调查问卷获得，困难重重；另一方面为了尽可能量化，有些学者选用了间接的、替代性的定量指标，这可能使测量变得简单，但又往往会产生评价不全面，为计量而强迫量化的问题。而且存在各种评估指标之间可能缺乏联系，在具体指标的选取上不够严谨，指标覆盖面有限等。所以大部分研究仍然处于评估指标体系理念框架构建层面，迄今还没有一个相对科学、严密且被广泛认可的指标体系，这使得用指数方法评估战略人力资源管理效益仍然作用有限。

三、基于计量分析方法视角

随着计量经济学的发展，一些学者力图结合数学方法和统计方法对战略人力资源管理效益评估方法进行创新。他们虽然在思想上秉承了其他流派的很多观点，在指标设计和评估内容上没有发展出其核心独立的思想，但是他们采用多种数学方法从过程上对评估体系进行了创造性的解析，这对战略人力资源管理效益评估的过程还是产生了不小的影响，也为这一领域的研究开阔了视野。

（一）层次分析法与企业人力资源管理效益评估

层次分析法（analytic hierarchy process，AHP）是将与决策总是有关的元素分解成目标、准则、方案等层次，在此基础之上进行定性和定量分析的决策方法。该方法是美国运筹学家匹茨堡大学教授萨蒂于20世纪70年代初，在为美国国防部研究"根据各个工业部门对国家福利的贡献大小而进行电力分配"课题时，应用网络系统理论和多目标综合评价方法，提出的一种层次权重决策分析方法。

21世纪初，我国台湾学者谢炜频（2001）提出了一个"台湾企业人力资源管理效能衡量模式"。该模式通过AHP（层次分析法）建立了一个由4个构面和64个指标组成的评估指标体系，每个层次均测算和赋予了相对权重和绝对权重。该模式从技术性人力资源管理效能、战略人力资源管理效能、人力资源管理者专业才能和人力资源管理者经营才能四个方面对企业人力资源管理进行结果性评估。

该研究通过对台湾从事组织行为与人力资源管理研究的学者和企业界人士的调查意见汇总、归纳和选择衡量指标，计算出各构面和指标的权重，结果发现，台湾企业人力资源管理效能主要构面的重要性排序为"战略人力资源管理效能"（0.308）、"人力资源管理者经营才能"（0.256）、"人力资源管理者专业才能"（0.238）和"技术性人力资源管理效能"（0.198）。并得出结论认为，评估企业人力资源管理实施发挥的效能尤其关注"战略人力资源管理活动发挥的效能"和"人力资源管理者所具备的经营才能"这两个层面，其中"战略人力资源管理效能"又以"人力资源战略与规划"最为重要，"人力资源管理者经营才能"则以"人际关系管理才能"最为重要。将人力资源管理效能分为战略性、技术性以及人力资源管理者经营才能与专业才能具有一定的创新性和合理性，其既体现了对战略人力资源管理的关注，又将人力资源管理者的才能纳入人力资源管理评价视野。

（二）模糊综合评价法与人力资源管理综合评价

模糊综合评价法是一种基于模糊数学的综合评标方法。该综合评价法根据模糊数学的隶属度理论把定性评价转化为定量评价，即用模糊数学对受到多种因素制约的事物或对象做出一个总体的评价。它具有结果清晰、系统性强的特点，能较好地解决模糊的、难以量化的问题，适合各种非确定性问题的解决。

该方法便是采用上述模糊综合评价方法构建了一个人力资源管理综合评价模型，该模型强调从人力资源管理结构、人力资源管理功能及其组合方式角度运用模糊综合评价方法对人力资源管理进行综合评价。

首先，该研究将人力资源管理结构分为宏观结构和微观结构。宏观结构是在组织层次上进行的，关注的是人力资源管理实践如何与组织目标、组织变革、战略调整和组织管理模式的变化相匹配，以利于提高组织的绩效。微观结构的功能是导向型的，在个体层次上进行，关注的是人力资源管理实践对个体的影响。研究进一步把人力资源管理宏观结构划分为战略人力资源管理结构和权变性人力资源管理结构。战略人力资源管理结构的核心是如何提高组织绩效，即战略人力资源管理结构反映与组织绩效的关联度。权变性人力资源管理结构的核心是匹配，即当组织目标、组织变革、战略调整和组织管理模式变化时人力资源管理与之相适应程度。人力资源管理微观结构则包括人力资源规划、人力招聘与测评、培训与开发、薪酬管理和绩效评价。

其次，研究将人力资源管理功能划分人力资源管理硬功能和人力资源软功能。硬功能即运行功能，主要包含人力资源管理微观结构所涉及的人力资源规划、人才招聘与测评、培训与开发、薪酬管理和绩效评价等内容。人力资源软功能是硬功能的延伸，包括凝聚功能、激励功能、约束功能、绩效功能和创新功能。

最后，在综合归纳人力资源管理结构和功能的基础上，研究将人力资源管理综合评价的指标确定为人力资源管理宏观结构、人力资源管理微观结构、人力资源管理硬功能与人力资源管理软功能，然后运用模糊综合评价方法对企业人力资源管理进行综合评价。

（三）贝叶斯网络与人力资源管理评价

贝叶斯网络又称信度网络，是贝叶斯方法的扩展，由 Pearl 于 1988 年提出，是目前不确定知识表达和推理领域最有效的理论模型之一。贝叶斯网络是一种概率网络，是基于概率推理的图形化网络，而贝叶斯公式则是这个概率网络的基础。贝叶斯网络是基于概率推理的数学模型。所谓概率推理就是通过一些变量的信息来获取其他的概率信息的过程。基于概率推理的贝叶斯网络（Bayesian network）是为了解决不定性和不完整性问题而提出的，它对于解决复杂设备的不确定性和关联性引起的故障有很大的优势，在多个领域中获得广泛应用。

该人力资源管理评价方法是在国内外关于企业人力资源管理评价相关成果的基础上,遵循过程与结果相结合的原则,构建了一个人力资源管理评价指标体系。该指标体系包括人力资源规划、职务分析、招聘、绩效考核、薪酬设计、培训与发展、信息管理、劳资关系、企业满意度和员工满意度等指标。之后将上述贝叶斯网络方法引入人力资源管理评价体系中,得出基于贝叶斯网络的人力资源管理评价模型。最后通过实验,将基于贝叶斯网络的人力资源管理评价模型用于对某公司人力资源管理水平进行评估,同时通过反向推理,得出影响人力资源管理水平的主要因素以及它们的影响程度。

(四)其他方法与人力资源管理效益评价

1. 柯布-道格拉斯函数

该方法是选用最著名的柯布-道格拉斯生产函数对人力资源管理效益进行评估。这种做法虽然能够较为逻辑地推算出人力资源管理效益的贡献大小,但由于在现实生活中,柯布-道格拉斯生产函数的假设条件通常难以完全满足,所以在利用该模型进行量化分析时,还应结合定性方法以更加准确地核算人力资源效益,从而确定人力资源价值。

2. 马尔柯夫分析

马尔柯夫分析法(markov analysis)又称为马尔柯夫转移矩阵法,是指在马尔柯夫过程的假设前提下,通过分析随机变量的现时变化情况来预测这些变量未来变化情况的一种预测方法。它起源于俄国数学家安德烈·马尔柯夫对成链的试验序列的研究。1907年马尔柯夫发现某些随机事件的第N次试验结果常决定于它的前一次(N-1次)试验结果,马尔柯夫假定各次转移过程中的转移概率无后效性,用以对物理学中的布朗运动做出数学描述;1923年由美国数学家诺伯特·维纳提出连续轨道的马尔柯夫过程的严格数学结构;20世纪30—40年代由柯尔莫戈罗夫、费勒、德布林、莱维和杜布等人建立了马尔柯夫过程的一般理论,并把时间序列转移概率的链式称为“马尔柯夫链”。马尔柯夫分析法已成为市场预测的有效工具,用来预测顾客的购买行为和商品的市场占有率等,同时也应用在企业的人力资源管理上。

该方法便是利用马尔柯夫分析方法,建立了一个评价企业人力资源管理方法优劣的定量模型。在企业实际的人力资源管理工作中,通常存在如人才对报酬和机遇期望过高、企业对人才的激励力度不够、人才与企业之间缺乏必要的沟通以及彼此的价值观不一致等问题,因此利用上述定量模型可以适当地了解企业与人才之间关系协调程度的状况,为企业人力资源管理的优化提供依据。

3. 遗传算法与神经网络方法

遗传算法(genetic algorithm)是一类借鉴生物界的进化规律(适者生存,优胜劣汰遗传机制)演化而来的随机化搜索方法。它是由美国的J.Holland教授于1975年首先提出,其主要特点是直接对结构对象进行操作,不存在求导和函数连续性的限定;具有内在的隐并行性和更好的全局寻优能力;采用概率化的寻优方法,能自动获取和指导优化的搜索空间,自适应地调整搜索方向,不需要确定的规则。遗传算法的这些性质,已被人们广泛地应用于组合优化、机器学习、信号处理、自适应控制和人工生命等领域。它是现代有关智能计算中的关键技术。

神经网络(neural networks,NN)是由大量的、简单的处理单元(称为神经元)广泛地互相连接而形成的复杂网络系统,它反映了人脑功能的许多基本特征,是一个高度复杂的非线性动力学习系统。神经网络具有大规模并行、分布式存储和处理、自组织、自适应和自学能力,特别适合处理需要同时考虑许多因素和条件的、不精确和模糊的信息处理问题。

该方法是引入神经网络作为人力资源管理效益评估体系的实现模型。它有以下结论:BP 网络具有极强的映射能力和自学、自适应的特性,而遗传算法具有较好的全局寻优能力,可以解决 BP 网络容易陷入局部极小的缺陷。基于上述的遗传算法和神经网络进行人力资源管理效益评估,一方面可以解决人力资源管理效益评价中存在的非线性问题;另一方面当企业发生变化时,可以通过改变参数,重新训练网络,实现人力资源管理效益评价的动态化。

4. 功能价值评价方法

该方法提出了一个将价值工程学科中的功能价值评价思想和方法应用于对组织人员、岗位等对象进行评价的设想。它讨论了功能价值评价与工作评价、绩效考评等职能之间的区别和联系,指出对组织中人力资源相关方面进行功能价值评价的目的是明确需要调整和改进的具体对象,提高人力资源管理的效率,并通过举例说明了应用功能系数法进行评价的一般步骤和程序。

总而言之,计量流派在过程分析上拓展了战略人力资源管理效益评估的路径,但是由于计量方法的运用需要企业拥有完善的信息系统和长期的历史数据作为基础,加上模型成立的假设条件通常难以满足,所以计量模型的实用性往往差强人意。

第二节 人力资源计分卡

一、人力资源计分卡的含义

为了提高组织的战略执行能力、改善组织的绩效,高管人员都关注于评价和考核组织中各部门对组织的战略绩效贡献。对于人力资源部门来说,绩效评估、培训效果评估、招聘有效性评估等评估工具被广泛地使用,并发挥了很好的作用。但如何评价人力资源对组织的存在价值,测量人力资源管理活动的成本效益,却仍然处于争论之中。随着管理理论和实践的发展,人力资源指数问卷调查、人力资源声誉调查、人资源会计等多种人力资源评价方法被提出并付诸实践。人力资源计分卡作为一种源于实践、已被证明十分有效的人力资源管理绩效评价工具,也应运而生。

人力资源计分卡(HR scorecard)是一个战略性人力资源测评系统,即评估人力资源战略绩效评价的工具，是将企业的战略、人力资源管理和绩效连接在一起的一套系统的思考方法和管理工具。它能完成两件重要的事情：第一，把人力资源作为战略资源（指那些一系列难以交易和难以模仿的、稀缺的、专有的、能给公司带来竞争优势的特殊资源和能力）进行管理；第二，证明人力资源管理工作对公司的成功财务的贡献。在产生之后，人力资源计分卡被广泛运用于很多大型跨国企业，比如 Verizon 电信公司、昆腾公司等。

二、人力资源计分卡的维度

在构架上，人力资源计分卡在调整平衡计分卡的最初模式（即包含财务维度、客户维度、内部运营维度和学习与成长维度）的基础上，沿袭了平衡计分卡关注长期战略和与业务产出关键驱动指标的特点。与平衡计分卡相似，人力资源计分卡也包含以下四个维度。

（一）财务维度

财务维度关注于测量人力资源对组织的可测的财务贡献，包含培训、员工安置、风险管理的净收入和相应成本。通常来说，主要关注两个方面人力资本的最大化和人力资源管理成本的节省，最终支持股东价值最大化的实现。

（二）客户维度

客户维度包括用于测量人力资源部门的关键客户对人力资源评价的指标。这里所说的客户含义比较宽泛，既可能指企业内部的其他部门，也可能指人力资源产品和服务的外部购买者，而前者的比重通常更大一些。一般来说，客户关注的不外乎时间、质量、性能和服务四个方面，与之对应的人力资源管理工作的具体指标就应该包括时效性、产品/服务质量、服务/合作关系、客户满意度、客户排名顺序等。这些指标都可以反映出客户对服务的评价和全体员工雇佣情况、竞争能力和相关生产率。

（三）运营维度

运营维度是测量人力资源管理活动在实现其内部流程最优化方面成果的指标。通常来说，这个层面的关注点有人员安置、技术、人员规划和人员服务等方面的效率。

（四）战略维度

战略维度是测量组织在人力资源战略目标方面取得成果的指标。人力资源战略来源于组织战略，测量人力资源战略的指标也就是人力资源绩效驱动力。人力资源计分卡是以实现业务战略为目标的，相关联的人力资源战略目标是整个模型的驱动力。这个维度常见的指标主要有人才、能力、以绩效为基础的文化氛围、组织整合和领导等。

这四个维度之间也存在一定的逻辑因果关系：战略维度是其他三个维度的实现基础和重要驱动力；财务维度的目标是最终目标。四个维度之间的逻辑关系是，通过实现人力资源战略目标推动人力资源管理内部流程的优化，人力资源内部管理流程的优化使得人力资源部门的关键客户的满意指标得以提高，人力资源关键客户满意度的提高最终带来人力资源管理活动的财务效益得以实现，即使人力资源管理活动产生较高的财务绩效（见图 3-1）。

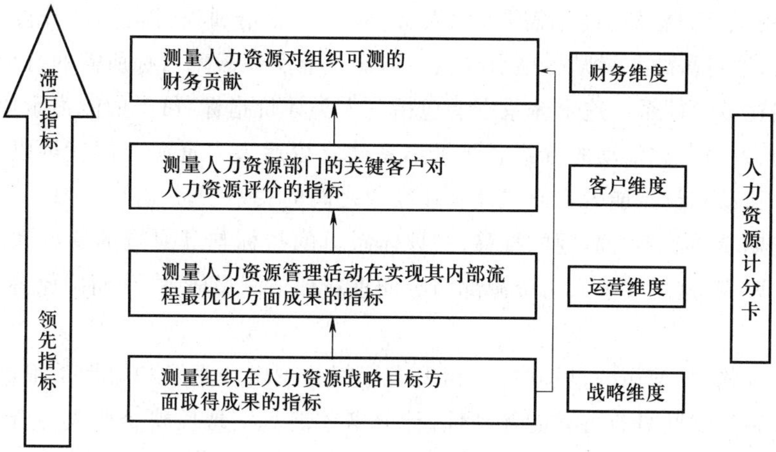

图 3-1 人力资源计分卡四个维度的关系

三、人力资源计分卡的实施

人力资源计分卡既是一种管理工具，也是一种测量工具。它可以用来测量企业中的人力资源活动、员工行为方式、绩效产出和企业战略之间的相互关系。它在企业建立战略目标导向的人力资源管理体系中发挥着重要的作用。人力资源计分卡的实施通常分为七个步骤：明晰企业战略、分析企业价值链、与战略相关的绩效要求、员工的能力素质、保障措施和相关政策、构建测量体系、定期重估。

（1）明晰企业战略。在企业将战略规划分解为具体可行的战略目标的时候，人力资源部门基于自身对战略的理解和对企业内外部人力资源状况的了解，可以对企业战略规划的制定和具体目标的分解提供有效的信息支持，并将企业战略和人力资源部门的职能战略进行对接。

（2）分析企业价值链。要想提高企业的绩效，就必须了解企业的价值创造活动。如果对企业的业务活动不了解，不知道企业的盈利来源，就不可能做好辅助企业战略实施的工作。通过对价值链的分析，可以使企业明确自身需要什么样能力素质的员工，以及与此相配套的政策和措施。

（3）与战略相关的绩效要求。要想实现企业的战略目标，就必须在诸多方面达到与之相匹配的绩效要求。只有整个组织的绩效水平达到预定目标，才能够对企业战略目标的实现提供现实的业绩支撑。

（4）员工的能力素质。与战略相关的绩效要求明确以后，就要确定员工需要具备哪些能力和素质才能实现相应的企业绩效。也只有具备了合适的人和相应的能力之后,企业战略目标的实现才有人员的保障。

(5) 保障措施和相关政策。明确了企业员工需要的能力和素质以后,人力资源部门就要制定实现这些人员能力和素质要求的保障措施和政策。通过招聘和解雇找到(去除)企业实现战略目标所需(不需要)的人员,通过企业培训项目培养提升员工具备相应的能力素质,通过薪酬和激励措施引导员工做出企业实现战略目标所需的行为。

(6) 构建测量体系。这个体系主要包括三大类评价指标:员工的能力素质和行为、人力资源活动、人力资源活动的方式。测量体系建立以后人力资源部门就可以用其反映企业人力资源活动和员工能力素质以及企业绩效之间的关系了。

(7) 定期重估。随着时间的推移,测评体系里的指标与其对应的绩效和战略目标的关系会发生改变,这就要求人力资源部门定期重新评估测量体系,从而确保各项指标测量的有效性。

在计分卡构建、使用的过程中,各相关指标间的逻辑关系及相关性是很重要的,只有保证各相关指标之间具有可靠的互动性,计分卡才能真实地反映企业人力资源活动在企业实现其战略目标中所发挥的作用。

人力资源计分卡为战略人力资源管理效益的评估提供了很好的视角与框架,但目前在具体的平衡面以及关键性成功因素的确定上还存在诸多争议。此外,人力资源计分卡的维度具有指导意义,但要让人力资源计分卡作为可操作的人力资源战略评估系统,还需要建立人力资源计分卡的关键绩效指标体系,并借助 IT 系统辅助实施。

第三节 人力资源成熟度模型

人力资源能力成熟度模型(P-CMM)是美国卡耐基·梅隆的软件工程研究所(SEI)开发的一个管理架构,旨在帮助各类组织发展人力资源的成熟度,并突出与人力资源相关的核心问题。该理论架构来源于人力资源、知识管理、组织发展等诸多方面的管理实践,能够指导组织改善人力资源管理流程,帮助组织提高人力资源成熟度,建立持续的人力资源发展规划,设立优先方案,并对人力资源发展及业务流程管理进行有效整合,营造良好的组织文化氛围。

P-CMM 以提高人力资源能力为核心。人力资源能力可以界定如下:为实现企业目标,员工具有的一定的知识、技能和实际业务能力。人力资源能力表明了企业的执行关键经营活动的能力、执行这些关键经营活动可能产生的结果、在工作能力和技术方面的投资所带来的潜在收益。

P-CMM 以持续改进为根本思想。提高人力资源能力不是一朝一夕的事情。由于企业的资源条件、所处的发展阶段、规模大小等因素,不可能在短期内同时采取许多先进、复杂的人力资源管理措施,在人力资源能力持续改进的某一阶段,只能采取少数几个关键的人力资源管理措施，处理少数几个关键的人力资源管理矛盾。同时，这些矛盾与措施之间具有一定的逻辑性，只有当组织行为发生某种相应的变化以支持人力资源能力的提高，这种提高才会有效而持久。因此，提高人力资源管理水平不能一蹴而就，必须分阶段逐步进行。

P-CMM 以过程管理和目标管理为手段。P-CMM 把人力资源能力成熟度分为五个等级，这五个等级既构成了一个过程系列，又构成了一个又一个的阶段目标。从长期来看，这五个阶段是企业进行人力资源能力成熟度提升所必须经历的阶段；从短期来看，某一阶段就是企业必须达成的阶段目标。同时，在达到阶段目标的过程中，有一系列具体目标，指引人力资源实践活动，有一系列最佳实践供参考。因此，人力资源能力成熟度的提升，是过程管理与目标管理相结合的结果。

一、等级划分

卡耐基·梅隆大学将企业人力资源管理水平划分为五个等级（阶段）①。

（一）初始级

典型特征：工作方式不一致、职责不清、形式主义严重、工作混乱、员工集体意识淡薄。本阶段企业的表现是：由于缺乏健全的总体管理和详细计划，员工因为不能用统一的方式工作导致管理出现混乱的现象。企业高层通常认为人力资源管理活动是公司的成本支出，没有真正的认识到留住人才的重要性；而管理者认为人力资源管理是一些行政事务，不是主要任务，人力资源实践活动是人力资源部门的事情；管理者在基本的人力资源管理方面很少达成共识。通常发生因组织架构、工作职责不清楚或沟通不良，随时变更或破坏原有工作计划等种种不恰当的行为，导致大多数的行动只是应付危机，而非事先计划好的任务。难以留住优秀的员工，人员流动率比较高，员工对组织不忠诚。此阶段工作改进重点是：要让管理者负担起责任，集中火力解决那些阻碍企业成功发展的因素，如部门之间沟通不良、员工职责不清等问题。

（二）可管理级

典型特征：工作超负荷、工作环境复杂、绩效目标不明确、执行反馈信息不清楚、相关知识和技能缺乏、沟通低效、员工士气低。本阶段企业的表现是：具备人员配置、沟通与协调、绩效管理和薪酬福利等基本的管理实践，并运用这些管理方法使员工履行工作任务；企业高层认为人力资源管理活动是公司的必要成本支出和基础的管理活动，并认识到要

① 杨海明.人力资源能力成熟度模型.北京：经济管理出版社，2006；王成军，葛智勇，窦德强.企业人力资源管理实践的整合与优化——人力资源能力成熟度模型探析.中国人力资源开发，2008（8）；程虎.基于人力资源能力成熟度的A百货公司培训体系研究.华中科技大学，2011；谭宏.基于P-CMM模型的H公司人力资源管理研究.哈尔滨工业大学，2014.

持续提高员工的技能;企业高层在政策上表明态度,并为中层、基层管理人员提供必要的资源和支持;管理人员制定各项规章制度,对员工的工作绩效和岗位工作能力负责;员工在日常工作中遵行各类管理规章制度,员工形成共识,认同企业文化;部门已经成为一个稳定的工作环境,管理者和员工可以根据现有条件来设定工作计划,通过招募新人、提供培训等方法来提升部门绩效。

(三) 可定义级

典型特征:建立起以能力素质模型和岗位技能标准为基础的人力资源管理体系、最佳实践可在全公司范围进行传播和推广、具有清晰明确的组织文化、人力资源管理与战略紧密相联。本阶段企业的表现是:组织认为员工能力(知识、技能和流程能力)是形成企业核心竞争力的基础,并把人力资源能力的提升放到战略支撑地位;企业的需要分析、培训和发展的目标就是帮助组织培养多方面的人力资源能力,以获取竞争优势。企业各层级的管理人员对人力资源活动的重要性具有一致的理解,并通过制度与文化建设,来推动公司的组织管理能力建设。达到定义级的企业,建立了各部门人员的岗位技能标准和能力素质模型,从而形成了企业的能力体系,实行以能力为核心的人力资源管理活动。组织能够识别各项工作所需要的经验、知识与技能,应用已定义的基于能力的流程,将各部门的成功经验写成技术指导文件,当成培训教材,推广到整个公司。所有管理活动都要文件化、标准化,形成公司层面的人力资源管理体系,并与公司战略目标紧密结合,形成了清晰、明确的企业文化。

(四) 可预测级

典型特征:人力资源能力、流程和绩效可量化,可以实现对人力资源能力和组织绩效的预测。本阶段企业的表现是:企业认为人力资源活动是公司重要的战略活动,并把人力资源能力提升到战略地位;各个层级管理者在对员工能力整合的基础上对人力资源活动和工作流程进行量化管理,及时掌握人力资源和流程改变的原因,并及时采取纠正措施,从而实现对人力资源能力和组织绩效的预测。组织可通过管理历史资料与统计过程所反映的现象,从量化的管理活动中提取有效数据建立相关管理指标体系。这样,及时可用的数据及指标体系可以作为基本依据,以协助企业做好经营管理及经营预测,从而提高组织绩效,持续改善流程,并能采取措施来预防问题的发生。

(五) 最优化级

典型特征:持续改进与变革,具体包括改进员工工作能力、改进组织绩效以及改进人力资源管理实践和活动三个方面。本阶段企业的表现是:企业认为人力资源活动是永无止境的活动,敢于自我否定,拥有持续改进和革新的理念,并通过建立一种支持公司不断变革的文化氛围来推进公司的不断进步;达到可优化级的企业,弥漫着持续不断地进行变革创新的文化氛围,变革成为企业管理的日常管理活动;处于优化级的组织里创造的组织文化，在保证与企业目标一致的情况下，公司、部门、团队、个人等各个层次能力得到持续不断的提升。在这一等级，组织运用成熟度第四级量化管理活动的结果来指导改进。例如，部门目标与公司战略目标是否保持一致、哪些指标可以为企业带来最大的效益、区分哪些指标对公司绩效会产生影响以及影响程度有多大等。各部门要建立定期、定量的绩效反馈机制，不断变革和创新，不断产生新的思想，采用新的技术来持续提升组织绩效和人力资源能力。企业管理服务于长期战略目标，由浅入深逐步踏向经营管理模式最佳化。

二、十项原则

(1) 在一个成熟组织内，专业人员能力与组织的经营绩效密切相关。

(2) 人力资源能力是竞争力基础和企业战略优势的源泉。

(3) 人力资源能力必须与企业战略目标一致。

(4) 知识密集型工作的重心已从工作元素转至工作能力。

(5) 要从多方面评估和提高能力，包括个人能力、团队能力、人力资源能力及组织能力。

(6) 组织要投资于那些对企业核心竞争力至关重要的人力资源能力。

(7) 运营管理的水平和质量与人力资源能力息息相关。

(8) 人力资源能力的提高可以通过一系列成功实践和程序来实现。

(9) 在人力资源能力提高过程中，组织负责提供机会，员工负责利用机会。

(10) 技术创新及组织变革的速度很快，组织必须持续发展人力资源能力，并不断发展新的能力。

三、人员配备特征

P-CMM 为不同成熟度的每个人力资源管理过程领域提供了目标和实现目标过程中组织应尽的义务、应具备的能力、需进行的关键实践活动、基础活动、评价标准和检查措施。因此，P-CMM 既可以作为企业人力资源管理的职能，又可以基于 P-CMM 对企业的人力资源管理过程和结果进行全面评价。但此种方法因为注重细节和过程而过于繁杂，且专业性较强，另外其对人力资源管理的实践活动给予了高度重视，但相对却忽视了人力资源战略，而且其标准和指标对中国企业的适用性还有待进一步检验。P-CMM 模型下人员配备领域的共同特征如表 3-2 所示。

表 3-2 P-CMM 模型下人员配备领域的共同特征

项目	人员配备特征
1. 为达到目标组织应尽的义务	(1) 组织需建立健全成文的相关政策 (2) 组织有责任在人员配备活动和程序中给工作单元提供帮助和建议

续表

项目	人员配备特征
2. 为达到目标组织应具备的能力	(1) 在每个单元内,个人能被赋予责任和权力来确保人员配备活动的完成 (2) 有足够的资源来完成人员配备活动 (3) 为负责人员配备的员工提供完成工作所需的培训,如相关法律、招聘技巧等 (4) 为参加人员配备活动的员工提供合适的指导,如甄选方法和指标,组织监督人员配备方面政策的执行
3. 为达到目标需完成的实践活动	(1) 每个工作单元根据组织的政策和程序对本单元人员配备进行计划和协调 (2) 个人或工作团队对将要负责完成的任务做出承诺 (3) 对单元内的空缺职位进行分析,得到证实和批准 (4) 拟订组织外部招聘计划,协调各个单位的要求 (5) 确定每个空缺职位的甄选程序和指标 (6) 每个单元会同人力资源部进行人员的甄选 (7) 最合适空缺职位的应征者入选
4. 评价和分析的标准	(1) 对组织人员配备活动的状态和绩效的评价 (2) 对人员配备活动的数据收集和维护的评价
5. 检查措施	专人检查人员配备活动执行时是否遵循了组织的政策、程序,并指出不符合要求的地方,专人定期检查人员配备活动的实施状态、结果,并解决存在的问题

经过两年的实验,Hefley 提出了一种基于 P-CMM 的评价方法。这种方法描述了实现 P-CMM 评价的技术和必要条件,是一种诊断性的工具,可以支持、鼓励组织吸引、发展、激励和保持人才,促使组织稳步地提高人力资源能力。这种方法可以通过发现组织在人员管理方面的优势和劣势,帮助企业清楚地洞察其人员能力。在明确组织的经营目标和现有人员能力成熟度水平后,还可以通过这种方法确定改进措施。

四、优缺点

基于 P-CMM 的人力资源管理系统评价方法的主要优点是:它不仅仅提供了人力资源管理系统评价的基准和方法体系,而且提供了详细的、不断循环的改进人力资源管理水平的指南。其具有系统性、过程性和全面性,几乎可以准备控制人力资源管理的每一个细节。该模型考虑了组织的成长性、阶段性和人力资源管理改进的循序渐进性,对不同阶段的企业可以提供不同的指导。

P-CMM 也存在不可忽视的缺点:因为注重细节和过程,所以显得过于繁杂琐碎,仅仅模型本身的说明就长达上千页;由于系统性和专业性强,作为一种商业行为的咨询服务,价格较高,增加了组织特别是企业的成本压力;过于重视人力资源管理的实践活动,极易忽视与企业整体发展战略的匹配性以及对人力资源战略本身的关注。另外,该体系中的部分标准和指标对中国企业不一定适用。

本章小结

随着人们对人力资源管理效益这一问题的日益重视,评估人力资源管理对企业的贡献也成了许多学者的研究重点。对企业人力资源管理效益进行评估,体现人力资源管理的重要性,发现企业人力资源管理中存在的问题,将为改进企业人力资源管理以及促进企业战略目标实现提供重要的决策依据。建立科学系统的评价指标体系是正确评价战略人力资源管理效能的前提和基础。本章从不同的视角对战略人力资源管理效益进行有效评估。

战略人力资源管理效益评估中基于会计与审计的视角以人力资源会计为代表,主要特点是将人力资源部门视为企业资产或投资,采用一些会计或者审计处理原理对人力资源活动或人力资源管理部门的成本和效益进行评估。这突破了以往会计学只“物尽其用”的局限,将“物尽其用”的思路置于“人尽其才”的基础上,有助于重构一个与知识经济时代相适应、以人力资本为主导并与财务资本相结合的评估理论与方法体系。会记和审计视角分为以下几个方面:人力资源会计、投入产出分析、人力资源成本控制、人力资源利润中心、人力资源管理总效率和智能资产回收率、人力资源审计和文化审计。

与会计与审计视角不同的是:在指数标准视角下,企业应当基于人力资源管理各职能活动制定一些定量或定性标准,然后将各职能活动取得的实际结果与标准加以对照,以评估战略人力资源管理效益。在此视角下包括人力资源指数、人力资本指数、人力资源关键指标、人力资源目标管理、人力资源竞争基准和无形资产检测体系。

随着计量经济学的发展,一些学者力图结合数学方法和统计方法对战略人力资源管理效益评估方法进行创新。他们虽然在思想上秉承了其他流派的很多观点,在指标设计和评估内容上没有发展出其核心独立的思想,但是他们采用多种数学方法如层次分析法、模糊综合评价方法、贝叶斯网络等从过程上对评估体系进行了创造性的解析,这对战略人力资源管理效益评估的过程还是产生了不小的影响,也为这一领域的研究开阔了视野。

随着管理理论和实践的发展,人力资源指数问卷调查、人力资源声誉调查、人资源会计等多种人力资源评价方法被提出并付诸实践。人力资源计分卡作为一种源于实践、已被证明十分有效的人力资源管理绩效评价工具也应运而生。人力资源计分卡是一个战略性人力资源测评系统,有财务、客户、运营和战略四个维度。并且人力资源计分卡既是一种管理工具,同时也是一种测量工具。它可以用来测量企业中的人力资源活动、员工行为方式、绩效产出和企业战略之间的相互关系,在企业建立战略目标导向的人力资源管理体系中发挥着重要的作用。

本章最后使用大量篇幅阐述了人力资源成熟度模型,描述了它的五个等级划分、十项基本原则、人员配备的特征和优缺点,进而提供了对人力资源成熟度模型更为全面的认识。

思考题

1. 企业战略人力资源管理效益评估有几个作用？分别是什么？

2. 会计与审计视角有哪些方面？以哪个方面为代表？

3. 什么是人力资源会计？如何进行分类？

4. 什么是投入产出分析？该分析法存在什么问题？

5. 什么是人力资源成本控制？人力资源利润中心又是什么？成本中心和利润中心有什么区别？

6. 什么是人力资源管理总效率？请简单介绍智能资产回收率。

7. 什么是人力资源审计？一般分为哪几种？对四种模式进行简单的优缺点对比。

8. 请简单阐述文化审计及其相关步骤。

9. 什么是人力资源指数、人力资本指数、人力资源关键指标？

10. 无形资产检测体系是什么？它有哪些衡量指标？

11. 计量分析法视角有哪些方法？请做简要阐述。

12. 什么是人力资源计分卡？它有哪几个维度？它如何进行实施？

13. 什么是人力资源成熟度模型？它划分为哪几个等级？它有几项基本原则？

14. 请对人力资源成熟度模型下的人员配备特征做简要阐述，并简要分析人力资源成熟度模型的优缺点。

（扫描右侧的二维码，查看思考题答案解析。）

阅读材料

如何改善战略性人力资源管理的有效性

一旦企业的战略方向确定，并且也已经对企业人力资源管理职能的有效性进行了评价，那么人力资源管理职能的领导者就可以着手探索如何改善人力资源管理职能在强化企业竞争力方面的有效性。下面我们从四个方面论述如何改善战略性人力资源管理的有效性。

1. 通过结构重组改善人力资源管理职能的有效性

传统的人力资源管理职能是以甄选招募、培训、薪酬、绩效评价以及劳工关系等的分支职能为基础构造起来的。在上述每一个领域中都分别有一位监督指导人员负责向人力资源副总裁汇报工作，而这位人力资源副总裁常常又需要向一位负责财务和行政管理的副总裁汇报工作。然而，由于人力资源管理职能已经真正开始从战略上对企业的有效性做出贡献，资深的人力资源管理者就必须成为高层管理层的一部分了（直接向首席执行官汇报工作），因此便对人力资源管理组织的结构做了新的调整。

调整后的结构模型通过专业化改善了服务的提供。专家中心的员工可以不受事务性工作的干扰而专门来开发自己现有的职能型技能，而现场人力资源管理者则可以集中精力来了解本业务部门的工作环境，而不需要竭力维护自己作为一个专门化职能领域中的专家地位。最后，服务中心的员工可以把主要精力放在为各个业务部门提供基本的人力资源管理服务上。

2. 通过业务外包改善人力资源管理职能的有效性

在人力资源管理职能内部进行结构重组和流程再造是改善人力资源管理职能有效性的一种方法。事实上，人力资源高层管理人员越来越多地探讨如何通过业务的外包来改善本企业人力资源管理系统、管理程序以及人力资源管理职能为组织所提供服务的有效性。外包即企业通过与外部的业务承包商签订合同，让它们来为企业提供某种产品或者服务，而不是在本企业内部使用自己的员工来生产这种产品或服务。

那么，为什么企业的人力资源管理活动或服务也需要外包呢？通常有以下方面的原因：一是外部伙伴能够比本企业在内部生产时更低的成本来提供某种产品或者服务；二是外部伙伴能够比本企业更为有效地完成某项工作。这时候企业就需要外包，他们把人力资源管理中的一些事务性工作进行外包，比如养老金和福利管理以及薪资管理等。不过许多传统性人力资源管理活动以及一些变革性人力资源管理活动也已经被企业加以外包处理了。比如，康博计算机公司就将其招募甄选工作的相当大一部分内容外包出去了。该公司与另外一家公司签订合同，由这家公司负责对康博公司需要招募的所有小时员工和一些管理性员工进行面试。康博公司发现，尽管这种做法比它在自己的公司内部来做这件事情的成本要高一些，但是在公司的雇佣需求下降的时候，这种做法却可以为公司提供更大的灵活性来做出快速、有效的反应。

3. 通过流程再造改善人力资源管理职能的有效性

除了结构重组以外，流程再造也能够促进人力资源管理职能更有效率同时也更富有成效地提供人力资源方面的服务。流程再造常常要运用信息技术，但是信息技术的应用却并不是流程再造的一个必要条件。因此，我们将首先来讨论流程再造的一般性问题，然后讨论有助于人力资源管理流程再造的一些信息技术的应用问题。

流程再造是对关键性工作流程首先进行全方位的审查，然后再对其进行重新设计，以使这些流程更为有效的同时也更有能力获得高质量的产出。流程再造对于确保新技术的优势发挥尤其重要。将新技术应用到一个无效率的流程当中去是不可能改善这一工作流程的效率或效果的。相反，它只会因新技术的引进而导致产品或服务的成本上升。

流程再造可以被用来对人力资源管理部门的职能和流程进行审查，也可以被用来对某些特殊的人力资源管理实践——比如工作设计或者绩效管理系统——进行审查。流程再造包括四个步骤：确认需要再造的流程、理解这个流程、重新设计该流程以及执行新的流程。

(1) 确认流程。首先应当把控制流程或者在流程内部负责某些职能的管理人员找出来，然后要求他们成为流程再造工作小组的成员。该小组成员还应包括处于该流程之中的员工、处于该流程外部的员工以及那些能够见到该流程结果的内部和外部顾客。

(2) 理解流程。通过一些相关问题和运用多种技术来了解流程。比如数据流程图等。

(3) 重新设计流程。在重新设计流程阶段,流程再造小组需要建立流程模型并对其进行测试,然后再决定如何将这种模型整合到组织之中去。

(4) 执行新的流程。在将新的流程推广到整个企业之前,应当在一个有限的、可以控制的范围内对其进行测试。

4. 通过新技术的运用改善人力资源管理职能的有效性

几种新的和正在出现的技术可以帮助改善人力资源管理职能的有效性。新技术是指原来不曾使用过的知识、程序以及设备在当前的应用。新技术通常包括信息化,也就是说,用设备、信息加工处理或者两者的某种结合来替代人工。

在人力资源管理方面,新技术已经被运用于三个较大的职能领域:事务性的处理、报告以及跟踪;决策支持系统;专家系统。事务处理是指在审查和记录人力资源管理决策与实践的过程中需要用到的一些计算和思考程序。其中包括文档的重新调整、培训经费、课程参加人员以及政府提出的各种报告要求的应对。决策支持系统主要是被设计来帮助管理人员解决问题的。该系统中常常包括"如果……那么……"这样的字句,它使得系统的使用者能够看到,如果假设或数据发生了改变,那么结果会出现怎样的变化。专家系统是把在某一领域具有专业知识和经验的人所遵循的决策规则进行整合而形成的计算机系统。该系统能够根据使用者所提供的信息向他们提出行动建议。该系统建议使用者采取的行动往往是现实中的专家在类似的情形下所采取的行动。

应用于人力资源管理领域的一些最新技术包括人工智能、互联网、大数据等。这些技术通过以下几个方面的作用改善了人力资源管理职能的有效性:它使得信息的接收变得更为便利;使得沟通状况得以改善;加快了人力资源管理事务性工作以及信息收集工作的完成速度;降低了成本;使得招募、培训、管理等人力资源管理职能的管理变得更加容易。

这些技术的作用表现在:

(1) 使得员工在参加某种培训项目和某种福利项目方面获得完全的控制权(更多自我服务)。

(2) 创造了一个无纸化的雇佣办公室。

(3) 减少了人力资源管理部门的工作。

(4) 以知识为基础的决策支持系统使得员工和管理人员能够根据个人的需要随时获得相应的知识。

下面简单地介绍一些新技术①:

(1) 数据挖掘技术。数据挖掘技术是指从大量数据中"挖掘"出存在某种关系的信息,一般情况下可以通过数据统计与分析、信息检索及经验法则等手段实现目的,搜索出

① 潘晓丽.数据挖掘技术在企业人力资源管理中的应用.电子技术与软件工程,2019(6).

相关数据。在人力资源管理领域，企业可以通过大数据挖掘技术完善管理系统、建立预测机制、优化资源配置等。

(2) 人脸动态识别技术。随着人脸识别技术的成熟，人脸动态识别技术逐渐代替了指纹识别技术成为了企业考勤的新方式。相比于传统的IC工卡考勤和指纹识别考勤等静态考勤方式，人脸动态识别技术操作简便、准确率高，还能有效防止人员代签到等问题。

(3) GPS定位技术。通过GPS定位技术，企业查看外勤人员每天的工作路线，随时了解外勤人员的工作状态，不仅有利于企业控制外勤成本、精准评估外勤人员工作效率，还有利于防止外勤人员偷懒行为，营造积极工作的文化氛围。

若想具体了解如何改善战略性人力资源管理的有效性措施，请深度阅读雷蒙德·A.诺伊的《人力资源管理：赢得竞争优势》(中国人民大学出版社出版)第16章。

参考文献

1. 宋培林.战略人力资源管理——理论梳理和观点评述.北京：中国经济出版社，2011.

2. 王云昌.人力资源管理.南京：河海大学出版社，2002.

3. 文跃然.人力资源战略与规划.上海：复旦大学出版社，2007.

4. 雷蒙德·A.诺伊，约翰·霍伦拜克，拜雷·格哈特，帕特雷克.莱特.人力资源管理：赢得竞争优势.刘昕，译.3版.北京：中国人民大学出版社，2001.

5. 朋震.从“成本控制”走向“利润创造”——构建人力资源管理的利润中心模式.中国人力资源开发，2008(9).

6. 吴金椿.关键绩效指标与企业绩效管理.企业经济，2000(12).

7. 戚振东，段兴民，吴清华.国外人力资源审计发展现状及启示.外国经济与管理，2007(7).

8. 赵曙明.人力资源管理理论研究现状分析.外国经济与管理，2005(1).

9. 黄竞彦，田新民.现代人力资源管理的新工具.上海管理科学，2005(2).

10. 刘梵杉.我国企业人力资源成本控制浅析.科技情报开发与经济，2008(11).

11. 杨剑飞，马新建.平衡计分卡在应用中的改进探讨.现代管理科学，2004(11).

第二篇
职能篇

第四章　战略性人力资源规划与工作设计及分析

学习目标

1. 认识战略性人力资源规划的内容和程序
2. 掌握战略性人力资源规划供求平衡措施
3. 明确工作设计的含义与方法
4. 了解工作分析的含义与原则
5. 掌握工作分析的程序和方法

开篇案例

小米的 HR 管理之道

有些企业不想花太多时间寻找人才。但事实上,多花时间招揽人才有其自身的价值,企业花 80%的时间招人也不为过,团队人才是企业发展的核心价值。

2012 年,小米公司简称小米销售手机 719 万台,实现营收 126.5 亿元,纳税 19 亿元。小米模式再次引发热议。在小米取得一系列成就的同时,人们也思考小米公司成功的原因。其中管理创新给小米的高速发展提供了充沛的助力。

1. 花 80%时间找人

小米团队是小米成功的核心原因,小米为挖到聪明人不惜一切代价。到小米来的人,都是真正干活的人,都是想做成事情的人,所以非常有热情。来到小米工作的人聪明、技术一流、有战斗力、有热情地做一件事情,这是一种真刀实枪的行动力。

所以当初我①决定组建超强的团队,前半年花了至少 80%的时间找人,幸运地找到了 7 个牛人合伙,全有技术背景,平均年龄 42 岁,经验极其丰富,分别来自金山、谷歌、摩托罗拉、微软等,土洋结合,理念一致,大都管理过超过几百人的团队,充满创业热情。

如果你招不到人才,只是因为你投入的精力不够多。我每天都要花费一半以上的时间用来招募人才,前 100 名员工每名员工入职都亲自见面并沟通。有一次,一个非常资深和出色的硬件工程师被请来小米公司面试,他没有创业的决心,对小米的前途也有些怀疑,几个合伙人轮流和他交流,整整 12 个小时,打动了他,最后工程师说:"好吧,我已经体力不支了,还是答应你们算了!"

---

① 即本文作者雷军,小米公司创始人之一。

2. 少做事,管理扁平化

中国很长时间是产品稀缺,粗放经营。一周工作7天,一天恨不得12个小时,结果还是干不好,就认为员工不够好,因此搞培训、搞运动。但从未考虑把事情做少。互联网时代讲求单点切入,逐点放大。

扁平化管理是基于小米相信优秀的人本身就有很强的驱动力和自我管理的能力。小米的员工都有想做最好的东西的冲动,公司有这样的产品信仰,管理就变得简单了。当然,这一切都是以成长速度为前提的。少做事,管理扁平化,才能把事情做到极致,才能快速。

小米的组织架构基本上是三级:七个核心创始人—部门leader—员工,而且保持团队规模不会太大。从小米的办公布局就能看出这种组织结构:一层产品、一层营销、一层硬件、一层电商,每层由一名创始人坐镇,能一竿子插到底地执行。大家互不干涉,都希望能够在各自分管的领域给力,一起把这个事情做好。除七个创始人有职位,其他人都没有职位,都是工程师,晋升的唯一奖励就是涨薪。

这样的管理制度减少了层级之间互相汇报浪费的时间。小米现在2 500多人,除每周一的1小时公司级例会之外很少开会。成立3年多,7个合伙人只开过三次集体大会。2012年“815”电商大战,策划、设计、开发及供应链仅用了不到24小时准备,上线后微博转发量近10万次,销售量近20万台。

3. 强调责任感,不设KPI

全员6×12小时工作,小米坚持了将近三年。维系这样的工作状态,从来没有实行过打卡制度,也没有实行公司范围内的KPI考核制度。

小米强调把别人的事当成第一件事,强调责任感。在其他公司,大家都会为了晋升做事情,会导致价值扭曲,为了创新而创新,不一定是为用户创新。在小米,它要求工程师把这件事情做好,工程师必须对用户价值负责。

4. 透明的利益分享机制

小米公司有一个理念,是和员工一起分享利益,尽可能多地分享利益。小米公司刚成立的时候,就推行了全员持股、全员投资的计划。小米最初的56个员工,自掏腰包总共投资了1 100万美元,均摊下来每人投资约20万美元。

小米给了足够的回报。一是工资上小米是主流;二是期权上有很大的上升空间,而且每年公司还有一些内部回购;三是团队做事有时压力确实很大,但会觉得有很大的满足感,因为很多用户会极力追捧他。

5. 与“米粉”交朋友

做朋友的心理就是,如果你这个问题是你的朋友来找你帮忙解决的话,你会怎么做?那当然是你能解决就给他立刻解决了,解决不了也要想办法帮他解决。将这种心理变成一种文化,变成一种全员行为,给一线赋予权力。比如,小米在微博客服上有个规定:15分钟快速响应。不管是用户的建议还是吐槽,很快就有小米的人员进行回复和解答,包括所有工程师,是否按时回复论坛上的帖子是工作考核的重要指标。

为了让工程师拥有产品经理思维,我们从一开始就要求所有员工,在朋友使用小米手机过程中遇到任何问题,都要以解决问题的思路去帮助朋友。甚至要求所有工程师通过论坛、微博和 QQ 等渠道和用户直接取得联系。

小米还让工程师们直面每一段代码成果在用户面前的反馈,当一项新开发的功能发布后,工程师们马上就会看到用户的反馈。小米甚至要求工程师参加和粉丝聚会的线下活动,让工程师真实地感受到他是在为自己的粉丝做一件工作。

资料来源:雷军.小米的 HR 管理之道.现代企业文化(上旬),2014(7).

第一节　战略性人力资源规划

一、战略性人力资源规划的含义

战略性人力资源规划,是指为了在未来一个相当长时期内获得和保持市场竞争优势,针对目前变化的环境所带来的一系列人力资源挑战性问题,根据组织的发展战略,在高层决策者的指导下由职能经理人员共同参与制定并加以实施的关于人力资源管理活动的方向性调整和行动方案。

首先,战略性人力资源规划的并不是人力资源职能部门的工作计划,而是整个企业战略规划的一个有机组成部分。战略性人力资源规划的制定和实施,离不开人力资源职能部门的协调和管理,但战略性人力资源规划不仅仅是人力资源职能部门的事情,而是要在高层决策者的指导下,由所有职能经理人员甚至全体员工来共同参与制定并加以实施的。战略性人力资源规划是作为整个企业战略规划的一个有机组成部分提出来的,是在企业战略层次上制定的关于企业获得成功所必需的人力资源活动要点。

其次,战略性人力资源规划的主要目标和任务,是为了获得和保持企业在未来一个相当长时期内的市场竞争优势。近年来,战略性人力资源规划在整个企业战略规划中的地位越来越重要,这与人力资源越来越成为企业获取和保持市场竞争力的战略性资源密切相关。在日趋激烈的市场竞争环境中,人力资源吸引获取、配置使用和培训开发等成为决定企业成败的关键因素。战略性人力资源规划的基本任务就是,为企业发展提供一种通过人力资源管理获取和保持竞争优势的战略思路和行动方案。

最后,战略性人力资源规划的焦点,是内外环境变化给企业带来的一系列人力资源问题。战略性人力资源规划是面向未来的决策,但正如德鲁克所强调的,它必须立足于目前变化的环境,从识别、分析和廓清实现企业战略在人力资源层面所面临的主要矛盾和核心问题出发,来寻求企业"摆脱过去、走向未来"从而实行变革和创新的机会及途径。探询企业人力资源战略问题应跳出职能思维圈限,从获取和保持企业竞争优势层面或角度,专注于外部环境变化和内部组织变革,来审视和检核由此引发的一系列人力资源瓶颈约束和战略挑战性问题。

战略性人力资源规划实质上是一种有关人的战略性风险决策，是关于企业人力资源管理的总体行动思路和方案。战略性人力资源规划要回答的关键问题是，为了解决企业战略经营问题和实现企业发展战略目标，在人力资源管理层面应做些什么事情？什么时候做？因此，除了有战略目标和指导思想外，还要制定相应的战略步骤和实施措施，将战略思路具体化为行动规划，落实到具体的运作层面和工作过程中。简单地讲，战略性人力资源规划就是对组织在某个时期内的人员供给和人员需求进行预测，并根据预测的结果采取相应的措施来实现人力资源的供需平衡。

准确理解战略性人力资源规划的含义，必须把握以下几个要点：

(1) 制定战略性人力资源规划的目的是实现企业的战略目标，保证企业的可持续发展。任何组织的成功都依赖于在合适的时间有合适的人员在合适的职位上。在现代社会中，人力资源是企业最宝贵的资源，拥有充足数量和良好素质的人力资源，是企业实现战略目标与可持续发展的关键。

(2) 战略性人力资源规划是企业在对现有的人力资源的数量、质量、结构等各方面进行盘点，并运用科学的方法，对企业未来的人力资源需求与供给进行分析的基础上进行的。这是因为，企业外部的政治、经济、法律、技术、文化等环境因素一直处于动态的变化之中，而这会相应地引起企业内部人员结构的变化。因此，必须对这些变化进行科学的预测与分析，以满足企业对人力资源的需求。

(3) 制定必要的人力资源政策和措施是战略性人力资源规划的主要环节。战略性人力资源规划的实质就是在人力资源供求预测的基础上制定出正确、清晰、有效的人力资源政策和措施，以实现人力资源的供求平衡，满足企业对人力资源的需求。

二、战略性人力资源规划的意义

在信息时代的今天，科学技术突飞猛进，产业结构不断调整，组织变革速度加快，人力资源变化也日益复杂。所以，不确定性环境中的战略性人力资源规划越来越显示出重要的意义。

(一) 战略性人力资源规划有助于组织制定并实施长远的战略目标和发展规划

任何企业在制定战略目标时，首先需要考虑的是组织内拥有的以及可以挖掘的人力资源。一套切实可行的战略性人力资源规划，有助于企业管理层全面、深入地了解企业内部人力资源的配置状况，进而科学、合理地确定企业的战略目标。此外，战略性人力资源规划有助于人力资源在数量、效率和制度上与企业战略要求保持一致，使人力资源管理体系能够有效支持企业战略，并获得竞争优势。

（二）战略性人力资源规划有助于战略人力资源管理活动的有序化

战略性人力资源规划是组织战略人力资源管理的基础性工作，它为战略人力资源管理活动，如员工招聘、职业生涯设计、员工培训、绩效管理与薪酬管理等提供可靠的相关信息依据，以保证管理活动的有序化。此外，战略性人力资源规划事先通过对组织的人力资源状况进行系统分析，并采取有效措施，能够使企业避免人力资源不足或过剩的困扰，进而在日趋激烈的市场竞争环境中减少人事震荡，并保证人力资源管理系统的正常有序运转。

（三）战略性人力资源规划有助于企业有效控制人工成本

企业的人工成本中最大的支出是工资，而工资总额很大程度上取决于企业中的人员分布状况。人员分布状况是指企业中的人员在不同职务、不同级别上的数量状况。当企业处于发展初期时，低层职位的员工多，人工成本相对便宜。随着企业的发展，人员职位水平上升，工资成本增加。在没有战略性人力资源规划的情况下，未来的人工成本是未知的，难免会出现成本上升、效益下降的趋势。因此，根据战略性人力资源规划中所做的预测，有计划地调整人员的分布状况，把人工成本控制在合理支付范围内，是十分重要的。

（四）战略性人力资源规划有助于满足员工需求和调动员工的积极性

战略性人力资源规划展示了企业内部未来的发展机会，使员工能充分了解自己的哪些需求可以得到满足以及满足的程度。如果员工明确了可以实现的个人目标，就会去努力追求，在工作中表现出积极性、主动性、创造性。否则，在前途和利益未知的情况下，员工就会干劲不足，甚至有能力的员工还会另谋高就以实现自我价值。如果有能力的员工流失过多，就会削弱企业实力，降低士气，从而进一步加速员上流失，使企业的发展陷入恶性循环。

三、战略性人力资源规划与其他职能的关系

战略性人力资源规划是战略人力资源管理整体框架中的一部分，也是人力资源管理的一项重要职能，它与战略人力资源管理的其他职能之间存在非常密切的关系。

（一）与工作分析的关系

人力资源规划的一个重要内容是进行工作分析规划，而工作分析所得到的职位描述与职位规范为人力资源的数量和质量要求提供了明确的信息，进而为人力资源的供需预测提供了依据。

（二）与员工招聘的关系

在人力资源规划中，具体规定了员工的需求数量、人员结构、需求时间等项目，这就为员工招聘提供了科学依据。员工招聘的完善不仅能满足规划对员工数量的要求，还能够达到规划对所聘人员的素质要求。

（三）与员工配置的关系

员工配置就是在企业内部进行人员的晋升、调动和降职等。人力资源规划是员工配置决策的一个重要因素。员工配置的一个重要的作用就是对组织内部某个层次人力资源的需求与供给进行预测，而当预测结果出来后，企业就可以根据现有的人员状况制定相应的员工配置计划以实现供需平衡。

（四）与职业生涯管理的关系

人力资源规划包含了职业生涯发展规划。职业生涯发展规划为员工指明了职业发展目标及通道，员工明确了自己将来的职业发展目标与方向，就会去努力追求，进而在工作中会表现出积极性与主动性。

（五）与员工培训的关系

人力资源规划与员工培训的关系更多地体现在员工的质量方面。企业培训工作中一项关键的内容就是确定培训的需求，只有培训的需求符合企业的实际，培训才有可能发挥效果。供需预测的结果则是培训需求确定的一个重要来源，通过比较现有员工和所需员工的质量，就可以确定培训的需求，这样通过培训就可以提高内部供给的质量。此外，健全的培训模块能够在短时间内提升员工的职业技能，进而对人力资源规划的实施产生推动作用。

（六）与绩效管理的关系

在人力资源规划中，绩效评价是进行人员需求和供给预测的一个重要基础，通过对员工工作业绩以及态度能力的评价，企业可以对员工的状况做出判断，如果员工不符合职位的要求，就要进行相应的调整，这样造成的职位空缺就形成了需求预测的一个来源；同时，对于具体的职位来说，通过绩效评价可以发现企业内部有哪些人能够从事这一职位，这也是内部供给预测的一个重要方面。

（七）与薪酬管理的关系

人力资源需求的预测结果可以作为企业制定薪酬计划的依据。由于需求的预测既包括数量又包括质量，因此企业可以根据预测期内人员的分布状况，并结合自身的薪酬政策进行薪酬总额的预测，或者根据预先设定的薪酬总额调整薪酬的结构和水平。此外，企业的薪酬政策也是预测供给时需要考虑的一个重要因素,人员供给的预测是针对有效供给来进行的。比如,就外部供给而言,如果企业自身没有吸引力,那么再大的外部供给市场对它来说也是没有意义的,因此在进行外部供给预测时需要衡量企业自身的吸引力,而薪酬就是衡量吸引力的一个重要指标。

四、战略性人力资源规划的类别和内容

(一)战略性人力资源规划的类别

规划一般在组织的不同层面进行,包括时间跨度和战略层次两个层面。

1. 时间跨度

按照人力资源规划的时间跨度,人力资源规划可分为长期规划、中期规划和短期规划。人力资源短期规划的时间跨度可以为半年或一年,这种规划以会计年度来计算,要求实现企业的具体目标,操作性较强;中期规划的时间跨度可能达到1~3年,有一定的任务性和较强的操作周期;长期规划可以是5年以上甚至更长的时间,主要是依据企业的长远战略目标,为实现企业未来发展所做出的纲领性政策。

一般来说,人力资源规划的跨度决定了实际的操作性与非操作性。由于长远规划是对企业人力资源的一个纲领性设想,带有对愿景的预测和计划,因而由于外部环境和内部能力的变化,其常常是不确定的,会随着经济、技术、国家政策和社会环境的变化而做相应的调整。短期规划则风险较小,可以明确预见,可以操作,易于确定。但短期规划瞄准即时利益,如经济不景气时的裁员、市场过热时提高员工工资和福利、注重绩效评估结果等。长期规划则着眼于企业未来发展及价值增长,而不是竞争性的利益诉求。它更偏重于从宏观上对企业人力资源进行调节,不注重一时一地的利益,譬如整体性招聘和员工援助计划,侧重于整合企业的所有资源为人力资源规划服务,而不仅仅从人力资源的职能层面强调规划程序。如图4-1所示。

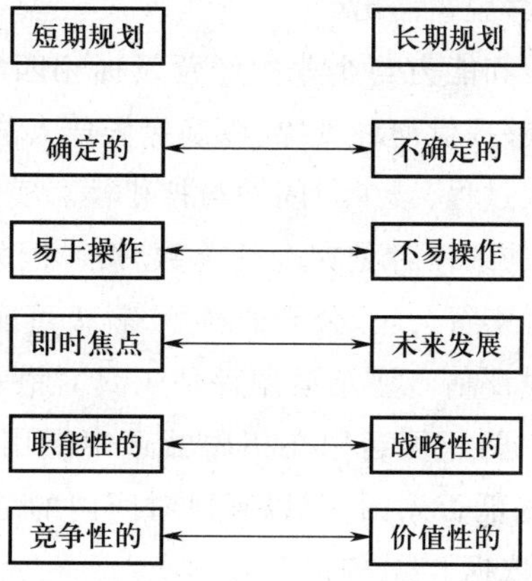

图4-1 人力资源规划的过渡性假设

2. 战略层次

按照人力资源规划的层次，人力资源规划可分为整体规划和接班人规划。整体规划即根据企业战略确定的人力资源管理的总体目标和匹配政策，主要是预测人员需求与供给、人力资源相关政策变化及组织发展的前景。它主要是为特定的、较低层次的岗位员工进行的规划。

接班人规划(succession planning)，又称管理继承人计划或者企业传承计划，是指公司确定和持续追踪关键岗位的高潜能人才，并对他们进行开发的过程。高潜能人才是指那些公司相信他们具有胜任高层管理职位潜力的人。企业接班人规划就是通过关键岗位的交接，识别高潜能员工的发展需要和支持他们的职业发展，以有效地获取组织人力资源。它对公司的持续发展有至关重要的意义。

现实中，许多组织没能实施好接班人规划，如合格的接班人常常到外部企业寻求发展机会。这给许多企业一个启示：如何去挑选一个合适的接班人？即使企业认识到这个过程的重要性，它们也很难去有效执行继任规划。传统的接班人规划往往根据组织结构系统图来进行，某个高级岗位有空缺，其下属可能是接替的最合适人选。这种通过上级来提前评价和推荐的方式，可能不利于组织的持续的发展，如管理风格相似、缺乏创新、流动性差、关系复杂。因此，系统的接班人规划提出了更高的要求。

第一，识别关键岗位所需的战略能力和素质。企业战略是组织的关键能力来源，而企业未来的领导人则是战略实施的组织者与领导者，因此所具备的能力必须符合企业的战略要求；通过对外部人力资源市场和内部人员素质和能力的存量，如工作职能、工作性质、人员素质、年龄结构、职位结构的分析，识别企业关键岗位的人员供需状况和成本。

第二，将个人职业发展的启动和责任分配给候选员工，要为企业接班人提供量身定做的职业生涯发展规划。企业接班人选经过前一阶段的评估，将获得有关其绩效及能力评估的详细反馈。企业要根据未来职位的素质模型确定对接班人的培训需求，从而使其具备适合组织发展需要及胜任未来职位要求所需要的各种专业知识和能力。为企业接班人量身定做职业生涯发展规划，为其分配具有挑战性的关键任务，这样，双重的压力及动力使真正优秀的未来领导人能够脱颖而出。

第三，考虑候选人的素质和能力与企业的经营目标相匹配。这需要权衡是何种战略目标和经营目标以及企业能够提供何种资源，以确保候选人的素质和企业能力相匹配。

第四，创造开放的接班人过程，减少封闭性与神秘性。实行公开、公平竞争，确保选到最佳人选。比较成熟的企业的继任者是在上任前数月前才做出选择的，而且不将任何人排除在圈外，对所有的候选者实行公正、公开的竞争，就极可能找到最佳的候选人。

第五，对接班人规划及时评估。注意运用评估工具对潜在候选人进行评估。常用的评估工具包括绩效评估的数据，还可运用在招聘甄选中惯用的个性和心理测试、角色扮演、评价中心等方式。候选人能否入围，要以某段时间内的绩效水平、改进程度及工作中表现出来的能力与潜质等为依据。

企业接班人规划的最终目标是保证组织在适当的时候能为职位找到合适的人选，因此它关注职位空缺及候选人的接班人发展状况。继任并非选择组织领导人的终点，企业接班人规划并不以找到了组织未来的领导人为终点，它延伸至新的任职者真正接任工作、行使职权那一刻。有效的企业接班人规划，不仅需要确认哪些人适合哪些职位，而且需要不断地识别和准备新的关键人才，让他们在未来的职位上获得成功。每个高层管理人员的管理生涯都是有限的，公司必须在关键领导岗位在任者管理生涯结束之前的相当一段时间，进行企业接班人规划工作，连续准备后继领导人才，这样公司才能真正实现持续性发展。同时，接班人规划必须被不同的业务部门所接受，每个部门都有特定的需求。将这一过程集中并引导符合企业战略管理层人员的开发，并必须被高层所认同和接受，以保证候选人在能力和素质上达到企业要求，可以尽快适应组织发展的要求。当然，多元化的人力资源来源带来创新和组织改进的同时，也对企业的成本提出较高的要求。因此，企业在实施接班人计划时，必须从长计议，考虑到该规划的可测量性，以及对企业的贡献和价值增值。接班人规划最终的目的是要实现组织利益的目标，同时要兼顾企业实际能提供的资源和能力，充分激发员工的积极性和主动性，使组织和员工的价值最大化。

（二）战略性人力资源规划的内容

战略性人力资源规划的内容较多（见表 4-1），主要有以下几个方面。

表 4-1 战略性人力资源规划内容

规划项目	目标	主要内容	预算内容
总体规划	组织利益	人力资源管理的总体目标和配套政策	预算总额
人员获取规划	低成本、高素质员工	需要补充人员的岗位、数量、任职资格、招聘成本、测试	招聘、选拔、测试费用
培训开发计划	员工素质提高，企业效益提高	培训对象、目的、内容、时间、地点、教员、成本、效益	培训总投入、脱产人员工资
绩效计划	绩效改善、能力与岗位匹配	绩效标准、评估方法、绩效流程、绩效反馈、绩效面谈	绩效考评费用、员工空置费用
职业规划	员工发展	骨干人员的使用与培养、后备人才准备、退休计划	培训总投入、脱产人员工资、安置费
晋升规划	激励	晋升政策、晋升时间、晋升策略、岗位情况、价值评估	职位变动引起的工资变动
薪酬激励计划	减少流失，提高士气，激励	薪酬结构、薪酬水平、工资关系、福利项目、福利形式	增加的工资资金、福利总额
劳动关系计划	员工参与，保证安全，社会责任	减少和预防劳动争议，改进劳资关系，鼓励员工参与，承担社会责任	调整后的员工数

（1）总体规划。总体规划是企业根据其竞争战略和发展战略确定的人力资源管理的总体目标、配套政策和长远计划。

（2）人员获取规划。人员获取规划是指根据外部劳动力市场和内部岗位空缺、能力和资源情况，制定的人员补充计划。包括确定企业合适的人员规模、空缺人数、招聘计划、选拔、甄选和测试流程以及对其进行的预算。

（3）培训开发计划。组织通过培训和开发可以有效提高其员工的整体素质，为企业价值增值做出贡献。人员培训开发计划就是企业通过有计划地对员工进行培训，引导员工的技能发展与企业的发展目标相适应的策略方案。人力资源是一种再生性资源，企业可以通过有计划、有步骤的分门别类的培训来开发人力资源的潜力，培养出企业发展所需要的合格人才。企业人员培训的任务就是设计对现有员工的培训方案、生理与心理保健方案。人员培训计划的具体内容包括受训人员的数量、培训的目标、培训的方式方法、培训内容、培训费用预算等。

（4）绩效计划。绩效计划按责任主体分为公司绩效计划、部门绩效计划以及个人绩效计划三个层次。一般来讲，公司绩效计划会分解为部门绩效计划，部门绩效计划会分解为个人绩效计划；一个部门所有员工个人绩效计划的完成支持部门绩效计划的完成，所有部门绩效计划的协调完成支持公司整体绩效计划的完成。绩效计划按期限可以分为年度绩效计划、季度绩效计划、月度绩效计划等。年度绩效计划分解为季度绩效计划，季度绩效计划可以进一步分解为月度绩效计划。季度、月度绩效计划的制定以年度、季度绩效计划为基础，同时还要考虑外部环境变化以及内部条件的制约。绩效计划的内容包括绩效标准及其衡量方法、实现绩效目标的主要措施、绩效反馈，绩效面谈和与此相对应的其他人力资源管理目的。

（5）职业规划。员工职业生涯规划既是员工个人的发展规划，又是企业人员规划的有机组成部分。企业通过员工职业生涯规划，能够把员工个人的职业发展与组织需要结合起来，从而有效地留住人才，稳定企业的员工队伍。特别是对那些具有相当发展潜力的员工，企业可以通过个人职业生涯规划的制定，激发其主观能动性，使其在企业中发挥出更大的作用。

（6）晋升规划。晋升规划是企业根据企业目标、人员需要和内部人员分布状况制定的员工职务提升方案。对企业来说，要尽量使人与事达到最佳匹配，即尽量把有能力的员工配置到能够发挥其最大作用的岗位上去，这对于调动员工的积极性和提高人力资源利用率是非常重要的。职务的晋升，意味着责任与权限的增大，根据赫兹伯格的双因素理论，责任与权限都属于工作的激励因素，它们的增加对员工的激励作用巨大。因此，人员晋升计划最直接的作用就是激励员工。

（7）薪酬激励计划。薪酬激励计划一方面是为了保证企业人工成本与企业经营状况之间恰当的比例关系；另一方面是为了充分发挥薪酬的激励功能。企业通过薪酬激励计划，可以在预测企业发展的基础上，对未来的薪酬总额进行预测，并设计、制定、实施未来一段时期的激励措施，如激励方式的选择，以充分调动员工的工作积极性。

（8）劳动关系计划。即关于如何预防和减少劳动争议，改善劳动关系，增进员工保护的计划。上述各个方面是相辅相成的，总体规划为其他规划指明了方向，而职能规划则对整体规划提供支持。同时,职能规划之间又相互协同,培训计划和晋升计划带来职位空缺,需要招聘和获取人员;开发和获取需要以绩效计划为依据,还要获得薪酬规划和劳动关系计划的支持。

五、战略性人力资源规划的程序

战略性人力资源规划为了达到预期的目的,应该按照一定的程序来进行。战略性人力资源规划的程序一般包括准备阶段、预测阶段、实施阶段和评估阶段。

(一) 准备阶段

信息资料是制定战略性人力资源规划的重要依据。因此,本阶段的工作主要是收集和调查战略性人力资源规划所需要的各种信息资料,并为后续阶段做实务方法和工具的准备。这些信息资料主要包括以下几个方面的内容。

1. 企业战略

由于战略性人力资源规划必须与企业的经营战略保持一致,要为企业的整体战略服务,因此,搞清楚企业的战略是制定战略性人力资源规划的前提。企业的经营战略主要包括企业使命与战略目标、经营领域、竞争优势、战略选择及战略重点等。这些因素的不同组合会对战略性人力资源规划提出不同的要求。因此,在制定战略性人力资源规划时,必须收集并深入研究与企业战略相关的信息。

2. 企业外部环境

企业的战略性人力资源规划必然会受到企业外部环境的制约。例如,相关的政治与法律、经济、文化、人口、教育、法律等环境,劳动力市场的供求状况,劳动力的择业期望、竞争对手的人力资源管理政策等。随着知识经济时代的到来,市场变化越来越迅速,产品生命周期越来越短,消费者的偏好日趋多元化,导致企业面临的外部环境越来越难以预测,这对战略人力资源管理工作,特别是对战略性人力资源规划提出了更高的要求。如何使企业的战略性人力资源规划既能适应外部环境变化导致的人力资源需求变化,又能摆脱传统的人力资源管理框架造成人力成本过高的缺陷,已成为战略性人力资源规划面临的一个重要问题。因此,对企业外部环境进行细致、深入的分析,是提高战略性人力资源规划质量的重要环节。

3. 现有人力资源的信息

这其实是对企业现有人力资源的数量、质量、结构和潜力等进行的“盘点”。“盘点”的信息应当包括现有人力资源的数量、素质结构、使用状况、发展潜力及流动比率等。只有及时准确地掌握企业现有人力资源的状况,战略性人力资源规划才有意义。为此,需要借助完善的人力资源信息系统来及时更新、修正和提供相关的信息。

（二）预测阶段

在收集和研究相关信息之后，就要选择合适的预测方法，对人力资源的需求和供给进行预测。预测的目的，是要掌握企业对各类人力资源在数量和质量上的需求，以及能满足需求的企业内、外部人力资源供给情况，得出人力资源的净需求数据。在进行供给预测时，内部供给预测是重点，外部供给预测应侧重于关键人员。人力资源需求和供给预测具有较强的技术性，是战略性人力资源规划中最关键的一部分，也是难度最大的一部分，直接决定了规划的成败。只有准确地预测出需求和供给，才能采取有效的措施进行平衡。

（三）实施阶段

在供给和需求预测出来以后，就要根据两者之间的比较结果，通过人力资源的总体规划和业务规划，制定并实施平衡供需的措施，使企业对人力资源的需求得到满足。人力资源的供需达到平衡，是战略性人力资源规划的最终目的，进行供给和需求的预测就是为了达到这一目的。

在制定相关的措施时要注意，应当使人力资源的总体规划和业务规划与企业的其他计划相互协调，如此制定的措施才能够有效实施。例如，如果财务预算没有增加相应的费用，人员的招聘计划就无法实施。

（四）评估阶段

人力资源规划实施结束后，接下来应该对战略性人力资源规划进行综合评估。这是整个规划过程的最后一步。由于预测不可能完全准确，因此战略性人力资源规划也不是一成不变的，它是一个开放的动态系统。进而言之，战略性人力资源规划是一次规划，分期流动实行，并要根据实际状况，经常进行调整和动态评估与反馈。企业可以广泛听取管理人员和员工对人力资源规划的意见，充分调动广大管理人员和员工参与人力资源规划的积极性。在发达国家的大中型企业中，战略性人力资源规划的评估工作通常是由人力资源管理委员会完成的。该委员会一般由一位副总裁、人力资源部经理以及若干专家和员工代表组成。委员会的职责是定期评估各项人力资源政策的执行情况，并对相关目标和政策的修订提出修改意见，交董事会审批。这一做法值得我国企业借鉴。

六、战略性人力资源供求预测与平衡

（一）人力资源需求预测

人力资源需求预测是指对企业在未来某一特定时间内所需人力资源的数量、质量以及结构进行估计。其主要任务是预先确定组织在什么时候需要人，需要多少人，需要什么样的人。为此，规划人员首先要了解哪些因素可能影响到组织的人力资源需求，然后根据这些因素的变化对组织人力资源需求状况进行分析和预测。

人力资源需求分析主要从以下几个影响人力资源需求的因素入手：

(1) 企业发展战略和经营规划。组织的发展战略和经营规划直接决定了组织内部的职位设置情况及人员需求数量、质量与结构。当组织决定实行扩张战略时，未来的职位数和人员数肯定会增加，如果组织对原有经营领域进行调整，未来组织的职位结构和人员构成也会相应地进行调整。

(2) 市场需求。一般在生产技术和管理水平不变的条件下，市场需求与人力资源需求成正比关系，当市场需求增加时，企业内设置的职位和聘用的人数也会相应增加。

(3) 生产技术与管理水平。不同的生产技术和管理方式很大程度上决定了企业内部的生产流程和组织方式，进而决定了组织内职位设置的数量和结构。因此，当组织的生产和管理技术发生重大变化时，会引起组织内职位和人员情况的巨大变化。当企业采用效率高的生产技术的时候，同样数量的市场需求可能只需要很少的人员就可以满足。同时新的技术可能还要求企业用能够掌握新技能的员工来替换原有员工。但是新的技术也可能有一些新的职位要求，从而在一定程度上增加对某一类员工的需求。

(4) 人员流动比率。人员流动比率是指由于辞职、解聘或合同期满后终止合同等原因引起的职位空缺规模。人员流动比率的大小及这一比率的内部结构状况，会对企业的人力资源需求产生直接影响。

影响企业人力资源需求的因素很多，因此需求分析应根据企业的具体情况，分析和筛选出那些最关键的因素，然后根据这些因素的变化对人力资源需求状况进行预测。

(二) 人力资源供给预测

人力资源供给预测是指对在未来某一特定时间内能够供给企业的人力资源的数量、质量以及结构进行估计。人力资源供给预测主要包括两个方面：一是内部人员拥有(供给)量预测；二是外部人员供给量预测。重点是前者，而且侧重于对关键员工或核心员工的预测。

人力资源供给分析要从分析影响企业内部供给与外部供给的诸因素入手。

1. 内部供给影响因素分析

企业内部人力资源供给通常是企业未来人力资源的主要来源，所以企业人力资源需求的满足应优先考虑内部人力资源供给。影响企业内部人力资源供给的因素主要包括：

(1) 员工年龄结构。员工年龄结构关系到企业发展过程中员工新老交替的顺利进行，而且不同年龄的员工对不同的职位有不同的优势和作用，根据年龄结构是否合理，可以做出科学的补充计划。年龄结构分析可按以下方法进行：一是计算平均年龄。若平均年龄大于 40 岁，表明人力资源供给不足、青黄不接，应该采取更新措施。二是将年龄组的统计资料用表格的形式或在坐标轴上以曲线图的形式表示出来，从而使企业的员工年龄结构与分布状况一目了然，并以此作为内部人员供给的一个基本依据。

(2) 员工队伍稳定状况。通常用人力资源流动率来考察员工队伍稳定状况。人力资源流动率是一定时期内某种人力资源变动(离职与新进)与员工总数的比率,适度的人力资源流动率是保证企业新陈代谢的条件。人力资源流动率通常分为人力资源流出率与人力资源新进率。如果人力资源流出率较高,未来企业的人力资源供给就会减少;反之,如果人力资源新进率较高,未来企业的人力资源供给就会增加。

(3) 员工素质状况。企业员工素质可划分为员工的知识技能水平、思想素质和文化价值观、员工群体的知识技能层次结构等主要维度。在其他条件不变的前提下,员工素质的变化会影响内部供给,两者通过劳动生产率这个中间变量进行调节。也就是说,一般情况下,员工素质越高,劳动生产率就越高,内部人力资源供给相应就会增加;反之,内部人力资源供给就会减少。员工素质状况的改善,与工资水平的提高、教育培训机会的增多以及各种激励措施的实施都可能相关,因此对企业内部员工素质状况的分析,必须对这些影响因素的变化给予高度关注。

2. 外部供给影响因素分析

影响企业外部人力资源供给的因素是多种多样的,在进行人力资源外部供给预测时主要应考虑以下五个方面因素:

(1) 宏观经济形势。一般来说,宏观经济形势越好,失业率越低,劳动力供给越紧张,招聘就越困难;宏观经济形势越差,失业率越高,劳动力供给越充足,招聘就越容易。

(2) 政府的政策法规。政府的政策法规是影响企业外部人力资源供给不可忽视的一个因素。各地政府为了各自经济的发展,保护本地劳动力的就业机会,都会颁布一些相关的政策法规,包括不准歧视女性就业、保护残疾人就业、严禁雇用童工、员工安全保护法规、从事危险工种保护条例等。从而影响外部人力资源供给。

(3) 劳动力市场状况。劳动力市场发育良好将有利于劳动力自由进入市场,由市场工资率引导劳动力的合理流动;劳动力市场发育不健全势必影响人力资源的优化配置,也给组织预测外部人员供给带来困难。

(4) 人口状况。人口状况是影响企业外部人力资源供给的重要因素,主要包括两个方面:一是人口总量。人口总量决定人力资源供给总量。人口总量越大,人力资源供给越充足。二是人力资源的总体构成,主要包括人力资源的年龄、性别、受教育程度、技能、经验等。该因素决定了在不同的层次与类别上可以提供的人力资源的数量与质量。

(5) 社会就业意识和择业心理偏好。就业意识和心理偏好是影响外部人力资源供给的重要因素。比如,一些城市失业人员宁愿失业也不愿从事苦、脏、累、险的工作;应届大学毕业生普遍存在对职业期望值过高的现象,大多数人希望到经济发达地区或进入国家机关、大公司或国有企业工作,而不愿到经济落后地区或小企业工作。

(三) 人力资源供需平衡

在人力资源供需预测的基础上,接下来的一项关键工作就是进行人力资源的供需平衡,这是人力资源规划工作的核心和目的所在。人力资源的供给与需求预测比较,一般会有以下几种结果:一是供给和需求在数量、素质以及结构等方面都平衡;二是供给与需求在数量上平衡,但结构上不匹配;三是供给与需求在数量上不平衡,包括供大于求和供小于求两种情况。现实中,供求完全平衡的情况很少出现。当供给与需求数量平衡而结构不匹配时,需要对现有的人力资源在结构上进行调整。而当供给和需求数量上也存在差异时,则需要制定出相应的规划政策,以确保组织发展各时间点上供给与需求平衡。

1. 人力资源结构不平衡的调整措施

人力资源结构不平衡是指组织内某些职位的人员过剩,而另一些职位的人员短缺。对于人力资源结构不平衡的调整,可以采取以下措施:第一,通过企业内部人员的晋升和调任等,满足空缺职位对人力资源的需求。第二,对于供过于求的普通人力资源,可以有针对性地进行培训,在提高他们的知识和技能的基础上,将其补充到空缺的职位上。第三,招聘与裁员并举,即一方面要从外部招聘企业急需的人员,另一方面对企业内的冗员进行必要的裁减。

2. 人力资源供大于求的调整措施

当预测的供给大于需求时,组织可以采用下列措施进行调整:第一,扩大经营规模或者开拓新的增长点,以增加对人力资源的需求。例如,企业可以实施多种经营吸纳过剩的人力资源。第二,永久性的裁员或者辞退员工。这种方法虽然比较直接,但是由于会给社会带来不安定因素,因此往往会受到政府的限制。第三,鼓励员工提前退休。就是给那些接近退休年龄的员工以优惠政策,让他们提前离开企业。第四,冻结招聘。就是停止从外部招聘人员,通过自然减员来减少供给。第五,缩短员工的工作时间,实行工作分享或者降低员工的工资。通过这种方式也可以减少供给。第六,对富余员工实施培训。这相当于进行人员的储备,为将来的发展做好准备。

3. 人力资源供不应求的调整措施

当预测的供给小于需求时,组织可以采用以下措施来进行调整:第一,从外部雇用人员,包括返聘退休人员。这是最直接的一种方法,可以雇用全职的,也可以雇用兼职的,这要根据企业自身的情况来确定。如果需求是长期的,就要雇用全职的;如果是短期需求增加,就可以雇用兼职的或临时的。第二,提高现有员工的工作效率。这也是增加供给的一种有效方法。提高工作效率的方法有很多,例如改进生产技术、增加工资、进行技能培训、调整工作方式等。第三,延长工作时间,让员工加班加点。第四,降低员工的离职率,减少员工的流失,同时进行内部调整,提高内部的流动率来增加某些职位的供给。第五,将企业的部分业务外包。这实际上等于减少了对人力资源的需求。

上述平衡供需的方法在实施过程中具有不同的效果。例如,靠自然减员来减少供给,过程比较长;裁员的方法则见效比较快。

由于企业人力资源供给与需求的不平衡不可能是单一的供给大于需求或者供给小于需求,往往会相互交织在一起,出现某些部门或某些职位的供给大于需求,而其他部门或职位的供给小于需求的现象。例如,关键职位的供给小于需求,但是普通职位的供给大于需求。因此企业在制定平衡供需的措施时,应当从实际出发,综合运用这些方法,努力使人力资源的供给和需求在数量、质量以及结构上达到平衡匹配。

第二节 工作设计

一、工作设计含义

工作设计(job design)是指为了达到组织目标,合理有效地处理人与工作的关系而采取的,对与满足工作者个人需要有关的工作内容、工作职能和工作关系的特别处理。它是对工作进行周密的、有目的的计划安排,既要考虑员工具体的素质、能力等方面的因素,也要考虑企业的管理方式、劳动条件、工作环境和政策机制等因素。

工作设计与工作分析不同。工作分析主要对员工当前所从事的工作进行研究,并界定成功完成工作所必须履行的职责和达到的要求,而工作设计关注对工作的精心安排,以便提高组织绩效和员工满意度。20 世纪初,泰勒就非常重视对工作进行重新设计,从而大大提高了工人的工作效率。可以说,工作设计是泰勒科学管理理论的核心问题之一。

二、工作设计方法

从 20 世纪初至今,工作设计发展形成了一些典型的方法,包括工作专门化、工作轮换、工作扩大化和工作丰富化等。

(一) 工作专门化

工作专门化(job specialization)是通过动作和时间研究,将工作分解为若干很小的单一化、标准化及专业化的操作内容与程序(见图 4-2)。员工通过操作单一的工作或程序,增加了熟练程度,从而提高了生产效率。

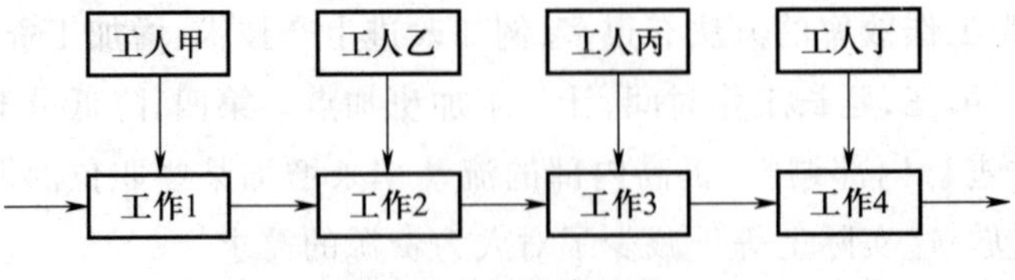

图 4-2 工作专门化

工作专门化来源于亚当·斯密在 19 世纪后期提出的劳动分工的思想。亚当·斯密认为,劳动分工是指个人专门从事某一部分的活动而不是全部活动,这样有利于提高工作效率。19 世纪末 20 世纪初,泰勒首先在企业中强调应用了工作专门化;亨利·福特也将它导入他的汽车装配工厂,利用生产线作业管理方法,给生产线上的每一个员工分配特定的、标准化的、重复性的工作,从而提高了生产效率。

工作专门化通过严格区分工作,让每位员工以最有效的方式只从事一种工作活动,从而避免了传统生产方式中许多无效的行为;通过分工明晰的原则,让员工依据明晰的权责利关系来从事企业中程序化的工作,从而避免了工作中的盲目状态与事事都要请示的状况;通过专业化的分工,让员工长期专注于某一领域内的工作,不仅有利于员工提高技能与进行发明创造,还有利于组织开展员工甄选与培训工作,从而在一定程度上避免了资源的浪费。工作专门化的诸多优势,确实使企业的生产效率在很长一段时期内得到了极大的提高。但是,20 世纪 60 年代以后,工作专门化带来的负面效应逐渐显现出来,最终导致由工作专门化带来的员工非经济性超过了经济性带来的优势。为了避免工作专门化带来的负面影响,人们开始探求更适用的工作设计方法。在这种情况下,工作轮换、工作扩大化、工作丰富化等新方法应运而生。

(二) 工作轮换

工作轮换(job rotation)是为减轻员工对工作的厌烦感而将其从一个职位换到另一个职位。工作轮换通常是指横向的轮换,即在同一水平上工作的变化。轮换可依据具体情况和要求进行。比如当前的工作不再具有挑战性时,可以让员工转向另一项工作,也可以使员工一直处于轮换的状态。许多大型组织在实施开发管理才能的规划中也使用了工作轮换的方法,这可能包括直线职位和参谋职位人员之间的轮换,通常也允许没有充分发挥潜力的员工向经验丰富的员工学习。如图 4-3 所示。

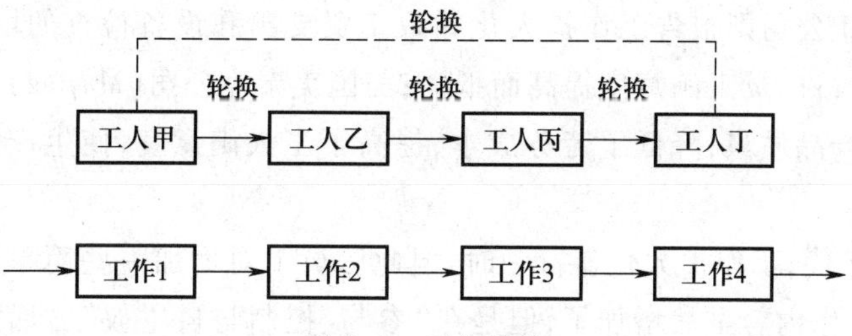

图 4-3 工作轮换

工作轮换并不改变工作设计本身,只是使员工定期从一个工作转到另一个工作,因此是一项成本较低的组织内部调整和变动。对员工而言,工作轮换可以使员工比日复一日地重复同样的工作更能对工作保持兴趣和新鲜感,可以使员工从原先只能做一项工作的专业人员转变为能做许多工作的多面手,增强员工的工作适应能力,进而满足他们职业选择与成长的需要,激励他们做出更大的努力。对组织而言,工作轮换可以激发组织活力、储备多样化的人才与增强部门间的协作,进而促进组织发展。日本企业广泛地实行工作轮换,对于管理人员的培养发挥了很大的作用。但是,工作轮换也存在一些问题:首先,它会增加培训成本,临时导致生产率的下降;其次,如果轮换过于频繁,会导致员工工作稳定性差,进而不利于提高忠诚度;最后,它有赖于完善的工作轮换流程设计、绩效评价体系等,否则将难以发挥正常的效用。因此,企业在实施工作轮换时应着眼于企业的战略需要，根据实际情况灵活应用。

（三）工作扩大化

工作扩大化（job enlargement）是增加员工工作任务的数量或变化性，是工作任务的水平扩展。工作扩大化扩大了工作范围，让员工有更多的工作可做，如果说过去做一道工序，现在就扩大为做多道工序。例如，一个原来只装尾灯的汽车装配线工人，后来既装尾灯，又装车尾的行李箱，工作范围就比原来扩大了。又如，原来只更换机油的一个汽车机械工现在既要更换机油，又要添加润滑油，还要更换制动液，他的工作范围也扩大了。如图 4-4 所示。

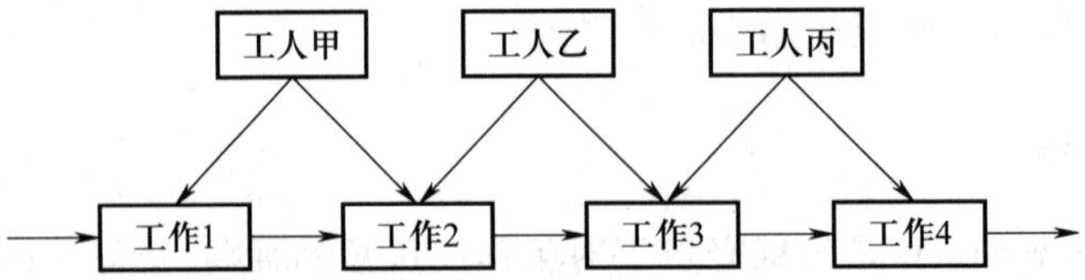

图 4-4 工作扩大化

这种工作设计由于不必把产品从一个人手中传给另一个人而节约时间，并且通过增加某一工作的内容，减少了从事单一工作而产生的厌烦感，员工通过学习和培训掌握更多的知识和技能，提高了工作兴趣。研究表明，工作扩大化增加了员工的工作满意度，提高了工作质量。IBM 公司则报告工作扩大化导致工资支出和设备检查的增加，但这些费用因产品质量有所改进、员工满意度提高而抵消；美国美泰克公司（Maytag）声称通过实行工作扩大化提高了产品质量，降低了劳务成本，提高了工人满意度，使生产管理变得更有灵活性。

20 世纪 60 年代，工作扩大化盛行一时，但此后员工对增加一些简单的工作内容仍不满足，原因在于工作内容虽然增加了，但是在"参与、控制与自主权"方面没有增加任何新东西，而且，更大的工作量意味着更重的工作负担，在激发员工的积极性和培养挑战意识方面没有太大意义。因此，许多企业积极寻求新的工作设计方法。

（四）工作丰富化

工作丰富化（job enrichment）是对工作内容和责任层次的改变，是指对工作内容的纵向扩展和对工作责任的垂直深化，旨在向员工提供更具挑战性的工作。工作丰富化与工作扩大化的根本区别在于，后者是扩大工作的范围，前者则是工作责任的垂直深化，以丰富工作的内容。实施工作丰富化，应该增加员工的工作要求、赋予员工更多的责任和自主权、不断与员工进行沟通反馈以及对员工进行相应的培训等。实际中，工作丰富化设计一般可以循着五个基本操作思路来进行。

1. 重组任务

重组任务即将零散的、相关联的工作任务组合起来，使之成为一种新的、内容更多的工作单元,以增加工作技能的多样性。通过任务重组,形成具有整体性的工作目标,员工可以了解其所承担工作与总目标、总任务和总过程的关联性,从而增加工作责任感和成就感;同时,员工“一专多能”,有机会使用多样化的操作技能去完成具有挑战性的任务,因而增加了员工工作的主观能动性和探索创新性。

2. 加大责任

加大责任即使工作内容扩展到“自然边界”,让员工负责有独立意义的整个工作单元,以强化“主人翁”的责任感。人的自主性与责任感是紧密相关的,自主意味着对自己如何行为的独立决策,自然就要对自己决策的行为后果负责任,有责任感才有自主性,增强责任感就增强了自主性,从而激发了人们的工作积极性和创造性。让每个员工都能够承担独立而完整意义的工作内容,使他们对自己的工作后果负完全而明确的责任,可以促使其在工作中充分发挥自己的主观能动性。

3. 面向客户

面向客户即重建员工与客户的关系,使员工更直接地面对客户,这样可以提高员工工作的应变性和自主性,以及绩效反馈的灵敏性。要改变过去那种仅依靠营销和采购部门与外部市场打交道的封闭性工作设计思路,尽量让每个团队、部门和个人都能直接面对市场或市场竞争压力,去应对和满足客户多元化的市场需要,随机应变地处理自己工作中出现的各种矛盾和问题。可以如海尔所做的那样,考虑将内部关系外在市场化,树立“市场是每个人的上级”的观念,在各工序之间建立互相咬合的“SST”内部“市场链”机制,鼓励员工面向市场进行自主创新。

4. 纵向扩权

即将以前高层管理者的责任和控制权下移给员工,扩大授权范围,以增强员工工作的自主控制能力。授权的实质是一种纵向层级之间进行民主化分工合作和相互影响,涉及在纵向人际关系链中上级对下级鼓励、指导和要求,以及下级对上级负责、支持和监督的双向互动影响,是对责、权、利在纵向关系上以“创造性”为宗旨的分配和整合。纵向扩权要防止下级对上级的向上职能错位替代,但更要注意避免上级对下级的向下错位替代,要特别注意克服那种上级事无巨细“日理万机”,不给下属应有自主权的领导行为倾向,采取有效措施实行充分授权。

5. 直接反馈

直接反馈即保证员工本人在工作过程中就能够直接得到有关工作绩效的信息反馈,而无须通过上司间接评估。企业绩效评估和管理系统最直接、最重要的职能,实际上就是为员工提供工作反馈;如果激励性工作设计可以做到无须专门的第三方评估,员工自己干完事情就能够立刻知道自己干得好或不好,以及应该如何改进,那是再好不过的。例如,海尔在对生产车间工作岗位进行科学测评的基础上,按照“计点到位、绩效联酬”的原则进行工作设计,就是一种直接反馈的工作设计思路。每位员工都有一张“三 E 卡”,一天的工作结束后,员工就可直接得知其当天的产量、质量、物耗、工艺等 9 大项指标的执行情况,并能计算出自己当日的工资报酬是多少。这种工作设计的实际战略性激励效应是相当显著的。

（五）工作弹性化

在当代社会，工作与生活的关系越来越密不可分，工作与生活在时间、空间上的矛盾也日益突出，传统无弹性作息制度不但严重影响了人们应享有的闲暇休息和生活质量，而且也对员工工作积极性和效率造成不利影响。另外，当今后工业社会背景下的很多工作，具有知识性、情景创造性和时空灵活性特点，特别是互联网技术给人们工作方式和生活方式带来了极大方便，使得工作与生活可以在更大的弹性区间内相互融合和统一。在这种情况下，很多企业往往通过调整工作时间，如缩短工作周、压缩工作时间、实施弹性作息制、多人弹性分担工作及家庭远程办公等，来强化工作对于员工的人性化激励效应。

1. 缩短工作周

缩短工作周（compressed workweek），是指周工作时间不变，比如每周工作 40 小时，但每周工作天数减少，如从每周工作 5 天（一天 8 小时），缩短到 4 天（一天 10 小时），甚至缩短到 3 天（一天 12 小时），剩余时间自己安排“充电”或休闲。这种工作时间安排，虽然增加了每天的工作强度，但使工作时间与闲暇时间更加集中，有利于减少上下班路途时间和交易费用，为分居两地的夫妇提供团聚的机会，也对提高工作绩效有好处。

2. 弹性作息制

弹性作息制（flextime schedules），即在完成规定的工作任务或固定的工作时间长度的前提下，员工可以灵活、自主地选择工作的具体时间安排，以代替统一、固定的上下班时间。公司对员工只考核其是否能够完成工作任务，不规定具体工作时间，只要在所要求的期限内按质按量完成任务即可，也可以采取核心时间与弹性时间相结合的办法，即工作时间总量（如 8 小时）保持不变，给予员工在某“核心时间”（core hours，如上午 9～11 时、下午 2～4 时）以外，自主安排自己工作时间的权力，根据自己的特殊情况选择工作时段，如上午 9 时到下午 5 时或上午 8 时到下午 4 时。弹性工作制视具体情形可有多元化的选择，如欧洲一些企业通常规定：员工可以在上个工作年度过半后，选择自己在下半年度的愿意工作时间匹配方案，比如，一个全日工作者可以选择下年度每个月工作 173 个小时，一个希望平均月工作 110 小时的员工可以选择在 1 月份工作 150 小时而在 2 月份只工作 60 小时，剩下的时间可以自由安排。这种弹性作息制更有利于员工自主安排自己的日程，使他们能将家庭生活和职业工作更好地协调兼顾起来，所以很受员工们欢迎。但弹性工作制不太适合对外服务性的工作，如果强行实施可能会增加公共管理费用，要求组织管理者及员工改变传统的监管和沟通方式。

3. 工作分担

工作分担（job sharing），是指允许由两人或更多人来分担一份完整全日制工作。比如，企业可以决定一周有 40 小时的工作由两人来分担，其中一人上午工作，另一人下午工作。在企业经营困难时期，可以采用临时性工作分担方案，即用临时削减工作时间的方法，来避免大规模裁员。例如，为了避免解雇 30 名员工，企业 400 名员工愿意每人每天只工作7小时,每周拿35小时的工资。

4. 远程办公

远程办公(telecommuting),是利用现代互联网通信技术的便利条件,给员工提供在公司办公室以外地点(如家庭、宿舍等)办公的许可、选择或弹性空间。对于那些不要求团队协作、同地交流的工作,如程序分析、电话销售、数据计算等,可以采取异地远程办公的方式。远程办公可以根据人员情况、工作需要进行灵活调整,如:全职人员集中办公,兼职人员分散办公;特殊人员,如负伤人员痊愈前暂时在家办公;平时大部分时间都集中办公,个别时间分散在家办公;或者正好相反,平时大部分时间都分散在家办公,每月或每周集中几天在公司办公等。远程办公便于女性员工在家照顾小孩,减少交通费用和时间,也可以减少不必要的办公室人际纠纷。当然,远程办公也有工作评估难度大、不利于沟通交流等局限性。

总之,人性化、弹性化的工作时间安排,是组织管理自觉适应当代社会环境变化的重要举措,也是员工从组织工作本身获得的一种特殊间接激励性报偿。特别是一些具有知识创造性、策划创意性、技术创新性和情景应变性的工作,如工程技术、广告策划、市场推广、文化传播等,采取弹性工作安排对于员工具有更显著的激励性功能和间接报偿价值。而一些具有行政管理性、公共服务性特点的工作,可能就很难进行弹性时间安排;即使适合推行实施弹性时间安排的工作,也要求管理风格及领导方式做出相应变革,注意对员工进行授权,同时还要做好互动沟通,并在考核、培训和外在薪酬等方面做出相应调整。

第三节　工作分析

一、工作分析概述

(一) 工作分析的含义

工作分析(job analysis)也叫职位分析,是研究一个组织内每一个职位所包括的具体工作内容和责任,对工作内容及有关因素做全面、系统的描述和记载,并指明担任这一职位工作的人员必须具备的知识和能力。工作分析是人力资源管理的基础,是获得有关工作信息的过程。我们可以通过工作分析界定某一职位与其他职位的差异;通过工作分析得到的信息被用来制作工作说明书。具体来说,工作分析就是要为管理活动提供与工作有关的各种信息,这些信息可以用6个W和2个H加以概括。

(1) who——谁从事此项工作?包括责任人,以及所需人员的学历、知识、技能、经验等资格要求。

(2) what——此项工作需要做什么?包括确定工作内容与工作职责。

(3) whom——为谁做？即顾客是谁？这里的顾客不仅指外部顾客，也指企业内部顾客，包括与从事该工作的人有直接关系的人，如上级、下属、同事、客户等。

(4) why——为什么做？包括工作对企业战略及从事者的意义。

(5) when——工作的时间安排是什么？

(6) where——这些工作在哪里进行？

(7) how——如何从事此项工作？包括工作的程序、规范以及为从事该工作所需的权力。

(8) how much——为此项工作所需支付的报酬或费用是多少？

通过工作分析，我们要回答或者解决以下两个主要问题：第一，某职位应该做什么。这一问题与职位的工作活动有关，包括职位的名称、工作的职责、工作的要求、工作的场所、工作的时间以及工作的条件等一系列内容。第二，什么样的人来做最适合。这一问题则与从事该职位的人的资格有关，包括专业、年龄、必要的知识和能力、必备的证书、工作的经历以及心理要求等内容。

（二）工作分析的意义

工作分析是人力资源管理的基础，几乎任何一项人力资源管理工作都要用到工作分析的结果。

1. 工作分析为其他人力资源管理活动提供依据

工作分析为人力资源管理提供了一个平台，人力资源管理的其他职能活动应当说都是在此基础上进行的：

第一，工作分析为员工招聘提供了客观标准。企业在进行招聘时需要对拟招聘职位的职责和内容进行准确界定，也需要明确任职资格和要求，而这正是工作分析的两个主要结果。换言之，工作说明书中的职位描述与职位规范为员工招聘提供了客观的标准，减少了主观判断的成分，有利于提高招聘的质量。

第二，工作分析为员工的培训开发提供了明确的依据。员工培训的内容、方法应该与工作任务的内容、职位所需要的工作能力和操作技能等相关，而工作分析对各个职位的工作内容和任职资格等都进行了明确的规定，因此可以提高员工培训的针对性、员工与职位的匹配程度，进而增强培训与开发的有效性。

第三，工作分析为制定公平合理的薪酬政策奠定了基础。企业在制定薪酬政策时必须保证公平合理，而工作分析对各个职位承担的责任、从事的活动、资格的要求等作出了具体的描述，这样企业就可以根据各个职位在企业内部相对价值的大小给予相应的报酬，从而确保薪酬的内部公平性。

第四，工作分析为绩效评价提供一个客观的评价标准。绩效评价必须有客观标准，而工作分析对每个一职位从事的工作以及所要达到的标准都有明确的界定，这就为绩效管理提供了员工工作业绩的评定标准，减少了考核的主观因素，提高了考核的科学性。

第五，工作分析为职业生涯管理提供了基本依据。职业生涯管理必须通过促使员工的职业发展来实现员工与企业的双赢。而工作分析正是通过对职位之间的相互联系、每个职位所需的技能等多方面的研究与描述,为员工在组织内的发展指明了合适的职业发展路径。

第六,工作分析为员工关系管理提供了可靠的信息。员工关系管理的一个关键内容是确保员工的劳动安全,而通过工作分析得到的关于工作的安全标准、程序和物理环境等信息,有利于保证员工的劳动安全,进而为员工关系管理提供可靠的信息。

2. 工作分析对企业的整体管理具有重要作用

工作分析除了对人力资源管理本身具有重要的意义之外,还对企业的整体管理具有重要的作用。

第一,工作分析有助于实施战略管理。企业在实施战略管理的过程中,为了适应环境的变化,需要适时变更、减少或合并职位,这就需要借助工作分析的信息才能够实现。

第二,工作分析有助于员工明确职责。工作分析能够让员工清楚了解职位的职责范围和需要完成的任务,帮助他们自觉主动地寻找工作中存在的问题,并且圆满地实现职位对企业的贡献。

第三,工作分析有助于增强管理的协同效应。借助工作分析,企业最高经营管理者能够充分了解每一个职位上的员工目前所做的工作,发现职位之间的职责交叉和职责空缺现象,并通过科学、合理地设置职位,增强管理的协同效应。

(三)工作分析的原则

在工作分析的过程中一般要注意以下原则。

1. 对工作活动是分析而不是罗列

工作分析过程中需要将获得的原始信息进行加工,要"抓住主干、舍弃细枝末节"。在分析时,应当将工作分解为几个重要的组成部分,审查后将其重新进行组合,绝不是对任务或活动的简单列举和罗列。例如,对公司前台服务员接转电话这项职责,经过分析后应当描述为"按照公司的要求接听电话,并迅速转接至相应的人员"。而不应该将所有活动都罗列上去,描述为"听到电话铃响后,拿起电话,放到耳边,说出公司的名字,然后询问对方的要求,再按下转接键,转接至相应的人员"。

2. 针对的对象是职位而不是人

工作分析并不关心任职者的任何情况,只关心职位的情况。目前的任职者之所以被涉及,仅仅是因为他通常最了解情况。例如,某一职位的工作本来需要本科学历的人来做,由于各种原因,现在由一名中专学历的员工来做,那么在分析这一职位的任职资格时就要将学历要求规定为本科,而不能根据现在的状况规定为中专。

3. 分析要以当前工作为依据

工作分析的任务是获取某一特定时间内的职位的情况,因此应当以工作现状为基础来进行分析,而不能把自己或别人对这一职位的工作设想加到分析中去。只有如实反映职位目前的工作状况,才能够据此进行分析判断,发现职位设置或职责分配上的问题。此外,工作说明书必须反映所分析职位的真实情况,不能掺杂主观因素或含糊不清。

二、工作分析程序

工作分析是一项技术性很强的工作,需要做周密的准备,同时还要有科学、合理的操作程序。一般来说,工作分析的整个过程包括准备、调查、分析和完成四个阶段。

(一)准备阶段

这一阶段要完成的主要任务有以下几项。

1. 确定工作分析的目的

确定工作分析的目的就是明确工作分析要解决的问题是什么,其用途是什么。工作分析的目的直接决定了工作分析的重点、需要收集的信息类别以及采用哪些方法收集信息。

2. 成立工作分析小组

工作分析是技术性很强的工作,应由专业人士负责操作。工作分析小组一般由以下三类人员组成:一是企业的高层领导;二是工作分析人员,主要是人力资源管理专业人员和熟悉本部门情况的人员;三是外部专家和顾问,他们具有这方面的丰富经验和专门技术,可以防止工作分析的过程出现偏差,有利于保证结果的客观性和科学性。工作分析小组一旦成立,企业就应赋予小组成员相应的活动权限,以保证分析工作协调和顺利进行。

3. 对工作分析人员进行培训

为了保证工作分析的效果,一般还应由外部的专家和顾问对工作分析小组成员进行业务培训。

4. 做好其他必要的准备

由于工作分析涉及诸多部门及人员,因此在开展工作分析之前,还需协调好各部门及其管理者之间的关系,做好员工的心理准备工作,建立起友好的合作关系。

(二)调查阶段

这一阶段要完成的主要任务有以下几项:

1. 设计调查方案

根据工作分析的目的,制定工作分析的时间计划进度表,并选择和确认工作分析的内容与方法等。工作分析的方法很多,我们将在下一节介绍。

2. 收集工作的背景资料

背景资料包括组织架构图、工作流程图、国家的职位分类标准、国家标准职业分类、前人做过的工作分析资料以及工作说明书等。

3. 收集需要被分析工作的相关信息

工作信息的来源包括工作执行者、管理者、顾客、工作分析专家、职业名称词典等多个渠道。在调查过程中应保持严谨、客观的态度，科学地选取有代表性的样本，保证工作信息的准确性。工作分析中需要收集的信息主要包括以下几类：

第一，工作活动。包括承担工作所必须进行的与工作有关的活动与过程、活动的记录、进行工作所运用的程序以及个人在工作中的权力和责任等。

第二，工作中的人的活动。包括人的行为，如身体行动以及工作中的沟通；作业方法分析中使用的基本动作；工作对人的要求，如精力的耗费、体力的耗费等。

第三，在工作中所使用的机器、工具、设备以及工作辅助用品，如电话、电脑、传真机、汽车、对讲机、仪器、车床等。

第四，与工作有关的有形和无形因素。包括完成工作所涉及或者需要运用的知识；工作中加工处理的材料；所生产的产品或所提供的服务。

第五，工作绩效信息。包括工作标准或衡量要素等，如完成一项工作所花费的时间。

第六，工作的背景条件。包括工作时间、工作地点、工作的物理条件等。

第七，工作对人的要求。包括个人特征，如个性和兴趣、所需要的教育与培训水平、工作经验等。

（三）分析阶段

这一阶段的主要任务是深入分析调查阶段所获得的信息，运用科学的方法找出各个职位的主要成分和关键要素。

1. 整理资料

将收集到的信息按照工作说明书的各项要求进行归类整理，看是否有遗漏的项目，如果有再返回上一个步骤，继续进行调查。

2. 审查资料

工作分析小组的成员要一起审查、核对和确认经过整理的资料，这样可以修正信息中的不准确之处，使工作信息更为准确和完善。

3. 分析资料

如果收集的资料没有遗漏，也没有错误，接下来就要对这些资料进行深入分析。也就是要归纳和总结出编写工作描述和工作规范所需要的材料和要素，要创造性地揭示出有关工作和任职者的关键信息。

（四）完成阶段

这一阶段的主要任务是根据规范和信息编制工作说明书，并对整个工作分析过程进行总结。

1. 编写工作说明书

根据分析阶段归纳和总结出的相关材料和要素，草拟工作描述和工作规范，并将之与实际工作进行对比，认真检查工作说明书，分析并评估其中所包含信息的完整性及准确挂。查遗补漏，经多次讨论、反馈和修订，直至形成最终的工作说明书。

2. 总结整个工作分析过程

通过总结找出其中成功的经验和存在的问题，为以后再次工作分析提供参考依据。

3. 将工作分析的结果运用于人力资源管理以及企业管理的相关方面

应该让工作分析及工作说明书真正发挥作用，而不是在这项工作结束后，就将工作说明书束之高阁，不加利用，导致资金浪费。

需要强调的是，工作分析作为人力资源管理的一项活动，是一个连续不断的动态过程。所以，企业绝不能有一劳永逸的思想，不能认为做过一次工作分析，以后就可以不用再做了，而应根据企业的发展变化随时开展这项工作，要使工作说明书能够及时反映职位的变化情况。

三、工作说明书编写

工作说明书是工作分析的最终成果之一，包括工作描述（job description）和工作规范（job specification）两方面的内容。工作描述反映了职位的工作情况，是关于职位所从事或承担的任务、职责以及责任的目录清单，也可称作 TRDs；工作规范反映了职位对承担这些工作活动的人的要求，是人们承担这些工作活动必须具备的知识、技能、能力和其他特征的目录清单，也可称作 KSAOs。

一般一份内容比较完整的工作说明书包括以下项目：① 职位标志；② 职位概要；③ 履行职责；④ 业绩标准；⑤ 工作关系；⑥ 使用设备；⑦ 工作环境和工作条件；⑧ 任职资格；⑨ 其他信息。其中，第①—⑦项都属于工作描述，第⑧项任职资格属于工作规范。下面结合这些项目来具体解释一下应该如何编写工作说明书。

（一）职位标志

职位标志好比职位的一个标签，让人们对职位有一个直观的印象，一般要包括职位编号、职位名称、所属部门、直接上级和职位薪点。

职位编号主要是为了方便职位的管理，企业可以根据自己的实际情况来决定应包含的信息。例如在某企业中，有一个职位的编号为 HR-03-06，其中 HR 表示人力资源部，03 表示主管级，06 表示人力资源部全体员工的顺序编号；再比如 MS-04-TS-08，其中 MS 表示市场销售部，04 表示普通员工，TS 表示职位属于技术支持类，08 表示市场销售部全体员工的顺序号。

职位名称应当简洁明确，尽可能地反映职位的主要职责内容，让人一看就能够大概知道这一职位主要是干什么的；职位名称中还要反映出这一职位的职务，如销售部总经理、人力资源经理、招聘主管、培训专员等。在确定职位名称时，最好按照社会上通行的做法，这样既便于人们理解，也便于在薪酬调查时进行比较。

职位薪点是工作评价得到的结果，反映了这一职位在企业内部的相对重要性，是确定这一职位基本工资标准的基础。

（二）职位概要

职位概要就是要用一句或几句比较简练的话来说明这一职位的主要工作职责，要让一个对这一职位毫无了解的人一看职位概要就知道它大概承担了哪些职责。例如，人力资源部经理的职位概要可以描述为："制定、实施公司的人力资源战略和年度规划，主持制定完善人力资源管理制度以及相关政策，指导解决公司人力资源管理中存在的问题，努力提高员工的绩效水平和工作满意度，塑造一支敬业、团结协作的员工队伍，为实现公司的经营目标和战略意图提供人力资源支持。"公司前台的职位概要则可以描述为："承担公司前台服务工作，接待安排客户的来电、来访，负责员工午餐餐券以及报纸杂志的发放和管理等行政服务工作，维护公司的良好形象。"

（三）履行职责

履行职责就是职位概要的具体细化，要描述这一职位承担的职责以及每项职责的主要任务和活动。在实践过程中，这一部分是相对较难的，要经过反复实践才能准确把握。首先要将职位所有的工作活动划分为几项职责，然后将每项职责进一步细分，分解为不同的任务。

在履行职责部分，有一个问题需要注意，如果某一职位是由多项职责组成的，就要将这些职责按照一定的顺序进行排列，而不能是胡乱地堆砌。在排列职责时有两个原则：

（1）按照这些职责的内在逻辑顺序进行排列。也就是说，如果某一职位的职责具有逻辑上的先后顺序，就要按照这一顺序进行排列。例如人力资源部培训主管，这一职位由拟订培训计划、实施培训计划、评估培训效果和总结培训经验等几项职责组成，这些职责在时间上有一个先后顺序，因此在排列时就要依次进行。

（2）按照各项职责所占用时间的多少进行排列。有些职位的职责并没有逻辑顺序，就要按照完成各项职责所用的时间多少来进行排列。当然这一时间比例并不需要非常准确，只是一个估计，一般来说以5%为最小单位。在实践中，对各项职责所占用的时间进行估计，还有助于衡量职位的工作量是否饱满。如果某一职位的大量时间都分配给了非常简单的职责，那么说明它的工作量是饱满的；相反，一些本来应该占用很多时间的职责在某一职位那里只被分配了很少的时间，那么说明这一职位的工作量有些超负荷。例如，对于人力资源的招聘主管，"拟订招聘计划"这项职责占到了全部工作时间的40%，那么说明这一职位的工作量是不饱满的，因为正常的情况下，"拟订招聘计划"根本就用不了那么多时间。再比如，对于财务会计，"编制会计报表"这项职责只占了全部时间的10%，在其他职责的时间分配比较合理的情况下，就说明这一职位的工作量超负荷了，因为正常的情况下，"编制会计报表"这一职责不应该只占用那么少的时间，这说明分配给这一职位的其他职责太多了。通过职责占用的时间进行工作量的衡量，必须对这些职责有足够的了解。

如果逻辑顺序和时间顺序都需要考虑，在排列职责时应当优先考虑逻辑顺序，其次再考虑时间顺序。

（四）业绩标准

业绩标准就是职位上每项职责的工作业绩衡量要素和衡量标准，衡量要素是指对于每项职责，应当从哪些方面来衡量它完成得好坏；衡量标准则是指这些要素必须达到的最低要求，这一标准可以是具体的数字，也可以是百分比。

例如，对于销售经理这一职位，工作完成得好坏主要表现在销售收入、销售成本方面，因此它的业绩衡量要素就是销售收入和销售成本；至于收入要达到多少、成本要控制在多少就属于衡量标准的范畴了，可以规定销售收入每月 100 万元，销售成本每月 30 万元。再比如，对于人力资源的薪酬主管，衡量其工作完成的好坏主要看薪酬发放是否准确、及时。因此其业绩要素就是薪酬发放的准确率和及时性。至于准确率要达到多少、及时性如何表示就是衡量标准的范畴了，可以规定准确率要达到98%，薪酬迟发的时间最多不能超过 2 天。

（五）工作关系

工作关系是指某一职位在正常工作情况下，主要与企业内部哪些部门和职位发生工作关系，以及需要与企业外部哪些部门和人员发生工作关系。这个问题比较简单，需要注意的问题是，偶尔发生联系的部门和职位一般不列入工作关系的范围之内。

（六）使用设备

使用设备就是工作过程中需要使用的各种仪器、工具、设备等。

（七）工作环境和工作条件

这方面包括工作的时间要求、地点要求以及工作的物理环境条件等。

以上内容属于工作描述的范畴。工作描述是否清楚明了，可以用一个简单的方法来测试。编写工作描述的分析人员可以问自己："一个从来没有接触过这一职位的人看了工作描述之后，如果让他来从事这一职位的工作，他是否知道自己该干什么以及如何去干？"如果不能得到肯定的答案，说明这份工作描述还需要继续修改。

（八）任职资格

这属于工作规范的范畴。对于任职资格的具体内容，学者的看法并不一致。罗杰（Rodger）于 1952 年提出了七项基本内容：①体貌特征（健康状况和外表等）；②成就（教育、资格证书和经历）；③一般智力；④特殊能力（动手能力、数学运算能力和沟通能力）；⑤兴趣（文化、体育等）；⑥性格（友善、可靠和忍耐等）；⑦特殊的工作环境（经常出差等）。此外，芒罗·弗雷泽（Munro Fraser）在 1958 年提出另一种工作规范的五项内容体系：①对他人的影响力（通过身体、外表和表达方式等）；②取得的资格（教育、培训和经历）；③天赋(理解力、学习能力等);④激励水平(设定目标并达到目标的决心);⑤调节能力(在压力下保持稳定和与他人保持良好合作关系的能力)。

综合各方面的研究成果,一般来说,任职资格应包括以下几项内容:所学的专业、学历水平、资格证书、工作经验、必要的知识和能力以及身体状况。需要强调的是,不管任职资格包括什么内容,其要求都是最基本的,即承担这一职位工作的最低要求。

关于任职资格要求的规定,有些是硬性的,必须遵守国家和行业的有关规定。例如电焊工,必须持有劳动部门颁发的焊工证书;再比如司机,必须持有相应车型的驾驶执照。其他内容的要求,则可以根据工作的内容和绩效通过两种方法来确定:一是判断的方法,就是根据实际的情况或者主管人员的经验判断来确定任职资格要求;二是统计的方法,就是首先设定影响工作绩效的要素,然后利用统计分析的方法验证这些要素与绩效之间的关系,以此来确定任职资格要求。一般来说,与工作内容有关的要求,如专业、学历水平和身体状况等,应当通过第一种方法来确定;与工作绩效有关的内容,如能力、知识和素质等,应当通过第二种方法来确定。但是第二种方法比较复杂,因此在目前的实践中,与工作绩效有关的内容的要求,也大多是用第一种方法确定的,不过随着人力资源管理在我国的深入发展,使用第二种方法来确定任职资格的情况会越来越普遍。

(九)其他信息

这属于备注的性质,如果还有其他需要说明,但又不属于工作描述和工作规范的范围,可以在其他信息中加以说明。

四、工作分析方法

工作分析的目的和内容确定后,就应该选择适当的工作分析方法。工作分析方法主要有定性和定量两种。定性方法包括观察法、访谈法、问卷调查法、关键事件法、工作日志法与工作实践法等;定量方法主要有美国公务员委员会工作分析法、职位分析问卷法、管理职位描述问卷法、美国劳工部工作分析方法、职能性工作分析法以及弗莱希曼职位分析系统法等。

(一)定性方法

根据麦考密克(E.J. McComick)的观点,定性工作分析方法收集的信息以定性信息为主,叙述较多,带有较浓的主观色彩。虽然定性方法存在一定的缺陷,但由于许多工作任务和活动很难全部定量化,也不容易有绝对客观的标准,因此该类方法仍得到了广泛的应用。下面来介绍几种常用的定性方法。

1. 观察法

观察法是指在工作现场直接观察员工工作的过程、行为、内容、工具等,并进行记录、分析和归纳总结的方法。观察法是最早被使用的工作分析方法之一,也是最简单的一种方法。观察法应该包括观察设计和观察实施两个步骤。设计阶段要确定观察内容,观察内容要准确反映工作分析的目的,而且应该是可以被观察到的项目,此外应根据观察内容制定观察提纲,以确保观察准确、高效;实施阶段要根据事先确定的观察内容及提纲,对工作人员的工作过程进行认真观察,深入了解工作程序、环境、体力消耗与工作中所使用的工具设备等,并将观察到的结果适时记录下来。在现场观察时,观察人员应尽量不引起被观察者的注意,更不应该干扰被观察者的工作,以保证观察的真实性与有效性。

观察法的主要优点在于:直观、全面,所获信息比较客观、准确,既能掌握工作的现场景象,又能注意到工作的气氛和情境。它适用于大量标准化的、周期较短的以体力活动为主的工作,比如装配线工人、保安等。观察法的主要缺点在于:不适用于工作周期长且以脑力劳动为主的工作(如律师、教师)以及紧急而又偶然的工作(如急救站的护士)。

2. 访谈法

访谈法是与任职者或相关人员一起讨论被分析职位的特点和要求,从而取得相关信息的方法。访谈法是目前国内企业运用较广泛、相对更加成熟与有效的方法。它一般有三种类型:对任职者进行个别访谈;对做同种工作的任职者进行群体访谈;对了解被分析工作的主管人员进行访谈。运用访谈法要注意几个关键点:一是培训访谈人员。培训内容包括访谈的目的、内容、安排与技巧等。二是选择访谈对象。访谈对象必须有代表性,尽量选择那些最了解工作内容、最能客观描述职责的员工。三是确定访谈提纲。经验表明,事先熟悉甚至背诵访谈提纲,将有利于访谈者掌握主动权,将精力集中到倾听、观察、思考、追问和记录上。四是注意运用访谈技巧。例如,尽量营造轻松、愉快、畅所欲言的气氛;善于温和地驾驭谈话,纠正跑题;发现遗漏或含糊之处,要请对方补充或澄清;重视非言语交流,观察对方的行为、表情等,以便综合评估访谈信息。

其中,访谈提纲包含的问题主要有:① 你平时需要做哪些工作? ② 主要的职责有哪些? ③ 如何去完成它们? ④ 在哪些地点工作? ⑤ 工作需要怎样的学历、经验、技能或专业资质? ⑥ 基本的绩效标准是什么? ⑦ 工作有哪些环境和条件? ⑧ 工作有哪些生理要求和情绪及感情上的要求? ⑨ 工作的安全和卫生状况如何?

访谈法的优点在于:能够简单且迅速收集大量信息;由任职者亲口讲出工作内容,具体而准确;便于双方沟通,消除受访者的疑虑;适用范围广,可以对各类工作信息进行访谈。其不足在于:费时、费力、成本高;对访谈技巧要求较高;会占用员工较多的工作时间;被访谈者往往夸大其承担的责任和工作的难度,容易导致工作分析资料失真和扭曲。

3. 问卷调查法

问卷调查法是让任职者或相关人员以填写问卷的方式回答被分析职位问题的方法。问卷调查法是一种应用非常普遍的方法,其基本过程是将现有的工作设计问卷分发给选定的员工,要求在一定的期间填写,然后收回问卷以获取相关信息。这种方法成败的关键在于问卷设计的质量。在一定程度上,一份周详的问卷可以将回答者所可能造成的误差减至最小。

问卷调查法的优点在于:调查的样本量可以很大,适用于需要对很多工作者进行调查的情况；节省时间和人力，实施费用一般比其他方法低；调查的资料可以量化，由计算机进行数据处理。它的缺点在于：设计理想的问卷调查表要花费很多时间、人力和物力，设计费用比较高；不能面对面地交流信息，因此不容易了解被调查对象的态度和动机等较深层次的信息；被调查者可能不积极配合与认真填写，从而影响调查的质量。

4. 关键事件法

关键事件法（critical incidents technique，CIT）是要求管理人员、员工以及其他熟悉工作职务的人员记录工作行为中对他们的工作绩效来说比较关键的工作特征和事件，从而获得工作分析资料的方法。关键事件法是一种常用的行为定向方法，需要认定员工与职位有关的行为，并选择其中最重要、最关键的部分来评定其结果。这种方法对每一事件的描述内容包括：导致事件发生的原因和背景；员工特别有效或多余的行为；关键行为的后果；员工自己能否支配或控制上述后果。在大量收集这些"关键事件"以后，就可以对它们做出分类，并总结出职位的关键特征和行为要求。

关键事件法的优点在于：既能获得有关职位的静态信息，也可以了解职位的动态特点；能直接描述工作中的具体活动，所以建立的行为标准比较准确。它的缺点在于：一是费时，需要花大量时间去收集那些关键事件，并加以概括和分类；二是只关注那些对工作绩效有效或无效的事件，这就忽视了平均绩效水平，即难以涉及中等绩效的员工，进而会影响到工作分析信息的全面性。

5. 工作日志法

工作日志法就是让员工以日记的形式按时间顺序记录工作过程，然后经过归纳提炼，获得所需工作信息的方法。这种方法要求：① 及时。在一天工作开始之前，员工必须将工作日志放在手边，边做边记，切忌一天结束之后补一记。② 具体。其检验的标准是，一个对工作完全不了解的人，仅凭记录就能看明白任职者在做什么。③ 真实。不能弄虚作假。日志关注的焦点是"工作"本身，不是对任职者的评价。④ 完整。若因工作原因中途外出，要在出发前记下离开的时间，并在回来后的第一时间予以补记。

工作日志法的优点在于：信息的可靠性很高，所需费用也低，适用于确定有关工作职责、工作内容、工作关系、劳动强度等方面的信息。它的缺点在于：归纳工作烦琐，信息整理量大；在一定程度上影响正常工作，加大了员工的工作负担，员工不乐意接受；使用范围小，只适用于工作循环周期短、工作状态稳定的职位。

6. 工作实践法

工作实践法又称参与法，是指工作分析人员亲自参与工作活动、体验工作的过程，从中获得工作分析的第一手资料的方法。这种方法的优点是可以准确了解工作的实际任务及对任职者的要求，适用于短期内可以掌握的工作，比如餐厅服务员，但是应用范围不广，花费的代价也较高，不适用于操作技术难、需要大量训练以及有危险性的工作。

（二）定量方法

为了提高工作分析结果的科学性与准确性，针对定性方法存在的问题，在这些方法的基础上又发展出了一些新型的定量工作分析方法。下面来介绍几种应用比较普遍的定量方法。

1. 美国公务员委员会工作分析法

美国公务员委员会(U.S. Civi1Service Commission)为了制定一套能够对不同的工作进行比较和分类的标准程序而专门设计了一种工作分析方法,即美国公务员委员会工作分析程序(U.S. Civil Service Commission procedure)。

对于美国公务员而言,任何一项特定工作,其工作信息及分析结构均按照下列方式记录:

(1) 工作(职务)识别。

(2) 工作内容摘要:主要任务和职责。

(3) 工作任务说明:第一,知识要求(如员工为完成工作任务必须熟悉的事实或原则等);第二,技术要求(如要求员工具备操纵机器或开汽车的技能等);第三,能力要求(如对员工数学能力、推理能力和人际交往能力等的要求)。

(4) 工作中所包含的身体活动(如推、拉或者扛等)。

(5) 工作的特定环境条件(如工作空间狭窄、吵闹、通风不足等)。

(6) 典型工作事件(如在紧急状态的压力下工作,与既不是发出指令的人也不是接受指令的人一起工作,或者进行重复性的工作等)。

(7) 对员工兴趣的要求(如员工对于"事物和物体""资料交流"或"和人打交道"等活动的倾向或兴趣等)。

(8) 在这种工作分析中,所有工作信息都被编排在一张"工作分析记录单"上。在这张工作分析记录单的完成过程中,工作分析者可通过表单了解工作,收集工作信息。

事实上,任何工作都是由单项的工作任务组合而成的,而每一个任务又都可以根据所要求的知识、技能等来进行分析。美国公务员委员会工作分析程序就是提供了一种对不同的工作进行对比和分类的标准的工作分析方法。

2. 职位分析问卷法

职位分析问卷法(position analysis questionnaire,PAQ)是心理学家麦考密克花费10年时间设计的一种利用清单的方式来确定工作要素的方法。该问卷是一份包括194个问项的标准化工作分析问卷。这些问项代表了能够从各种不同的职位中概括和提炼出来的各种工作行为、工作条件以及工作本身的特点,可以划分为六个方面:

(1) 信息投入。任职者从哪里以及如何获得完成工作所必需的信息。

(2) 脑力运用。在执行工作任务时需要完成的推理、决策、计划以及信息处理活动。

(3) 体力活动。任职者在执行工作任务时所发生的身体活动以及所使用的工具、设施等。

(4) 与他人的关系。在执行工作任务时需要与其他人发生的关系。

(5) 工作环境。执行工作任务时所需的物质以及所处的社会环境或背景。

(6) 其他特点。上面描述过内容之外的与该职位有关的各种活动、条件以及特征。

在对某项工作进行分析时，工作分析人员首先要确定每一个问项是否适用于被分析的工作；然后根据六个维度（即信息适用范围、时间长短、对工作的重要性、发生的可能性、适用性和特殊计分）对这些问项进行评价；最后需要将评价结果提交到职位分析问卷总部，依靠那里的计算机程序得出报告，说明某种工作在各个维度上的得分情况。

PAQ的优点在于：内容比较丰富，不仅涵盖了工作的环境和背景因素，还涵盖了投入、产出以及工作流程等因素；获得的工作信息有利于不同类别职位之间的比较。它的缺点是：不能提供特定工作内容的完整描述，只能起到辅助作用。

3. 管理职位描述问卷法

管理职位描述问卷（management position description questionnaire，MPDQ）是专门针对管理性工作而设计的一种结构化的职位分析问卷。该问卷由沃尔特·W.托尔诺（Walter W. Tornow）和帕特里克·R.平托（Patrick R.Pinto）编制。MPDQ在调查方法和信息收集格式上与PAQ相近，如要求工作分析者检查每一项是否适合被分析的工作。它分析的内容包括与管理者的主要职责密切相关的208项工作因素，这208项工作因素可以精简为13个基本工作因素：

（1）产品、市场和财务计划。这是指结合实际情况制定计划以实现业务的长期增长和公司稳定发展的目标。

（2）与其他组织及员工之间的关系协调。这是指管理人员对自己没有直接控制权的员工个人和团队活动的协调。

（3）内部事务控制。这是指检查与控制公司的财务、人力以及其他资源。

（4）产品和服务责任。这是指控制产品和服务的技术，以保证生产的及时性与生产质量。

（5）公众和顾客关系。这是指通过与人们直接接触的办法来维护和树立公司在用户和公众中间的良好形象与声誉。

（6）高级咨询。这是指通过发挥技术水平解决企业中出现的特殊问题。

（7）行动自主权。这是指在几乎没有直接监督的情况下开展工作活动。

（8）财务承诺许可。这是指批准企业大额的资金流动。

（9）员工服务。这是指为忠诚的员工提供服务。

（10）监督。这是指通过与下属面对面的交流来计划、组织和控制这些人。

（11）复杂性及压力。这是指在很大压力下保持工作，在规定时间内完成所要求的任务。

（12）高级财务职责。这是指制定对公司绩效构成直接影响的大规模的财务投资决策和其他财务决策。

（13）广泛的人力资源职责。这是指公司中人力资源管理和影响员工的其他政策等具有重大责任的活动。

MPDQ弥补了PAQ问卷难以对管理职位进行分析的不足，进而能够区别处理组织内不同职能或层次的管理工作，并为不同组织及职能间的管理工作提供了分析比较的依据。

它的主要缺点是:在分析技术类职位时不够具体,灵活性差,费时,而且效率偏低。

4. 美国劳工部工作分析方法

美国劳工部(U.S. Department of Labor,DOL)工作分析方法的主要目的在于寻找一种能够对不同工作进行量化等级划分,以及对分类比较实施标准化的方法,其核心是对每一项工作都按照任职者和数据(data)、人员(person)、事务(task)三者之间的关系来进行等级划分。这三个对象所进行的活动可区分为若干不同的功能,每一特定对象的活动功能会有层次之分,高层次功能可以包括低层次功能,但是低层次功能不包含高层次功能。

美国劳工部工作分析法的基本程序为:

(1) 清理出任职者在数据、人员、事务这三个维度上有哪些基本活动,并予以归纳总结。

(2) 根据目标职位的任职者在理论上需要哪个层次的活动,赋予相应的分数。

(3) 这三项得分的总和就成为此项工作等级划分的基础。例如,薪酬专员职位在三个职能上的难度等级分别是 5、6、7,然后再对每种职能赋予一定时间百分比,其总和为 100%,在数据方面的时间占 50%,在人员方面的时间占 40%,在事务方面的时间占 10%。这种方法的结果主要用于职位描述,但无法确定任职资格条件。

5. 职能性工作分析法

职能性工作分析法(functional job analysis,FJA)又称功能性工作分析法,是美国培训与职业服务中心(U.S.Training and Employment Service)开发的一种以工作为中心的工作分析方法。它以员工所需发挥的功能与应尽的职责为核心,列出需要收集与分析的信息类别,并使用标准化的陈述和术语来描述工作内容。

FJA 与上述第四种方法的主要区别在于两个方面:第一,FJA 不仅仅是依据数据、人员、事务三个方面对工作进行分类。它对工作的分类还考虑以下四个因素:一是在执行工作时需要得到多大程度的指导;二是执行工作时需要运用的推理和判断能力应达到什么程度;三是完成工作所要求具备的数学能力有多高;四是执行工作时所要求的口头及评议表达能力如何。第二,FJA 还能确定工作的绩效标准以及工作对任职者的培训要求。

FJA 的优点是对工作内容提供一种非常彻底的描述,对培训的评估极其有用,但是它对每项职位都要求做详细分析,因而执行起来相当耗费精力和时间。

本章小结

本章主要介绍了战略性人力资源规划与工作设计及分析的相关内容。战略性人力资源规划,是指为了在未来一个相当长时期内获得和保持市场竞争优势,针对目前变化的环境所带来的一系列人力资源挑战性问题,根据组织的发展战略,在高层决策者指导下由职能经理人员共同参与制定并加以实施的关于人力资源管理活动的方向性调整和行动方案。战略性人力资源规划内容较多,可以划分为总体规划、人员获取规划、培训开发计划、绩效计划、职业规划、晋升规划、薪酬激励计划、劳动关系计划这八个方面。

战略性人力资源规划为了达到预期的目的,应该按照一定的程序来进行。战略性人力资源规划程序一般包括四个步骤:准备阶段、预测阶段、实施阶段和评估阶段。准备阶段的工作主要是收集和调查人力资源规划所需要的各种信息资料,如企业战略、企业外部环境和现有人力资源的信息等,并为后续阶段做实务方法和工具的准备。在预测阶段要选择合适的预测方法,对人力资源的需求和供给进行预测。人力资源需求分析主要从企业发展战略和经营规划、市场需求、生产技术与管理水平、人员流动比率几个方面入手,人力资源供给分析主要从分析影响企业内部供给与外部供给的诸因素入手。实施阶段的工作主要是制定并实施平衡供需的措施。当供给与需求在数量上存在差异或者当供给与需求数量平衡而结构不匹配时都需要采取相应的措施进行调整。人力资源规划实施结束后,应该对人力资源规划进行综合评估,这也是整个规划过程的最后一步。

工作设计是指为了达到组织目标,合理有效地处理人与工作的关系而采取的,对与满足工作者个人需要有关的工作内容、工作职能和工作关系的特别处理。从 20 世纪初至今,工作设计发展形成了一些典型的方法,包括工作专门化、工作轮换、工作扩大化和工作丰富化等。

工作分析也叫职位分析,是研究一个组织内每一个职位所包括的具体工作内容和责任,对工作内容及有关因素做全面、系统的描述和记载,并指明担任这一职位工作的人员必须具备的知识和能力。工作分析是人力资源管理的基础,是获得有关工作信息的过程。组织可以通过工作分析界定某一职位与其他职位的差异;通过工作分析得到的信息被用来制作工作说明书。工作说明书是工作分析的最终成果之一,包括工作描述和工作规范两方面的内容。一般来说,工作分析包括准备、调查、分析和完成四个阶段。工作分析方法主要有定性和定量两种。定性方法包括观察法、访谈法、问卷调查法、关键事件法、工作日志法与工作实践法等;定量方法主要有美国公务员委员会工作分析法、职位分析问卷法、管理职位描述问卷法、美国劳工部工作分析方法、职能性工作分析法以及弗莱希曼职位分析系统法等。

思考题

1. 什么是战略性人力资源规划?它与企业战略、人力资源战略有什么样的关系?

2. 战略性人力资源规划包含哪些内容?

3. 战略性人力资源规划有什么意义?它与战略人力资源管理其他职能有什么样的关系?

4. 战略性人力资源规划过程分为哪几个阶段?每个阶段的主要任务是什么?

5. 影响人力资源需求的因素有哪些?

6. 影响人力资源供给的因素有哪些?

7. 什么是工作设计?它包含哪些方法?每种方法的优缺点是什么?

8. 什么是工作分析?工作分析的意义是什么?

9. 工作分析应遵循哪些基本原则?

10. 工作分析的过程包含哪几大阶段？每个阶段需要完成哪些任务？
11. 什么是工作说明书？它包含哪些基本内容？如何编写工作说明书？
12. 工作分析的定性方法有哪些？请分别阐述。
13. 工作分析的定量方法有哪些？请分别阐述。

（扫描右侧的二维码，查看思考题答案解析。）

阅读材料

“全球第一 CEO”杰克·韦尔奇禅让

探讨通用电气(GE)如何用人，不能不谈杰克·韦尔奇选择接班人的故事。这是一个企业界的奇迹，朗讯、可口可乐、P&G、吉利等全球著名的跨国公司都在这个问题上栽过跟头，新上任的CEO在接班后没多久就因种种原因匆匆下课。

每一天世界上都有权力的交接与希望的承续。但GE却是企业界领导人交接的经典创造者，杰克·韦尔奇用6年时间选择杰夫·伊梅尔特，并把一个5 000亿美元(市值)的帝国交给他。事实上，GE权力高层具有稳定可靠的传统，截至目前总共只有9位董事长。当系统的企业文化能为庞大的企业帝国提供新鲜的血液、带来创新与活力时，高层的稳定性就显得非常重要了。

1981年，杰克·韦尔奇成为GE 121年历史上的第8位CEO。在杰克·韦尔奇执掌GE期间，这家老牌的电气公司焕发了勃勃生机，杰克·韦尔奇本人多次被评为全球“最佳首席执行官”。这位传奇人物早在他处于事业巅峰的1994年，就已经开始考虑GE接班人的问题。这正是真正的杰克·韦尔奇的过人之处，当事业处于巅峰的时候能够急流勇退，并用6年的耐心来选择一名CEO，这需要宽广的胸怀、坚定的信念，更需要周密的谋划。

1994年6月，在GE董事会专责管理发展与后备人才的委员会上，杰克·韦尔奇第一次正式提出了选拔接班人的问题。他向委员会提交了一份手写的24名候选人名单。这份名单分为三组，第一组是GE 7家最大的分会司的负责人，他们在GE占有重要的地位，被考虑进了候选人行列。第二组包括4名地位仅次于第一组7人的高层管理人员。第三组共13人，有着不一样的职位与级别，他们的表现与潜质引起了杰克·韦尔奇的注意。实际上，第三组的13人是最令杰克·韦尔奇心动的未来之星。从这时起，杰克·韦尔奇就有意对他们委以重任，重点栽培。杰克·韦尔奇煞费苦心地安排各种活动让董事们与候选人接触，让董事们充分了解每一位候选人。每年4月的基督赛会之前，他邀请董事及所有候选人在佐治亚州的国家高尔夫俱乐部比赛；7月董事会例会前安排与候选人到GE总部附近的俱乐部打高尔夫球，随后共进晚餐；12月董事会例会前一天的晚上，杰克·韦尔奇安排他们在洛克菲勒中心GE大厦65层举行晚宴与舞会……这些看似平常的聚会，杰克·韦尔奇都会亲自精心安排,从比赛的分组到宴会的座席排列都有韦尔奇的用意,并且每年都记录下相关情况。杰克·韦尔奇期望董事们能够对候选人的个性等都有深刻的认识。之后,杰克·韦尔奇与公司的董事们在每年12月的董事会例会上,会对每位候选人的表现进行讨论。人力资源部门的官员会首先将一份关于所有候选人工作经历及绩效的综合报告呈递给董事会。每年6~7月的董事会例会之前,杰克·韦尔奇也会召集专门委员会委员对所有候选人的工作表现进行认真评议。

为了让董事会对候选人中的佼佼者有更深的了解,杰克·韦尔奇在1996~1997年组织董事会专门委员会成员实际考察了GE的几家公司。考察团以了解公司业务情况为名,丝毫没有暴露出考察的真实目的。通过实地参观、座谈,使董事会了解各候选人的管理特长,考察候选人的工作团队,看其与下属间的关系是否融洽等。

1997年12月,董事会对各位候选人的表现进行了集中讨论,把候选人范围缩小到8人。经过2年多的考察,杰克·韦尔奇最终把目光锁定在三位最出类拔萃的候选人身上,包括GE医疗全球CEO杰夫·伊梅尔特(44岁)、GE飞机发动机业务负责人McNerney(51岁)、GE透平及发电机业务负责人Nardelli(52岁)。2000年6月,杰克·韦尔奇正式宣布他们三人成为GE下任CEO的最后角逐者。

为全球称颂的这段企业领导人考察临近终点。2000年7月,杰克·韦尔奇召集董事会召开了GE具有决定性意义的会议。会议上,董事弗兰克·若德第一个提议杰夫·伊梅尔特为比较合适的人选时,杰克·韦尔奇道:"好!这正是我所想的,也是其他几位董事所想的。"GE董事会对公司下一任CEO的正式投票表决会安排在2000年感恩节前的星期五。董事会的所有成员对三位候选人进行投票,结果杰夫·伊梅尔特名列第一。董事会一致通过杰夫·伊梅尔特为GE下一任CEO。这既是董事会全体董事的选择,也是杰克·韦尔奇的选择。还没到画上句号的时候,其他两位候选人怎么办?尽管很难,但无论如何还是要让他们知道。杰克·韦尔奇赶在公司正式宣布结果前,马不停蹄地从佛罗里达的家中飞到辛辛那提和阿尔巴尼,把这个消息告诉了他们。不久,McNerney成为3M的CEO,Nardelli成为Home Depot的CEO,这两家公司都是世界500强公司。至此,被全球推崇的GE这段马拉松式的领导人交接圆满结束。在为他光荣退休举行的晚会上,十多位世界500强的CEO都到场向他致意,他们曾是杰克·韦尔奇的下属,是杰克·韦尔奇带领他们迈向成功的。造就辉煌的GE,带出众多成为世界500强CEO的徒弟,选出杰夫·伊梅尔特,以及如今GE全球业务的继续增长,是杰克·韦尔奇的成功,更是GE用人文化的成功!

杰克·韦尔奇与GE的董事们究竟为何选择了杰夫·伊梅尔特,我们无从得知,杰克与他的同事始终守口如瓶。外界认为,选择杰夫·伊梅尔特,除了年龄上的优势,更重要的是杰夫·伊梅尔特超凡的成长能力和开拓性思维,以及他对团队的亲和力等因素,这些都是在杰克·韦尔奇之后使GE不断前进的重要品质。

GE的员工、客户及股东们如此评价GE的这两位CEO:

杰克·韦尔奇的风格:喜欢调派、督促、安置自己的大军,好像他们即将奔赴战场一样;杰克让人生畏,杰克的电话使你战战兢兢,他的无情训斥可能会让你牢骚满腹……但对于GE来说,杰克是尽职的,是出色的。

杰夫·伊梅尔特的风格:为员工喝彩,乐于鼓励员工,就像去参加一场球赛;不爱出风头,博爱,喜欢将"我们""班子"之类团结人的话语挂在嘴边,平易近人,体察民情……对于现在的GE来说,杰夫也是尽职的,是出色的。

参考文献

1. 戴夫·乌尔里克. 人力资源管理新政.赵曙明,译. 北京:商务印书馆,2007.

2. 张德.人力资源开发与管理.3版.北京:清华大学出版社,2007.

3. 威廉·P.安东尼,K.米歇尔·卡克马尔,帕梅拉·L.佩雷威.人力资源管理:战略方法.赵玮,徐建军译.北京:中信出版社,2004.

4. 杰弗里·梅洛.战略人力资源管理.吴雯芳,译.北京:中国劳动社会保障出版社,2004.

5. 赵曙明.人力资源战略与规划.北京:中国人民大学出版社,2008.

6. 汪玉弟.企业战略与HR规划.上海:华东理工大学出版社,2008.

7. 周三多,陈传明,鲁明乱.管理学原理与方法.4版.南京:南京大学出版社,2006.

8. 赵曙明,伊万切维奇.人力资源管理.9版.北京:机械工业出版社,2005.

9. 朱必祥.人力资本理论与方法.北京:中国经济出版社,2005.

10. 萧鸣政.工作分析的方法与技术.北京:中国人民大学出版社,2002.

11. 周文,刘立明,黄江瑛.工作分析与工作设计.长沙:湖南科学技术出版社,2005.

第五章　战略性人力资源招聘与甄选

学习目标

1. 了解战略性人力资源招聘的计划流程
2. 掌握战略性人力资源招募的渠道
3. 明确战略性人力资源甄选的标准与方法
4. 掌握战略性人力资源录用效果评估的要点
5. 了解战略性人力资源获取与组织战略及企业文化的关系

开篇案例

德鲁克在《管理未来》中指出“要把招聘变成一个战略任务，就意味着从所有可能的渠道，不断地专注于寻找和吸引最好中的最好人才”。坎普、维奥哈伯和西蒙内提在《面试战略——如何招聘优秀员工》中指出，战略招聘会向应聘者表明，组织知道自己需要什么样的员工，知道如何进行招募、聘用和留住他们。此外，如果组织能够明确它们要从应聘者那里得到什么，而且也知道如何对绩效进行准确的考核，就能够吸引更多有兴趣的合格应聘者。

战略人力资源招聘是从企业发展战略要求出发，制定人力资源招聘计划，建立和完善招聘工作流程体系，使所招聘的人才能够适应动态环境下企业发展与成长需要的活动过程，包括招募、甄选与录用（聘用）环节。招募（recruitment）是组织采取多种措施吸引候选者来填补组织职位空缺的活动；甄选（selection）是从某一职位的所有候选人中挑选最合适人选的活动；录用是对经挑选合适的候选人进行录用决策、初始安置、试用、正式录用的过程。

战略招聘是战略人力资源管理的实践活动之一，它以企业战略为指导，充分考虑组织外部环境变化和企业自身发展需要，兼顾招聘与人力资源管理系统其他实践活动的关系，关注应聘者胜任素质与组织战略的需求是否一致，能否形成组织的胜任素质体系，从而提升企业整体胜任素质，累积企业竞争优势，提高企业绩效。

第一节　战略性人力资源招聘概述

一、战略招聘特点

（一）战略导向和前瞻性

战略招聘将所要招聘的对象与企业的战略、经营目标、工作紧密联系起来，在遵循有效的招募甄选决策程序的同时，整个招募甄选过程以企业战略为出发点，使对企业持续成长最为重要的人员及其胜任素质得到重视和强化。

传统招聘主要针对企业现实岗位的需要，招聘能够胜任目前岗位工作的人员，填补岗位空缺，使组织的工作能够持续开展。战略招聘的任务不再是简单的招聘录用填补岗位空缺的人员，而是要获取企业赖以生存和发展的战略资源。在招聘过程中，企业不仅关心所招聘人员能否胜任当前的工作，而且更加关注企业的长远战略规划，关注所招聘人员的胜任素质能否支持企业战略发展目标的实现，人力资源管理在战略招聘中扮演着重要角色。

（二）差异化的招聘手段和方法

传统招聘针对企业产生的岗位空缺进行，对企业内不同的人才没有区别对待，在招聘的渠道选择和形式、吸引人才的方式和方法、甄选技术等方面也不会区别，按照统一的标准和模式进行。战略招聘则通常要根据人员与企业战略关系的密切程度和重要程度，将企业人员分成不同的种类，针对不同类型人力资源的特点及对企业的重要程度，在招聘面试团队组建、招聘渠道选择、人才的吸引等方面有针对性地选择不同的方法和策略。

（三）招聘的重点是核心人才

企业内部的人力资源具有异质性的特点，即不同的人力资源在胜任素质的价值性和特殊性上的表现存在差异。根据这两个维度，企业内部的人力资源可分为核心人才、独特人才、通用型人才和辅助型人才四类，这四类人才对实现企业战略的重要性和贡献存在显著差异。

一个企业的胜任素质突出表现为企业所拥有的人力资源。核心人力资源是形成企业战略胜任素质的基础，并取代资金、技术、资本而成为企业核心竞争力的基本要素，是企业创造独占性的异质性知识和垄断技术优势的基础。

（四）招聘工作的系统性

招聘是招聘和应聘双方确立共同利益关系的过程，招聘只有使招聘方和应聘方的需求和愿望有机地整合，才能实现企业和个人的长期合作与共同发展。为了达到这个目的，战略招聘不仅是人力资源部门的事情，或是一件独立于其他人力资源管理实践的单独性实践活动，而是由企业各部门、各层次人员共同参与的和其他人力资源管理实践相互配合的系统性工作。同时，招聘自身也具有一系列的工作流程，互相之间的衔接与执行也必须达到系统化。

（五）企业文化认同是重要的招聘标准

战略招聘将企业所倡导的文化和核心价值观作为招聘标准的重要组成部分。只有认同企业文化和核心价值观的人员才能真正成为支持企业战略发展的人才。在招聘的过程中，要始终贯穿企业文化和核心价值观，使所招聘的人员在企业文化和价值观上与企业保持高度的一致性。只有员工高度认同企业的文化和核心价值观，企业才能形成凝聚力和向心力，才能准确、高效地实施自身战略，在竞争中处于优势地位。

二、战略招聘原则

（一）计划性原则

招聘工作要在战略性人力资源规划的基础上，制定出招聘计划，以此指导招聘工作，减少招聘的盲目性，提高效率。

（二）重点性原则

企业必须明确实现战略所需的核心人才是什么，以此作为招聘的重点。首先要对重点人才的市场供求状况进行调查，及时了解相关类型人才的供求状况和流动规律。同时，要密切关注行业内竞争对手的相关情况。行业内的竞争对手不仅是产品市场上的竞争对手，也是人才市场上的竞争对手。企业要依据竞争对手的情况以及本企业的特点，有针对性地确定自己的招聘时间、地点、渠道、薪酬以及招聘战略和策略。

（三）匹配性原则

招聘的目的是要吸引合适的求职者填补企业空缺岗位，使其承担一定的职务，从事与该职务相应的工作。要使企业的工作能够有效地完成，招聘的人员必须具备与工作岗位相匹配的知识、能力和工作经验等。因此，在招聘过程中，要依据工作分析的结果，根据岗位的要求，为组织选拔最合适的人才。做到知人善任，扬长避短，人尽其才，人职匹配。

三、战略招聘流程

招聘流程是指组织在为岗位选择从事者时制定的关于招聘行动进程的一套完整指示，具体说明了选择什么、何时选择、由谁来选择、用什么进行选择以及如何选择等问题。在战略招聘流程中，作为企业战略组成部分的人力资源战略是招聘的出发点，由人力资源战略分解落实形成人力资源规划和招聘计划，实施招聘的人员根据招聘计划，选择招聘渠道并对求职者进行选拔，而后由组织相关人员进行录用决策，最后对招聘效果进行评估。人员招募与甄选流程见图 5-1。

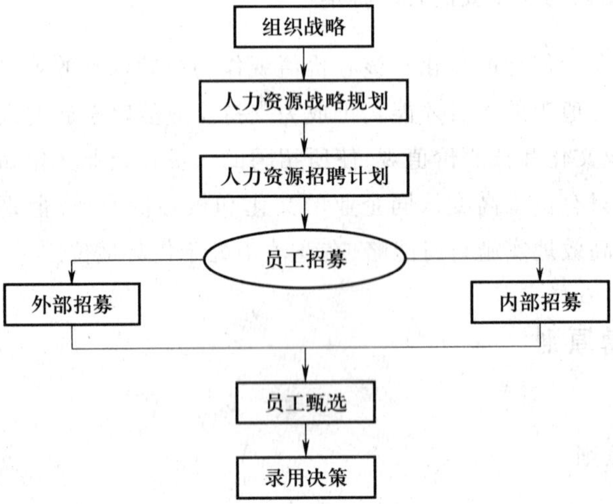

图 5-1 人员招募与甄选流程

（一）招募

招募的主要目的是吸引求职者的注意，把组织需要的潜在人员纳入组织，宣传组织形象，扩大组织在劳动力市场上的影响力，实现劳动力供求双方信息充分交流与沟通，顺利达成交易目的。招募工作的有效开展是整个招聘工作顺利完成的重要条件。

（二）甄选

甄选是从职位申请者中选出组织所需要的最合适的人员的过程，主要包括资格审查、初选、笔试、面试、心理测试以及其他测试、体检、个人资料核实等内容。这一阶段是招聘管理中技术最强和难度最大的重要阶段，该阶段的工作质量将直接影响组织最后的录取质量。甄选中要注意统一标准，以符合公司文化价值观为人才甄选的基本标准，同时考虑招聘岗位的职责和要求，达到人岗匹配，兼顾未来潜质的要求。

（三）录用

组织通过审查、测试面试等甄选环节后，需要对应聘人员做出正式录用决策。首先，要汇总各个环节中获得的应聘者信息;然后密切联系组织战略目标和需要,做出录用决策。

(四) 评估

招聘结束后,需要对招聘结果的程序进行评估,主要包括成本与效益评估、录用员工数量与质量评估、招聘方法成效评估,如对所采用的选拔方法的效度与信度的评估。

第二节　战略招聘计划

组织在开展战略招聘活动之前,需要制定战略招聘计划,该阶段的主要任务是在分析招聘需求的基础上制定招聘计划及具体的实施策略。

一、定义招聘需求

当组织出现新的职位或职位空缺后,就有了进行人力资源招募的需求。一般通过正式的战略性人力资源规划完成职位配置需求分析这一规划性工作。首先由各部门统计所缺职位人员的信息,包括人数、层次、职位要求等,并向人力资源部门提出招聘需求申请。人力资源部门得到招聘需求信息后依据组织的战略性人力资源规划,会同有关部门识别并确认这些职位是否确实需要招聘员工。有些缺员并不一定需要通过招聘途径来解决,人力资源部门将与其他部门沟通,通过员工调剂、加班、临时雇用等方式予以解决。对于确实需要招聘的缺员职位,人力资源部门需要定义人员需求的特征。人力资源部门可以从组织内部已有的职位说明书中获取该职位的相关信息,并在相关部门的配合下进行修订和再开发;或者对相关职位的素质模型进行修订,确定招聘要求。

二、制定招聘计划及实施策略

招聘职位及人员需求特征明确后,人力资源部门会同相关部门制定招聘计划及实施策略。具体内容主要包括:招聘目的;人员需求清单(招聘的职位名称、人数、任职资格要求等);招聘的时间和新员工的上岗时间;招聘的渠道和方法选择;招聘的规模;招聘的地点选择;招聘及面试小组成员;招聘经费预算;招聘宣传策略。

招聘渠道和方法将在文后详细介绍。本节将主要介绍招聘计划中的时间、地点、规模、经费预算和宣传策略。

(一) 招聘的时间

招聘时间是指为保证新聘人员准时上岗,在什么时间开始招聘工作最合适。招聘日

期的具体计算公式为:

招聘日期=用人日期-准备周期=用人日期-培训周期-招聘周期

培训周期是指新员工进行上岗培训的时间;招聘周期指从开始报名、确定候选人名单、面试直到最后录用的全部时间。

(二)招聘的地点

不同范围内的劳动力市场提供的劳动力素质是不同的,组织应根据其招聘需求选择合适的招聘地点。一般来说,高层管理人员的招聘在全国范围内开展,中层管理人员和专业技术人员通常在跨地区的劳动力市场上招聘,一般人员通常在企业所在地的劳动力市场上招聘。

(三)招聘的规模

招聘的规模指的是企业准备通过招聘活动吸引到的应聘者的数量。企业可通过招聘筛选金字塔模型确定招聘的规模,将招聘过程分为若干阶段,以每个阶段通过的人数和参加人数的比例来确定招聘的规模(见图 5-2)。

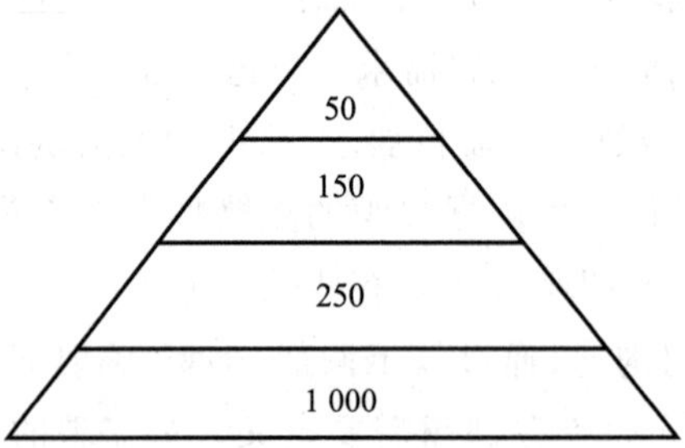

图 5-2 招聘筛选金字塔

以图 5-2 为例,组织需要雇用 50 名新员工,面试与录用的比例为 3∶1,就需要 150 人参加面试,笔试与面试的录用比例为 5∶3,因此需要 250 人参加笔试;应聘者与参加笔试的比例为 4∶1,那么企业的招聘规模就是 1 000 人。

招聘的规模取决于企业的招聘环节的数量和各阶段通过的比例。招聘环节越多,招聘的规模就越大。各阶段通过的比例可以参考组织的历史数据和同类组织的经验,每一阶段的比例越高,招聘的规模就越大。

(四)招聘的经费预算

招聘的经费主要有人工费用和业务费用两部分。人工费用主要指招聘人员的工资、差旅费、生活补助和加班费等;业务费用主要包括通信费、广告费、资料费、场地租赁费和办公用品费等。

（五）招聘的宣传策略

组织可以利用招聘活动对组织的形象和声誉等进行宣传，让应聘者了解包括职位薪水、工作内容、晋升机会等职位相关信息，还要宣传企业文化、管理方式、组织氛围等信息。应聘者充分了解职位和组织的相关信息，才会在自我评价的基础上充分衡量自己是否适合从事此工作，完成自我甄选的过程。

第三节 员工招募

组织招募的途径一般分为两类：内部招募和外部招募。

一、内部招募

（一）内部招募的途径

内部招募指的是组织职位出现空缺时，从组织内部员工中招聘，主要途径有内部晋升、工作轮换、返聘等。

内部晋升是用组织现有员工来填补高于其原先级别职位空缺的政策，即当组织中出现职位空缺时，将组织内部符合条件的较低级岗位的员工晋升到较高级岗位。内部晋升为员工职业发展提供了晋升通道，能够激励员工的工作积极性，提高员工士气。但由于人员选择范围小，内部晋升可能造成组织内部“近亲繁殖”，同时没能获得晋升的优秀员工会对组织产生不满而离开，造成人才流失。

工作轮换是指在职务等级不变的前提下，工作职位发生变化。通过工作轮换，员工可以广泛、深入地了解组织不同机构、不同职位的工作流程和工作特点，掌握多种工作技能，为将来的晋升做准备，同时组织可以为员工寻找最适合的岗位。

返聘是指组织将聘用已解雇、提前退休、已退休的员工再回到组织工作。这些人熟悉组织环境和工作要求，能够很快进入工作角色，为组织节省培训费用。

（二）内部招募的方法

1. 查阅档案

内部招募的一个方法是通过查看员工的管理与技能档案，了解组织目前的员工是否拥有填补空缺职位的任职资格，帮助用人部门和人力资源管理部门寻找合适的人员填补空缺职位。

2. 职位公告

职位公告是组织利用布告栏、内部刊物、内部网站等渠道向员工发布组织空缺岗位招聘信息的一种方式,是组织最常使用的招募内部申请者的方法。职位公告通常会显示工作部门、工作职责、任职要求、工作日程、薪资待遇、申请程序等内容。

二、外部招募

外部招募指的是组织职位出现空缺时,吸引组织外部的人员填补职位空缺,主要途径有校园招募、网络招募、人才中介机构招募、推荐招募、招聘会招募等。

(一)校园招募

校园招募针对的主要是在校的毕业生群体,组织通过校园招募可以获得众多的具有较高素质的申请者。对于初级岗位空缺,组织有长期人力资源开发战略或比较完善的培训计划,一般会采用校园招募的方式。

(二)网络招募

网络招聘是指利用互联网技术进行招募和甄选,包括信息的发布、简历的搜集整理、电子面试以及在线测评等。网络招募主要包括利用互联网发布招募信息和资料的搜集整理。组织可以利用自身网站或委托专业招聘网站发布招募信息,并获取应聘者的简历。由于网络招募具有费用低、速度快、信息容量大、传播范围广等特点,越来越多的组织使用网络招募,同时利用网络搜寻就业信息的应聘者也越来越多。

(三)人才中介机构招募

人才中介机构的作用是帮助雇主招募和选拔人才,节省雇主的时间。没有设立人力资源管理部门或需要立即填补职位空缺时,组织可借助人才中介机构招募人才。人才中介机构主要可以分为两类:一类是劳动力市场、职业介绍所、人才市场等中介机构;另一类是猎头公司。组织一般利用第一类中介机构招募初、中级职位的员工,利用猎头机构招募高级人才。

(四)推荐招募

推荐招募是指通过组织的员工、客户或合作伙伴的推荐进行招募,包括他荐和自荐。推荐招募效率高、成本低,对招募专业人才比较有效。

资料表明,思科公司中,大约有10%的申请者是通过员工相互介绍来的;微软公司大约40%的员工是通过员工推荐招募的。思科公司的规定是:员工推荐一个人来面试就给员工一个点数,被推荐的员工每通过一道面试就有一个点数,如果最后被公司录用,则有奖金,这些点数最后累积折成海外旅游。英特尔公司通过给予员工高额奖金及奖品的方式来鼓励员工给公司介绍新人,还在执行流程上做了细致的工作,使得员工愿意参与到为公司寻找人才的工作中。公司将推荐方法公布在内部网站上,员工可以查到所有相关细节;将职位空缺信息及所需要的条件列在网站上,员工可以直接转寄给朋友,也可以在网上填写介绍表,被推荐者也可以直接通过网站传递履历表,整个过程清楚、方便、快捷。在接收到相关材料后,英特尔公司也会尽快处理,并且随时让推荐者与被推荐者知道公司已经处理到什么阶段。如果推荐了非常优秀的人才,这个员工还会受到公司颁发的荐才奖。

(五)招聘会招募

招聘会招募是组织吸引大批申请者直接见面的一种比较传统的招募方式。招聘会最大的特点就是求职者与招聘者可以直接进行面对面的互动式交流,为双方提供极大的便利。招聘会分为专场和非专场两类。专场招聘会有的是面向特殊群体,由多个用人组织参加的招聘会,如 IT 行业专业人才招聘会、电子信息类毕业生专场招聘会、海外留学人才专场招聘会等;有的是由于某个大型组织要招聘大量人才而单独举办的企业专场招聘会。

三、内、外部招募的比较

内部招募和外部招募都是组织获取人力资源的有效方式,各有利弊,组织在实践中要根据组织战略、职位类别以及组织在劳动力市场上的相对位置等因素选择最佳的招募途径。表 5-1 为内、外部招募的优、缺点。

表 5-1 内、外部招募优、缺点比较

项目	内部招募	外部招募
优点	组织对候选人的能力有清晰的认识 候选人了解工作要求和组织 奖励高绩效,有利于鼓舞员工士气 组织仅需要在基本水平上雇佣 更低的成本	更大的候选人蓄水池 会把新的技能和想法带入组织 比培训内部员工成本低 降低徇私的可能性 激励老员工保持竞争力,发展技能
缺点	会导致“近亲繁殖”状态 会导致为了提升的“政治性行为” 需要有效的培训和评估系统 可能会因操作不公或心理因素导致内部矛盾	增加与招募和甄选相关的难度和风险 需要更长的培训和适应阶段 内部的员工可能感到自己被忽视 新的候选人可能并不适合企业文化 增加搜寻成本

资料来源:Master Human Resources Guide.The Global Law Firm.2002:198.

第四节 员工甄选

员工甄选是指组织通过一定的测评方法与技术,对应聘者进行评估,筛选出最合适的应聘者填补空缺职位的过程。员工甄选的测评方法和技术主要有简历筛选、笔试、面试、心理测验、评价中心技术等。

一、人员甄选的标准

一般来说,在员工甄选时主要从以下方面设立甄选标准:

(1) 基本特征,如性别、年龄、身体素质。

(2) 知识、技能特征,如学历、专业、工作经历、培训经历、专业资格证书等。

(3) 心理特征,如个性特征、职业兴趣、职业能力。

人员甄选的标准应该从职位说明书要求出发进行设立。职位说明书一般包括职位描述和任职资格,其中任职资格部分一般比较具体地说明了任职人员的基本特征、知识和技能特征。有关心理特征的标准,可以借鉴职位说明书中“任职资格”部分的相关内容,但更多地需要借助职位素质模型制定。表 5-2 列举了某客户服务经理的素质模型。

表 5-2 客户服务经理的素质模型

素质维度	描述	等级
产品服务知识/技能	清晰地掌握产品售后服务条款规定,能够利用规定的内容处理客户的咨询或投诉,使客户获得满意的答复	4
人际亲和力	容易与客户沟通、交流,并且促进部门中积极的交往;有同情心,容易接纳他人,可以有效减少冲突,避免争端,善于制造融洽气氛	3
服务意识	在与客户接洽前做好充分准备,能够迅速将与客户的对话导入正题,并善用客户的语言说话;对于客户的要求,能做出及时、可靠的处理	5
人际理解能力	了解他人的态度、兴趣、需求和观点;能够解释他人的非语言行为,了解他人的情绪和感觉;了解他人的长处和短处,了解他人行为的原因	5
影响力	关注个人的影响力,努力建立个人信用,或让他人对自己保留特定的印象;考虑到自己的某些语言或行动会对他人产生何种影响	3

小链接

知名企业的员工甄选标准

微软:微软(中国)有限公司愿意招募的员工具有以下特质:①激情。对公司、技术、工作都具有激情。②聪明。学习能力强,有创新性,知道如何获取新想法,并有能力不断提高自我。③努力。

英特尔:以客户为导向,严明的纪律,质量的保证,鼓励冒险,创造良好的工作氛围。

GE:精力充沛;团队精神;创新精神,不惧怕变化;善于学习。

西门子:较强的实力;不屈不挠的精神;老练、稳重的性格;与他人协作的能力。

思科:文化适应性;创新精神;团队合作性;客户导向;有超越自我的目标。

二、甄选方法应达到的标准

员工甄选过程必须遵循几个通用的标准。雷蒙德·A.诺伊、约翰·霍伦拜克、拜雷·格哈特、帕特·雷克莱特认为可以用以下五个标准评价人员甄选方法:信度、效度、普遍适用性、效用、合法性。

(一) 信度

信度反映的是测量结果的可靠性或一致性,是用相同的或等值的测试方法对同一个受测对象重复施测所得的分数的一致性程度。信度高的甄选工具,其多次测试结果应保持一致,否则就不可信。估计测验信度的方法主要有:重测信度、复本信度和分半信度。

(1) 重测信度。对同一对象采用同一种测量,在不同时间点测量两次,根据两次测量的结果计算出相关系数,这种相关系数就叫作重测信度。这是一种最常用、最普遍的信度检查方法。使用这种方法时,两次测量所采用的方法、所使用的工具是完全一样的。

(2) 复本信度。复本信度是指如果一个测量工具具有两个以上的复本,那么让同一受测者同时接受这两个复本的测试,测量所得分数的相关系数就是复本信度。

(3) 分半信度。分半信度是指先将测验分成两个部分(两半),然后计算这两个部分测验的相关系数。

(二) 效度

效度指测量结果的准确性或有效性。对于员工甄选的测试,效度通常指测试结果与未来工作绩效的相关程度,即有效的测试结果能够准确地预测受测者未来的工作绩效。测量结果与以后的工作绩效考评得分是密切相关的,两者之间相关度越高,说明测试越有效。效度主要包括内容效度、结构效度、效标关联效度。

(1) 内容效度。内容效度是指测量内容或测量指标与测量目标之间的适合性和逻辑相符性。如智力测评的内容主要涉及感知觉能力、记忆能力、思维能力、想象能力等。智力测评题目应反映这些内涵。如果测量题目过于偏重知识经验的积累,偏离了智力测评的目标,其内容效度就会受到影响。内容效度的评估很难有量化的指标,一般由相关领域内行和专家来进行评判。

(2) 结构效度。结构效度是指测评能够测量到某理论构想或特质的程度。如著名的卡特尔 16PF 人格测验就是通过因素分析的方法从众多的有关人格的形容词中归纳出 16 种共同因素,最终用这 16 种因素构成总体的人格测评。

(3) 效标关联效度。效标关联效度指的是测评分数与外在效标的相关程度。效标通常是一种有关的外在参照标准,并且这种标准为大家所公认,较为客观。如在对开发人员的研发能力进行测评时可用智商作为效标。在人员甄选测评时,常用工作绩效作为效标。

效标关联效度要证明那些在测试中得分高的受测者，在工作中的绩效评价得分也高，测试分数低的受测者，实际工作中的绩效评价结果也低。若测试分数高的人工作绩效也高，则测验的效度高。

（三）普遍适用性

普遍适用性是指在特定背景下建立的员工甄选方法的效度同样适用于其他情况的程度。通常情况下可以概括出三种不同的背景：不同的处境、不同的人员样本以及不同的时间段。

（四）效用

效用是指甄选方法所提供的信息对于企业的基本有效性进行强化的程度，即甄选方式的成本与企业收益的相对大小。

（五）合法性

甄选方式不能涉及候选人的隐私问题，企业在选择和适用甄选方法和工具时应注意避免引起法律纠纷。

三、甄选方法与技术

（一）心理测验

心理素质是个体结构中的一项重要内容，是个体发展和事业成功的关键因素，因此心理测验是人员甄选的一种常用方法，主要用来测量个体的认知和人格。认知测验可分为成就测验、智力测验和能力测验；人格测验可分为态度、兴趣与品德（性格）测验。在人员甄选中常用的心理测验主要有智力测验、能力倾向测验、人格测验、心理健康测验。

1. 智力测验

智力是指一般的认知能力，包括感知觉、记忆、思维能力等。在人员甄选中常用的智力测验有韦克斯勒智力测验、瑞文智力测验等。

韦克斯勒智力测验由美国心理测量学家 D. 韦克斯勒编制，发表于 1938 年。韦克斯勒智力量表分为言语和操作两大部分。韦氏成人智力量表修订版（WAIS-R）适用于 16 岁至 74 岁成人测量智商。该测验共有 11 个分测验，其中包括 6 个言语量表（常识、数字广度、词汇、算术、领悟、相似性）、5 个操作量表（填图、图片排列、积木图案、物体拼凑、数字符号）。所有 11 个测验分数合成全量表分数，并可以分别求得三个智力商数：言语智商（VIQ）、操作智商（PIQ）、总智商（FIQ）。表 5-3 是韦克斯勒成人智力量表维度示例。

表 5-3 韦克斯勒成人智力量表维度示例

维度名称		所预测的内容
言语量表	常识	知识的广度、一般学习能力以及对日常事务的认识能力
	数字广度	注意力和短时记忆能力
	词汇	言语理解能力
	算术	数学推理能力、计算机和解决问题能力
	领悟	判断能力和理解能力
	相似性	逻辑思维和抽象概括能力
量表操作	填图	视觉记忆、辨认能力、视觉理解能力
	图片排列	知觉组织能力和对社会情境的理解能力
	积木图案	分析综合能力、知觉组织和视动协调能力
	物体拼凑	概括思维能力和知觉组织能力
	数字符号	知觉辨认速度与灵活性

瑞文智力测验是英国心理学家瑞文于 1938 年设计的非文字智力测验,测验对象不受文化、种族与语言的限制,并可用于一些有生理缺陷者。瑞文智力测验共有彩色推理测验、标准推理测验和高级推理测验三种。在对瑞文智力测验结果进行解释时,将总分分为五个等级:0~5 分为智力缺陷,6~25 分为中下水平,26~75 分为中等水平,76~95 分为良好水平,超过 95 分则为优秀。

2. 能力倾向性测试

能力倾向是指个体所具有的潜在能力,根据个体在此项能力测验上得分高低可预测其未来发展的可能性。对任职者是否具有某些方面的特殊能力有一定要求的职位进行人员选拔时,可以用能力倾向测试进行测查。最早的能力倾向测试是美国劳工部编制的一般能力倾向成套测验(GATB),这类测验在美国、加拿大及欧洲非常流行。

3. 人格测验

人格测验是在招聘中使用最广泛、运用频率最高的心理测验类型之一。人格测验主要测量个人在一定条件下经常表现出来的、相对稳定的性格特征,如兴趣、价值观、态度等。常用的人格测验有埃森克个性测验、卡特尔 16PF 个性测验、MBTI 个性测试、“大五”人格测试等。

小链接

个性特质测量量表示例

请回答下列 50 个问题(原题为 210 个问题),以“是”或“否”来回答。回答时可以另找一张纸，选择答案为“是”时，在题后画“+”，选择答案为“否”时，在题后画“-”。如果你觉得很难在“是”或“否”中选择，那么就以“?”做标记。答题时最好快一点，不要在每个问题的确切字义上思考过多。有些问题看上去是重复的，但这是刻意安排的。这些具有细微差别的题目，反映的是同一个个性特点。

1. 当你参与某些需要行动迅速的活动时，你会感到愉快吗？

2. 你是否喜欢经常外出？

3. 你是否喜欢富于变化的有机会出差旅游的工作，甚至带有危险性或不安全性的工作？

4. 你是否喜欢一开始就把事情计划好？

5. 看体育比赛时，你安静地坐着吗？

6. 你是否喜欢独自冥想？

7. 你是否觉得自己责任心过强？

8. 在缺乏变化的工作中，你是否变得不耐烦？

9. 你是否时常需要知心朋友使你振奋起来？

10. 你很乐意冒险吗？

11. 通常你能很快拿定主意吗？

12. 当看喜剧电影或滑稽剧时，你比别人笑得声音更大吗？

13. 你是否经常停下手中正在做的事情对它进行全面的考虑？

14. 你是否经常准时赴约？

15. 上楼时你是否总是一步迈两级台阶？

16. 一般来说，你是否宁愿独自看书，也不愿意到别人那儿待一会？

17. 晚上，你是否仔细地锁好门？

18. 你的兴趣经常变化吗？

19. 你是否容易生气，也容易消气？

20. 你是否经常思考人生存在的意义和价值？

21. 你是否信守这样的格言：值得做的事情就要做好？

22. 当你坐车时，由于交通拥挤车开得很慢，你是否觉得很难受？

23. 当你和一群人在一起时，你是否很健谈？

24. 你是否认为小孩子一定要学会自己过马路？

25. 在做出决定之前，你是否仔细权衡利弊？

26. 在看言情片时，你容易掉泪吗？

27. 你是否常常试图寻找别人行为的潜在动机？

28. 你是否总能受到别人的信赖？

29. 你的动作是否缓慢、审慎？

30. 你经常去参加舞会并能尽情享受吗？

31. 尽管不走运，你是否认为碰一下运气是值得的？

32. 你是否常常凭一时冲动买东西?
33. 面对紧急情况时,你能否保持平静的外表?
34. 你是否更愿意看报纸上的体育专栏而非社论?
35. 你是否喜欢顺其自然地生活?
36. 你通常是否比别人吃饭快,即使没有必要着急?
37. 你是否非常讨厌在一群人中开某人的玩笑?
38. 当你乘火车时,是否常常掐着钟点去?
39. 你是否知道下一个假期你将干什么?
40. 当你从文章中看到国家落后的生活状况时,是否觉得不舒服?
41. 你是否很难静得下来分析一下自己的思想和感情?
42. 你是否经常把事情留到非做不可的时候才做?
43. 别人把你看成是一个充满生气的人吗?
44. 你是否非常喜欢与人们交谈,以至于从不放过与陌生人交谈的机会?
45. 没有冒险的生活,对你来说是否太乏味了?
46. 你能很快地做出决定吗?
47. 你能很好地控制自己的脾气吗?
48. 你是否渴望学习一些东西,即使它们与你的日常生活无关?
49. 你是否偶尔有"凡事顺其自然"的倾向?
50. 你是否常常忙个不停?

(本测试仅限于体会有关测评过程和内容。)

4. 压力与心理健康测验

在竞争日益激烈的职场环境中,很多人感到难以承受工作压力,并出现了明显的心理反应,如紧张、焦虑、烦躁不安、易发脾气、情绪低落、思维反应迟钝、记忆力下降,有时还会对工作产生畏惧感。有的人还出现了生理反应,如疲乏无力、头痛、头晕、食欲不振、腹胀、便秘、腹泻或便秘腹泻交替、血压上升等。员工的心理健康状况不仅是企业正常运行的重要保证,更关系到企业的长远发展。因此越来越多的企业在员工招聘甄选时运用心理健康测验对人员进行筛查。

常用的心理健康测验有:心理健康测验(UPI)、焦虑自评量表、心理健康临床症状自评测验(SCL-90)、康奈尔健康问卷、抑郁自评量表(SDS)、埃森克情绪性稳定测试问卷等。

小链接

SCL-90 量表示例

心理健康临床症状自评测验(SCL-90)量表原题共 90 道,部分题目举例如下。

下面列出了有些人可能有的病痛或问题,请仔细阅读每一道题,然后根据最近一星期以内(或过去)下列问题影响你自己或使你感到苦恼的程度,选择最合适的一项(A 表示“从无”,B 表示“轻度”,C 表示“中度”,D 表示“偏重”,E 表示“严重”)。请不要漏掉题目。

1. 头痛。
2. 神经过敏,心中不踏实。
3. 头脑中有不必要的想法或字句盘旋。
4. 头晕或昏倒。
5. 对异性的兴趣减退。
6. 对旁人求全责备。
7. 感到别人能控制自己的思想。
8. 责怪别人制造麻烦。
9. 忘性大。
10. 担心自己的衣饰是否整齐及仪态是否端正。
11. 容易烦恼和激动。
12. 胸痛。
13. 害怕空旷的场所或街道。
14. 感到自己的精力下降,活动减慢。
15. 想结束自己的生命。
16. 听到旁人听不到的声音。
17. 发抖。
18. 感到大多数人都不可信任。
19. 胃口不好。
20. 容易哭泣。

(二)面试

面试是指在特定的时间、地点进行的,具有预先精心设计好的明确目的和程序的谈话。通过面试官与求职者面对面地观察、交谈等双向沟通的方式,了解被试者的素质特质、能力状况以及求职动机等方面的一种人员甄选与测评技术。面试是企业招聘甄选时常用的方法,也是争议最多的一种方法。有的时候面试效果较好,有的时候面试效果较差。面试的基础是面对面进行口头信息沟通,效度主要取决于面试官的经验。如果面试官比较缺乏经验,面试信度和效度就会较低。随着面试方法的不断发展,为了提高其效度,近年来结构化面试越来越被广泛地采用。

1. 面试的内容

面试问题要围绕职位要求事先拟定,既可以包括职位所要求的知识、技术和能力,也可以包括应聘者的工作经历和教育背景。根据面试要求,要事先确定好面试内容和要素。

一般面试的测评要素包括：

（1）个性特征。在面试中表现出来的气质风度、性格特点、情绪稳定性、自我认知、自信心等个性特征。

（2）工作或学习动机。主要考查应聘者的应试理由、内在积极性、工作或学习目标等。

（3）职业兴趣与价值观。考查应聘者的职业或专业偏好，对工作学习甚至生活的看法等，从而确定是否与有关组织的要求及文化价值观一致。

（4）一般能力倾向。主要考查逻辑思维能力和语言表达能力等。

（5）管理潜质与领导能力。主要考查应聘者的管理能力，包括规划能力、领导方式、决策能力、创新能力和应变能力；还要考查团队沟通能力，包括团队精神、沟通能力、交往能力、组织协调能力、学习能力、合作能力等。

表 5-4 是结构化面试问题举例。

表 5-4　结构化面试问题举例

测评要素	观察内容	提问问题	评价要点
个人修养及礼仪	·仪容、衣着、行为、举止 ·敲门、走路、坐姿、站立等仪态 ·礼貌用语	—	·穿着整齐、得体，无明显失误 ·沉着、稳重、大方 ·走路、敲门、坐姿符合礼节 ·用语文雅、礼貌
求职动机与价值观	·职业动机 ·工作动力 ·职业价值观	·你选择本公司的原因 ·你选择本公司时最重视的是什么 ·你对本公司的了解 ·你认为这一职位涉及哪些方面的工作	·是否以企业发展为目标兼顾个人利益 ·个人职业生涯规划 ·回答完整、全面、合适 ·是否有说服力
职业兴趣、外在表现力、语言表达能力	·准确、有条理地表达 ·引用实例、遣词的准确性 ·语气、语言合乎要求 ·谈话时的姿势、表情	·请谈谈你自己 ·谈谈你的优缺点 ·谈谈你的兴趣爱好 ·自我感觉最适合你的工作是什么	·与企业文化吻合 ·谈话前后连续性强 ·语言简洁明了 ·逻辑清楚、说服力强 ·遣词准确
社交和人际关系	·人际关系现状 ·性格内外向	·介绍你的家庭 ·你的朋友如何看待你 ·你对未来上司的期待 ·你交朋友最注重什么	·自我认知能力 ·人际交往能力

续表

测评要素	观察内容	提问问题	评价要点
判断能力、情绪稳定性	·准确判断面临的情况 ·处理突发事件 ·迅速回答对方问题 ·处理难堪问题的反应能力	·假如被两个公司同时录用,你如何决定 ·公司工作非常艰苦,你将如何对待 ·你不太适合本公司的工作	·理解问题的准确性、迅速性 ·自我判断能力 ·逻辑或感情判断 ·有自己独到见解
行动与协调能力	·对自己认定的事情能够坚持 ·工作节奏紧张、有序 ·集团工作的适应性 ·组织领导能力 ·能够更多地从他人角度解释问题	·是否从事过勤工俭学 ·参加过何种组织生活 ·做过的最困难的决定是什么	·表现力 ·考虑对方处境和理解力 ·实践能力 ·人际交往能力 ·决策能力
责任心、纪律性	·有无不良性格(过分狂妄和自卑) ·有无偏激的观点 ·是否认真、诚实 ·掩饰性	·你认为现在社会中一个人最重要的品格是什么 ·你能否做到“受人之托,忠人于事”	·为人诚实 ·待人真诚 ·讲信用 ·人生观
专业技能学识、工作经验	·专业知识了解程度 ·专业成绩 ·对所要从事工作的认识	·为何选择你的专业 ·介绍自己的成绩和专长 ·有何种特长和具备何种资格 ·从事这项工作的优势	·专业学识是否符合工作要求 ·有无特殊技能 ·有无工作经验
自我评价	·分析问题的能力 ·总结综合的能力	·请对你的面试结果作评价,说明原因	·综合、全面评定 ·尽量减少误差影响

资料来源:中国人力资源网。

2. 面试对考官的要求

(1) 熟练运用不同的面试技巧。

(2) 有丰富的工作经验和专业知识。

(3) 具备较强的把握人际关系的能力和良好的自我认知能力。

(4) 具有正直的品德和良好的修养,评分公正、客观。

（5）熟悉组织情况和空缺岗位的要求。

（6）具有人力资源方面的专业修养，熟悉人事测评技术。

3. 提高面试有效性的关键问题

（1）面试的准备要充分。人员甄选的关键是要预测申请者在未来工作中的表现，因此，面试官事先必须掌握与工作有关的必要信息，面试问题的设置要以工作说明书中的岗位职责为依据。面试官在面试前还要仔细阅读申请者的简历，面试时可以问与简历有关的事实性问题，如教育、工作经验、家庭背景、工资水平、工作变动的动机，以及其他与行为和态度有关的问题。

（2）面试前通过简历了解应聘者。简历是面试官事先了解应聘者信息的主要手段。在我国，个人简历一般包括姓名、性别、年龄、住址、学历、联系方式、婚姻状况、工作经历、兴趣爱好等内容，面试官可以通过简历知道应聘者的基本信息，初步判定应聘者的能力特长，有助于在正式面试提问的过程中做到有的放矢，识别优秀人才。同时，面试官也可以根据简历提出相关的问题，为面试营造和谐的气氛。

（3）对面试官进行有效培训。面试官的素质与技巧决定了面试的总体效果，面试官的提问与倾听应聘者的回答是面试的关键环节。面试官除了要具备较高的个人素质和较强的责任感之外，还需保证面试小组成员结构的合理性。面试组常由用人部门经理、人力资源部门经理、专业技术专家和面试技术专家四个方面的人员组成，人数控制在 5~7 人。无论面试官是否有经验，在正式面试之前都应接受培训。培训的时间可根据个人情况进行调节。培训的内容可包括方法、技巧、标准等内容。有效的培训能够帮助面试官避免晕轮效应、首因效应、刻板印象等常见错误，统一面试过程中的衡量尺度和评分标准，提高面试结果的客观性。

（三）评价中心

随着社会信息化速度的加快，远程会议、计算机等多媒体工具的发展，具有较高预测效度的评价中心技术将凭借效度好、信度高等优点被普遍应用到人事测评等活动中去。

评价中心（assessment center，AC），又叫测评中心技术，是一种用于评估管理人员的重要评价工具。评价中心作为现代人力资源测评及考查管理潜能的有效手段在企业中得到广泛应用。

评价中心起源于 1929 年德国建立的挑选军官的多项评价程序，在第二次世界大战后得到快速发展。在发展过程中，评价中心的内涵不断扩大，方法不断完善。一般一次完整的评价中心过程需要耗费两三天时间，并在团队中完成对个人的评价。由一组专业测评专家采用面试、能力测试、情景模拟等多种方式观察并分析被测人员的言行举止，最终得出一系列关于被测人员个人的综合评价。被测人员与测评专家的人数比例通常控制在 2 : 1。

评价中心实际上是一套评价被测人员多种能力信息，鉴别、选拔和培训组织人才的人事评价程序，而不是某个地点。与其他测评手段相比，评价中心具有更高的效度和信度，能够得出准确度更高的评价与结论。

1. 评价中心的特点

评价中心最显著的特点是情景模拟性。一套评价中心程序中包含着多种情景模拟测验,如处理多份文件和待办事项、处理工作中发生的紧急事件、现场解说等。这些模拟情景能够真实反映出应聘者的分析及解决问题、沟通说服等多方面的能力。除此之外,评价中心还具有以下几个特点:

(1) 测评手段多样。评价中心综合运用公文筐测验、无领导小组讨论、角色扮演、案例分析、管理游戏、演讲等方式,将被测人员置于工作情境中考查被测人员的各项能力或潜能。

(2) 测评结果全面客观。评价中心由多位测评专家对被测人员的多项能力进行评价,结果较为全面具体;评价中心的活动虽然形式多样,但是按照一定的测评需求,通过工作分析进行设计安排,标准程度较高。而且各项测评手段之间相互弥补,使得测评结果更为客观有效。

(3) 考查动态行为。与笔试、问卷、投射实验等方式相比,评价中心将被测人员置于动态的模拟环境中,要求被测人员在不断变化的环境和压力之下做出决策,在动态环境中刺激被测人员的潜在素质。

(4) 注重团队测评。评价中心的被测人员都是以小组为单位进行情景模拟测试,被测人员的行为都具有很强的整体互动性,测评专家在群体中将不同被测人员的动态行为进行对比,从而把握不同人员的能力素质。当然,评价中心也存在许多不足。评价中心实施成本高、难度大,一般只用于选拔较为重要的职位员工或高层管理人员。情景模拟性的特点导致其过分依赖测评专家,需要测评专家们对评价中心的整套流程投入大量的精力。这样技术结构复杂、技术要求较高的工作也需要组织花费较高的成本培养或寻找能够胜任此任务的测评专家。

2. 评价中心的主要形式

评价中心是现代人事测评的一种主要手段,有很多种表现形式。从甄选方式来看,有心理测验、面试、能力测验等;从评价中心技术的活动内容来看,有公文处理、无领导小组评论、管理游戏、案例分析、角色扮演等形式。据美国学者调查,公文处理、案例分析和小组讨论的实际运用频率最高,分别为 81%、73%和 59%。

(1) 公文处理(in-basket)。公文处理,又称为公文筐测验、篮中训练法,是评价中心使用频率最高的一种形式。这种模拟测验将被测人员置于某一管理岗位中,且提供给被测人员很多信件、电话、会议、文件、备忘录等需要处理的日常琐事和重要事件,要求其在 2~3 个小时内完成这些事件。活动过程中,测评专家通过观察被测人员的行为判断其是否能准确分清轻重缓急、做事是否条理清晰、是否懂得请示上级或授权下属等。事后测评专家可以与被测人员进行深入交谈,如让被测人员说明自己这样处理的原因等,并据此对其组织能力、计划能力、判断能力、决策能力等进行逐项评分。公文处理被认为是最有效的测评方式之一,具有操作简便、表面效度和内容效度较高等优点,当然也存在着成本高、评分难等缺点。因为公文处理有增强管理人员处理冲突、协调关系能力的作用,企业也会运用此技术培训管理人员,提高管理技巧。

(2) 无领导小组讨论(leaderless group discussion)。无领导小组讨论(LGD)是指将多名被测人员组成一个小组(常为4~8人),给定其一个开放性或具有争议性的问题,在不指定领导者、各人地位平等的情况下,让被测人员进行限时讨论,最后形成一致意见并进行书面汇报。测评专家依据每个人发言的主动性和内容、对谈话方向的引导、气氛的营造、冲突的调解、说服或肯定他人的方式等细节,对被测人员的多项能力进行评分。作为评价中心技术最典型的测评方式,无领导小组讨论能够挖掘出笔试和面试难以体现的能力,能依据被测人员的行为给出更合理、更全面的评价,能够广泛运用于管理、技术、非技术等多个领域。

(3) 管理游戏。在管理游戏中,小组成员被分配一定的任务,并需要通过团队合作才能较好地完成指定任务,如购买、装配等。有时为了增加难度,还可以引入一些竞争因素,如让多个小组同时进行同一项任务,以区别出高低。管理游戏突破了现实工作地点和时间的限制,使测评内容更具有趣味性,但是成本较高、不易观察。

(4) 案例分析。案例分析通常是向被测人员提供一些典型的案例材料并提出问题,让被测人员给予建议或者解决方案。这种方法操作简便,可以考查被测人员的综合分析能力、判断决策能力、组织表达能力等。除此之外,案例分析法还可用于测评一般能力或特殊能力。

(5) 角色扮演。测评者指定被测人员扮演某一特定角色,以该角色的身份在模拟工作情境中处理事先设置好的各种冲突和矛盾。测评专家通过观察和分析被测人员在不同情境中表现出来的行为,测评其能力素质。相比而言,角色扮演灵活性强,耗时少,但是对测评专家的要求较高,标准化程度较低。

第五节 录用决策和效果评估

一、录用决策

录用决策是战略人力资源招聘过程的一个重要组成部分,是综合评价与分析有效信息,确定各应聘者的素质和能力,最终挑选出最合适的人员与其相应职位的过程。

(一) 总结应聘者有关信息

做出正式录用决策,首先要总结前述各环节中获得的应聘者有关信息。一般情况下可通过简历、推荐信等书面信息以及各种能力测试、背景调查等渠道获取较为全面的信息,在此过程中要注意核实信息的正确性和可靠性。若有不足之处,也可以在综合考虑企业招聘战略、时间、成本等影响因素的情况下酌情加深考查。获取信息的手段多种多样，有面试、简历、测试等。选拔方式受社会环境、市场状况、经济状况、企业需求等多方面的影响，选择正确的选拔方式能够提高获取信息的准确度和录用决策的效率。调查表明，美国使用频率最高的选拔方式有介绍性审核、面试、简历、能力测试、身体检查等。

根据企业发展和职位的需要，在总结应聘者信息时可将其分为两类：一类是能力信息，指应聘者已掌握的知识、技能与获取新知识、新技能的能力；另一类是动力信息，主要指应聘者的工作动机、兴趣和其他个人特性。能力与动力相结合才能促进人员与职位相匹配，发挥最佳效果，二者缺一不可。

（二）联系组织战略目标和需要

战略人力资源招聘过程中的录用决策要紧密结合组织战略目标和需求，为实现组织战略任务服务。在进行录用决策时，要考虑录用员工的行为是否与组织战略目标保持一致，能否促进组织战略任务的完成。因此，实施不同发展战略的企业在进行录用决策时的侧重点也不同。例如，实现增长型战略的组织强调扩大市场规模、提高创新能力，以降低成本获取规模效益。这类企业在录用决策时更看重应聘者的市场开拓能力和技术创新能力。而实施紧缩性战略的组织很少会改变组织结构或技术，强调减少开支，提高运营效率，这类企业的人力资源管理重点在于充分利用已有资源，培训现有员工，从而提高组织绩效。即使有招聘，也大多限于低级职位。

二、招聘效果评估

招聘的目的在于获取高质量的、符合企业战略需求的员工，并且能够促使雇用双方形成心理契约，从而保持较高的员工满意度、工作绩效和较低的员工离职率。成功的招聘能够为企业吸引志同道合的人才，提高企业的竞争优势；反之则会影响工作效果，增加企业时间成本、经济成本等。招聘效果的评估主要包括应聘者的数量、质量、来源多样化和录用比率，而这些问题都是在基于提高企业自身的吸引力、精准确定招聘对象和筛选整合有效的人力资源信息的基础上进行处理的。

（一）提高企业自身的吸引力

目前“90后”是工作市场上的主力军，如何吸引更多的“90后”员工成为雇主需要考虑的问题。2015年优兴咨询统计，最受“90后”员工欢迎的雇主特质有以下十条：

（1）对未来职业生涯的良好支撑。

（2）富于创造性的和有活力的环境。

（3）专业的培训和发展。

（4）个人表现被承认。

（5）能让我把个人兴趣融入工作中。

（6）友好的工作环境。

（7）未来薪酬高。

（8）明确的职业提升路径。

（9）较高的市场占有率。

（10）吸引人的/令人兴奋的产品和服务。

赫兹伯格的双因素理论将公司政策和管理、技术监督、薪水、工作条件以及人际关系等划分为保健因素，这些因素涉及工作的消极因素，也与工作的氛围和环境有关。当这些因素缺失时会使员工不满意，但是即使大幅度提高这些因素也不会提高员工的满意度；与保健因素相对应的是激励因素，包括参与决策、被认可、个人成长机会、多元化活动、工作自由度、挑战性工作、感兴趣的工作、就业保障等。这些因素涉及对工作的积极感情，又和工作本身的内容有关。如果具备这些因素，就能够对员工产生更好的激励效果。

另外，也有研究表明，工资和福利可能是最好的激励因素之一。总体而言，薪酬水平决定了应聘者的总体质量。实践证明，薪酬高的企业更容易招聘到高质量的人才。为了实现更高的价值，员工通常在薪酬水平和就业安全、现有收入和预计收入、自我实现和情感现实之间取得平衡。企业要想实现最终的战略目标，就必须采取合理的激励机制，增强对高质量人才的吸引力，为组织运作配备最佳的工作团队。

（二）精准确定招聘对象

应聘者可能具备一些暂时无法证明但却对工作有利的经历，也可能知道自身存在的缺陷。员工的能力素质能够为企业带来长久收益，因此应该精准确定企业的招聘对象。要想精准确定招聘对象，就要先明确什么样的员工是企业所期望的。企业所期望的往往是与企业战略及组织文化最匹配的员工，除了这一点以外，还具有以下特性：

（1）知识技能。企业需要聘用知识技能丰富、胜任能力较高的员工以应对变化多端、不确定性大的社会环境。有类似工作经验、能够尽快上手新工作的员工更受有短期行为倾向的企业或部门欢迎。

（2）潜能。潜能指人类本具备却未被开发的能力，即以往遗留、沉淀、储备的能力。国外潜能研究专家和心理学专家指出，人类潜能开发，即使是成就卓著的伟人，也只不过开发了极小的、微不足道的部分。大多数人所展现出来的能力还不到他个人潜能的百亿分之一。采用合理有效的方式开发潜能，能够快速有效地提高员工的一般能力或特定能力。员工的学习能力和适应能力越强，潜能越大。对于稳定型和成长型企业来说，招聘有潜能的年轻员工更有利于企业的长远发展。

（3）创新能力。对于组织中的员工而言，创新能力是指能够在个体水平上提出新奇且具有可行性的、对组织发展有帮助的思想、产品、技术或者方法。尤其是生产高技术产品的企业和新创企业，能否开发出技术上更先进的换代产品和具有潜在需求的新产品决定了其市场开拓和市场占有率。创新与风险常常相伴产生，在要求创新的同时也要做好承担风险的准备。

(4) 道德品行。道德品行是人的最重要的品德之一,它深刻影响着一个人的言谈举止、处世之道、价值观、理想信念等的形成与发展。早在我国古代就有看重德才兼备之说,当今社会情商也是决定个人工作效率、能否成功的关键因素。大五人格和大气人格的研究表明,不同品行的员工具有不同的绩效表现,其中可靠性、诚实性、合作精神、乐观和成就欲望等比个人的知识技能更加重要。在兴起的服务行业中,道德品行和个人绩效的联系更为紧密。

(5) 投入产出比。企业以盈利为最终目的,招聘员工也是为了使员工为企业创造或增加价值。在招聘时尽量选择投入产出比较低的员工。

(三) 筛选整合有效的人力资源信息

筛选整合有效的人力资源信息主要指对招聘收益的评估,企业必须以较低的成本吸引到最优秀的人才。对招聘收益的评估是指在用人单位录用一批新员工之后,制定特定的标准,运用合理有效的评估方法,对战略招聘工作的数量、质量、效益等的分析。主要包括以下内容:

(1) 应聘人员的数量。优秀的企业招聘往往会吸引大量的应聘者,这样使得企业有更多挑选人才的机会。实践证明,前来应聘的人员越多,企业在筛选应聘者时越有利可图。企业会录用净价值为正的员工,淘汰净价值为负的员工。薪酬、福利、工作环境、人际关系、晋升机会、成长空间、公司形象、就业保障等因素都会影响应聘者数量。工作越具有吸引性,应聘者的数量越多。对招聘人员数量的评估指标主要有录取率、计划完成率和应聘率三项。

$$录取率=\frac{录取人数}{应聘人数}\times 100\%$$

$$计划完成率=\frac{录取人数}{计划招聘人数}\times 100\%$$

$$应聘率=\frac{应聘人数}{计划招聘人数}\times 100\%$$

(2) 录取人员的质量。录取人员的质量也是衡量招聘工作是否成功的标准之一。对录取者质量的评估就是对其知识技能、潜能、经验和素质方面的综合评价,有胜任率和留职率两项指标。招聘质量随着企业类型的不同而略有差异。在实际操作中,胜任率越高,招聘质量越好;留任的高水平人才越多,招聘质量越好。

$$胜任率=\frac{录取人员中胜任工作的人数}{总录取人数}\times 100\%$$

$$留职率=\frac{录取人员中留任工作的人数}{总录取人数}\times 100\%$$

(3) 招聘工作的成本收益率。招聘工作的成本收益涉及招聘工作花费的成本以及相应的效益。从费用计入招聘成本的方式来分,招聘工作的成本包括直接成本和间接成本两大类。直接成本有招聘人员的薪酬、广告费、差旅费、通信费、选拔费、场地租金等;间接成本主要是新员工入职导向培训费、不能胜任工作的员工辞退费、机会成本、误工费等。招聘工作的成本收益指标包括总成本收益、招聘成本收益、甄选成本收益、录用成本收益以及收益比例。

第六节　人力资源获取的战略性思考

当今社会企业之间竞争的实质就是人才的竞争，吸引人才、留住人才、开发人才是企业生存和发展的关键。有效的人力资源获取有助于企业持续提高和保持竞争优势。企业的战略对人力资源招聘与甄选的过程起着决定性的作用。不同类型的企业、不同组织结构的企业、不同成长阶段的企业有不同的招聘对象特征和类型。企业在获取人力资源时应综合考虑内外部影响因素，使录取员工的价值观和目标与企业战略保持一致。

一、与战略匹配的人力资源招聘与甄选

企业组织层面的战略决定了企业的业务范围和人员结构的配置，业务层面的战略决定了企业的目标客户和产品或服务的具体内容。企业的人力资源战略也是企业战略中重要的组成部分。招聘什么样的员工与企业战略息息相关。因此，企业人力资源招聘与甄选战略必须与企业战略相匹配。

以波特划分的三种基本竞争战略为例，实施成本领先战略的企业通常由人力资源部门采用简历和面试的方式从外部获取具有较高知识技能的员工。在低成本企业中，注重降低招聘成本，员工的晋升阶梯较为狭窄、不用转换。相反，实施差异化战略的企业大多由业务部门采用多种方法从内部招募员工，强调与文化的整合，其晋升阶梯较为灵活、广泛。例如，通用电气公司在招聘时非常注重文化的适应和融合的问题。实施集中化战略企业的员工招聘结合了前两种战略的特点，多采取心理测验的方式，晋升阶梯相对狭窄。

二、体现企业文化和价值观的人力资源招聘与甄选

企业文化以组织的精神和价值观为核心，包含一个组织的信念、符号、处事方式等多种精神文化和物质文化。企业文化是组织在生存和发展中形成的灵魂，影响着组织员工在工作中所坚持的价值观和工作行为规范。优秀的企业文化对提高企业凝聚力具有重要作用。人力资源部门在进行新员工招聘与甄选、新员工导向培训时，要能够将企业的文化和价值观逐渐渗透到人才心中，使员工的工作价值观与企业文化有机结合，增强员工的组织认同感，促进员工的个人目标与企业的战略目标保持一致，紧密结合员工的个人发展与企业的战略发展，使人才与企业共同成长、同步发展。这也是吸引人才、留住人才的有效方式之一。

优秀企业的共性就是拥有强大的企业文化。英特尔企业文化中有六个核心价值观，分别是客户导向、纪律严明、质量至上、鼓励尝试冒险、良好的工作环境和结果导向。英特尔的人力资源招聘和甄选战略紧密结合其企业文化和价值观，充分利用猎头、媒体、网站等第三方工具，在市场和销售部门招聘有相关工作经验的人，在技术开发和产品研发方面招聘毕业生。英特尔还在公司内部为员工设立了推荐奖，鼓励员工向公司推荐高质量人才并给予奖励。不仅如此，对于离职人员，英特尔会对其做离职面试，以此了解公司管理机制的不足或留住员工。若该员工确定离职，英特尔仍然会给予其一次重新被雇用的机会。

英特尔设计了一套全球共用的职位素质系统，在人力资源招聘和甄选时采用了较为严密的评估流程，在面试环节尤为突出。用人部门经理在选拔时可以将英特尔的职位素质标准与实际情况相结合，确定招聘职位的具体标准。在面试时会注意应聘者能否匹配英特尔的六个价值观，甄选价值观与公司价值观一致的员工。

本章小结

本章主要介绍了人力资源战略招聘与甄选的相关内容。战略招聘的重点是核心人才，有战略导向和前瞻性、差异化的招聘手段和方法、工作系统性、企业文化认同等特点。战略招聘有计划性、重点性、匹配性三大原则，包括计划、招募、甄选、录用、评估等流程。

在制定招聘计划时，人力资源部首先要根据战略性人力资源规划完成职位配置需求分析，与用人部门共同定义招聘需求。在计划与实施阶段，要确定招聘时间、地点、规模、经费预算、宣传策略以及招聘渠道和方法等内容。

员工招募一般有内部招募和外部招募两种途径。内部招募主要有内部晋升、工作轮换、返聘等；外部招募有校园招募、网络招募、人才中介机构招募、推荐招募、招聘会招募等方式。内部招募和外部招募都是组织获取人力资源的有效方式，各有优缺点。招募阶段的有效开展是整个招聘工作顺利完成的重要条件。组织在实践中要根据组织战略、职位类别以及组织在劳动力市场上的相对位置等因素选择最佳的招募途径。

员工甄选是指组织通过一定的测评方法与技术，对应聘者进行评估，筛选出最合适的应聘者填补空缺职位的过程。在选择员工甄选的测评方法和技术前要先阅读职位说明书要求，从基本特征、知识和技能特征、心理特征等方面确定人员的甄选标准。员工甄选过程必须遵循几个通用标准。本章介绍了五个评价人员甄选方法的标准，分别为信度、效度、普遍适用性、效用、合法性。信度反映的是测量结果的可靠性或一致性，分为重测信度、复本信度和分半信度。效度指测量结果的准确性或有效性，包括内容效度、结构效度、效标关联效度。员工甄选方法和技术多种多样，有心理测验、面试、评价中心等。心理测验主要有智力测验、能力倾向测验、人格测验、心理健康测验。面试是企业招聘甄选时常用的方法，也是争议最多的一种方法。采用面试法，要注意对面试内容的选择、对面试官的要求与培训等方面。随着多媒体工具的发展，具有较高预测效度的评价中心技术成为现代人事测评的主要形式之一，其最大的特点是情景模拟性，包括公文处理、无领导小组评论、管理游戏、案例分析、角色扮演等多种方法。不同的方法可用于测评不同的一般能力或特殊能力，在测评的同时还能起到培训的作用，有手段多样、测评结果全面客观等优点。

组织通过审查、测试面试等甄选环节后，需要对应聘人员做出正式录用决策。首先，要汇总各个环节中获得的应聘者信息。然后密切联系组织战略目标和需要，做出录用决策。最后是对招聘效果进行评估，包括对招聘工作的数量、质量、效益等的分析。企业若是能提高自身吸引力、精准确定招聘对象，则对招聘效果的提高有很大帮助。

企业的组织战略决定了招聘和甄选的过程，企业的组织结构和生命周期也决定了文化价值主体和招聘员工的特征。人力资源招聘战略必须与企业战略保持一致，招聘能够匹配企业文化和价值观的员工。

思考题

1. 招聘的特点有哪些？
2. 招聘的程序一般是怎样的？
3. 内部招募和外部招募分别有哪些形式？两种招募方式各有什么特点？
4. 什么是信度？什么是效度？
5. 人员甄选的常用方法和技术有哪些？
6. 什么是面试？面试一般主要包括哪些内容？
7. 什么是评价中心技术？
8. 如何对录用价值进行评估？
9. 在进行人力资源获取过程中，需要进行哪些战略思考？

（扫描右侧的二维码，查看思考题答案解析。）

阅读材料

校园招聘的平台化运营

阿里巴巴自2012年起开展集团统一的校园招聘，每年招聘上千名应届毕业生以储备新鲜血液。阿里巴巴集团非常重视校园招聘（简称校招），不仅仅在雇主品牌、筛选机制、面试官、应届生培养上进行投入，在校招系统平台建设和运营上也投入了相当精力，以期打造一个能够与社会招聘、人才盘点、绩效管理相连通的校招运营平台，从更体系化、更动态化的角度去看校园招聘对整个组织能够创造的价值。2013年阿里巴巴建立了校园招聘电子化平台，以业务需求为首要前提，以电子化校园招聘系统为技术支持平台，从人才运营的角度进行校园招聘,使校园招聘成为更加高效的招贤纳士的途径,也为阿里巴巴人才管理提供依据。如图 5-3 所示。

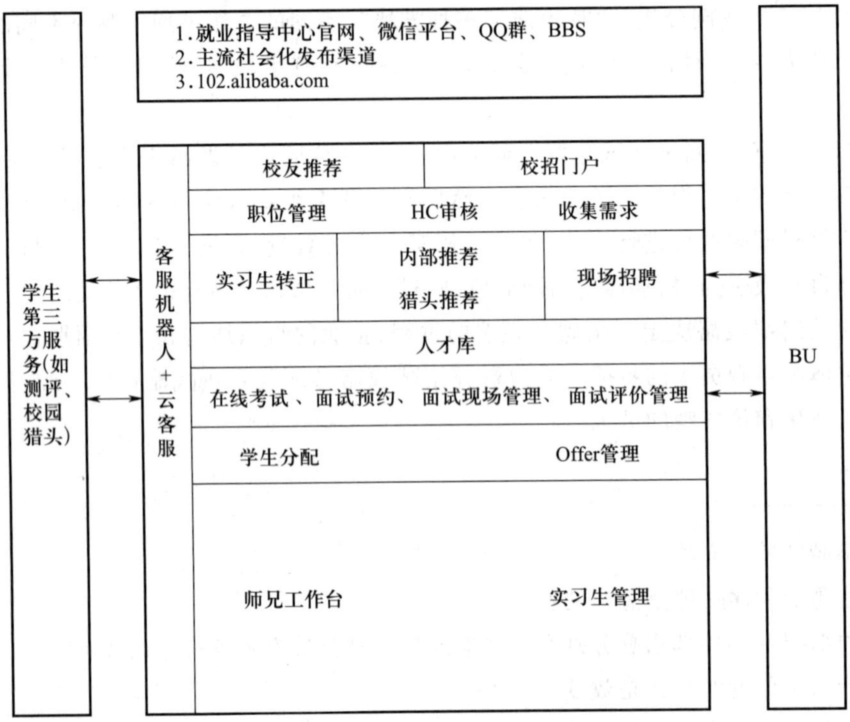

图 5-3 阿里巴巴校园招聘平台

平台化校园招聘系统之内部推荐

阿里巴巴为内部推荐渠道开发了电子化平台。内部推荐人可以是公司员工、外部猎头或者校园小猎手,他们有不同的账号权限。在电子化系统,员工可以看到空缺职位并进行内部推荐,他们可以在这个平台上进行查重,看到自己所推荐的人是否有其他同事的推荐,也能够看到被推荐人的应聘部门和岗位以及被推荐人的职位申请状态。让内部推荐高效精准、管理便捷。

平台化校园招聘系统之在线笔试

阿里巴巴集团 2015 校园招聘笔试采用在线化形式。阿里对不同岗位开放不同的笔试时间。在阿里巴巴电子化校园招聘系统上,学生可以登录校园招聘的个人中心,在笔试系统开放后的任意时间进行在线笔试。

在线笔试减少了以往线下笔试许多烦琐的环节,节省了很多物料和人力,更加方便和高效。通过在线笔试,没有试题提前泄露和试卷来不及送往考场的担忧,也没有十几所城市几百个考场地点和人员安排问题,能够省去很多成本和精力。以试卷的判定为例,在线笔试更加高效(如图 5-4 所示)。

对于学生而言,在线笔试减少了学生线下笔试前往考场所花费的时间和精力,也避免了一些学生无法在规定时间前来参加笔试的问题,为学生提供更加舒适的应聘体验。

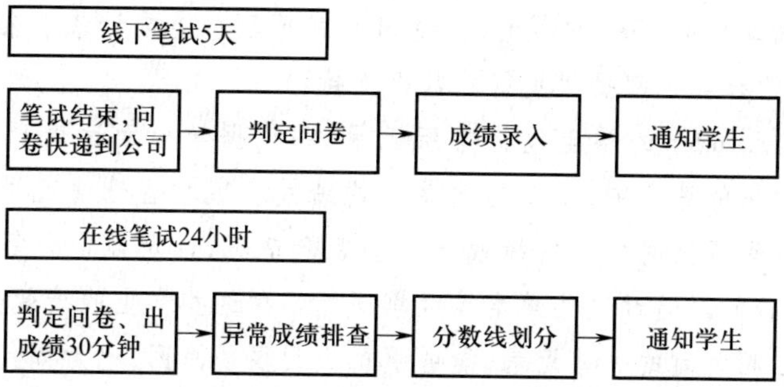

图 5-4　线下笔试与在线笔试

同时,为了确保万人同时笔试时整个笔试系统能够稳定运行,不会出现登录失败等状况,校招团队会提前组织技术支援团队进行流量测试,笔试期间也有充足的技术人员随时从后台监控,确保笔试顺畅。

后期判卷阶段,通过计算机手段,筛选出答案雷同卷,再着重人工比对筛选出作弊的考生。阿里巴巴秉承“诚信为本”的招人原则,对于被认定为作弊的考生取消面试资格。

平台化校园招聘系统之云客服

为了让学生能及时与校招团队沟通,及时解答学生的各种疑问,阿里巴巴校招团队特地开设“云客服”平台,该平台内置在阿里巴巴校招官网的“个人中心”,学生每次登录校招官网即可进行咨询。高频问题由计算机自动回复,特例问题由客服回答。同时团队常从微博、论坛等渠道收集舆情信息,了解学生的高频疑问,将信息汇总提前给客服团队预警并提供话术,使得信息顺畅,降低内部沟通成本。

平台化校园招聘系统之面试

2015 阿里巴巴校园招聘面试,学生可以根据自己的时间,在电子化系统的个人中心预约面试。预约面试极大地提升了学生的体验,不用担心出现面试撞车或临时没空。现场面试时,阿里巴巴利用电子化校园招聘系统进行学生的签到。而为期 1 小时的面试,除了 50 分钟纯面试的时间之外,面试官必须留出 10 分钟时间进行在线面试评价及面试过程记录。通过在线签到和面试报告的填写,将以往线下的活动拿到线上进行操作,不仅避免了线下操作不当数据缺失的麻烦,而且方便统计和管理。

在电子化校园招聘系统的后台,学生签到之后,相关同事可以看到哪些岗位有哪些学生在哪些时段由哪位面试官面试的信息。若有学生面试提早结束,便可安排下位学生提前进场。若有学生面试延迟,也可通知下位学生稍作等待。电子化校园招聘系统使面试的安排和管理更加方便。而在数据的统计整理上,电子化系统也可以生成报表,统计学生的面试数量、初面通过率、终面通过率、待校准的学生数量等。通过电子化系统的报表大大减少了相关同事的工作量,他们不再需要因为这些烦琐的统计活动加班到深夜。

平台化校园招聘系统之人才库

阿里巴巴认为校园招聘是获取优秀人才的重要途径。前来阿里巴巴参加面试的同学,无论通过面试与否,都是人才。这些人才的简历、笔试成绩和面试报告都应该保存下来。那些未通过面试的同学的信息会被记录下来并贴上标签,比如未通过面试的哪个环节。那些通过面试却拒绝 offer 的学生,拒绝 offer 的原因也会被记录下来。通过这些简单的记录,将为以后的社会招聘提供更好的数据支持。

而通过面试接受 offer 的学生也将有所记录,并根据学生面试表现不同分为几个等级。在日后招聘效果的评价中,可以对这些人的绩效表现和晋升情况进行跟踪调查。观察电子化系统标签等级高的学生的绩效表现和晋升情况,以及他们与等级一般的学生相比,绩效是不是比较好。通过这些学生等级排序标签和这些学生的绩效数据对比,以及这些学生在之前校园招聘时的一些记录,能够帮忙找到很多原因,也为如何发展这些员工提供新的思路。

平台化校园招聘系统之未来发展

电子化校园招聘系统方便的操作、高效的功能,为阿里巴巴校园招聘、社会招聘以及人才管理都提供了非常实用的价值。阿里巴巴也将不断地完善电子化校园招聘系统的功能。例如,阿里为每位收到 offer 的同学配备了一位在阿里工作的师兄与之在入职之前联系与互动,阿里希望在电子化系统的功能上能够增加一个模块,记录学生在收到 offer 之后到入职之前与联系师兄的互动信息,以应对一些状况,保证所有收到 offer 的学生能够如期到岗入职。另外,阿里希望该系统在技术上能够有所提升以应对一些场合不稳定的网络。为了进一步优化整个校招过程,校招团队也组织全面的电话回访,从参加面试的学生那里了解面试过程待提高的方向。未来,阿里巴巴的电子化校园招聘系统在功能和技术方面也将不断完善,使阿里巴巴的校园招聘能够更加顺利、更加有效地开展。

资料来源:《人力资源管理最佳实践案例汇编》。

参考文献

1. 方振邦.战略性人力资源管理.北京:中国人民大学出版社,2010.

2. 宋培林.战略人力资源管理:理论梳理和观点述评.北京:中国经济出版社,2011.

3. 雷蒙德·A.诺伊,约翰·霍伦拜克,拜雷·格哈特,帕特雷克·莱特.人力资源管理:赢得竞争优势.刘昕,译.3 版.北京:中国人民大学出版社,2001.

4. 杨百寅,韩翼.战略人力资源管理.北京:清华大学出版社,2013.

5. 彭剑锋.人力资源管理概论.上海:复旦大学出版社,2005.

6. 肖鸣政.人员测评与选拔.上海:复旦大学出版社,2005.

7. 张爱卿.人才测评.北京:中国人民大学出版社,2011.

8. 赵永乐.人员招聘与甄选.北京:电子工业出版社,2014.

9. 边文霞.招聘管理与人才选拔:实务、案例、游戏.北京:首都经济贸易大学出版社,2012.

10. 王建民.战略人力资源管理学.北京:北京大学出版社,2013.

第六章　战略性人力资源绩效管理

学习目标

1. 理解绩效管理的概念与模型
2. 了解绩效管理的原则和作用
3. 掌握战略性绩效管理的系统模型
4. 理解战略性绩效管理的 PDCA 循环
5. 掌握战略性绩效管理工具

开篇案例

索尼前常务董事天外伺郎:绩效主义毁了索尼

2006 年索尼公司迎来了创业 60 年。过去它像钻石一样晶莹璀璨,而今却变得满身污垢、暗淡无光。

多数人觉察到索尼不正常恐怕是在 2003 年春天。当时市场上出现了“索尼冲击”,索尼公司股票连续两天跌停。回过头来仔细想想,从发生“索尼冲击”的两年前开始,公司内的气氛就已经不正常了。

“激情集团”消失了

因半导体收音机和录音机的普及,索尼 20 世纪 60 年代实现了奇迹般的发展。但索尼近年来发生的事情却结束了奇迹。伟大的创业者井深大的影响为什么如今在索尼荡然无存了呢?

首先,“激情集团”不存在了。“激情集团”是指公司那些不知疲倦、全身心投入开发的集体。在创业初期,这样的“激情集团”接连开发出了具有独创性的产品。索尼当初之所以能做到这一点,是因为有井深大的领导。他能点燃技术开发人员的心中之火。在刚刚进入公司时,我曾和井深大进行激烈争论。井深大对新人并不是采取高压态度,他尊重我的意见。

为了不辜负他对我的信任,我当年也同样潜心于研发工作。很多先期的员工在井深大退出第一线后的很长一段时间,仍以井深大的作风影响着全公司。当这些人不在了,索尼也就开始逐渐衰败。

“挑战精神”消失了

今天的索尼职工好像没有了自发的动机。我认为是因为实行了绩效主义。绩效主义就是:“业务成果和金钱报酬直接挂钩,职工是为了拿到更多报酬而努力工作。”如果外在的动机增强,那么自发的动机就会受到抑制。

如果总是说“你努力干我就给你加工资”,那么以工作为乐趣这种内在的意识就会受到抑制。从1995年左右开始,索尼公司逐渐实行绩效主义,成立了专门机构,制定非常详细的评价标准,并根据对每个人的评价确定报酬。

但是,因实行绩效主义,职工逐渐失去工作热情。为衡量业绩,首先必须把各种工作要素量化。但是工作是无法简单量化的。公司为统计业绩,花费了大量精力和时间,而在真正的工作上却敷衍了事,出现了本末倒置的倾向。

因为要考核业绩,几乎所有人都提出容易实现的低目标,可以说索尼精神的核心即“挑战精神”消失了。因实行绩效主义,索尼公司内追求眼前利益的风气蔓延。这样一来,短期内难见有效益的工作。不管是什么样的企业,只要实行绩效主义,一些扎实细致的工作就容易被忽视。

索尼公司不仅对每个人进行考核,还对每个业务部门进行经济考核,由此决定整个业务部门的报酬。最后导致的结果是:业务部门相互拆台,都想方设法从公司的整体利益中为本部门多捞取好处。

团队精神消失了

建立公司的目的:建设理想的工厂,在这个工厂里,应该有自由、豁达、愉快的气氛,让每个认真工作的技术人员最大限度地发挥技能。这正是索尼公司的创立宗旨。索尼公司失去活力,就是因为实行了绩效主义。

绩效主义企图把人的能力量化,以此做出客观、公正的评价。但我认为事实上做不到。它的最大弊端是搞坏了公司内的气氛。上司不把部下当作有感情的人看待,而是一切都看指标,用“评价的目光”审视部下。当时我的上司不是用“评价的眼光”看我,而是把我当成自己的孩子。对企业员工来说,需要的就是这种温情和信任。后来强化了管理,实行了看上去很合理的评价制度。于是大家都极力逃避责任。这样一来就不可能有团队精神。

创新先锋沦为落伍者

索尼公司是最早引进美国式合理主义经营理论的企业之一。而公司创始人井深大的经营理念谈不上“合理”。“干别人不干的事情”这种追求独自开发的精神,恐怕不符合今天只看收益的企业管理理论。索尼当时如果采用和其他公司一样的技术,立刻就可以在市场上销售自己的产品,当初也许就不会有破产的担心了。

从长期角度看,索尼公司积累了技术,培养了技术人员。此外,人们都认为“索尼是追求独特技术的公司”,大大提升了索尼的品牌形象。更重要的是,这种独自开发能给索尼员工带来荣誉感,他们都为自己是“最尖端企业的一员”而感到骄傲。但具有讽刺意味的是,因单枪三束彩色显像管电视机获得成功而沾沾自喜的索尼,却在液晶和等离子薄型电视机的开发方面落后了。

高层主管是关键

今天的索尼与井深大时代的最大区别是什么呢？那就是在“自豪感”方面的差别。当年创始人井深大和公司员工都有一种自信心：努力争先，创造历史。

今天的索尼已经没有了向新目标挑战的“体力”，同时也失去了把新技术拿出来让社会检验的胆识。在导致索尼受挫的几个因素中，公司最高领导人的态度是其中最根本的原因。

能否让职工热情焕发，关键要看最高领导人的姿态。索尼当年之所以取得被视为“神话”的业绩，也正是因为有井深大。但是，井深大的经营理念没有系统化，也没有被继承下来。也许是因为井深大当时并没有意识到自己经营理念的重要性。

我尝试着把井深大等前辈的经营理念系统化、文字化，我把井深大等人的经营称为“长老型经营”。所谓“长老”是指德高望重的人。德高望重者为公司的最高领导人，整个集团会拧成一股绳，充满斗志地向目标迈进。

不论是在什么时代，也不论是在哪个国家，企业都应该注重员工的主观能动性。这也正是索尼在创立公司的宗旨中强调的“自由、豁达、愉快”。

资料来源：天外伺郎.索尼前常务董事天外伺郎：绩效主义毁了索尼.文艺春秋，2007(1).

第一节 绩效管理概述

一、绩效的含义与特点

（一）绩效的含义

绩效是人们在日常工作中经常提起的话题，也是管理者们关注的重点之一。不同视角下的绩效有不同的含义。在社会学视角下，绩效代表每个社会成员在接受其社会分工时所承担相应的职责。一方面，他的绩效保障了其他社会成员的生存权利；另一方面，其他成员的绩效又保障了他的生存权利。完成绩效是他在社会中生存的义务。在经济学视角下，绩效与薪酬代表着员工与组织之间的相互承诺。绩效是员工对组织所做的承诺，也是员工进入组织的前提保证。当员工完成其绩效承诺之后，组织则以发放薪酬的形式完成对员工的承诺。在管理学视角下，绩效代表了组织的期望，是组织为实现目标在不同层面展现出来的有效输出。

随着管理实践的不断拓展，人们对绩效内涵的理解也在不断发生变化。目前主要有三种观点：第一种观点认为绩效是结果；第二种观点认为绩效是行为；第三种观点则强调绩效与员工素质的关系。

(1) 绩效是结果。Bernadin 等(1984)认为“绩效应该被定义为工作的结果，因为这些工作结果与组织的战略目标、顾客满意度和所投资金的关系最密切”。Kane(1996)认为绩效是“一个人留下的东西,这种东西与目的相对独立存在”。坚持“绩效是结果”的观点通常认为,绩效是一个人工作成绩的记录,是工作所产生的成果。职责、目标、结果、生产量、关键结果领域、关键成功因素等概念常被用来表示绩效结果。

(2) 绩效是行为。现在也有很多人接受了“绩效是行为”的观点。因为这一观点认为除了个体行为之外,还会有其他与工作无关的因素对工作结果产生影响。而且若是过分关注结果往往会忽视对重要行为过程的控制,从而导致工作成果的不可靠性。“绩效是行为”并不代表在绩效的定义中不能包容目标。Campbell(1993)提出“绩效是行为的同义词,它是人们的实际行为表现,且是能观察到的。就定义而言,它只包括与组织目标相关的行为,能用个人熟练度(贡献水平)来确定等级(测量)。绩效是组织雇人来做并需做好的事。绩效并不是行为结果,而是行为本身”。Borman 和 Motowidlo 还认为绩效是具有可评要素的行为,分为任务绩效和关系绩效两方面。

(3) 绩效与员工素质。知识型员工在知识经济时代下越发受到重视。如何评价知识性工作、衡量知识型员工的绩效成为组织绩效管理的新问题。比起停留于员工过去的所作所为,越来越多的企业更加关注员工的潜在能力,更加重视高绩效与员工素质之间的关系,倾向于将以素质为基础的员工潜能列入员工绩效考核的内容。

(二) 绩效的特点

1. 多因性

绩效是受到多种因素共同影响的,并不是由某个单一因素决定的。员工绩效的优劣受外部、内部等多种因素的影响。外部有工作环境、工作机遇、激励条件等客观性因素。内部有业务能力、个人追求等主观性因素。

2. 多维性

在评估绩效时,组织需从多种维度(如工作业绩、工作能力和工作态度等)进行逐一分析和综合考虑。根据各维度考核权重不等,考评侧重点则会不同。从多个角度综合考查员工的工作成果,能够较为全面地了解绩效体系存在的相关问题和员工需要改善的地方,从而提升组织的整体工作效率和工作质量。

3. 动态性

员工的绩效是会变的。随着时间的推移,绩效差的可能改进转好,绩效好的也可能退步变差。管理者不可凭一时印象,以僵化的观点看待员工的绩效情况,要能够基于环境变化而对员工进行动态考量。

二、绩效管理的含义与特点

(一) 绩效管理的含义

在绩效管理的发展过程中,学者们对绩效管理的认知也存在分歧,主要有以下三种观点：

（1）绩效管理是管理组织绩效的系统。这种观点强调绩效管理的核心在于决定组织战略，以及通过调整组织结构、生产工艺和业务流程等来实施战略。员工虽然会受到这些调整的影响，但不是绩效管理要考虑的主要对象。

（2）绩效管理是管理员工绩效的系统。这种观点认为绩效管理应以员工为核心，是组织为员工关于其工作结果以及其发展潜力的评价和奖惩。且通常将绩效管理视作一个周期。

（3）绩效管理是管理组织和员工绩效的综合系统。这种观点将绩效管理看作组织绩效和员工绩效的综合体系，强调绩效管理的核心在于开发员工潜能，提高员工绩效，并通过将员工个人目标与企业战略结合在一起来提高组织绩效。

本书认同第三种观点，将绩效管理定义为人力资源管理体系中的模块之一，认为绩效管理是一个将员工绩效和组织绩效相融合的完整系统。这个系统包括计划、指导、评价、反馈、改进等关键部分。组织管理者和员工共同参与，管理者和员工通过持续沟通将企业的战略和目标、管理者的职责、员工的工作绩效目标等传递给员工，并在持续沟通的过程中，帮助员工消除工作阻碍，提供必要指导，与员工一起完成绩效目标。

（二）绩效管理的特点

1. 强调系统性

绩效管理强调对绩效的系统管理，涵盖组织和员工两个层面，将组织绩效和员工绩效融为一体。绩效管理也是一种管理方法，体现管理的主要职能，要对其系统地看待。

2. 强调目标性

绩效管理强调目标性。只有绩效管理的目标明确、清晰，管理者和员工的努力才会有方向，才会更团结，才能共同致力于组织绩效目标的实现，才能更好地为实现企业战略规划和愿景目标服务。

3. 强调沟通和指导

沟通在绩效管理中起着决定性作用。制定绩效目标要沟通，帮助和指导员工实现绩效目标要沟通，绩效评估要沟通，分析原因改正问题要沟通。总之，绩效管理的过程就是员工和管理者持续不断沟通的过程，管理者在沟通中不断指导员工及提高员工绩效。若离开了沟通，那么绩效管理只会变成一种形式，失去其实际管理意义。

很多管理活动失败的主要原因就在于组织内部的沟通出现了问题。绩效管理需要改善组织管理沟通问题，全面提高管理者的沟通意识，提高管理者的沟通技巧，进而提高企业的管理水平和管理者的素质。

4. 强调过程性

绩效管理不仅强调工作结果，还重视达成目标的过程，绩效管理是一个循环的过程，结果固然重要，同时更强调管理过程中的计划、指导、评价和反馈。

三、绩效管理的原则

绩效管理的主体是指组织内部实行绩效管理活动的决策者、执行者和作业者,一般包括组织高层决策者、中高层经理人员以及人力资源管理部门的专业人员。绩效管理的客体是指绩效管理活动的类型和内容。员工在不同的组织、部门和团队中所承担的任务是不同的,工作内容的差异就带来了绩效管理客体的差异。在组织进行绩效管理时,需要注意以下五项原则。

(一)战略性原则

绩效管理活动要围绕组织战略展开,绩效指标的确定也要以组织战略目标为指导方向。组织通过实行绩效管理,为组织维持竞争优势,促进组织战略目标的实现,实现组织的持续性发展。

(二)公正性原则

绩效管理的主体、客体和绩效评价指标的选择都要能够客观反映实际情况,做到公平、公正、公开,平等地对待每一位员工。

(三)可行性原则

绩效管理的系统模型、管理方式和评定指标都要具有适用性和可行性。只有切实可行、行之有效,才有实施的价值和意义。

(四)认同性原则

绩效管理活动要得到员工、团队或部门的接受和认同。若管理者事先没有与下级进行充分沟通,就直接授权人力资源管理部门人员单方面制定并实施绩效管理的相关制度,往往会引起员工的反感或抵制,导致员工消极怠工、跳槽等优质人力资源流失。

(五)激励性原则

有价值的绩效管理活动要对员工起到一定的激励作用,对员工个人或组织完成战略目标有促进作用。在实际工作中,管理者要及时与员工沟通绩效信息,适时鼓励员工并提出有效的工作改进建议,只有这样才有利于充分发挥绩效管理在人力资源管理系统中的关键作用。

四、绩效管理的地位和作用

（一）绩效管理的地位

绩效管理是人力资源管理的核心。绩效管理是整合组织绩效和个人绩效的管理系统，具有战略地位。一个企业能否选择正确的战略目标至关重要，而能否有效实现其战略目标同样很重要。绩效管理是企业实现战略目标的重要手段。企业战略目标的实现需要通过将组织体系落实到每位成员身上，充分发挥组织中每位成员的作用。绩效管理通过有效的目标分解和逐步逐层落实，帮助企业实现预定目标，并有助于理顺企业的管理流程，规范管理手段，提升管理者的管理水平和员工的自我管理能力。

（二）绩效管理的作用

1. 绩效管理有助于促进企业质量管理

组织绩效表现为数量和质量两个方面。绩效管理能够给管理者提供全面质量管理（TQM）的工具和技能，使管理者能够将全面质量管理看作其组织文化的重要组成部分之一。实际上，设计科学的绩效管理系统的过程本身就是一个追求质量的过程，它需要达到或超过内部及外部客户的期望，使员工将精力放在质量目标上。

2. 绩效管理有助于提高企业计划管理的有效性

现实中部分企业的管理缺乏计划，管理随意性较强，企业经营常处于不可控状态，而绩效管理则可以解决这一问题。绩效管理要求组织认定合理目标，通过相关制度要求，增强各部门和员工对工作的规划意识，提高公司经营的可控性。

3. 绩效管理能够有效避免管理者与员工之间的冲突

对于员工而言，绩效管理是一个接受帮助而不是受到批评的过程。当员工能够充分意识到这一点时，他们会更加积极地参与合作和坦诚相待。绩效管理不是讨论员工绩效较差的问题，而是讨论他们的工作成就和进步，这是员工和管理者们的共同期望。有关绩效的讨论不能仅局限于管理者批评员工，而要多鼓励员工进行自我评价并交流双方对于绩效的看法。若是管理者能够将绩效管理看作其与员工之间的一种合作，那将会有效减少双方之间的冲突。

4. 绩效管理有助于提高管理者的管理技能

绩效管理的制度性和系统性要求管理者必须制定工作计划和目标，必须对员工工作做出评价，必须与下属就工作问题进行充分讨论沟通，并帮助下属提高绩效。在进行绩效管理的过程中，管理者可以提高自身分解目标和制定目标的能力、沟通交流能力、绩效分析和诊断的能力等。

5. 绩效管理有助于开发员工能力

绩效管理强调如何使员工在日后的工作中表现得更好，重视员工完成其绩效目标的过程。绩效管理能够帮助员工认识到自身存在的不足并加以改正,能够有针对性地为员工提供培训和开发的机会,促进员工工作能力和职业生涯的发展。此外,通过绩效管理,员工能够确定自己工作目标的效价,了解自己取得了一定的绩效后会得到什么奖励,这样会促使员工主动提高自己的期望值(如学习新知识、新技能等)以提高自己的工作胜任力,最终不仅能达到理想绩效,还能取得个人的进步。

第二节 战略性绩效管理概述

一、战略性绩效管理的概念

战略性绩效管理就是将企业战略目标在各级组织和员工中进行层层分解,转变为员工绩效目标,通过绩效计划、绩效辅导、绩效考评、绩效反馈和绩效改进等管理循环,持续提升员工和组织胜任素质的过程。

企业构建战略性绩效管理体系应当具备以下基础。

1. 有明确的价值观

企业的价值观是指企业决策者对企业性质、目标、经营理念和经营方式的取向做出的选择,是企业员工所接受的共同观念和行为准则。价值观代表企业提倡什么,杜绝什么,并以此来影响员工的行为模式。在绩效目标计划的制定中,价值观是其目标和指标设计的内核,因此明确的价值观是战略性绩效管理体系设计的前提条件。

2. 有清晰的企业战略和目标

企业对自身发展和未来经营方向、领域,以及所面临的形势和变化有清晰的定位,并有付诸实施的战略、目标和规划。战略绩效管理就是将战略性目标与作业性目标有机地结合起来,将总体战略目标同局部战术目标统一起来,通过对日常经营计划执行过程和结果的适时监控,以有效推动战略实施并最终达到目标的重要工具。

3. 有合理的组织机构

企业根据经营目标和业务重点设置精干、高效的组织机构,是确保绩效管理体系得以有效实施的重要基础。绩效管理是一项系统性的管理活动,从横向联络到纵向沟通,牵动全局,遍及各个岗位,这就要求企业各单位或部门积极、主动地在相关活动中扮演恰当的角色。因此通过组织架构的科学设置、部门职能的合理界定、业务流程的不断优化、岗位职责的规范描述,能够降低组织内部的交易成本,提高组织的运行效率,进而为绩效管理的有序推进奠定基础。

4. 有扎实的管理基础工作和完善的人力资源管理系统

管理基础工作包括计量、会计、统计、定额和标准化等工作,是企业绩效管理标准、依据的最重要来源。所以在很大程度上,企业管理基础工作的水平决定着企业绩效管理的成败。绩效管理体系是人力资源管理体系的有机组成部分。一方面,绩效管理机制的建立和完善依托于任职资格体系、薪资福利体系、职业生涯规划体系和培训开发体系;另一方面,绩效管理结果的应用会对任职资格体系、薪资福利体系、职业生涯规划体系和培训开发体系产生重要影响。

战略性绩效管理体系的核心是企业战略。绩效目标体系的制定就是以企业战略和目标为依据,将企业战略需要转化为企业阶段性目标和计划,并在此基础上形成各个部门目标和计划,继而形成员工个人目标和计划的过程。一是根据企业战略分解形成"企业—部门—个人"的绩效目标体系和绩效指标体系;二是根据战略分解形成各事业单元的绩效目标体系和绩效指标体系。所以绩效目标就是战略目标的纵横分解和细化。

二、战略性绩效管理系统模型

战略性绩效管理(strategic performance management)是战略人力资源管理的核心职能,它承接组织的战略,是由绩效计划、绩效监控、绩效评价和绩效反馈四个环节构成的闭循环系统。通过这四个环节的良性循环过程,管理者能够确保员工的工作活动和工作产出与组织的目标保持一致,不断提高员工和组织的绩效水平,促进组织战略目标的实现。

一个完整的战略性绩效管理系统由三个目的、四个环节和五个关键决策构成,如图6-1所示。具体而言,绩效管理是组织为实现其战略目的、管理目的和开发目的而建立的一个完整系统,由绩效计划、绩效监控、绩效评价和绩效反馈四个环节形成一个闭合循环,评价什么、评价主体、评价方法、评价周期和结果应用这五个关键决策通常贯穿上述四个环节,对绩效管理的实施效果起着决定性作用。

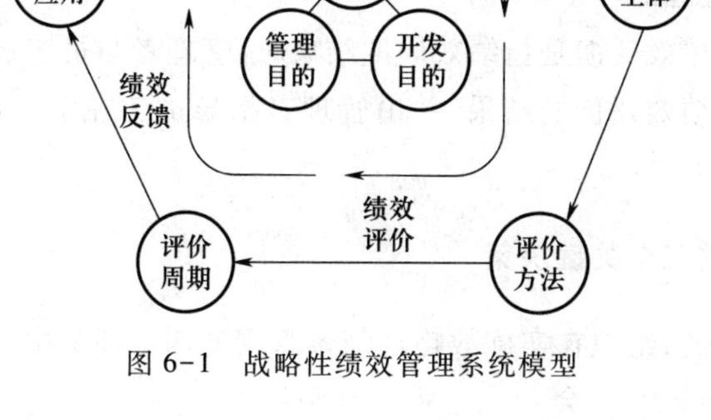

图 6-1 战略性绩效管理系统模型

（一）绩效管理的三个目的

绩效管理的目的在模型中处于中心位置，即一切绩效管理工作都是围绕目的展开的，偏离了目的，绩效管理就失去了存在的价值和意义。归纳起来，绩效管理的目的有以下三个：

（1）战略目的。绩效管理系统将员工的工作活动与组织的战略目标联系在一起。在绩效管理系统的作用下，组织通过提高员工的个人绩效来提高组织的整体绩效，从而实现组织的战略目标。

（2）管理目的。组织在多项管理决策中都要使用到绩效管理信息（尤其是绩效评价的信息）。绩效管理中绩效评价的结果是企业进行薪酬管理决策、晋升决策、保留或解雇决策等重要人力资源管理决策的重要依据。

（3）开发目的。绩效管理的过程能够让组织发现员工中存在的不足，以便对他们进行有针对性的培训，这样才能够更有效地丰富员工的知识，提高员工的技能和素质，促进员工个人发展，实现绩效管理的开发目的。

（二）绩效管理的四个环节

一个完整有效的绩效管理系统必须具备绩效计划、绩效监控、绩效评价和绩效反馈四个环节：

（1）绩效计划。绩效计划是绩效管理过程的起点。在新的绩效周期开始时，管理者与员工经过充分的沟通，明确为了实现组织经营计划与管理目标，员工在绩效周期内应该做什么事情以及事情应该做到什么程度，并对为什么做、何时应做完、员工的决策权限等相关问题进行讨论，促进相互理解并达成协议。

（2）绩效监控。在绩效计划制定完毕后，员工就开始按照计划开展工作。在工作过程中，管理者要对员工进行指导和监督，及时解决发现的问题，并根据实际情况及时对绩效计划进行调整。

（3）绩效评价。绩效评价通过在绩效监控期间收集到的能够说明被评价者绩效表现的事实和数据，判断员工的绩效是否达到绩效目标要求。绩效评价是绩效管理过程的核心环节，也是技术性最强的一个环节。

（4）绩效反馈。绩效反馈是指绩效周期结束时，管理者与员工进行绩效评价面谈，使员工充分了解和接受绩效评价的结果，并由管理者指导员工在下一周期如何改进绩效的过程。

（三）绩效管理的五个关键决策

为了达到三个目的，组织在实施战略性绩效管理的四个环节中，必须把握好五个关键决策：

（1）评价什么。也就是指如何确定员工个人的绩效评价指标、指标权重及目标值。

(2) 评价主体。在确定评价主体时,应重点考虑评价的内容,评价主体应该与评价内容相匹配。评价主体对被评价者及其工作内容都应有所了解,只有这样,评价才有助于达到一定的管理目的。

(3) 评价方法。绩效评价方法是指评价主体评价绩效所使用的具体方法。具体采用何种评价方法,要根据所要评价对象的特点选择,并考虑设计和实施的成本。

(4) 评价周期。也就是多长时间评价一次。评价周期与评价指标、职位等密切相关,其设置应尽量合理,不宜过长,也不能过短。

(5) 结果应用。绩效评价结果主要用于两个方面:一是用于绩效诊断、制定绩效改进计划;二是将绩效评价结果作为招聘、晋升、培训与开发、薪酬福利等其他管理决策的依据。

三、战略性绩效管理的 PDCA 循环

PDCA 循环由美国质量管理专家戴明于 20 世纪 50 年代提出,所以又称为"戴明循环"。PDCA 的基本含义是:P(plan)——计划,D(do)——实施,C(check)——检查,A(action)——行动,对总结检查的结果进行处理,成功的经验加以肯定并标准化推广,失败的教训加以总结,未解决的问题放到下一个 PDCA 循环里。以上四个过程周而复始、不断循环,一个循环解决一些问题,未解决的问题进入下一个循环,实现阶梯式螺旋上升。PDCA 循环实际上是有效进行任何一项工作的合乎逻辑的工作程序,对战略性绩效管理尤其适用。

(一) 关于绩效计划

绩效管理是一项由工作执行者(员工)和管理者共同承担的连续性协作活动,绝不是某个短期内所进行的一两次填表"仪式"。绩效计划是整个绩效管理流程中的第一个环节,发生在新绩效期间的开始。制定绩效计划的主要依据是员工职位说明书和公司战略目标以及年度经营计划。在绩效计划阶段,管理者和被管理者之间需要在对被管理者绩效的期望问题上达成共识。在共识的基础上,被管理者对自己的工作目标做出承诺。管理者和被管理者共同的投入和参与是进行绩效管理的基础。对此,管理者必须有一个清醒的认识,否则绩效管理很难得到有效实施。

绩效计划的主要工作是为员工制定关键绩效指标,为此管理者要重点做好以下几项工作:

(1) 正确解读企业的战略目标和年度经营计划并将之分解到部门和相关员工。

(2) 为员工制定职责明确、权限清晰、标准确定、描述清楚的职位说明书。

(3) 帮助员工制定关键绩效指标。关键绩效指标应符合 SMART 原则,即关键绩效指标的标准应是具体的(S)、可度量的(M)、可实现的(A)、现实的(R)、有截止期限的(T)。

绩效计划的周期视企业具体情况而定。如果企业的管理基础比较雄厚,管理者和员

工的整体素质比较高,可以一年制定一次;反之,则要适当缩短,最好以一个季度或半年为一个周期。但应当注意的是,过短的绩效周期可能会导致管理成本增加,操作性减弱。在绩效计划阶段,管理者所扮演的是绩效合作伙伴的角色,即管理者必须通过有效的沟通,与下属员工在绩效目标上达成一致,而不是简单地分派任务、下达命令。

(二) 关于绩效沟通与辅导

关键绩效指标确定以后,管理者应扮演辅导员和教练员的角色,以指导者和帮助者的姿态跟员工保持积极的双向沟通,帮助员工理清工作思路,授予与工作职责相当的权限,提供必要的资源支持,提供恰当(针对员工的绩效薄弱环节)的培训机会,提高员工的胜任素质,为员工完成绩效目标创造条件和提供指导。

管理者应依托绩效计划阶段所制定的绩效目标,也就是关键绩效指标,与员工保持持续不断的绩效沟通,对员工进行有针对性的辅导,以促进员工达成和超越绩效目标。

在绩效沟通与辅导阶段,管理者所要做的一项重要但又常常被忽视的工作就是观察和记录员工的绩效表现,形成员工业绩档案,为之后的员工绩效考评和反馈建立基础和提供凭借。记录员工绩效表现应当以记录关键事件为主,即记录对员工绩效结果产生重大影响的事件,关键事件根据性质又可以分为积极的关键事件(如节约成本 50 万元的创新计划)和消极的关键事件(如造成重大损失的严重设计失误)。所以在绩效沟通与辅导阶段,管理者除了要扮演辅导员与教练员的角色以外,还要扮演记录员的角色。

(三) 关于绩效考评与反馈

在绩效周期结束的时候,依据预先制定好的关键绩效指标,管理者对下属绩效目标的完成情况进行考评。绩效考评的依据就是绩效计划阶段的关键绩效指标和绩效沟通辅导过程中所记录的员工绩效档案。

绩效管理的过程并不是到绩效考核时打出一个分数就结束了,管理者还需要与下属进行一次面对面的交谈,即绩效反馈面谈。通过绩效反馈面谈,使员工全面了解自己的绩效状况,正确认识自己在这一绩效周期所表现出来的优势和不足;当然下属也可以陈述自己在完成绩效目标中遇到的困难,并请求得到上司的指导和帮助。

在绩效考核与反馈阶段,管理者所扮演的角色主要是公证员。所谓公证员,就是要求管理者本着公开、公平、公正的原则,站在第三者的角度,依据绩效沟通与辅导过程中的业绩记录,对员工做出客观公正的评价。

(四) 关于绩效诊断与改进

绩效诊断与改进有两个方面的含义:一是对公司所实施的绩效管理体系以及管理者的管理方式进行诊断;二是对员工本绩效周期内存在的不足进行诊断。通过这两个方面的诊断,得出结论,放到下一个 PDCA 循环里加以改进提高。所以在绩效周期结束时,管理者还应对员工进行绩效满意度调查,通过调查,可以发现现有绩效管理体系存在的不足并加以调整。

在绩效诊断与改进阶段,管理者扮演的角色主要是诊断专家,对企业、自己和员工在绩效管理各方面的工作进行诊断,找出问题和不足,以便于在下一绩效周期内有针对性地进行改进。

第三节　战略性绩效管理工具

战略性绩效管理常用工具主要有:目标管理法(management by objectives,MBO)、平衡计分卡(the balanced score card,BSC)、关键绩效指标法(key performance indicator,KPI)和目标与关键成果法(objectives and key results,OKR)等。

一、目标管理法

目标管理法是一种科学的管理方法,它通过确定战略目标、制定措施、分解战略目标、落实措施、安排进度、组织实施、考核等企业自我控制手段来达到管理目的。

(一) 目标管理法概述

目标管理法由德鲁克在 1954 年的《管理的实践》(The Practice Of Management)一书中首先提出。他倡导自我控制观念与目标管理方法,以纠正专案化、层次化及个人主义与本位主义的缺失,促进层级间、科组间、个人间的沟通与联系,使组织成员都有一致努力的方向。欧狄恩(Odiorne,1965)指出:“目标管理乃是一种秩序,借上下层级间对目标的共同了解,订立个人、部门的工作目标及所负职责,使之能齐心协力地完成组织目标,并以预定的目标为业务推行的指导原则和评审成果的客观标准。”在麦柯齐(McConkey,1975)看来:“目标管理就是一种业务管理计划和考核方法,使每一位管理者或主管皆按其应达成的目标与成果,订立其一年内或一定期间内具体确实的工作内容与进度;等到期满,以原定目标衡量实际的成果。”

(二) 目标管理法的基本思想

目标管理法倡导员工参与管理,强调组织成员的自我控制。其基本思想为:以主管与员工事先确定的目标及其实现程度作为依据和衡量标准,对员工个人绩效、团队绩效和总体绩效进行考核评价。个人目标根据组织战略目标,层层分解到部门再到个人而形成。管理者以工作目标来管理下属,管理者在事先和下属商定彼此可以接受的目标,即充分授权下属,让下属自主选择最有效达到目标的手段。事中,管理者可以将原定目标与下属实际执行情况相核对,以决定纠正和调整目标或行为的措施,确保目标的达成。事后,管理者可以将原定目标与下属实际执行结果相核对,以决定奖惩,引导下属后一周期的工作行为。

二、平衡计分卡

平衡计分卡是一种从财务、客户、内部运营、学习与成长四个角度,将组织的战略落实为可操作的衡量指标和目标值的绩效管理体系,从而保证企业战略得到有效的执行。因此,人们通常将平衡计分卡看作加强企业战略执行力最有效的战略管理工具。

(一)平衡计分卡概述

在20世纪80年代末90年代初,欧美很多学者和大公司发现,传统的以财务为单一衡量指标评价企业经营绩效的方法是妨碍企业进步的主要原因。运用财务指标进行绩效考核,对公司战略执行绩效的控制是肤浅、单一,而且是滞后的。尽管在企业实践的历史长河中起到过重要的作用,但以财务数据进行的绩效衡量体系弊端越来越多。

正是由于前述原因,西方学术界和企业界对平衡财务与非财务指标的综合绩效评估方法的研究产生了极大兴趣,其中哈佛商学院卡普兰(Robert S.Kaplan)教授和诺顿(David P.Norton)教授共同开发了平衡计分卡法。他们认为,传统绩效考评只侧重于对企业内部短期财务绩效的事后评估,不可否认,这种方法在工业化时代背景下发挥了它应有的作用;但为了适应后工业社会的新情况,需要从动态战略管理的高度,将企业内部流程与外部市场环境以及组织创新发展等,统一纳入和整合到企业绩效考评体系中,建立一个四维综合平衡的新型绩效评估系统。

组织的使命、核心价值观、愿景和战略是有效平衡计分卡的组成部分。平衡计分卡通过四个层面中每个层面的目标、指标及行动方案,将组织的使命、核心价值观、愿景和战略转化为现实。因此,在确定平衡计分卡的目标和指标时,必须对照组织的使命、核心价值观、愿景和战略,确保目标和指标协调一致。在明确组织的使命、核心价值观、愿景和战略后,平衡计分卡战略地图提供了一个简要的框架,用于说明战略如何将无形资产与价值创造流程联系起来(见图6-2)。

平衡计分卡不仅是一个绩效评价系统与战略管理系统,还是一种沟通工具,而且着重强调四个层面目标因果关系的重要性,强调财务指标与非财务指标、组织内部要素与外部要素、前置指标与滞后指标、长期目标与短期目标的平衡。平衡计分卡之所以具有这些优势或特点,一个主要原因是它具有四个层面,即财务层面、客户层面、内部业务流程层面和学习与成长层面。

(1) 财务层面。平衡计分卡财务层面的最终目标是利润最大化。企业的财务业绩通过两种基本方式来得到改善:收入增长和生产率改进。收入增长可以通过两种途径实现:一是提高客户价值,即加深与现有客户的关系,销售更多的产品和服务;二是增加收入机会,企业通过销售新产品或发展新客户实现收入增长。生产率改进也可以通过两种方式

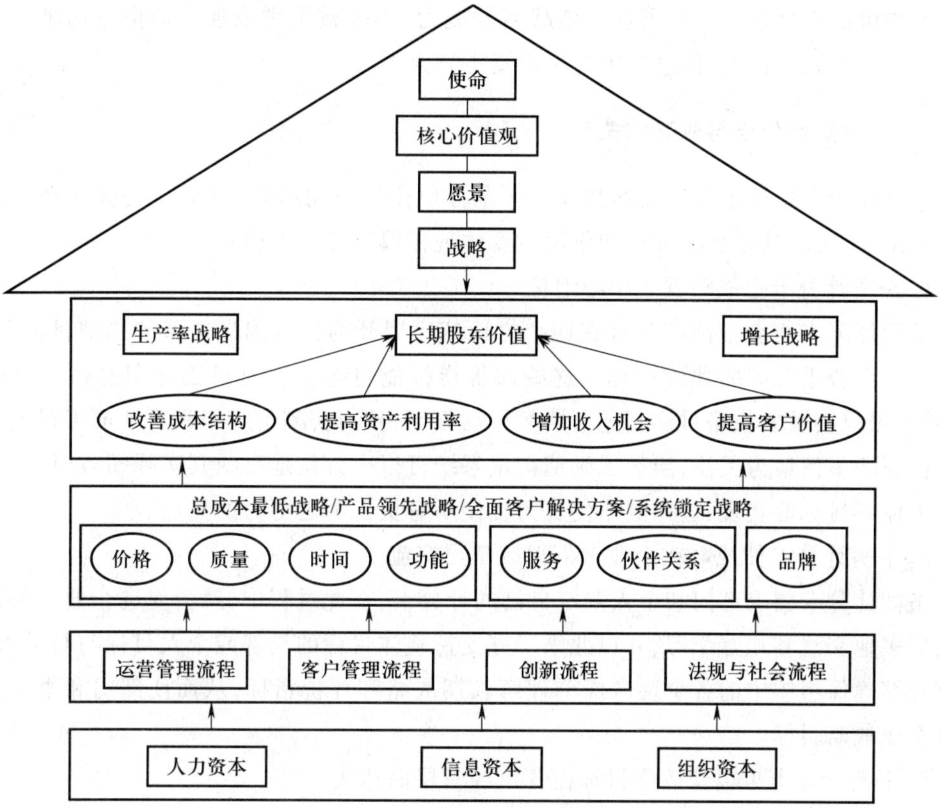

图 6-2　平衡计分卡简要框架

实现:一种方式是通过降低直接或间接成本来改善成本结构,这可以使企业生产同样数量的产品却消耗更少的人力和物力;另一种方式是提高资产利用率,通过更有效地利用财务和实物资产,企业可以减少支持既定业务量水平所必需的营运和固定资本。

(2) 客户层面。客户层面包括衡量客户成功的滞后指标,如客户满意度、客户保持率、客户获得率、客户获利率、市场份额、客户份额等。但是,仅仅使客户满意并保留客户几乎不可能实现战略,收入增长需要特殊的客户价值主张(customer value proposition)。企业应当确定特殊的细分客户,即为企业带来收入增长和盈利的目标客户。卡普兰和诺顿总结了四种通用的价值主张或竞争战略:总成本最低战略、产品领先战略、全面客户解决方案、系统锁定战略。

(3) 内部业务流程层面。客户层面的目标描述了目标客户和价值主张,财务层面的目标描述了成功战略的结果。内部业务流程有利于实现两个关键的战略要素:向客户生产和传递价值主张;降低并改善成本以实现生产率改进。内部业务流程可以分为四类:运营管理流程、客户管理流程、创新流程,以及法规与社会流程。

(4) 学习与成长层面。学习与成长层面描述了组织的无形资产及其在战略中的作用。无形资产可以被描述为“存在于组织内,用于创造不同优势的知识”,或“组织员工满足客户需要的能力”,包括专利、版权、员工知识、领导力、信息系统和工艺流程等。这些无形资产的价值来自它们帮助企业实施战略的能力，不能被个别或独立地衡量出来。无形资产一般分为人力资本、信息资本与组织资本三大类。

（二）平衡计分卡与战略的关系

平衡计分卡超越了其设计的初衷——全方位衡量公司绩效，进而发展成为企业战略执行的重要工具，其显著的价值和作用主要体现在以下几个方面：

1. 平衡计分卡把战略置于中心地位

平衡计分卡将企业战略目标在四个方面依序展开为具有因果关系的局部目标，并进一步发展出若干对应的评价指标。这些评价指标能将企业所有员工导向总体的远景规划，并按照拟实现的战略目标制定必要的行动方案，且与薪酬系统相联系。员工对能够影响其福利的事情最为关注，当员工确信衡量系统可以全方位地反映其实际绩效时，就会被激励去促成目标的实现，这样战略便成为促使所有员工为之努力的焦点。

2. 平衡计分卡使战略在企业上下得以学习交流

平衡计分卡要求部门和个人制定自己的计分卡，在此过程中，就会促进企业各部门和个人更多地交流和相互学习，并以此来确立支持整体目标的局部或个人目标与行动方案，这就能够确保组织中的各个层次深刻理解长期战略和评价指标，从而使部门和个人目标服从企业战略目标。

3. 平衡计分卡可以使战略目标在各个经营层面达成一致

多数情况下，驱动企业成功的胜任能力早已存在于组织之中，比如员工具备了执行战略所需要的技术和知识，但是却可能缺少对战略目标的理解。尽管成功运用平衡计分卡的企业仍然使用相同的设备、相同的产品和相同的人员，但却由于可以实现各经营层面战略目标的统一而能够创造超常的业绩。建立平衡计分卡的过程可以诱导员工将各自的想法呈现出来，这就有利于企业向员工厘清战略目标，并确认重要的驱动因素，进而就如何实现目标达成共识。

4. 平衡计分卡促进企业将力量集中在战略目标上

过去，种种改革方案及其诱人的结果都会向管理者寻求时间、精力和资源支持。管理者们发现，很难把这些不同的新举措组织起来，以实现战略目标。与此相反，当企业利用平衡计分卡制定的各方面目标作为决策行动优先顺序和分配资源的依据时，员工就会采取能够有效推动自己实现长期战略目标的新措施，这就可以促进企业始终将力量集中在战略目标上。

5. 平衡计分卡成为企业短期成果和长远发展的桥梁

过去，企业的发展部门负责制定战略，战略专家们设计出 5 年或 10 年计划，再由总会计师编制 1 年的经营预算方案来批准生产、销售、交付产品和服务费用，并据此测评短期绩效。而现在平衡计分卡组成的跨功能团队在短期成果和长期发展之间架起了一座桥梁，使企业将财务预算和战略目标紧密联系起来思考未来。基于平衡计分卡的预算着眼于企业开发新能力、接近新客户和新市场，是对现有流程和能力根本提升给予资源支持的重要战略谋划过程,这种预算能够保证在短期行为下长期目标不受挤压,以合理分配资源,从而促进企业在不断取得短期成果的基础上实现长远目标。

6. 平衡计分卡使战略不断发展

平衡计分卡使企业可以根据最新的业绩来评价战略,并通过定期和不间断的反馈和学习,鼓励员工就如何实施蓝图和战略提出建议。这种反馈和学习机制能够促进员工积极地为企业的未来出谋划策,并主动参与制定战略和执行战略。

平衡计分卡的绩效评价指标既包含财务指标,同时又通过客户满意度、内部运营及组织的学习与成长等非财务指标对财务指标形成补充,并且将这些处在因果关系链上的非财务指标共同作为公司"未来财务绩效的驱动器"。如上所述,这些财务与非财务的考核指标都来源于企业战略,是对企业战略目标自上而下进行分解的结果,这样在战略与目标之间就形成了一个双向的改进循环系统。因此平衡计分卡可以全面反映企业的战略思想,被选中列入平衡计分卡的各项评价指标都应当是实现企业战略因果关系链中的一部分。

(三)建立平衡计分卡的原则

把企业战略转化成平衡计分卡的评价指标,应当坚持以下三个基本原则。

1. 建立因果关系

企业的一整套战略实际上就是把有关企业长期健康发展的各方面因素,用因果链条形成一个动态的评价与管理网络。比如说要扩大市场份额,就必须提高顾客满意度以留住老顾客并同时创造新顾客,而顾客满意度又取决于企业所提供的产品和服务,企业所提供的产品和服务质量高低又在很大程度上取决于雇员对工作的满意程度。因此,平衡计分卡的评估系统就是追本溯源,通过类似的一系列因果关系来展示公司的战略,并明确各个方面的因果关系,进而管理这些因果关系。每一个评价指标体系都是一系列的因果关系链中的一环,并且把各个部分的分战略同企业的总体战略连在一起。

2. 确定绩效的驱动因素

在企业整个战略体系中建立了各因果关系以后,平衡计分卡便以绩效为核心目标,评价公司战略的实施结果。不同业务单位采用不同的指标来反映其不同的工作特点。在评价这些绩效时,除了得出平衡计分卡所指向的评价结果,还要寻找结果产生的原因,即探明这些绩效是如何取得的,以真正考核公司战略的实现程度和提出纠偏措施。

3. 同财务指标挂钩

企业经营的最终目标是最大限度地获取利润,即追求股东价值最大。所以企业在进行各式各样的改革时,如提高产品和服务质量、让顾客满意、改革机构给雇员授权等,都不要忘记一点,即这些改革的最终目标是改善企业经营绩效,增加企业利润。平衡计分卡必须强调经营成果,特别同财务目标(如资本回报率和产品增值情况等)联系在一起。因此每一项改革措施(如总体质量控制、缩短生产周期和提高雇员满意度等)都要同改善客户结构和最终改善公司财务状况相联系,这是平衡计分卡制度的灵魂。

总之,平衡计分卡提供了一个工具,将战略化成简单的逻辑结构,创造了战略执行的一种共同语言。平衡计分卡从财务、客户、内部运营、学习与成长四个方面展开战略目标,从企业战略中依次衍生出具体的衡量指标,并逐层落实到每一位员工的日常工作与绩效目标中,成为企业所有部门和员工共同的、可以理解的行动参考点。再辅之以配套的激励和奖励制度,以及战略学习和反馈系统,平衡计分卡能够促进战略设计与企业运营之间并驾齐驱,以整合局部战略,有效提高组织的整体绩效水平。

(四) 企业实施平衡计分卡的步骤

企业应当按照以下步骤实施平衡计分卡:

(1) 建立公司的战略目标。公司的战略要简单明了,并对每一部门均具有意义,每一部门都可以通过追求一些具体的业绩指标为完成公司战略做贡献。

(2) 在企业的最高管理层中对公司的战略达成共识。成立平衡计分卡小组或委员会去解释公司的战略,并建立财务、顾客、内部运营、学习与成长四个方面的具体目标。

(3) 为四个方面的具体目标找出最具有意义的业绩衡量指标。

(4) 加强企业内部的沟通与教育。利用各种不同沟通渠道如定期或不定期的刊物、信件、公告栏、标语、会议等让各层管理人员乃至全体员工了解和熟悉公司的战略、目标与业绩衡量指标。

(5) 确定每年、每季和每月业绩衡量指标的具体数字,并与公司的计划和预算相结合。注意各类指标间的因果关系、驱动关系与连接关系。

(6) 将每年的薪资奖励制度与平衡计分卡挂钩。

(7) 经常吸纳员工意见修正平衡计分卡衡量指标并改进公司战略。

三、关键绩效指标法

关键绩效指标法是实施绩效考核的一种常用工具。关键绩效指标法是对企业环境及战略进行研究,找出影响企业发展的关键要素和指标,以此作为考核依据驱动企业通过关注关键绩效指标而持续成长。在建立关键绩效指标时,通常由企业高层对企业未来成功的关键达成共识,在确定企业未来发展战略之后,通过鱼骨图对每个成功的关键业务重点及相关的业绩标准和所占比重进行分析。最后根据该职位的任职资格要求对与其相应的业绩标准进行再分解,确定对应于该职位的关键业绩指标。

(一) 关键绩效指标法概述

关键绩效指标法(KPI),是通过对工作绩效特征的分析,提炼出最能代表绩效的若干关键指标体系,并以此为基础进行绩效考核的模式。KPI 必须是衡量企业战略实施效果的关键指标,其目的是建立一种机制,将企业战略转化为企业的内部过程和活动,以不断增强企业核心竞争力,促进企业持续成长。

作为一种绩效评估指标体系设计的基础,我们可以从以下三个方面深入理解关键绩效指标的具体含义:

一是关键绩效指标是用于考核和管理被评估者绩效可量化的或可行为化的标准体系。也就是说,关键绩效指标是一个标准化的体系,它必须是可量化的,如果难以量化,那么也必须是可行为化的。如果可量化和可行为化这两个特征都无法满足,那么就不是符合要求的关键绩效指标。

二是关键绩效指标体现为对组织战略目标有增值作用的绩效指标。也就是说,关键绩效指标是连接个体绩效和组织战略目标的一座桥梁。既然关键绩效指标是针对组织战略目标起增值作用的工作产出而设定的指标,那么基于关键绩效指标对绩效进行管理,就可以保证对组织有真正贡献的行为受到鼓励。

三是通过在关键绩效指标上达成的承诺,员工和管理人员就可以进行工作期望、工作表现和未来发展等方面的沟通。关键绩效指标是进行绩效沟通的基石,是组织中关于绩效沟通的共同辞典。有了这样一本辞典,管理人员和员工在沟通时就有共同的语言。

(二)建立关键绩效指标的方法

KPI 方法的一个重要管理假设就是一句管理名言:“你不能度量它,就不能管理它。”所以,KPI 一定要抓住那些能有效量化的指标或者将之有效量化。而且,在实践中,可以“要什么,考什么”,应关注那些无须改进的指标,并提高绩效考核的灵活性。KPI 一定是关键的,而不是片面和空泛的。KPI 在指标数量上是“少而精”,在指标性质上是基于战略流程与公司远景相连接,在实施操作上是部门和个人可以控制的。当然 KPI 并不是越少越好,而是要体现绩效特征的根本。

建立 KPI 的方法是:

(1)以企业战略目标为指导,找出企业的业务重点——20/80 原则。在一个企业的价值创造过程中,20%的骨干人员创造了企业 80%的价值;在每个部门和每一位员工身上,20/80 原则同样适用,即 80%的工作任务是由 20%的关键行为完成的。抓住 20%的关键行为进行分析和衡量,就能抓住业绩评价的重心。

(2)找出这些关键业务领域的关键业绩指标(KPI)。部门主管依据企业级 KPI 建立部门级 KPI,并对相应部门的 KPI 进行分解,然后再将部门的 KPI 分解为更细的 KPI 及各岗位的业绩衡量指标,这些业绩衡量指标就是员工考核的要素和依据。

(3)指标体系确立之后,还需要设定评价尺度标准。评价尺度标准指的是在各个指标上分别应该达到什么样的水平,解决“被评价者怎样做,做多少”的问题。

(4)审核。审核是为了确保这些 KPI 能够全面、客观地反映被评价对象的绩效,并易于操作。在这种考核系统中,主管给下属订立工作目标的依据来自部门的 KPI,部门的 KPI 来自上级部门的 KPI,上级部门的 KPI 来自企业级 KPI。只有这样才能保证每个岗位都能按照企业战略要求的方向去努力,从而避免各种人为的矛盾和问题。

(三) 制定关键绩效指标的原则

在制定关键绩效指标时有一个十分重要的原则,即 SMART 原则。SMART 原则就是如下五项基本原则:

(1) 具体性(specific results),是指绩效指标要切中特定的工作目标,不是笼统的,而是适度细化,并且随情境变化而发生变化的,有明确的实施步骤和措施。

(2) 可度量性(measurable),就是指绩效指标或者是数量化的,或者是行为化的,验证这些绩效指标的数据或信息是可以获得的,在成本、时限、质量和数量上有明确的规定。

(3) 可接收性或可实现性(accepted/attainable/achievable),是指绩效指标在付出努力的情况下可以实现,避免设立过高或过低的目标。

(4) 相关性或现实性(relevant/realistic),指的是绩效指标是实实在在的,可以证明和观察得到的,而并不是假设的。

(5) 时效性(time-bound),指的是在绩效指标中要使用一定的时间单位,即设定完成这些绩效指标的期限,这也是关注效率的一种表现。

四、目标与关键成果法

目标与关键成果法由目标(O)和关键结果(KR)组成,是一套明确和跟踪目标及其完成情况的管理工具和方法。从词义上来看,OKR 是为了确保达成企业战略目标而分解关键成果并实施的过程。

(一) 目标与关键成果法概述

OKR 起源于彼得 · 德鲁克的目标管理理论。1954 年,管理学大师彼得 · 德鲁克在《管理的实践》一书中,明确提出了目标管理法(MBO)。他认为每个团队的领导者都应当充分了解企业目标,并清楚地知道所在团队能够对企业目标的实现起到哪些作用。深受彼得 · 德鲁克目标管理理论的影响,英特尔(Intel)总裁安迪 · 格鲁夫在该理论的基础上提出了强调少数重要目标、目标双向互动设定、高目标设定频率、强挑战性的“高产出管理”。他认为企业在设置目标时数量不可过多,只需聚焦于少部分重要目标。这些重要目标是需要经过企业自上而下、自下而上的双向互动决定的,而不是仅由少数几个高层领导者单向决定。而且目标设定的频率及难度不能过低,可以每隔几周或者几月就设定几个略有难度的重要目标。格鲁夫的“高产出管理”带动了英特尔公司在 PC 时代成就了“Windows+Inter”的联盟霸业。之后,曾接受过格鲁夫管理培训的 Intel 员工约翰 · 杜尔将他的“高产出管理”理念带入谷歌并不断完善,逐渐发展成熟,最终形成了如今的 OKR 管理方法。

OKR 包括 objectives 和 key results 两部分内容。

(1) objectives 是指企业期望在下个阶段能达成的目标。企业要花费很多时间、精力并掌握一定的方法才能制定出一个既有野心又不超出能力范围的目标,并且能准确地从多个目标中选择出最适合企业发展的目标。

(2) key results是指企业在目标都已确定的基础上所指定的关键性结果。换言之,关键性结果就是对已设定完成的项目目标的运作过程及运作结果进行带有过程性和结果性的说明。需要注意的是,关键性结果必须是可量化的。可量化的结果描述可以有效避免由于评估主观性强而产生的负面影响。

OKR不是一种考核制度,而是在企业上下沟通的基础上所探寻出的结果。企业可以通过OKR体系将上至CEO的目标、下至基层员工的目标连接成网络。OKR可以帮助企业、团队或部门在每个项目目标实施周期结束的时候对其项目目标的完成及执行情况进行细致评估。企业利用OKR整合企业的整体目标和关键性结果,以达成一定周期内设定的企业或团队的战略目标。OKR要求员工走出"舒适区",最好超出能力范围。它是一个挑战自我极限的指标,是需要个人不断追求的极限领域。一个能够100%被完成的OKR几乎没有任何促进作用,而只能完成70%的OKR才近乎完美。只有知道了自己的极限在哪里,才会有更大的进步。

OKR的最大作用在于:企业通过识别目标和关键结构,让企业目标和部门目标、团队目标及个人目标持续保持一致,频繁刷新,这样使得行动更敏捷,从而提升企业整体绩效。

(二) OKR的六大要素

1. 严密的思考框架

OKR并不是简单的每个周期跟踪一下执行的结果,不能陷入绩效数字本身,而是要超越数字,要明白这些数字对员工以及组织的深层含义。

2. 持续的纪律要求

OKR代表了一种时间和精力上的承诺。OKR以约定周期为单位持续刷新。

3. 确保员工紧密协作

OKR具有透明性和共享性的特点。其目的在于促进员工团队的协作,与组织的目标对齐,而不是对员工的绩效进行考核。

4. 精力聚焦

OKR用于识别最关键的业务目标,而不是一些待办事项的简单罗列。

5. 可衡量的贡献

关键结果一定是可衡量的、能精确描述的,而不是靠主观臆断去评价项目目标完成情况。

6. 促进组织成长

判断OKR实施成功与否的最终标准,是看实际成果能否促进组织成长。

(三) 企业实施OKR的导入工作

传统企业要想真正运用OKR进行绩效管理,还需要经历类似于企业转型或变革的过程。这个转型变革工作主要包括以下五个核心内容:扁平化的组织结构、利益与风险共享的激励机制、敏捷的精英团队、项目化的运作能力、以结果为导向的企业文化。

1. 扁平化的组织结构

在传统的组织结构中,从总经理、副总、总监、经理、主管到资深员工、高级员工等,一级级下来至少要5~6层,再加上一些子公司(甚至还有孙公司、曾孙公司)等,往往结构臃肿、层级复杂。而实行OKR的企业,大多具有扁平化的组织结构,只有3到4个层级,一个完整业务单元的规模也不会特别大。若是业务单元过大,企业会进行横向裂变,而不是进行纵向发展,这样就使得组织朝着"独立运作、自我管理、扁平高效"的方向发展,在组织结构设计方面就杜绝了官僚主义的产生。

2. 利益与风险共享的激励机制

传统企业转型最好的办法就是把自己的核心成员变成企业的股东之一,这样大家才会真正地为了企业的良好发展而不是个人薪资而一起努力。大家共同承担利益和风险的方式能够从根本上解决团队激励问题,使得团队的核心成员在目标上更容易达成一致,也有更多的主观能动性进行互补,不会再纠结于分工与权责,这也是在实行OKR管理时所需要的"共同目标"。

3. 敏捷的精英团队

实行OKR管理模式,就意味着企业成员要为了实现"团队共同目标"而一起努力。这有助于解决团队内部扯皮问题,但却容易忽视从外部市场中获取更多回报,而且稍有不慎就会出现"内部大锅饭"现象。企业需要建立小规模的精英团队来保证OKR切实执行。在小团队中,若是有任何一个人水平不够或有偷懒行为,甚至是团队内部协作不畅,都会导致这个团队无法完成任务,团队问题就会马上暴露。

4. 项目化的运作能力

有了扁平化的组织结构、敏捷的精英团队,企业就会形成以项目为单位的运营方式。如研发一个新产品是项目,人力资源管理要做的"管理能力提升"是项目,完成一个大客户订单是项目,服务团队诊断并解决客户问题也是项目。组织要具备较强的项目化的运作能力,从而实现真正的"横向打通、顺利协同"。通过项目化的运作,进行不断变化,才能使企业在多变的市场环境下保持高效运作,并能有针对性地解决各项问题,真正实现组织的OKR管理。

5. 以结果为导向的企业文化

企业在实行OKR管理方式时,要积极倡导以结果为导向的企业文化。为了与OKR中的关键结果相匹配,企业在评估员工时要不看资历看能力,不看苦劳看产出。这个"产出"不能是表面工作,一定是可量化的,如互联网企业就可以用户数或者口碑来衡量。

(四) OKR的实施

一般来说,企业实施OKR的步骤主要有以下几点:① 针对项目进行明确,并明确项目目标;② 将关键性结果进行量化,针对完成目标以及未完成目标的相关措施进行明确;③ 全体成员通过协同合作实现目标;④ 结合项目发展进度,对其目标进行评估。

谷歌在实施 OKR 时,目标通常分为四个层级:企业、团队、部门及个人。企业 OKR 指企业核心发展战略目标及关键结果;团队 OKR 指企业各服务/产品线的目标及关键结果;部门 OKR 指企业各部门的目标及关键结果;个人 OKR 指企业员工的目标及关键结果。

在数量上,谷歌的 OKR 体系要求企业内部制定的目标不超过 5 个,而每一个目标下最多有 4 个关键性结果,且约有 60%的目标来源于底层。各层级的目标及关键结果需要定期进行回顾,并对目标(objectives)进行 0~1 的打分,因为谷歌衡量 OKR 设置得是否理想取决于其挑战性。其中,0.8 分及以上说明目标挑战性不足;0.6~0.7 分代表目标设置恰到好处;0.4 分及以下代表挑战性较高,需要重新判断该目标是否需要继续达成。

谷歌的 OKR 绩效管理主要包含六个方面:半/年度绩效评估、员工自评、同事反馈、上级评估、绩效校准、绩效面谈。可以看出,谷歌的 OKR 体系非常注重员工自身的自我价值驱动。

OKR 的操作模式较为简单,适用于中小型企业和创新型企业。在 OKR 体系下,员工自己制定目标,其完成目标的动力也更多地来源于自身,从以前的"要我做"转变为"我要做",这大幅提升了员工工作的激情与发展潜力。此外,OKR 也存在一定的缺点,OKR 自下而上的目标设定方式使其对各个环节的要求极高,每一步的偏离都很有可能导致最终企业的发展方向无法匹配宏观战略。

本章小结

本章介绍了绩效的含义与特点,绩效管理的概念、特征、原则、地位、作用等,阐述了战略性绩效管理系统模型以及绩效管理的常用方法。关于绩效的概念有三种说法:一是绩效是结果,二是绩效是行为,三是强调绩效与员工素质的联系。绩效具有多因性、多维性、动态性等性质。

绩效管理是一个将员工绩效和组织绩效相融合的完整系统。这个系统包括计划、指导、评价、反馈、改进等关键部分。在进行绩效管理时要坚持战略性、公正性、可行性、认同性和激励性等原则。绩效管理在人力资源管理系统中处于核心地位,有促进企业质量管理、提高企业计划管理的有效性、有效避免管理者与员工之间的冲突、提高管理者的管理技能、开发员工能力等作用。

战略性绩效管理是战略人力资源管理的核心职能,它承接组织的战略,是由绩效计划、绩效监控、绩效评价和绩效反馈四个环节构成的一个闭循环系统;通过这四个环节的良性循环过程,管理者能够确保员工的工作活动和工作产出与组织的目标保持一致,不断提高员工和组织的绩效水平,促进组织战略目标的实现。一个完整的战略性绩效管理系统由三个目的、四个环节和五个关键决策构成。

具体而言,绩效管理是组织为实现其战略目的、管理目的和开发目的而建立的一个完整系统,由绩效计划、绩效监控、绩效评价和绩效反馈四个环节形成一个闭合循环,评价什么、评价主体、评价方法、评价周期和评价结果的应用五个关键决策通常贯穿四个环节,对绩效管理的实施效果发挥着决定性的作用。

伴随着管理思想及理论的发展,绩效管理的工具与技术也不断发展完善,从20世纪50年代以前单调的表现性评价,到50年代之后至今经历的目标管理法、平衡计分卡、关键绩效指标、目标与关键成果法等。绩效管理在纵向上也不断提升,从单纯的人事测评工具上升到承接组织战略的战略性绩效管理工具。

其中,目标管理是指一种程序或过程,它使组织中的上下级协商,根据组织的使命确定一定时期内组织的战略目标,由此决定上下级的责任和分目标,并把这些目标作为组织经营、评价和奖励的标准。

平衡计分卡有财务层面、客户层面、内部业务流程层面和学习与成长层面四个层面。从最初的绩效评价工具,发展到绩效管理和战略管理工具,平衡计分卡不断发展完善,进而成为集大成的理论体系。

关键绩效指标是指衡量企业战略实施效果的关键指标,是企业战略目标经过层层分解产生的可量化的或具有可操作性的指标体系。它包括确定关键成功领域、确定关键绩效要素、确定关键绩效指标等步骤。

目标与关键成果法由目标和关键结果组成,是一套明确和跟踪目标及其完成情况的管理工具和方法。目标与关键成果法有严密的思考框架、持续的纪律要求、确保员工紧密协作、精力聚焦、可衡量的贡献和促进组织成长六大要素。企业在实施目标与关键成果法前要做好导入工作。

思考题

1. 什么是绩效？它具有哪些特点？
2. 什么是绩效管理？它有哪些特征？
3. 绩效管理的原则有哪些？它有什么作用？
4. 什么是战略性绩效管理？请简述战略性绩效管理系统模型。
5. 什么是目标管理法？具有哪些基本思想？
6. 什么是平衡计分卡？建立平衡计分卡的原则有哪些？
7. 什么关键绩效指标法？如何建立关键绩效指标？
8. 什么是目标与关键成果法？如何在企业中实施目标与关键成果法？

(扫描右侧的二维码,查看思考题答案解析。)

阅读材料

猎狗与兔子

故事是这样的：

一条猎狗将兔子赶出了窝，一直追赶他，追了很久仍没有捉到。牧羊人看到此种情景，讥笑猎狗说你们两个之间小的反而跑得快得多。猎狗回答说：你不知道我们两个跑的是完全不同的！我仅仅为了一顿饭而跑，他却是为了性命而跑呀！

目标

这话被猎人听到了，猎人想：猎狗说得对啊，那我要想得到更多的猎物，得想个好法子。于是，猎人又买来几条猎狗，凡是能够在打猎中捉到兔子的，就可以得到几根骨头，捉不到的就没有饭吃。这一招果然有用，猎狗们纷纷去努力追兔子，因为谁都不愿意看着别人有骨头吃，而自己没的吃。

就这样过了一段时间，问题又出现了。大兔子非常难捉到，小兔子好捉，但捉到大兔子得到的骨头和捉到小兔子得到的骨头差不多，猎狗们善于观察并发现了这个窍门，专门去捉小兔子。猎人对猎狗说：最近你们捉的兔子越来越小了，为什么？猎狗们说：反正没有什么大的区别，为什么费那么大的劲去捉那些大的呢？

动力

猎人经过思考后，决定不将分得骨头的数量与是否捉到兔子挂钩，而是采用每过一段时间，就统计一次猎狗捉到兔子的总重量。按照重量来评价猎狗，决定一段时间内的待遇。于是猎狗们捉到兔子的数量和重量都增加了。猎人很开心。但是又过了一段时间，猎人发现，猎狗们捉兔子的数量又少了，而且越有经验的猎狗，捉兔子的数量下降得就越厉害。于是猎人又去问猎狗。猎狗说我们把最好的时间都奉献给了您，主人，但是我们随着时间的推移会老，当我们捉不到兔子的时候，您还会给我们骨头吃吗？

长期的骨头

猎人做了论功行赏的决定。分析与汇总了所有猎狗捉到兔子的数量与重量，规定如果捉到的兔子超过了一定的数量后，即使捉不到兔子，每顿饭也可以得到一定数量的骨头。猎狗们都很高兴，大家都努力去达到猎人规定的数量。一段时间过后，终于有一些猎狗达到了猎人规定的数量。这时，其中有一只猎狗说：我们这么努力，只得到几根骨头，而我们捉的猎物远远超过了这几根骨头。我们为什么不能给自己捉兔子呢？于是，有些猎狗离开了猎人，自己捉兔子去了。

骨头与肉兼而有之

猎人意识到猎狗正在流失，并且那些流失的猎狗像野狗一般和自己的猎狗抢兔子。情况变得越来越糟，猎人不得已引诱了一条野狗，问他到底野狗比猎狗强在哪。野狗说：猎狗吃的是骨头，吐出来的是肉啊！接着又道：也不是所有的野狗都顿顿有肉吃，大部分最后骨头都没的舔！不然也不至于被你诱惑。于是猎人进行了改革，使得每条猎狗除基本骨头外,可获得其所猎兔肉总量的n%,而且随着服务时间加长,贡献变大,该比例还可递增,并有权分享猎人总兔肉的m%。就这样,野狗们被逼得叫苦连天,纷纷强烈要求重归猎狗队伍。故事还在继续。

只有永远的利益,没有永远的朋友

日子一天一天地过去,冬天到了,兔子越来越少,猎狗们的收成也一天不如一天。而那些服务时间长的老猎狗老得不能捉到兔子,但仍然在无忧无虑地享受着那些它们自以为是应得的大份食物。终于有一天猎人再也不能忍受,把它们扫地出门,因为猎人更需要身强力壮的猎狗。

Micro Bone公司的诞生

被扫地出门的老猎狗们得了一笔不菲的赔偿金,于是它们成立了Micro Bone公司。它们采用连锁加盟的方式招募野狗,向野狗们传授猎兔的技巧,它们从猎得的兔子中抽取一部分作为管理费。当赔偿金几乎全部用于广告后,它们终于有了足够多的野狗加盟。公司开始盈利。一年后,它们收购了猎人的家当……

Micro Bone公司的发展

Micro Bone公司许诺给加盟的野狗n%的公司股份。这实在是太有诱惑力了。这些自认为是怀才不遇的野狗都以为找到了知音:终于做公司的主人了。这一切对这些野狗来说,比多吃两根骨头更加受用。于是野狗们拖家带口地加入了Micro Bone,一些在猎人门下的年轻猎狗也开始蠢蠢欲动,甚至很多自以为聪明实际愚蠢的猎人也想加入。好多同类型的公司像雨后春笋般地成立了。

猎人凭借出售公司的钱走上了老猎狗走过的路,最后千辛万苦要与Micro Bone公司谈判的时候,老猎狗出人意料地顺利答应了猎人,把Micro Bone公司卖给了猎人。老猎狗们从此不再经营公司,转而开始写自传,收版权费,没有风险,利润更高。

参考文献

1. 赫尔曼·阿吉斯.绩效管理.刘昕,曹仰锋,译.北京:中国人民大学出版社,2008.

2. 彼得·德鲁克.管理的实践.齐若兰,译.北京:机械工业出版社,2006.

3. 毕意文,孙永玲.平衡计分卡中国战略实践.北京:机械工业出版社,2003.

4. 付亚和,许玉林,宋洪峰.绩效管理.3版.上海:复旦大学出版社,2016.

5. 赵曙明,伊万切维奇.人力资源管理.9版.北京:机械工业出版社,2005.

6. Chen H M,Fu,P.Ch.A Systematic Framework for Performance Appraisal and Compensation Strategy.Human Systems Management,2008(27).

7. 韩翼,廖建桥.基于不同组织形态的绩效评估模式研究.南开管理评论,2006(3).

8. 林愚,顾卫俊.绩效管理体系的设计与实施.北京:电子工业出版社,2006.

9. 付亚和,许玉林.绩效评估与绩效管理.北京:电子工业出版社,2009.

10. 方振邦.战略与战略绩效管理.北京:经济科学出版社,2005.

11. 宋培林.战略人力资源管理:理论梳理和观点述评.北京:中国经济出版社,2011.

12. 汪亚莉.OKR绩效管理体系研究——以谷歌为例.纳税,2018(1).
13. 王梦珺.KPI与OKR绩效指标体系浅析.新经济,2016(15).
14. 汉德平.绩效管理OKR系统的设计与实现.吉林大学,2015.
15. 庄文静.OKR:一头连着战略,一头执行.中外管理,2017.
16. 童继龙.OKR管理:让每个企业都成为谷歌.互联网经济,2015(8).
17. 于坤.KPI和OKR的实施流程的对比.经贸实践,2017(14).

第七章　战略性人力资源薪酬管理

学习目标

1. 掌握薪酬的含义和形式
2. 了解薪酬与战略如何匹配
3. 掌握基本薪酬和绩效薪酬的内涵及设计流程
4. 掌握影响薪酬水平的相关因素
5. 掌握薪酬调查的基本步骤
6. 理解福利的特点及类型

开篇案例

华为公司的薪酬策略法宝

华为技术有限公司,1988 年由几名技术成员集资 2 万元创立于中国深圳,目前是全球领先的下一代电信网络解决方案供应商,致力于向客户提供创新的满足其需求的产品、服务和解决方案,为客户创造长期的价值和潜在的增长。岁前岁后,总有人才流失,也有新鲜的血液注入,如何把一年年积累下来的好员工通过薪酬体系留下来,又怎样才能把中高层管理人员的积极性调动起来?就这些问题,我们可以看到大面积进入也大量走人的神秘的华为集团的独有法宝,也正是这些法宝让华为人一直像“狼”一样进攻着市场。华为是如何做到这一点的呢?

曾经担任华为集团副总裁、人力资源总监的张建国先生则从一个体系的构建上做出了具体的剖析,他认为:“薪酬设计的关键是要达到两个核心目的:一个是效率,一个是价值。从而通过薪酬设计体系实现效率优先,兼顾公平,可持续发展。从这个意义上讲,薪酬设计将不再仅仅停留在单纯的薪酬问题,它将为提高企业的竞争力以及全体员工的士气和对公司的归属意识,起着战略性的意义。HR 要从企业自身的价值导向和战略目标两个层面来考量企业的薪酬架构,并在这个基础上对企业内部各类人员进行价值排序,并衡量各自的价值。”

一般来说,报酬的存在有以下四种不同形式:股金、工资、奖金、福利。具体分配比例为:操作人员基本工资占月总收入 90%,奖金占 10%,无股金;专业人员为基本工资 60%,奖金 25%,股金 15%;中层经理基本工资为 50%,奖金 30%,股金 20%;高层基本工资为 40%,奖金 20%,股金 40%。实践证明,如果合理地运用这种分配形式,效果会很好,既保证留住了高层管理人才,又激励了刚进入公司的员工,大大提高了公司的人力资本。

说到底,薪酬设计就是通过构建智力资本的优势完成人力资源管理的核心任务。

结合在华为集团多年做人力资源的经验,张建国具体地从华为的薪酬模型来分析这个企业为什么能够一直具有"狼"的精神的"DNA"所在:这首先就是我们刚才特别强调的华为的战略观念——在薪酬体系构建上的内部公平性和外部竞争性的辩证统一。在具体的职位评估上的完善分级,即:第一,明确公司价值导向,第二,确定职位评估原则,第三,确定职位评估方法,第四,评估职位等级。确定了这些评价体系与标准后,还要有详细的、充分的调查、研究与制度,以保证论证的合理性。

譬如,在1995年,华为已经有500多人,这个时候,当人力资源经理把他们的薪酬数字报给老板的时候,由于人数已经不是创业时的那几十个人,老板不可能对每一个人的绩效都熟悉,那么,这个时候老板怎么去签字呢?于是,任正非就要求我们拿出一个薪酬方案制度来,随后,我们成立了一个薪酬设计小组,三个月开了十几次会,每次都吵架,每次都无所得。随着会议的增加,我们甚至开出个"唯心主义"来,因为我们老是在西丽湖开,所以肯定就会"稀里糊涂"了,赶紧换个地方,于是到了银湖,两次搞定。其实,就是在这十几次会议和吵架中找出了问题,积累了经验,但从中也可以看出,做这个事情是非常需要耐心与研究的。当然,一些问题还是没有做明白,最后还得请香港的咨询公司来做。

但这些吵架也得出了一个很好的结论,那就是做薪酬体系框架的时候,一定要把人与职位分开。其中就需要我们总结出的三要素评估法。即:知识能力(投入)、解决问题(做事)、应负责任(产出)。经过这样的评估,把计算出的每个职位的分数制成职位系列表,从而得出哪些职位等级是平行的,哪些职位是重叠的,在平行职位上的就可以实行薪酬相等制度,在科研公司里就有利于消除官本位思想;有职位重叠的就合并,以便于节约成本,压缩管理层级,这些将有效地解决企业的内部公平性问题。

张建国认为,一个好的薪酬结构体系将有效地保证企业发展中的动态合理性,并提高企业的竞争力与提升员工的成就感。能否在士气上与员工的归属感上创造价值是一个好的薪酬体系评价标准,而这个体系也能随着企业的成长而成长。因此,联想集团就出现了他的"木屋理论",而华为集团也形成了"华为人力资源大厦",这就是:以企业远景战略目标为地基,企业文化价值观为依托(地面),以任职资格(选)、培训开发(育)、绩效考核(用)、报酬认可(留)四大支柱为支撑的选、育、用、留体系;在这个基础上才形成了风吹不散、雨打不进的以业务管理为屋顶,以双向沟通为经纬的人力资源管理大厦。

资料来源:中国人力资源开发网。

第一节 薪酬管理概述

一、薪酬的含义与功能

(一) 薪酬的含义

关于“薪酬”一词,我们在学习、工作、生活中经常会看到各种说法,如薪水、工资、薪金、报酬、薪资等,因而并不陌生。查看英语词典,我们会发现对于“薪酬”一词的翻译有多种,包括 wage、salary(经济学中常用)、remuneration、payment、emolument(文学中常用)、compensation(法学中常用)、rewards。其中最广泛使用的词是 compensation。而对于“compensation”一词的翻译是补偿、报酬和赔偿金。从这方面来看,薪酬具有补偿、回报的意思。

国内外不同学者从不同侧面对薪酬的含义进行了描述。

美国薪酬管理专家乔治·T.米尔科维奇(George T.Milkovich)和纽曼在《薪酬管理》一书中把薪酬定义为:雇员作为雇佣关系中的一方,因为工作和劳动从雇主那里所得到的各种货币收入,以及各种具体的服务和福利之和。从这个定义可以看出,米尔科维奇更多地把薪酬看作雇主和雇员之间的一种价值交换。

约瑟夫·J.马尔托奇奥(Joseph J.Martocchio)认为,薪酬是员工因完成工作而得到的内部和外部的回报,并将薪酬划分为外在薪酬和内在薪酬。内在薪酬是雇员由于完成工作而形成的心理形式,外在薪酬则包括货币奖励和非货币奖励。这种对薪酬的定义,更多的是将薪酬作为企业奖励员工,从而提高对员工的吸引力、保留和激励的一种手段和工具来看待。

加里·德斯勒认为,薪酬是指员工因为被雇佣而获得的各种形式的支付。

王长城认为,薪酬是指组织对员工的劳动给予承认、回报以及褒奖。

上述提议从不同角度阐述了薪酬的含义。但要全面把握薪酬的含义,我们还需要掌握与其相关的一组概念:报酬、收入、工资。

报酬是指员工为某一组织工作而获得的所有他认为有价值的回报。

收入是指某个时期(通常是一年)劳动者个人或其家庭凭借各种资源获得的全部报酬,包括劳动收入(脑力劳动、体力劳动)和非劳动收入(房租、红利、利息、政府转移支付和其他)。

工资是指用人单位依据国家有关规定或劳动合同的约定,以货币形式直接支付给员工的劳动报酬,其本质是劳动力的价格。

从定义中可以看出,收入和工资都属于报酬,薪酬也是报酬体系中的一部分。

在本书中，我们将薪酬定义为：员工因向其所在企业提供劳动或劳务而获得的各种形式的报酬或答谢，其实质是一种员工与企业之间的等价交换过程，是一种呈现在企业内部与员工的劳动过程中的公平交易或交换关系，是员工在向企业让渡其劳动或劳务使用权后获得的报偿。

（二）薪酬的功能

薪酬的功能体现在员工、企业和社会三大方面。

1. 员工方面

从员工自身角度来说，薪酬的功能主要体现在经济保障功能、心理激励功能和社会信号功能三大方面。

（1）经济保障功能。从经济学的角度来说，薪酬是劳动力的价格，其作用就在于通过市场将劳动力尤其是具有一定知识、技能和经验的稀缺人力资源配置到各种不同的用途上去。因此，薪酬最终表现为企业和员工之间达成的一种供求契约，企业通过员工的工作来创造市场价值，同时，企业对员工的贡献提供经济上的回报。作为劳动报酬的薪酬是绝大多数员工的主要收入来源。员工通过自己的劳动获得相应的薪酬，从而保障自己在吃、穿、用、住、行等方面的基本生存需要以及在娱乐、教育、自我开发等方面的发展需要。

（2）心理激励功能。从心理学的角度来说，薪酬是个人和组织之间的一种心理契约，这种契约通过员工对薪酬状况的感知来影响员工的工作行为、工作态度以及工作绩效，即产生激励作用，企业通过薪酬把员工的收入与员工提供的劳动贡献联系起来，激励员工通过付出劳动取得更高的绩效来获得较高的薪酬。根据马斯洛的需要层次理论，我们可以发现，员工对于薪酬的需要在五个层次上都有所表现。一般情况下，在员工的低层次薪酬需要得到满足以后，通常会产生更高层次的薪酬需要，并且员工的薪酬需要往往是多层次并存的。从激励的角度来说，员工的较高层次薪酬需要得到满足的程度越高，则薪酬对员工的激励作用就越大；如果员工的薪酬需要得不到满足，则很可能会产生消极怠工、工作效率低下、人际关系紧张、缺勤率和离职率上升、组织凝聚力和员工对组织的忠诚度下降等多种不良后果。薪酬问题不仅涉及薪酬水平，还涉及员工对薪酬的心理期望与企业实际薪酬状况之间的差距。经验表明，在其他条件相同的情况下，不能满足员工的合理薪酬期望的企业很容易出现员工满意度低和流动率高的现象。

（3）社会信号功能。现代社会，由于人员在企业之间甚至在地区之间频繁流动，因此在相对稳定的传统社会中用来确定一个人社会地位的那些信号，如年龄、家族势力等，逐渐变得衰弱，而薪酬作为流动社会中的一种市场信号，很好地说明了一个人在社会上所处位置。换言之，员工所获得的薪酬水平的高低还在向其他人传递着一种信号，人们可以根据这种信号来判断特定员工的家庭、朋友、职业、受教育程度、生活状况，甚至宗教信仰、政治取向等。不仅如此，在企业内部，员工薪酬水平的高低往往也反映了员工在企业中的地位和层次，在某种程度上体现了员工是否成功。因此，员工对这种信号的关注实际上反映了员工对自身在社会以及企业人内部的价值的关注。

2. 企业方面

从企业自身角度来说，薪酬的功能主要体现在控制经营成本、改善经营绩效、支持企业变革、塑造与强化企业文化四个方面。

（1）控制经营成本。对企业来说，薪酬是组织人力资源成本的主要组成部分，通常约占40%。由于企业所支付的薪酬水平的高低会直接影响企业在劳动力市场上的竞争能力，因此，企业保持一种相对较高的薪酬水平对于企业吸引和保留员工来说无疑是有利的，但是，较高的薪酬水平又会对企业产生成本上的压力，从而降低企业的产品竞争能力。因此，一方面，企业为了获得和保留企业经营过程中不可或缺的人力资源不得不付出一定的代价；另一方面，企业出于产品或服务市场上的竞争压力又不能不控制薪酬成本。事实上，薪酬成本的可控程度是相当高的，有效地控制薪酬成本支出对于大多数企业都具有重要意义。

（2）改善经营绩效。一方面，人和人良好的工作状态是任何企业经营战略成功的基石，也是企业获得优良经营绩效的基本保障；另一方面，不谈薪酬，我们就无法谈及人和人的工作状态。薪酬对员工的工作行为、工作态度以及工作业绩具有直接的影响，薪酬不仅决定了企业可以招募到的员工数量和质量，以及企业中的人力资源存量，同时，它还决定了现有员工受到激励的状况，影响他们的工作效率、缺勤率、对组织的归属感以及组织承诺度，从而直接影响企业的生产能力和生产效率。薪酬实际上是企业向员工传递的一种特别强烈的信号。通过这种信号，企业可以让员工了解什么样的行为、态度以及业绩是受到鼓励的，是对企业有贡献的，从而引导员工的工作行为和工作态度以及最终的绩效朝着企业期望的方向发展。不合理和不公正的薪酬则会引导员工采取不符合企业利益的行为，从而导致企业经营目标难以实现和价值观混乱。因此，如何通过充分利用薪酬这一利器来改善企业经营绩效，是企业薪酬管理的一个重大课题。

（3）支持企业变革。随着经济全球化的趋势愈演愈烈，变革已成为企业经营过程中的一种常态，为了适应这种状况，企业一方面要重新设计战略、再造流程、重建组织结构；另一方面它还需要变革文化、建设团队，以更好地满足客户的需求。总之要使企业变得更加灵活，对市场和客户的反应更为迅速。然而，这一切都离不开薪酬，因为薪酬可以通过作用于员工个人、工作团队和企业整体来创造出与变革相适应的内部和外部氛围，从而有效推动企业变革。首先，企业的薪酬政策和薪酬制度与重大组织变革之间是存在内在联系的。据统计，在企业流程再造的努力中，50%～70%的计划都未能达到预期的目标，其中一个重要原因就是再造后的流程与企业的薪酬体系之间缺乏一致性。其次，作为一种强有力的激励工具和沟通手段，薪酬如果能够得到有效运用，它就能够起到沟通和强化新的价值观和行为、支持对结果负责的精神的作用，同时它还直接成为为新绩效目标的实现提供报酬的重要工具。这样，薪酬就有利于强化员工对变革的接受和认可程度。

（4）塑造与强化企业文化。薪酬会对员工的工作行为和态度发挥很大的引导作用。因此，合理的和富有激励性的薪酬制度有助于企业塑造良好的企业文化，或者对已经存在的企业文化起到积极的强化作用。但是，如果企业的薪酬政策与企业文化或价值观之间存在冲突，那么，它就会对组织文化和企业的价值观产生严重的消极影响，甚至会导致原有的企业文化土崩瓦解。举例来说，如果组织推行的是以个人绩效为基础的可变薪酬方案（如计件工资制），则会在组织内部起到强化个人主义的作用，使员工崇尚独立、注重彼此之间的相互竞争，结果是导致一种个人主义的文化；反之，如果薪酬的计算和发放主要以小组或团队为单位，则会强化员工的合作精神和团队意识，使得整个组织更具有凝聚力，从而支持一种团队文化。事实上，许多公司的文化变革往往都伴随着薪酬制度和薪酬政策的变革，甚至是以薪酬制度和薪酬政策的变革为先导的。这从一个侧面反映了薪酬对企业文化的重要影响。

3. 社会方面

薪酬除了对员工个人和企业具有重大意义之外，对整个社会也具有独特的作用。

（1）直接影响国民经济的正常运行。事实上，在各国的国民生产总值中，大约有60%是以薪酬的形式体现出来的。因此，薪酬水平的高低会直接影响国民经济的正常运行，同时，一国劳动者的总体薪酬水平还是衡量该国总体社会和经济发展水平的一个重要指标。

（2）促进劳动力资源的再配置。对于社会，薪酬具有劳动力资源的配置功能。不同区域、不同行业、不同职业的薪酬不一样，劳动力供给和需求的矛盾在劳动力价格形成过程中起着非常重要的作用。当某一地区、行业、职业劳动力供不应求时，会导致这一地区、行业、职业薪酬水平增加；薪酬的增加会吸引其他地区、行业、职业劳动力向紧缺的区域流动，这样会增加这一地区、行业、职业劳动力的供给，将薪酬维持在适当的水平。

（3）维护社会稳定。合理的薪酬可以满足人们的多种需要，不断提高人民的生活质量。一旦薪酬的分配不合理，它所提供的保障功能就不足，则有可能引发社会动荡，带来许多社会问题。

二、薪酬管理的目标、原则与内容

（一）薪酬管理的目标

薪酬管理的目标主要包括以下几个方面：

（1）最佳人力确保。在日益激烈的人才竞争情况下，薪酬是吸引人才的主要动力。企业必须要合理的薪酬制度，吸引组织需要的优秀员工，鼓励员工积极提高工作技能和工作能力，鼓励员工高效率地工作，并且利用各种薪酬待遇来留住人才，确保企业的人力资源达到最佳。

（2）企业均衡发展。企业的各种费用开支必须按计划进行，工资额必须适度，从短期成本和长期成本来考虑，全面了解成本行为，并对其控制与改善，寻求长久的竞争优势，这样才有利于企业的长远发展。

（3）促进劳资之间或员工与企业之间的关系和谐。通过合理的薪酬管理能够妥善地处理劳资纠纷，使员工安心本职工作，并保持较高的工作业绩和工作动力，协调组织目标与员工个人发展目标,通过协商解决员工利益和组织利益的冲突。

(二)薪酬管理的原则

薪酬管理的原则如图 7-1 所示。

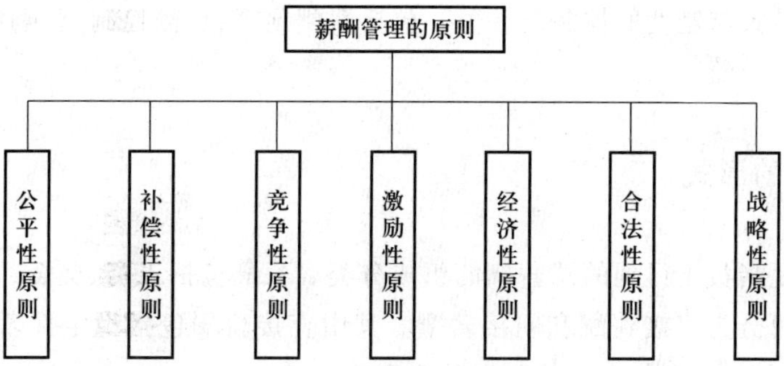

图 7-1　薪酬管理的原则

(1) 公平性原则。公平性原则要求薪酬分配全面考虑员工的绩效、能力及劳动强度、责任等因素,考虑外部竞争性、内部一致性要求,达到薪酬的内部公平、外部公平、个人公平、过程公平和结果公平。

(2) 补偿性原则。补偿性原则要求补偿员工恢复工作精力所必需的衣、食、住、行费用,和补偿员工为获得工作能力以及身体发育所先行付出的费用。

(3) 竞争性原则。竞争性原则要求薪酬的结构要多元,不同类别的岗位采用不同的薪资结构;薪酬水平要领先,有利于吸引、激励和保留人才;在内在薪酬与外在薪酬的选择上,以外在薪酬为主导。

(4) 激励性原则。激励性原则要求做到三个方面的激励。一是个人能力激励,根据岗位、能力与个人贡献,适当拉开差距,体现工资分配的导向作用和多劳多得原则;二是团队责任激励,对于团队协作的工作,要建立团队激励的工资制度;三是企业业绩激励,对企业管理层与辅助性岗位,建立以企业整体业绩为主导的激励机制。

(5) 经济性原则。经济性原则要求比较投入与产出效益,控制薪酬总额,积累合理利润,平衡劳动力价值。

(6) 合法性原则。合法性原则要求薪酬制度不违反国家法律法规和企业制度。其中,在国家法律法规方面最需要掌握最低工资、最长工作时间和经济补偿金方面的问题。

(7) 战略性原则。战略性原则要求薪酬制度要从企业战略角度分析,制定的薪酬结构要能体现企业发展战略的要求,要有利于企业的长远战略发展。

(三)薪酬管理的内容

薪酬管理的内容包括薪酬政策与制度的制定、薪酬政策与制度的执行、薪酬政策与制度的控制与调整。

(1) 薪酬政策与制度的制定。成立由最高领导、部门经理、工会人员等组成的制定小组,制定薪酬政策与制度,主要包括薪酬战略、薪酬体系、薪酬结构、薪酬形式、薪酬水平、薪酬支付、特殊群体的薪酬、薪酬调整、福利规定等。

(2) 薪酬政策与制度的执行。包括薪酬核算、薪酬发放、薪酬统计、薪酬沟通等。

(3) 薪酬政策与制度的控制与调整。包括薪酬预算、总额控制、薪酬满意度调查、薪酬沟通等。

三、薪酬的形式

薪酬形式是指员工得到的总薪酬的组成分类。薪酬包括工资、奖金、福利、津贴等具体形式。薪酬可分为直接薪酬和间接薪酬。其中直接薪酬包括稳定性薪酬和可变性薪酬;间接薪酬指员工福利与服务等。如图 7-2 所示。

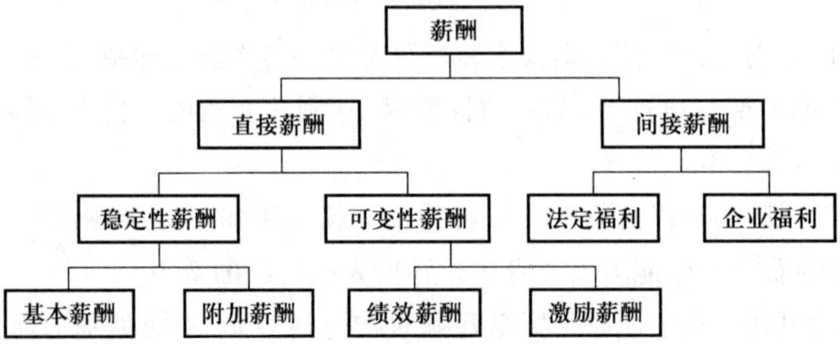

图 7-2 薪酬形式

稳定性薪酬是指在法律保障范围内,依靠劳资双方达成的协议,劳动者明确可知的、一定时间内固定获得的报酬。

可变性薪酬也叫浮动薪酬,是指相对于稳定性薪酬来说具有风险性的报酬,它的获得通常是非固定的和不可预知的,与劳动者个人、团队和组织绩效正相关。

基本薪酬的重点是计件工资和计时工资,附加薪酬主要包括各种津贴、补贴、生活工资、教育工资、加班加点工资、工龄工资及其他因特殊需要支付的工资。附加薪酬和可变性薪酬都是以基本薪酬为基准的。

绩效薪酬,主要是短期的激励性薪酬,包括绩效奖金、绩效工资、一次性工资、群体绩效奖励计划、特殊绩效认可计划等。这里的激励薪酬主要指的是长期的激励性薪酬,可包括现股计划、期股计划和期权计划等。

间接薪酬主要指的是各种福利项目,包括法定福利和企业福利,具体可包括改善员工生活的服务项目、开展员工文化娱乐的项目、各种经济性的福利服务以及各种类型的保险。关于基本薪酬、绩效薪酬和福利这三类,我们将在后面的章节中具体论述。

第二节　战略性薪酬管理

一、企业战略与战略性薪酬

企业战略其实就是企业谋略，是对企业整体性、长期性、基本性问题的规划。就是以未来为基点，为适应环境变化、赢得竞争优势和取得经营业绩而做出的事关全局的选择和行动。其要解决的是“我们经营什么以及如何在经营中获胜”的问题。

战略人力资源管理是对企业战略的一个有效支撑，所要回答的是“人力资源对我们取胜有何作用”的问题。而企业的战略性薪酬是公司战略人力资源管理的分解和细化，战略性薪酬的中心是以一系列薪酬选择帮助企业赢得并保持竞争优势，其所要回答的是“薪酬制度如何帮助企业取胜”的问题。对于战略性薪酬，很多学者都对其进行了探讨，并提出了自己的观点。

戈麦斯-梅西亚（1988）从宏观角度来理解薪酬，认为战略性薪酬包括：薪酬的决定标准；薪酬的支付结构；薪酬的管理机制。

赫尼曼（2001）认为战略性薪酬包括四个维度，分别为薪酬哲学、薪酬评估、薪酬支付结构和薪酬支付方式。

蒙特梅约（1996）通过考察企业和环境之间的关系以及变动薪酬的影响因素，认为战略性薪酬包括四个方面：薪酬哲学，指组织发放薪酬的目的；外部竞争性，指制定战略性薪酬时要考虑竞争者的薪酬策略；个体奖励，指薪酬中包含的针对个人绩效的奖金；支付管理，指制定战略性薪酬时重视员工参与。

Milkvoich（2002）认为战略性薪酬是用以提高竞争优势的一系列薪酬选择。

综合上述学者对战略性薪酬的看法，我们可以得出以下几点：

（1）薪酬必须支持企业战略。战略视角的薪酬要关注那些能帮助企业获取和维持竞争优势的薪酬选择。

（2）不同的企业战略决定着不同的战略性薪酬。企业战略与战略性薪酬之间的联系越紧密或彼此越适合，企业的效率就越高；设计成功的薪酬，可支持企业战略，能承受周围环境中来自社会竞争以及法律法规等各方面的压力。

（3）战略性薪酬的最终目标是使企业赢得并保持竞争优势。战略性薪酬强调薪酬体系为企业发展提供带有前瞻性的战略支撑，能帮助企业赢得、保持竞争优势的一系列相关的薪酬决策或薪酬选择。它是将企业薪酬体系构建与企业战略有机结合起来，使企业薪酬体系成为实现企业战略的重要杠杆。它在关注为企业所有员工提供一般意义上薪酬激励的同时，为企业战略瓶颈部门和核心人力资源设计出有重点、有区别的薪酬体系与薪酬政策，以促进企业整体发展战略的实现。

二、薪酬与战略的匹配

战略性薪酬随着战略人力资源管理的发展逐步为人们所认识,较早引入战略性薪酬研究的是戈麦斯-梅西亚等人,他们认为薪酬战略的理论基础是权变理论,薪酬体系需要与企业战略相匹配,随企业战略的变化而变化,这是战略性薪酬与传统型薪酬的不同之处。在不考虑具体的职能战略的情况下,企业战略分为两个层次:一是企业的发展战略或公司战略;二是企业的经营战略或竞争战略。公司战略通常包括成长战略、稳定战略和收缩战略。经营战略可分为创新战略、成本领先战略和客户中心战略。我们需要根据不同类型的企业战略采用不同的薪酬体系,构建两者的匹配模式,以顺应现代企业发展的要求。

(一)薪酬与发展战略的匹配

1. 薪酬与成长战略的匹配

成长战略是一种关注市场开发、产品开发、创新以及合并等内容的战略。它又可以划分为内部成长战略和外部成长战略两种类型。其中前者是通过整合和利用组织所拥有的所有资源来强化组织优势的一种战略,它注重的是自身力量的增强和自我扩张。而后者则是试图通过纵向一体化、横向一体化或者多元化来实现一体化战略,这种战略往往是通过兼并、联合、收购等方式来扩展企业的资源或是强化其市场地位。

追求成长战略的企业强调的重要内容是创新、风险承担以及新市场的开发等。因此与此相联系的薪酬战略往往是:企业通过与员工共同承担风险,同时分享企业未来的成功来帮助企业达成自己的目标,同时使得员工有机会在将来获得较高的收入。这样,企业需要采用的薪酬方案就应当是:在短期内提供水平相对较低的固定薪酬,但是同时实行奖金或股票选择等计划,从而使员工能够长期得到比较丰厚的回报。比如,IT 行业中许多企业都是采用这种薪酬战略。此外,成长型企业对于灵活性的需要是很强的,因此它们在薪酬管理方面往往会比较注意分权,赋予直线管理人员较大的薪酬决策权,同时,由于公司的扩张导致员工所从事的工作岗位本身在不断变化,因此,薪酬系统对于员工的技能比对他们所从事的具体职位更为关注。

当然,内部成长战略和外部成长战略之间的差异决定了两者在薪酬管理方面也存在一定的不同。其中,采用内部成长战略的企业可以将薪酬管理的重心放在目标激励上,而采用外部成长战略的企业却必须注意企业内部薪酬管理的规范化和标准化。

2. 薪酬与稳定战略的匹配

稳定战略是一种强调市场份额或者运营成本的战略。这种战略要求企业在自己已经占领的市场中选择一块自己能够做得最好的部分,然后把它做得更好。采取稳定战略的企业往往处于较为稳定的环境之中,企业的增长率较低,企业竞争力的关键在于是否能够维持住自己已经拥有的技能。从人力资源管理的角度来说,主要是以稳定已经掌握相关工作技能的劳动力队伍为出发点。这种企业对于薪酬内部一致性、薪酬管理的连锁性以及标准化有较高的要求,因此在薪酬管理方面,薪酬决策的集中度比较高,薪酬的确定基础主要是员工所从事的工作本身。从薪酬的构成来看,采取稳定战略的企业往往不强调企业与员工之间的风险分担,因而较为稳定的基本薪酬和福利的成分比较大。就薪酬水平来说,这种企业一般追求与市场持平或略高于市场水平的薪酬,薪酬水平不会有太大的增长。

3. 薪酬与收缩战略的匹配

收缩战略通常会被那些由于面临严重的经济困难因而想要缩小一部分经营业务的企业所采用。这种战略往往是与裁员、剥离以及清算等联系在一起的。由于采用收缩战略的企业本身的特性,我们不难发现,这种企业对于将员工的收入与企业的经营业绩挂钩的愿望是非常强烈的。除了在薪酬中降低稳定薪酬部分所占的比重之外,许多企业往往还力图实行员工股份所有权计划,以鼓励员工与企业共担风险。

(二) 薪酬与竞争战略的匹配

1. 薪酬与创新战略的匹配

创新战略是以产品的创新以及产品生命周期的缩短为导向的一种竞争战略,采取这种战略的企业往往强调风险承担和新产品的不断推出,并把缩短产品由计划到投放市场的时间看成自身的一个重要目标。这种企业的一个重要经营目标在于充当产品市场上的领袖,并且在管理过程中常常非常强调客户的满意度和客户的个性化需要,而对于企业内部的职位等级结构以及相对稳定的工作评价等则不是很重视。因此,这种企业的薪酬系统往往非常注重对于产品创新和技术创新等给予足够的报酬和奖励;其基本薪酬通常会以劳动力市场上的同行水平为基准并且会高于市场水平,以帮助企业获得勇于创新、敢于承担风险的员工。同时,这种企业会在工作描述方面保持相当的灵活性,从而要求员工能够适应不同环境的工作需要。

2. 薪酬与成本领先战略的匹配

成本领先战略,实际上就是低成本战略,即在产品本身的质量大体相同的情况下,企业可以以低于竞争对手的价格向客户提供产品的一种竞争战略。因此,追求成本领先战略的企业是非常重视效率的,尤其是对操作水平的要求很高,它们的目标是用较低的成本去做较多的事情,因此对于任何事情,它们首先要问的是,“这种成本的有效性如何”。为了提高生产率,降低成本,这种企业通常会比较详细、具体地对员工所从事的工作进行描述,强调员工工作岗位的稳定性。在薪酬水平方面,这种企业会密切关注竞争对手所支付的薪酬状况,本企业的薪酬水平既不能低于竞争对手,最好也不要高于竞争对手,宗旨是尽可能控制薪酬成本支出。在薪酬构成方面,这种企业通常会采取一定的措施提高浮动薪酬或奖金在薪酬构成中的比重。这一方面是为了控制总成本的支出,不至于由于薪酬成本的失控导致产品成本上升,另一方面是为了鼓励员工降低成本,提高生产效率。

3. 薪酬与客户中心战略的匹配

客户中心战略是一种以提高客户服务质量、服务效率、服务速度等来赢得竞争优势的战略。采取这种战略的企业所关注的是如何取悦于客户,它希望自己以及员工不仅能够很好地满足客户的需要,同时还能够帮助客户发现一些他们尚未明晰的潜在需要,而且设法帮助客户去满足这些潜在需要。客户满意度是这种企业最为关心的一个绩效指标。为了鼓励员工持续发掘服务于客户的各种不同途径,以及提高对客户需要做出反应的速度,这类企业往往会根据员工向客户所提供服务的数量和质量来支付薪酬,或是根据客户对员工或员工群体所提供服务的评价来支付奖金。

第三节 基本薪酬的管理

一、基本薪酬的内涵及特点

(一) 基本薪酬的内涵

基本薪酬是指根据员工所承担或完成的工作本身或者是员工所具备的完成工作的技能向员工支付的稳定性报酬,是员工收入的主要部分,也是计算其他薪酬性收入的基础,因此这一薪酬的组成部分对于员工来说是至关重要的。企业按照一定的时间周期,定期向员工发放。它不仅为员工提供了基本的生活保障和稳定的收入来源,而且往往是可变薪酬的一个重要依据。基础工资、工龄工资、职务工资等都属于基本薪酬。我国绝大多数企业提供给员工的基本薪酬都是以月薪为主的,每月按时向员工发放固定工资。

(二) 基本薪酬的特点

(1) 公平性。基本薪酬是员工最主要的收入来源,对于这一薪酬,各企业都注重公平。当然,这种公平性也是员工将本人的基本薪酬与企业外部劳动力市场薪酬状况及企业内部不同职位的薪酬水平进行对比的结果。

(2) 公开性。基本薪酬根据员工本身所承担的工作或技能发放,企业员工都可以看到其他员工的基本薪酬数额,是公开的。

(3) 以货币形式。基本薪酬都是以货币的形式发放。

(4) 固定性。基本薪酬是向员工支付的稳定性薪酬,每月固定发放。

二、基本薪酬的设计

基本薪酬体系又分为岗位薪酬体系、技能薪酬体系与能力薪酬体系。以下就来探讨这三种基本薪酬体系的设计。

（一）岗位薪酬体系的设计

岗位薪酬是基本薪酬中最重要的形式之一，也是薪酬结构中最基本的组成部分。岗位薪酬就是首先对岗位本身所要求的知识、技能以及职责等因素的价值做出客观的评价，然后根据这种评价结果，将所有岗位归入不同的薪酬等级，每个薪酬等级包含若干综合价值相近的一组岗位。然后根据市场上同类岗位的薪酬水平确定每个薪酬等级的工资率，并在此基础上设定每个薪酬等级的薪酬范围。岗位薪酬是一种传统的确定员工基本薪酬的制度。目前从世界范围来看，使用最多的也是岗位薪酬。

岗位薪酬体系的设计一般包括以下几个步骤：

（1）岗位分析。岗位分析是岗位薪酬设计的第一步。它是分析不同岗位之间划分的合理性，工作职责是否清晰，各个岗位间的工作联系是否清晰、合理。通过岗位分析形成岗位说明书。岗位说明书应该包括该岗位的基本资料、分析日期、主要工作职责、工作特征、任职资格和发展方向等。

（2）岗位评价。在工作分析的基础上进行岗位评价，采用一整套系统化的评价指标体系对各岗位的价值进行评价，确定岗位之间的相对价值，从而为组织建立一个岗位结构。岗位价值评价方法和工具有很多，有量化评价法和非量化评价法两类。量化评价法包括要素比较法和要素计点法；非量化评价法包括排序法和分类法。在实践中，最常用、最复杂但相对更科学的方法是要素计点法。

（3）薪酬调查。通过对外部市场尤其是竞争者薪酬水平进行调查，进而依据调查结果，组织就可以制定反映各职位平均市场价值的市场薪酬线。薪酬调查重点在于解决薪酬的外部竞争性问题。

（4）确定薪酬策略。企业是否完全按照市场薪酬线来确定实际的薪酬水平，取决于企业的薪酬策略。薪酬策略主要包括领先型、追随型、滞后型与混合型。根据薪酬战略和薪酬政策，企业对得到的市场薪酬线进行修正，得出企业的薪酬政策线。

（5）建立薪酬结构。前述步骤只是确定了每个岗位的平均价值以及基准薪酬，企业还必须根据自己的实际情况，为每个职位确定一个薪酬区间（也称为带宽），它包括中点工资、最高工资和最低工资，也就是设计出适合自己的薪酬结构，以形成职位的实际薪酬标准。

（6）岗位薪酬体系的建立、实施与调整。薪酬结构设计完成后，还要设计薪酬与绩效的对接、奖金和福利的分配以及对不同员工的薪酬分配等分配制度，以形成薪酬管理体系，同时在具体的方案实施中发现问题，调整与企业发展不适应之处。

（二）技能薪酬体系的设计

技能薪酬体系是组织根据员工所掌握的与工作有关的技能的熟练程度以及所掌握技能的深度和广度支付基本薪酬的一种薪酬制度。技能薪酬体系的岗位概念变得非常模糊，反映的是以人为中心构建起来的薪酬体系，员工所获得的薪酬与知识、一种或多种技能相关。通常分为深度技能薪酬和广度技能薪酬。

技能薪酬体系的设计一般包括以下几个步骤：

(1) 成立技能薪酬计划设计小组。技能薪酬计划设计小组应当由有权决定的高层人士作为领导小组成员、外部专家、人力资源部门人员和技能薪酬计划推行的部门负责人等组成。

(2) 进行工作任务分析。依据工作描述、工作说明书等，确定员工为达到工作要求必须掌握的技能。通过系统地收集反映工作特性的数据，对照员工现有能力水平，确定培训内容以及应达到的培训目标。

(3) 评价工作任务，创建新的工作任务清单。着重对工作任务的重要性和工作任务的难度进行评价。注意运用专家评价系统，在平均数和标准差分析基础上确定专家的一致意见，注意工作重要性和工作难度两个维度的分析结果的一致性。

(4) 技能等级的确定与定价。确定工作任务和技能等基本概念——任务、知识、技能、能力，并确定技能模块，确定技能模块的相对价值，主要应考虑工作失误的后果、工作的贡献、基本学习能力、独立操作的熟练程度、监督责任等。

(5) 技能分析、培训与认证。对员工的技能进行分析，制定相应的培训计划以提高员工的技能，对员工技能等级或技能资格进行认证，确定认证方法体系。

(三) 能力薪酬体系的设计

能力薪酬体系是企业根据员工绩效行为能力的高低或掌握与工作相关的技能的深度和广度来支付员工基本薪酬的一种报酬制度，是在技能薪酬体系基础上的一种扩展。实际上，这里的能力主要是指胜任能力，是实现某种特定绩效或者是表现出某种有利于绩效实现的行为的能力。

能力薪酬体系的设计一般包括以下几个步骤：

(1) 确定企业发展所需要的能力。不同的企业所需的组织能力不尽相同，即使同一企业在不同发展阶段所需的组织能力也不相同。企业采用能力薪酬方案的目的就是激励员工不断发展自己的能力，以保持组织能力的持续提升，从而实现企业战略，获取竞争优势。因此，企业在进行能力薪酬设计之前应当首先明确组织的战略是什么，组织赖以生存和发展的关键能力是什么。在明确了组织能力之后，企业还必须把组织能力分解落实到员工的具体工作能力上。

(2) 构建胜任素质模型。胜任素质模型是区分员工能力高低的一套标准体系，包括员工应当具备的各项能力以及每项能力的等级层次。具体应包括选择职类、职种；确定各职类、职种的能力等级；典型人物分析；素质模型的评审和修订。

(3) 进行能力素质定价。能力素质定价就是对每种能力素质及其组合进行定价。定价的基本方法有两种：一种是基于市场的定价，就是根据相同素质在其他企业所能获得的薪酬来确定能力素质的价格；另外一种是基于绩效的定价，就是根据每项能力素质与绩效的相关性来确定能力素质的价格。

(4) 建立基于能力素质的薪酬结构。基于能力素质的薪酬结构多数采用宽带薪酬结构。建立的基本步骤如下:一是确定宽带的个数;二是根据每个宽带的平均能力素质水平,结合能力素质定价水平,确定该宽带的中点值;三是确定每个宽带的上限和下限;四是确定每一种水平能力素质的薪酬。

(5) 依据能力要求,评价员工能力,确定合理的薪酬水平。根据界定好的能力类型及其等级定义,使用评价中心技术或基于胜任素质的360度反馈等方式对员工的能力进行评估,以充分了解员工的能力状态,将评价结果与其所任职位的能力素质等级进行相应匹配,从而确定该员工的薪酬水平。

第四节　绩效薪酬的管理

一、绩效薪酬的内涵与特点

(一) 绩效薪酬的内涵

绩效薪酬是对员工超额工作部分或工作绩效突出部分所支付的奖励性报酬,是在基本薪酬基础上的增加,是将员工的收入与个人、团队或者组织的绩效水平相挂钩的一种薪酬体系,旨在鼓励员工提高工作效率和工作质量。它是对员工过去工作行为和已取得成就的认可,取决于员工的绩效水平,通常随员工业绩的变化而调整。

绩效薪酬的基本原则是通过激励个人提高绩效从而促进组织的绩效。通常,员工和组织在战略目标的指引下会达成一个双双认同的目标,而绩效薪酬的作用就是指引员工朝着这个目标努力。基于绩效薪酬的假设是人们的绩效薪酬是可以度量的;个人间的绩效区间是明晰的;提高工资可以预见个人绩效也会提高;个人绩效对组织绩效有贡献。

(二) 绩效薪酬的特点

(1) 将员工工资与可量化的业绩挂钩。绩效薪酬将员工个人的收入同其本人的工作绩效直接挂钩,将激励机制融于企业目标和个人业绩的联系之中,鼓励员工创造更多的效益,同时又不增加企业的固定成本。

(2) 变化幅度较为灵活。绩效薪酬属于可变性薪酬,变动原因是多方面的,企业员工的绩效薪酬可能相差很大,变化的幅度相当灵活。

(3) 绩效薪酬向业绩优秀者倾斜。一般来说,员工业绩越好,绩效薪酬就越高,这有利于鼓励员工努力工作,提升工作绩效,也有利于提高企业效率和节省工资成本。

(4) 突出团队精神和企业形象。绩效薪酬能够激发员工工作的积极性,培养员工对企业的忠诚度,增强凝聚力,从而突出企业员工的团队精神,塑造良好的企业形象。

二、绩效薪酬的设计

(一)绩效薪酬设计的基础

在设计任何绩效薪酬时都必须做出的关键决策是绩效认可,即薪酬在多大程度上建立在绩效基础上,绩效薪酬的关注对象,决定绩效薪酬的多少与怎样等。在此基础上,企业还应建立绩效管理体系,以使绩效与薪酬有效连接,而且必须达到以下要求:员工的工作绩效是可以度量的;员工之间的绩效差别是可以区分的;可以体会到绩效差别和薪酬差别之间的关系;业绩薪酬增长的前景将激励提高绩效行为的改变;个人和组织绩效之间存在可以建立的联系。

绩效薪酬设计的基本原则是通过激励个人提高绩效促进组织的绩效。即通过绩效薪酬传达企业绩效预期的信息,刺激企业中所有的员工来达到它的目的;使企业更关注结果或独具特色的文化与价值观;能促进高绩效员工获得高期望薪酬;保证薪酬因员工绩效而不同。

(二)绩效薪酬体系的设计流程

1. 评估目标及其制定原则

业绩评估的目的不仅是为付给员工合理的劳动报酬提供依据,更重要的是发挥员工个人的能力和创造力,使员工个人发展目标与企业发展目标趋向一致。因此,制定切实可行的评估目标是绩效薪酬制度的基础。评估目标的确定要遵守以下原则:

(1)评估目标一定要为员工所接受、认可,业绩评估目标一定要在上下级之间、主管与员工之间充分交流的基础上制定。

(2)业绩测量手段要客观、可靠和公正,评估后要将规划业绩和实际业绩的差距及时反馈给被评估者,听取被评估者的意见,和被评估者进行充分交流。

(3)对非业绩优秀者,要帮助和督促其制定完善的计划,根据计划有针对性地进行培训,或提供改进条件,使其迎头赶上。

(4)对业绩优秀者,不仅要给予外在奖励,还要给予内在奖励,如提供晋升和发展机会等,从内外两个方面激励其为企业做出更大的贡献。

2. 确定业绩要点

业绩评估要选择一些有代表性的业绩要点,这些要点能够全面、客观地反映被评估者的业绩,有利于评估者做出公正的评价。不同的企业在业绩要点的选择上侧重点不同。此外,在业绩要点的选择上还要注意:

(1)特定的评估方式只允许选择特定的业绩要点。

(2)避免选择一些与工作关系不大,纯属个人特点和行为的要素。

(3)培养关注业绩评估的文化氛围,尽管业绩评估的结果与员工收入或工资直接联系在一起，但业绩评估的最终目标是激励员工实现企业目标的积极性和创造性，而不仅仅局限于薪酬发放。

3. 确定评估方式

企业业绩评估的方法很多，但先进的评估方法要体现规范化和程序化，要注重评估效果，突破为评估而评估、为报酬而评估的传统框架。常用的评估方式包括自我评估、图解化评分法、多人比较法、评估报告法，企业应根据自身的实际确定合适的评估方式。

4. 选择合适的绩效表现形式

根据支付基础不同，绩效薪酬可分为个体绩效薪酬和群体绩效薪酬。

（1）个体绩效薪酬。个体绩效薪酬即根据个体绩效水平给予劳动回报，它强调奖励个人的工作绩效，给予差别化的薪酬。个体绩效薪酬有利于吸引和留住优秀人才，也有助于给员工带来强烈的个人公平和成就感，但是由于更加倡导个人竞争，而不是合作行为，因此更不利于团队和组织建设。个体绩效薪酬的形式主要有计件工资制、计效制、标准工时制、佣金制、绩效工资和绩效调薪。

（2）群体绩效薪酬。群体绩效薪酬即根据群体绩效水平给予劳动回报，它强调奖励群体的工作绩效。群体绩效薪酬能够有效克服个人薪酬固有的不足，有利于促进合作，培养团队精神，促使个人绩效与组织使命密切联系，进而达到双赢的目的。群体绩效薪酬常用的形式主要包括班组激励计划、利润分享计划、收益分享计划与员工持股计划。其中，班组激励计划主要适用于工人群体；后三种计划适用于各类员工及管理者群体。

第五节 薪酬水平

一、薪酬水平的影响因素

薪酬水平是指企业内部各类职位、各部门和人员以及整个企业的平均薪酬的高低状况，体现了企业薪酬的外部竞争性。薪酬水平反映了企业薪酬相对于当地市场薪酬行情和竞争对手薪酬绝对值的高低。它对员工的吸引力和企业的薪酬竞争力有着直接的影响，其数学公式为：薪酬水平＝薪酬总额/在业的员工人数。薪酬水平的影响因素可从三个方面来考虑，即企业外部因素、企业内部因素和员工个人因素。

（一）企业外部因素

1. 政府的宏观调控政策

在市场经济条件下，政府对企业薪酬水平的宏观调控，主要通过政策和法律法规来进行，如规定员工的最低工资、员工所得税、工资的分配原则、社会保险、节假日加班工资（法定加班费按照工资的 3 倍支付），来间接影响企业的薪酬水平。国家政策也会对员工的用工时间(劳动者每日工作时间不超过8小时、平均每周工作时间不超过44小时的工时制度)、高管薪酬等进行强制性规定。企业确定员工薪酬水平必须遵守政府的宏观调控政策。

2. 劳动力市场供求状况

劳动力市场是指企业和求职者以薪酬和其他福利交换组织所需要的知识、技能、素质与行为的场所。劳动力市场的多种状况对薪酬水平具有影响,如劳动力市场的地理位置、供求状况、内部劳动力市场、失业率、离职率等。特别是劳动力市场供给和需求状况的变化及其差异会限制薪酬支付,引发员工薪酬水平的变化。当劳动力供过于求时,企业可以用较低的薪酬招募员工;当劳动力供不应求时,求职者的选择增多,企业为吸引适岗人员,则必须提高薪酬水平。

3. 产品市场状况

产品市场状况包括产品市场的竞争程度和企业产品的市场需求水平。产品市场、要素市场决定了企业薪酬的支付能力。在同行业内或者行业之间,影响企业支付能力进而影响薪酬水平策略的因素很多,主要包括产品的需求弹性、品牌的需求弹性、劳动力成本占总成本的比例以及其他生产要素的可替代性等。在产品竞争激烈时,企业成本控制就变得十分重要,而员工薪酬是企业生产成本的一个重要组成部分,所以企业确定员工薪酬时,必须充分认识产品市场状况。

4. 企业所处行业特点

行业和所有制状况不同的行业,由于其基本条件和企业能力不同,因而其薪酬决策也不会相同。一般来说,同一行业的劳动力市场会有一个平均薪酬水平。任何一个企业在确定薪酬水平时,必须参照这个行业薪酬水平。因为企业的薪酬高于这个水平会增加企业成本,低于这个水平则可能招不到适岗人员。本行业其他企业的薪酬水平上升,会导致本企业劳动供给数量减少,本企业为招聘到一定数量、质量的员工,则不得不提高薪酬水平。反之,将会降低本企业员工的薪酬水平。同一行业中竞争者的情况也会影响公司的薪酬决策。公司往往通过薪酬调查,对竞争者的薪酬支付情况进行调整。

5. 企业所在地区

对于薪酬水平的确定,还要考虑企业所在地区的相关因素,包括地区的经济发展水平、物价水平以及人才竞争状况。一般来说,当地的经济发展状况或生活指数处在一个较高水平时,员工的薪酬水平会较高,相反则会较低。在设计薪酬战略时,必须去了解经济水平的差异以及相应职位的薪酬信息,从而使得设计出的薪酬方案能够兼顾竞争力的提高和节约成本。对于物价水平,尤其是员工生活费用水平的变动,对员工薪酬水平具有重大影响。当名义工资保持不变,或其上涨幅度小于物价上涨幅度时,物价上涨将导致员工实际工资下降。为了保证员工实际生活水平不受或少受物价影响,企业会采取必要措施给予补助,提高薪酬水平。对于人才竞争,企业要做好吸引人才、留住人才、激励人才等方面的工作,设计一个合适的薪酬制度是一个重要保障,所以在确定员工薪酬时,企业还要充分考虑人才竞争状况。

6. 工会

工会具有“维护、建设、参与和教育”四项主要职能。中国与西方工会，同根不同源。西方工会是“劳资矛盾不可调和的产物”，而中国工会则是中国共产党领导下的具有中国特色的工人阶级组织，且已于近百年的实践中逐渐演变为调和人民内部矛盾的产物。工会主要通过集体协商的形式影响员工薪酬。在订立集体合同时，工会可代表员工向用人单位管理方提出工资方案的修订，或者订立单独的工资集体合同。在平时，工会可以召开企业职工代表大会，根据员工意见与企业领导协商工资待遇等相关问题。此外，企业在制定各项制度(包括工资制度)时，都需征求员工意见，最后经由工会同意。①

(二)企业内部因素

1. 企业经营性质

在劳动密集型的企业中，员工主要从事简单的体力劳动，劳动成本在总成本中占有很大比例；在高科技企业中，高技术员工占主导，这些员工从事的是科技含量高的脑力劳动，因此劳动力成本在总成本中的比重不大。这两种类型的企业的薪酬策略必定不同。

2. 企业支付能力

一般生产经营处于上升期、利润丰厚、资本雄厚的企业，薪酬水平往往比较高，否则薪酬水平就比较低。总之，企业在确定薪酬水平时，必须根据自己的经济实力，量入为出，适当控制劳动力成本，使产品具有竞争力，改善生产经营状况，从而增强企业的经济实力，这反过来又为企业提高薪酬水平提供物质基础。经营比较成功的企业会倾向于支付高于劳动力市场水平的薪酬。因为企业经济效益决定着企业对员工薪酬的支付能力。一些企业采用收益分享制，便是依据企业经营能力和支付能力进行奖励。这种支付能力一般只能够决定薪酬设定的最高限额，如何合理设定薪酬，还需考虑其他诸多因素。

3. 企业支付意愿

企业对于员工所付出的劳动力所愿意支付的价格也影响着企业的薪酬水平。一般来说，企业的支付意愿高，薪酬水平相对会高一些；企业的支付意愿低，薪酬水平相对会低一些。

4. 企业规模

研究表明，在其他因素不变的情况下，大组织所支付的薪酬水平往往要比中小组织支付的薪酬水平高，而且，其员工随着工作经验的积累，薪酬上升的速度也会更快一些。

5. 企业经营战略

企业在确定员工薪酬水平时，必须以企业的发展目标为根本出发点，确保企业发展目标的实现。因此，对于实现企业目标所需要的各类高素质的人力资源，必须在薪酬水平和薪酬政策上有所倾斜，从而保证企业能够吸引并留住这些人力资源，使他们为实现企业发展目标做出贡献。例如，采用成本领先经营战略的企业，薪酬管理必须将重点放在与竞争

① 陈沛然.中西方企业工会维护职能的特性及当代形态.甘肃社会科学，2018(3).

对手的成本比较上，提高薪酬体系中激励部分的比重，并强调劳动生产率；采用产品领先经营战略的企业，薪酬管理的重点则是奖励在产品以及生产技术方面的创新，并实施以市场为基准的薪酬政策。企业战略意图决定企业对不同职位薪酬水平的支付意愿，尤其是竞争战略对企业薪酬水平最为直接，它反映了企业经营业务对环境的反应。通常，低成本战略会考虑控制薪酬水平；而差异化和创新战略则会在薪酬水平策略选择上较为宽松。战略的性质也会影响企业的薪酬水平定位。

6. 企业发展阶段

企业处于不同的发展阶段，薪酬体系也会有所差别。因此，企业应设计适应本阶段发展的薪酬体系。企业在不同的发展阶段会有不同的策略，相应地企业的盈利能力也不同，因而员工的薪酬水平会受到影响；企业文化与企业的价值观紧密相关，因此也会影响薪酬水平的制定。另外，由于企业的劳动成本占有大部分的生产总成本，因此企业必须按本身的财务实力来确定薪酬水平，不但要考虑企业愿意付出多少，还要考虑企业能够付出多少。

7. 企业文化

企业文化是企业产生自己思想、价值观、目标追求、价值取向和制度的土壤，不同的企业文化会直接影响到薪酬的方方面面，其中包括组织对内部公平性、外部竞争性、薪酬等级、可变薪酬甚至福利和服务等的不同看法，这些不同直接影响到企业的分配机制和薪酬设计原则，从而间接影响到企业的薪酬水平。

（三）员工个人因素

1. 员工岗位价值

这主要表现为员工所从事的职位在工作繁简、难易、责任轻重、危险性以及劳动环境等方面的差异。工作繁、难、责任大、环境艰苦的，薪酬应高些；反之，薪酬应低些。该职位的责任大小、工作的复杂程度、任职资格要求的高低、工作条件以及艰苦程度等对薪酬的决策也会产生影响。企业根据员工所从事工作的价值、责任及其他与工作相关的因素支付薪酬，不同工种的员工薪酬水平也是不同的，企业一般通过工作分析、工作说明及工作评价等技术来确定工作的相关价值。

2. 员工技能

考虑员工从事的不同工作岗位，需要有不同的专业技能，而某些技术可能是公司紧缺的，或者需要多年积累才能具有的，所以，会有不同技能的薪酬差别。另外，企业之争便是人才之争，掌握关键技能的人才已经成为企业竞争的利器。这类人才于是成为企业高薪聘请的对象。对既有的员工来说，企业往往愿意支付高薪给两类人，一类是掌握关键技术的专才，另一类则是阅历丰富的通才，因为通才可以有效地整合企业内高度分工的各项资源，形成综合效应。

3. 员工绩效表现

员工绩效表现，即对组织贡献的大小会影响到其薪酬水平。工作质量高、成果多或劳动时间长，其薪酬水平就高；反之，薪酬水平就低。对不同工作表现、不同价值贡献的员工,实行差异性的薪资待遇。基于战略的薪酬管理主要就是基于绩效的薪酬,通过对员工的绩效评估来决定员工的薪酬和奖励。因此员工的个人绩效水平是薪酬设定的重要影响因素。如果企业希望员工进行某种行为,那么它就必须在员工出现这种行为时给予该员工以奖励。员工的业绩各不相同,企业应根据员工的业绩支付薪酬,这有利于企业吸引和激励优秀员工。

4. 员工工作年限

员工工作年限越长,意味着资历越深,经验越丰富,因此其薪酬水平相对也越高;反之,则会较低。大部分企业都会考虑员工每工作满一年就增加工龄工资,以期望鼓励员工在企业长期工作。日本实行的年功序列制主要是考虑员工的工龄和资历。

5. 员工学历

学历高者,智力投资相对多,工作潜力大,薪酬相应就高些;反之就低些。一般情况下,高学历获得高薪酬是合理的,因为这样既能补偿其智力投资,又有利于鼓励员工学习科学文化知识,提高素质,促进企业发展。员工的学历、知识和技能往往也成为薪酬水平的一个衡量指标。

6. 员工工作量

不论按时计酬、按件计酬还是按绩效计酬,通常工作量较大时,薪资水平也比较高。这种现实的工作量的差别才是导致薪酬水平差异的根本原因。

我们将以上各类影响要素归纳为图 7-3 所示。

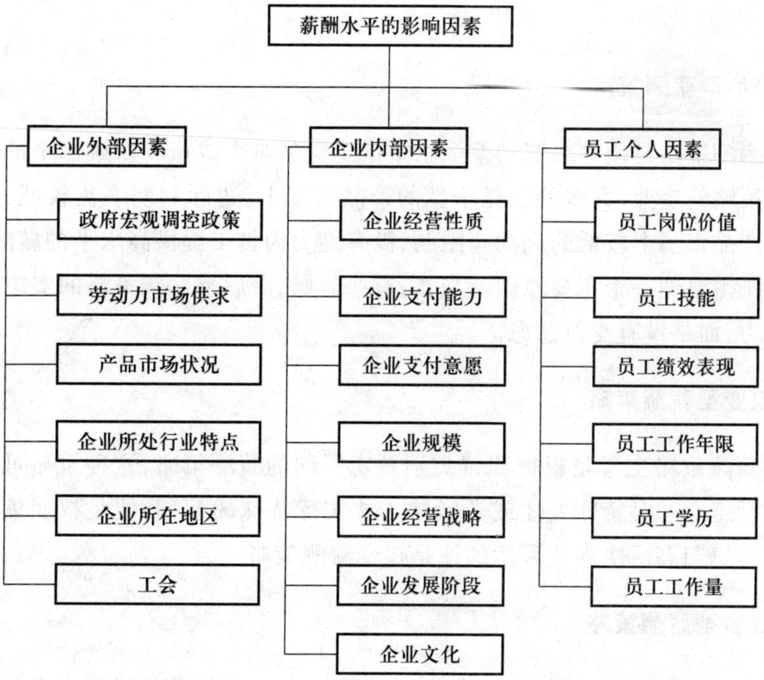

图 7-3 薪酬水平的影响因素

二、薪酬水平定位决策

薪酬水平策略主要是制定企业相对于当地市场薪酬行情和竞争对手薪酬水平的企业自身薪酬水平策略。战略决定薪酬水平与市场工资水平的关系，即企业要根据战略对报酬支付水平进行定位。薪酬水平的定位策略可分为五类：

（一）领先型薪酬策略

领先型薪酬策略是使本组织的薪酬水平高于竞争对手或市场的薪酬水平的策略。这种薪酬策略以高薪为代价，在吸引和留住员工方面都具有明显优势，并且将员工对薪酬的不满降到一个相当低的程度。采用这种薪酬策略的企业，薪酬水平在同行业的竞争对手中是处于领先地位的。

（二）追随型薪酬策略

追随型薪酬策略是力图使本组织的薪酬成本接近竞争对手的薪酬成本，使本组织吸纳员工的能力接近竞争对手吸纳员工的能力。追随型薪酬策略是企业最常用的策略，也是目前大多数组织所采用的策略。用这种策略的企业，一般都建立或找准了自己的标杆企业，企业的经营与管理模式都向自己的标杆企业看齐，同样薪酬水平跟标杆企业差不多就行了。

（三）滞后型薪酬策略

滞后型薪酬策略是使本组织的薪酬水平低于竞争对手或市场薪酬水平的策略。采用滞后型薪酬策略的企业，大多处于竞争性的产品市场上，边际利润率比较低，成本承受能力很差。受产品市场上较低的利润率限制，没有能力为员工提供高水平的薪酬，是企业实施滞后型薪酬策略的一个主要原因。当然，有些时候，滞后型薪酬策略的实施者并非真的没有支付能力，而是没有支付意愿。

（四）权变型薪酬策略

权变型薪酬策略主要是根据职位类别制定不同的薪酬策略，这种策略可以考虑用不同的薪酬进行组合。对特殊人才或者紧缺人才实行特殊的薪酬，便是权变策略之一。我国一些大学对海归高层次人才采用的便是权变薪酬策略。

（五）混合型薪酬策略

所谓混合型薪酬策略，是指企业在确定薪酬水平时，根据职位类型或者员工类型制定不同的薪酬水平决策，对不同的部门、不同的岗位、不同的人才采取不同的薪酬策略，而不是对所有的职位和员工均采用相同的薪酬水平定位。例如，有些公司针对不同的职位族使用不同的薪酬决策,对核心职位族采取市场领先型的薪酬策略,而在其他职位族中实行市场追随型或相对滞后型的薪酬策略。总而言之,对企业里的关键人员如高级管理人员、技术人员,提供高于市场水平的薪酬,对普通员工实施匹配型的薪酬政策,对那些在劳动力市场上随时可以找到替代者的员工提供低于市场价格的薪酬。

虽然有时在一些难度较大的工作上应用以上策略时还需要进行相应的修改,但这五项策略一般仍适用于所有组织。策略选择部分地反映出经理的态度和动机,如果经理对公众的赞誉有较高的需求,领先型薪酬策略将会适用;否则,可能选择滞后型薪酬策略。另一个因素反映的是企业文化和薪酬决策者的有关价值观。如果经理具有长远发展的需求,那么低薪策略不太可能欣然地被接受,但如果企业崇拜英雄主义和冒险主义,那么企业薪酬相应就比较高;如果企业提倡安全性,可能会比较忽视薪酬。

三、薪酬调查

(一)薪酬调查的内涵

薪酬调查,就是指企业通过一系列标准、规范和专业的方法等各种渠道收集相关企业各个职位的薪酬水平及相关信息,对市场上各职位进行分类、汇总和统计分析,判断其他企业所支付的总薪酬状况,形成能够客观反映市场薪酬现状的调查报告,从而为企业薪酬设计方面提供决策依据及参考的一个系统过程。这种调查能够向实施调查的企业提供市场上的各种相关企业(包括自己的竞争对手)向员工支付的薪酬水平和薪酬结构等方面的信息,使薪酬管理者真实地了解竞争对手的薪酬水平。这样,实施调查的企业就可以根据调查结果来确定自己当前的薪酬水平相对于竞争对手在既定劳动力市场上的位置,从而根据自己的战略在未来调整自己的薪酬水平甚至薪酬结构。如果缺少薪酬调查数据,薪酬管理者就不得不依靠猜测来建立具有市场竞争力的薪酬体系,而不准确的猜测会使制定出来的薪酬体系不具备竞争力,进而削弱公司的竞争优势。

薪酬调查是薪酬设计中的重要组成部分,重点解决的是薪酬的对外竞争力和对内公平性问题,薪酬调查报告能够帮助企业达到个性化和有针对性地设计薪酬的目的。根据薪酬调查的结果,结合职位评价的结果和企业自身的薪酬战略,就可以确定各职位具体的薪酬水平。

大多数企业在制定自己的薪酬水平决策、确保薪酬的外部竞争性时,都是以市场薪酬调查数据为依据的。在发达国家,企业定期的薪酬调查已经相当普及。数据表明,美国93%的大型企业都会运用薪酬市场调查的资料来指导自身的薪酬体系设计。

劳动力市场上的信息不完善导致企业不可能在不承担成本和不花费时间的情况下掌握劳动力市场上的通行工资率水平。但是又因为无论是企业、员工还是潜在的员工,大家都倾向于认为根据市场水平来支付薪酬的做法是比较公平的,所以,即使承担一部分费用,企业往往也愿意自己进行或者参与一些付费的薪酬调查。

（二）薪酬调查的目的

薪酬调查的总体目的是保证薪酬设计的内部公平性和外部竞争性，进而吸引和留住人才。具体来说，通过薪酬调查可以了解市场薪酬水平、调整薪酬水平、调整薪酬结构、整合薪酬要素、估计竞争对手的劳动力成本、保持外部竞争力、了解其他企业的薪酬管理实践的最新发展和变化趋势。

（三）薪酬调查的种类

在发达国家，每年举办的各种薪酬调查不计其数。一般来说，主持薪酬调查的主体有很多，如政府、行业和专业协会、咨询公司、企业家联合会以及企业自己等。我国的薪酬调查起步比较晚，一些在华外资企业从 20 世纪 80 年代起就开始参与在华外资企业的各种薪酬调查活动，但调查的组织者主要是一些外资咨询公司。中国本土的薪酬调查机构是在 90 年代以后才开始出现的。目前，从事市场薪酬调查工作的主要有前程无忧工作网、中华英才网以及外企太和企业管理顾问有限公司等机构。

从调查方式来看，薪酬调查又可以分为正式薪酬调查和非正式薪酬调查两种类型。

从调查的组织者来看，正式薪酬调查又可分为商业性薪酬调查、专业性薪酬调查和政府薪酬调查。商业性薪酬调查一般是由咨询公司完成的，其中有的是应客户需要对某一行业进行调查，有的是咨询公司为获利而主动进行的调查。比如，合益、翰威特、华信惠悦、美世等著名的人力资源顾问公司以及海德思哲等猎头公司都发布一些薪酬数据。专业性薪酬调查是由专业协会针对薪酬状况所进行的调查。例如，美国管理学会（AMA）的一项业务就是调查并提供各行业高级管理人员、管理人员以及专业人员的薪酬状况，美国行政管理协会（AMS）每年都要对美国、加拿大和西印度群岛（许多地区不在薪酬调查范围之内）的约 130 个城市中的 13 种事务性职位、7 种信息处理类职位以及各种中层管理职位的薪酬状况进行调查。而政府薪酬调查则是指由国家劳工、统计等部门进行的薪酬调查。例如，美国劳工统计局每年都要举行三类调查研究：地区性的薪酬调查；行业性的薪酬调查；针对专业人员、管理人员、技术人员和办事员的薪酬状况所做的调查。

（四）薪酬调查的步骤

（1）确定薪酬调查的职位。此环节最重要的任务在于确定基准职位，即选择那些具有代表性的职位进行调查。

（2）确定薪酬调查的对象及范围。在选择薪酬调查的对象时，要坚持可比性原则，最好选择与本企业有竞争关系或者同行业的类似企业，重点考察员工的流失去向和招聘来源，企业薪酬增长状况，不同职位不同级别的薪酬水平、奖金和福利状况，长期激励措施以及未来薪酬的发展趋势等。

（3）确定薪酬调查的渠道和方式。薪酬调查的渠道通常有：企业之间的互相调查，委托专业机构进行调查，从公开的信息中了解等。普遍采用的具体调查方式是问卷法和座谈法(也称面谈法)。此外还可使用电话调查和网络调查等作为补充手段。

(4) 设计薪酬调查表并开展实际调查。无论采取何种薪酬调查方式,都需要采用一个薪酬调查表记录所获取的信息。薪酬调查表应包括以下内容:调查职位的基本信息(包括职位名称和基本工作特征);调查对象的组织信息(包括规模、行业、地域、企业性质等);调查职位的描述(包括工作职责和内容);调查职位的任职者的个人信息,包括性别、年龄、学历、专业和资历等;调查职位的总体薪酬构成和薪酬水平,包括基本薪酬、奖金和福利等。

(5) 分析薪酬调查结果。在结束薪酬调查之后,就需要分析薪酬调查的结果,形成薪酬调查报告。分析薪酬调查的结果主要是针对薪酬的统计数据进行分析,一般包括频度分析、居中趋势分析、离散趋势分析以及回归分析等。

第六节 福利管理

一、福利的特点及影响

(一) 福利的特点

对于企业的员工而言,福利是员工的间接薪酬。狭义的福利仅指组织为员工提供的除工资和奖金之外的物质待遇。广义的福利包含三个层次:一是作为一个合法的公民有权享受政府提供的文化、教育、卫生、社会保障等公共福利和公共服务;二是作为企业成员可以享受的企业兴办的各种集体福利;三是指员工工资、现金奖励之外的,企业为员工提供的实物和服务等福利形式。

从主体意义上来说,福利是企业的一种边缘薪酬,与基本薪酬以及绩效薪酬不同,它不是以对企业做出多少贡献为依据,而是为员工提供基本的生活收入,不论员工实际绩效如何。福利几乎适用于所有的员工。目前的趋势是福利在整个薪酬体系中的比重越来越大。

福利具有以下特点:

(1) 补偿性。福利是对劳动者为企业提供劳动的一种物质性补偿,也是员工工资收入的一种补充形式。员工福利是对劳动者所提供劳动的一种物质补偿,享受员工福利须以履行劳动义务为前提。

(2) 均等性。企业内履行了劳动义务的员工,都可以平均地享受企业的各种福利。即员工福利在员工之间的分配和享受,具有一定程度的机会均等和利益均沾的特点,每个员工都有享受本单位员工福利的权利,都能共同享受本单位分配的福利补贴和举办的各种福利事业。

(3) 集体性。企业兴办各种集体福利事业,员工集体消费或共同使用共同物品等是员工福利的主体形式,也是员工福利的一个重要特征。即员工福利的主要形式是举办集体福利事业,员工主要是通过集体消费或共同使用公共设施的方式分享职工福利。虽然某些员工福利项目要分配给个人,但这不是员工福利的主要内容。

(4) 多样性。员工福利的给付形式多种多样,包括现金、实物、带薪休假以及各种服务,而且可以采用多种组合方式,要比其他形式的薪酬更为复杂,更加难以计算和衡量,最常用的方式是实物给付形式,并且具有延期支付的特点,与基本薪酬差异较大。

(5) 法定性。一些延期支付的福利形式具有法定性,如退休养老保险金、医疗保险金等,由一定的法律、法规或其他制度安排决定,从而具有法定性。

(6) 灵活性。多种福利支付形式具有强烈的企业个性色彩,依企业和职工各自的偏好,自主灵活地确定基本工资和福利的组合,以及福利的支付项目。企业间在福利支付项目方面存在很大的差异。

(二) 福利的影响

福利的影响是两方面的,一方面是对企业的影响,另一方面是对员工的影响。

1. 福利对企业的影响

(1) 有利于企业吸引和留住人才。福利是一种很好的吸引和保留员工的工具,有吸引力的员工福利计划既能帮助企业招聘到高素质的员工,同时又能保证已经被招聘来的高素质员工留在企业中工作。这样就能以较少的费用,分散企业的巨大风险,稳定企业经营,为企业创造更大的利润。此外,当企业希望吸引和雇用某些类型的员工,但是又因为某些方面的原因不能单方面提高这些人的薪酬水平的时候,福利就可能成为一种非常有效的报酬形式。

(2) 有利于提高员工的满意度。企业通过福利的形式为员工提供各种照顾,会让员工感觉到企业和员工之间的关系不仅仅是一种单纯的经济契约关系,从而在雇佣关系中增加一种类似家庭关系的感情成分,以提高员工的工作满意度,减少员工的不满情绪,增加向心力。而员工工作满意度的上升必然会导致员工生产效率提高以及缺勤率和离职率下降。

(3) 提高企业成本支出的有效性。在许多采用市场经济体制的国家,员工福利计划所受到的税收待遇往往要比货币薪酬所享受到的税收待遇优惠。这就意味着,在员工身上花出去的同等价值的福利比在货币薪酬上所支出的同等货币能够产生更大的潜在价值。对企业来说,尽管用于现金报酬和大多数员工福利的开支都可以列为成本开支而不必纳税,但是增加员工的现金报酬却会导致企业必须交纳的社会保险费用上升,而大多数用来购买员工福利的成本却可以享受免税待遇。这样,企业将一定的收入以福利的形式而不是以现金的形式提供给员工更具有成本方面的优势。

2. 福利对员工的影响

(1) 保障员工生活质量。福利不仅对于企业来说存在税收优惠,对员工来说也是如此，以福利形式所获得的收入往往也是无须缴纳收入所得税的，即使需要缴税，往往也不是在现期，而是等到员工退休以后，到那个时候，员工的总体收入水平比在工作的时候低，从而所面临的税收水平也就更低。这样，他们还是能够享受到一定的税收优惠。因此，在企业薪酬成本一定的情况下，员工直接从企业中获得福利，要比自己用拿到手里的薪酬收入再去购买福利的成本低许多。

（2）迎合员工偏好福利的稳定性。从经济学的角度来说，大多数劳动者都是风险规避型的，也就是说，他们在收入方面会追求稳定性，不喜欢收入存在风险波动。与基本薪酬和浮动薪酬相比，福利的稳定性无疑更强，这样，那些追求稳定和安全感的员工对福利比较感兴趣。

（3）满足员工平等或归属的需要。员工在一个企业中工作并不仅仅是经济方面的需要，他们还会产生心理方面的需要，比如受到尊重和公平待遇以及有归属感等。由于直接薪酬更偏重员工的能力和业绩，而福利则可以用于满足员工在平等和归属等方面的一些需要。事实上，福利水平的高低会直接影响到一家企业内部的雇佣关系到底是一种什么性质，在那些力图培养企业和员工之间的长期雇佣关系的企业中，福利项目往往比较多，福利水平相对来说也会比较高。而在那些雇佣型的企业中，企业往往不怎么重视福利，甚至会有意淡化福利的概念。

二、福利的种类

现代社会福利内容丰富，形式繁多，各个企业也为员工提供不同形式的福利。一般而言，根据福利的强制力，福利可划分为法定福利与企业福利两大类。

（一）法定福利

法定福利是指法律法规规定的企业必须为员工提供的具体配套福利，用以保障或改善员工的安全和健康、维持家庭收入等。法定福利具有强制性，所有企业都必须执行。法定福利的保障对象主要是全体劳动者，目的是保障基本生活，保障与补偿功能明显。我国目前的法定福利主要包括以下内容：

1. 法定社会保险

法定社会保险是企业员工主要的社会保障待遇。员工因为面临的劳动风险不同，所以得到的保险待遇也不同。目前我国的法定社会保险包括：

（1）养老保险。养老保险是国家和社会根据一定的法律和法规，为解决劳动者在达到国家规定的解除劳动义务的劳动年龄界限，或因年老丧失劳动能力退出劳动岗位后的基本生活而建立的一种社会保险制度。养老保险的目的是为保障老年人的基本生活需求，为其提供稳定、可靠的生活来源。养老保险是我国目前覆盖面最广、社会化程度最高的社会保险形式。

（2）医疗保险。医疗保险指通过国家立法，为补偿员工因疾病、负伤所带来的医疗费用,由社会或企业提供必要的医疗服务或物质帮助的社会保险。

(3) 失业保险。失业保险是指国家通过立法强制实行的,由社会集中建立基金,对因失业而暂时中断生活来源的劳动者提供物质帮助的制度。

(4) 工伤保险。工伤保险是员工在工作中或在规定的特殊情况下,遭受意外伤害或患职业病导致暂时或永久丧失劳动能力以及死亡时,员工或其遗属从国家和社会获得物质帮助的一种社会保险制度。这是基本的权利,国家强制性筹集和发放工伤保险。

(5) 生育保险。生育保险是国家通过立法,在怀孕和分娩的女员工暂时中断劳动时,由国家和社会提供医疗服务、生育津贴和产假的一种社会保险制度。我国生育保险待遇主要包括两项:一是生育津贴;二是生育医疗待遇。

2. 住房公积金

住房公积金是单位及其在职职工缴存的长期住房储金,是住房分配货币化、社会化和法制化的主要形式。住房公积金制度是国家法律规定的重要的住房社会保障制度,具有强制性、互助性、保障性。单位和职工个人必须依法履行缴存住房公积金的义务。这里的单位包括国家机关、国有企业、城镇集体企业、外商投资企业、城镇私营企业及其他城镇企业、事业单位、民办非企业单位、社会团体。

3. 法定假期

(1) 公休假日。公休假日是劳动者工作满一个工作周之后的休息时间。国家实行劳动者每日工作时间不超过 8 小时、平均每周工作时间不超过 44 小时的工时制度。《劳动法》规定用人单位应当保证劳动者每周至少休息一天。

(2) 法定节假日。法定节假日即法定节日休假。我国法定节假日包括:新年,放假 1 天;春节,放假 3 天;清明节,放假 1 天;劳动节,放假 1 天;端午节,放假 1 天;中秋节,放假 1 天;国庆节,放假 3 天。法定节假日安排劳动者工作的,支付不低于工资的 300%的劳动报酬。除《劳动法》规定的节假日以外,企业可以根据实际情况,在和员工协商的基础上,决定放假与否以及加班工资多少。

(3) 带薪年休假。我国《劳动法》第 45 条规定,国家实行带薪休假制度。职工在年休假期间享受与正常工作期间相同的工资收入。国家法定休假日、休息日不计入年休假的假期。这一政策并非强制规定,各单位可根据生产、工作的具体情况,并考虑职工本人意愿,统筹安排职工年休假。年休假在 1 个年度内可以集中安排,也可以分段安排,一般不跨年度安排。单位因生产、工作特点确有必要跨年度安排职工年休假的,可以跨 1 个年度安排。单位确因工作需要不能安排职工休年休假的,经职工本人同意,可以不安排职工休年休假。对职工应休未休的年休假天数,单位应当按照该职工日工资收入的 300%支付年休假工资报酬。

(4) 其他假期。在我国,员工还享有探亲假、婚丧假、产假与配偶生育假等。

(二) 企业福利

企业福利是企业在法定福利之外向员工提供的其他福利项目,由于不具有强制性,因此没有统一的标准,各企业往往根据自己的具体情况灵活决定。大体来说,包括以下形式。

1. 企业补充保险计划

(1) 企业补充养老金计划。企业补充养老金计划主要有团体养老金计划(企业向养老基金缴纳一定的养老金)、延期利润分享计划(企业在员工储蓄账户上贷记一笔数额一定的应得利润)和储蓄计划(员工从工资中提取一定比例的储蓄金作为以后的养老金,企业给予一定的补贴)。有些西方国家企业已经形成了较为成熟的补充养老金计划,我国企业补充养老金计划还未形成明确的模式。

(2) 团体人寿保险计划。大多数企业都要为其员工提供团体人寿保险。作为一个群体的员工相对个人而言,可以以较低的费率购买到相同的保险。而且团体方案通常适用于所有的员工(包括新进员工),而不论他们的健康或身体状况如何。在多数情况下,企业会支付全部基本保险费,承保金额相当于员工两年的薪酬收入。而附加的人寿保险则要由员工自己承担。在个别情况下,即使是基本保险费率也按一定的比率在企业和员工之间分摊,比如 50 : 50 或 20 : 80。在我国,也已经有不少企业开始为员工办理团体人寿保险。

(3) 健康医疗保险计划。健康医疗保险计划主要存在于美国等一些经济发达国家。在这种情况下,企业通常以两种方式提供这方面的福利:集体投保或者加入健康维护组织。集体投保是指企业向保险公司支付一笔费用作为保费。健康维护组织是一种保险公司和健康服务提供者的结合。它提供完善的健康服务,包括对住院病人和未住院病人提供照顾等。

2. 员工服务福利

员工服务福利是指企业为员工提供各种生活上、职业发展上等方面服务的福利项目。具体可包括:

(1) 教育培训福利。教育培训福利主要是指对接受教育和培训的员工进行补助或费用报销的福利。例如,企业内部在职或短期脱产培训、企业外公费进修(业余、部分脱产或脱产)、报刊订阅补助、专业书刊购买补助等,费用的报销可采取全额报销和部分报销的方式。

(2) 员工援助计划。员工援助计划(EAP)是企业针对如酗酒、吸毒、赌博或压力问题等向员工提供咨询或治疗的正式计划。

(3) 咨询服务。企业可以向员工提供广泛的咨询服务。咨询服务包括财务咨询(例如,怎样克服现存的债务问题)、家庭咨询(包括婚姻问题等)、职业生涯咨询(分析个人能力倾向并选择相应职业)、重新谋职咨询(帮助被解雇者寻找新工作)以及退休咨询等。在条件允许的情况下,企业还可以向员工提供法律咨询。

(4) 医疗保健福利。免费定期体检、免费防疫注射、药费和营养费补贴、职业病免费防护、免费疗养等。

(5) 设施性福利。即从关怀员工的日常生活出发,进而提供相关的服务设施,如员工免费宿舍、阅览室与健身场所和器械以及提供工作餐饮等。

(6) 娱乐性福利。指为了增进员工的社交和康乐活动,促进员工的身心健康及增进员工的合作意识,提供的娱乐性福利项目,如文体活动、旅行、郊游、野餐、免费电影、戏曲等。

(7) 津贴补助。津贴有很多种,包括交通津贴、洗理津贴、服装津贴、节假日津贴或实物、住房津贴、取暖津贴、降温津贴、购物补助、子女入托补助、困难补助等。

3. 其他福利

这是指除了上述企业给员工提供的福利项目外的福利项目。如以本企业员工的名义向大学捐助专用奖学金等荣誉性福利。

本章小结

本章介绍了薪酬的含义。对于员工来讲,薪酬具有经济保障功能、心理激励功能和社会信号功能。对于企业来讲,薪酬的功能主要体现在控制经营成本、改善经营绩效、支持企业变革和塑造与强化企业文化四个方面。薪酬还具有保障社会稳定的功能。薪酬可分为直接薪酬和间接薪酬。薪酬管理的目标是最佳人力确保、企业均衡发展和劳资关系和谐。薪酬管理必须遵循公平性原则、补偿性原则、竞争性原则、激励性原则、经济性原则、合法性原则和战略性原则。薪酬管理的内容包括薪酬政策与制度的制定、薪酬政策与制度的执行、薪酬政策与制度的控制与调整。

为了应对复杂多变的外部环境的挑战,必须以战略的视角看待薪酬管理,因此战略性薪酬应运而生。本章介绍了薪酬与发展战略(成长战略、稳定战略和收缩战略)和竞争战略(创新战略、成本领先战略和客户中心战略)的匹配,并着重介绍了基本薪酬的管理和绩效薪酬的管理。基本薪酬具有公平性、公开性、固定性和货币形式的特点,并阐述了三种重要的基本薪酬体系,即岗位薪酬体系、技能薪酬体系和能力薪酬体系。

影响薪酬水平的因素主要包括企业外部因素(政府宏观调控、劳动力市场供求状况、产品市场状况、所处行业特点、所在地区和工会)、企业内部因素(企业经营性质、企业支付能力、企业支付意愿、企业规模、企业经营战略、企业发展阶段和企业文化)与员工个人因素(员工岗位价值、员工技能、员工绩效表现、员工工作年限、员工学历和员工工作量)。薪酬水平定位决策主要有五种:领先型薪酬策略、追随型薪酬策略、滞后型薪酬策略、权变型薪酬策略以及混合型薪酬策略。薪酬调查是薪酬设计中的重要组成部分,重点解决的是薪酬的对外竞争力和对内公平性问题,薪酬调查报告能够帮助企业达到个性化和有针对性地设计薪酬的目的。从调查方式看,薪酬调查可以分为正式薪酬调查和非正式薪酬调查两种类型。从调查的组织者看,正式薪酬调查又可分为商业性薪酬调查、专业性薪酬调查和政府薪酬调查。薪酬调查一般要经过确定薪酬调查的职位、确定薪酬调查的对象及范围、确定薪酬调查的渠道和方式、设计薪酬调查表并开展实际调查、分析薪酬调查结果五个步骤。

最后分析员工福利的概念、特点、影响与种类。福利是员工的间接薪酬,具有补偿性、均等性、集体性、多样性、法定性和灵活性的特点。福利的影响是两方面的:一方面是对企业的影响;另一方面是对员工的影响。福利可分为法定福利(法定社会保险、住房公积金、法定假期)和企业福利(企业补充保险计划、员工服务福利及其他福利)。

思考题

1. 什么是薪酬?薪酬的功能是什么?
2. 薪酬管理的目标和原则是什么?薪酬管理包括哪些内容?
3. 薪酬有哪些形式?
4. 什么是战略性薪酬?薪酬与战略是如何匹配的?
5. 什么是基本薪酬?有何特点?
6. 阐述岗位薪酬体系、技能薪酬体系、能力薪酬体系的含义和设计流程。
7. 什么是绩效薪酬?有何特点?
8. 薪酬水平的影响因素有哪些?薪酬水平定位策略有哪几种?
9. 什么是薪酬调查?薪酬调查的目标和原则是什么?薪酬调查的具体步骤有哪些?
10. 什么是福利?福利的特点和影响是什么?福利包含哪些类型?

(扫描右侧的二维码,查看思考题答案解析。)

阅读材料

高管薪酬理应更具激励性

获得成功理应获得回报,向优秀高管支付高薪普遍被人们接受,但置业绩而不顾,高管高薪"旱涝保收"却广受诟病。研究人士建议,对高管薪酬应设置上限,并让薪酬与业绩挂钩,实施薪酬追回制度。

"穷股东富管家"怪相

通常,高管们总是拿着高薪,但是他们的高薪与业绩相匹配吗?薪酬是否随业绩调整而调整?

从上市公司来看,数据显示,股市从2007年10月创下6124点的历史高点,到2014年徘徊于2000多点,上证综指在过去近7年中跌去约2/3,而上市公司高管薪酬过去5年增长了20%。有人士梳理了相关数据,以山东的上市企业为例,100多家上市鲁企的高管薪酬高低并非完全取决于业绩好坏。据说,山东前三名高管年薪总和超过500万元的上市公司共有6家。其中,晨鸣纸业以总额1 130.73万元拔得头筹,董事长兼总经理陈洪国的年薪为500万元,在经营班子总薪酬排行中,晨鸣纸业也以超过2 000万元的"天价"领跑山东上市公司。但该经营班子的成绩却不尽如人意,净利润与总薪酬比值仅为31.75,

“性价比”仅位列100多家上市鲁企中的第106位。

企业业绩好，总经理薪酬自然水涨船高，但常年亏损却仍拿高薪的总经理也不在少数。有人士专门分析了A股市场上市公司2013年的年报，在一些净利润出现亏损的上市公司中，不少高管年薪仍然维持高位，甚至有些上市公司管理层薪酬总额超过其当年归属于上市公司股东的净利润。比如，圣莱达、顺荣股份和道博股份3家上市公司的高管年薪，超过其全年净利润的49%、47%和43%。人们把这种现象称为“穷股东富管家”。

“穷股东富管家”现象不少。分析人士指出，在去年高薪前100名的公司中，业绩同比下滑的有19家，其中9家还是营收和净利双双下滑。其中，梅雁吉祥2012年管理层年度报酬合计714.5万元，到2013年翻升至1 367.3万元，近乎翻倍，但与高管涨薪相对应的是，梅雁吉祥2013年营收和净利分别同比下滑18.93%和27.19%。证监会主席肖钢曾公开表示，目前我国上市公司现金分红占净利润比例大概为25%，明显低于成熟市场的40%，平均年化股息率更是低于2%。

高薪高效，高薪养廉？

薪酬越高，工作表现越好，就高管而言，薪酬越高，其带领的企业应该业绩更好，这是人们的惯常思维。然而，事实却并不全是这样。

近日，一项调查显示，总体来看，CEO薪酬越高，公司在接下来三年里的表现就越糟，无论他们是处于薪酬范围的最高端还是最低端，皆是如此。该调查的作者之一、美国犹他大学大卫·埃克尔商学院的迈克尔·库珀说：“CEO薪酬越高，公司在接下来3年里的表现就越糟，包括股价表现和财务表现。”

据悉，库珀和两位分别来自普渡大学和剑桥大学的教授分析了大量数据，涉及1 500家市值最高的公司。他们同时还研究了较长时期内(1994年至2013年)以3年为一个时间段的薪酬与公司业绩之间的关系。他们的研究结论令人吃惊：在CEO薪酬最高的150家公司，CEO拿高薪的负面效应最为明显。总的来说，CEO薪酬处于薪酬范围前10%的公司表现最糟。有多糟？这些公司的股东回报比同行少10%。这项调查还清楚地显示，在薪酬范围的高端，CEO薪酬越高，公司的表现就越糟。在最高端，也就是CEO薪酬处于薪酬范围的前5%，公司业绩比同行平均差15%。

高薪不等于高效，那么高薪能否养廉？

薪酬作为有效的激励手段，起到的往往是调动人们积极性的正面作用，高薪养廉理念也为人们所普遍认同。然而，对于企业高管而言，高薪似乎并不总能养廉。信息显示，党的十八大以来，多位副厅级以上国企高管落马，中石油、中移动、中海运、中远洋等无一幸免。但这些国企高管薪酬却不低，甚至企业业绩亏损时，一些高管也只顾自己的口袋，依然拿高薪。据说，原中远集团副总裁、执行董事徐敏杰在中远巨亏百亿时依然将490万元的高薪放入口袋，此人受调查后，传其贪污受贿案涉及38套房产、900万美元现金。只顾自己的腰包，岂能给企业带来高效益？何为良策？

“高管等于高薪，即使不赚钱也能拿工资，这种不合理的薪酬制度必须改变。”许多人士这样呼吁。高管作为高级企业管理者，其收入的取得理应体现公平，体现激励作用，不可置公司业绩于不顾而“旱涝保收”。那么,高管薪酬如何才能更合理?

目前,对于国企,我国已经开始有了动作。据悉,2013年年底,人社部完成了对国有企业高管的全面调研。日前,人社部等六部门联合出台了《关于进一步规范中央企业负责人薪酬管理的指导意见》,明确规定央企高管基本年薪与上年度在岗职工平均工资“相联系”,绩效年薪根据年度经营业绩考核结果确定,这是我国首次对所有行业央企发出高管“限薪令”。国资委主任张毅也在一次会议上指出,要合理确定并严格规范国有企业管理人员薪酬水平。探索采取业绩股票、股票期权、限制性股票、岗位分红权等激励方式,进一步完善与业绩考核紧密挂钩的任期激励和中长期激励机制,健全与激励机制相配套的财务审计、信息披露、延期支付、追索扣回等约束机制,同时严格规范国有企业管理人员的职务待遇、职务消费、业务消费。

西方的限薪政策可供借鉴。有研究人士指出,我国的上市公司高管薪酬制度,学习的是西方特别是美国的薪酬设计,但是西方已经开始反思企业高管薪酬过高的弊端。金融危机以后,美国总统宣布一组高管薪酬限制令:凡是接受美国政府“额外援助”的企业,其高管薪酬必须执行50万美元的上限封顶,并且严格限制对离职高管在离任后可领取巨额薪酬的“金色降落伞”政策,以及披露公司的一切奢侈消费。欧洲也对高管高薪采取了行动。欧盟委员会日前表示,将要求欧洲1万家上市公司举行约束性投票,并讨论普通员工与高管薪酬之间适宜的比例。新政策拟规定,上市公司高管的薪酬必须通过股东的批准,并对金额设置上限。

有研究人士建议高管薪酬与业绩挂钩,并实施薪酬追回制度。如果业绩不理想却给了高管高薪,应当予以追回。薪酬追回制度不但可以起到事后弥补的作用,也能激励高管从更长远的角度经营好公司,避免产生短期行为。以上市公司为例,财务专家马靖昊表示,上市公司高管薪酬通常与企业当年的销售额、净利润、净资产收益率、现金流量、每股收益等指标挂钩。但从我国上市公司高管薪酬的依据来看,大部分规定较为笼统,缺少严格、量化的标准,并不能真正与高管绩效联系起来。至于具体做法,马靖昊说:“让中小股东拥有评判上市公司高管薪酬是否合理的话语权,一旦薪酬委员会制定的标准被股东投票说‘不’,该薪酬标准应该无效。”

资料来源:王冬梅.高管薪酬理应更具激励性.组织人事报,2014-7-1.

参考文献

1. 约瑟夫 · J.马尔托奇奥.战略薪酬管理. 杨东涛,钱峰,译.5版.北京:中国人民大学出版社,2010.
2. 孙会峰.战略性人力资源管理.北京:电子工业出版社,2013.
3. 杨百寅,韩翼.战略性力资源管理.北京:清华大学出版社,2013.
4. 米尔科维奇,纽曼.薪酬管理.成得礼,译.9版.北京:中国人民大学出版社,2008.
5. 李志畴.薪酬体系设计与管理实务.南京:凤凰出版社,2012.
6. 刘昕.薪酬管理.2版.北京:中国人民大学出版社,2007.

7. 赵永乐,王全蓉,陈丽芬,薄赋徭.人力资源管理概论.2 版.上海:上海交通大学出版社,2010.

8. 李军.现代企业战略性薪酬及其绩效研究.北京:经济科学出版社,2010.

9. 方振邦.战略性人力资源管理.北京:中国人民大学出版社,2010.

10. 葛玉辉.薪酬管理实务.北京:清华大学出版社,2011.

11. 文跃然.人力资源战略与规划.上海:复旦大学出版社,2007.

12. 宋培林.战略人力资源管理:理论梳理和观点述评.北京:中国经济出版社,2011.

13. 雷蒙德 · A.诺伊,约翰 · 霍伦拜克,拜雷 · 格哈特,帕特雷克 · 莱特.人力资源管理:赢得竞争优势.刘昕,译.3 版.北京:中国人民大学出版社,2001.

14. 王云昌.人力资源管理.南京:河海大学出版社,1900.

15. 王少东,吴能全,余鑫.薪酬管理.北京:清华大学出版社,2009.

第八章　战略性人力资源培训与开发

学习目标

1. 理解培训与开发的概念
2. 认识人力资源培训流程
3. 了解如何确定员工的培训需求
4. 掌握不同的战略下培训的重点
5. 了解人力资源培训与开发的基本方法

开篇案例

员工培训能使公司成功

美娜湖公司是一个位于L旅游城市，拥有3 000间客房的酒店的度假村。美娜湖度假村拥有并经营着三家娱乐公司（美娜公司、金块公司和宝岛公司），每年都会吸引3 000万左右的游客。由于L城市还有其他89家酒店，再加上L市还有几家国际性娱乐集团公司，因此，娱乐业的市场竞争非常激烈。美娜湖度假村是一家非常成功的企业，在过去几年中，公司投资者的投资回报率每年达到22%，公司是L市最令人羡慕的企业。该公司的酒店始终保持着98.6%的入住率，而当地其他酒店则为90%。

美娜湖度假村成功的关键是什么呢？它主要是以高质量的服务来赢得顾客的回头率。宝岛公司45%的收入和美娜公司55%的收入来源于到L市度假游客的客房出租。回头客在美娜湖度假村成功经营中起到至关重要的作用，公司认为客户服务的关键在于员工的热诚。

除招聘最好的员工外，公司还为他们营造良好的工作环境，并让其从事感兴趣的工作，同时美娜湖度假村还将员工的培训放在公司经营的首要位置。为了开发自己的人力资源（包括培训），公司研究了200多家包括酒店和生产型企业在内的企业人力资源管理活动，探索员工的成功行为、无效行为，以拟订培训基准。研究结果使公司认识到培训的重要性，因此，公司每年用于培训的支出大约为1 000万元。美娜湖度假村之所以投资于员工培训，不仅是为了提高员工的专业技能，而且是为他们在美娜的职业生涯发展做准备。例如，通过培训使员工掌握职业成功所必需的关键技术和战略，以此来更好地服务客户。公司还制定了工作说明书，详细说明了每项工作的职责和最低任职资格要求。这种说明书不仅能满足员工选择感兴趣的职业的需要，还为员工提供了L市

5亿元的在建旅游项目的需求岗位信息。此外,美娜公司还投资于提高雇员非工作时间里的生活质量的培训。培训课程有如何贴墙纸、营养学以及个人理财等。美娜湖度假村确信通过这些培训,雇员能更好地安排业余时间,以促使他们能够全心全意地完成公司的本职工作。

除了员工的培训,公司的经理人员也被要求接受培训。这种培训教会经理如何营造一个适宜的工作环境。对经理培训的重点在于:经理们不仅要告诉员工做些什么,而且要让员工知道为什么这么做。这一切使美娜湖度假村中的人际关系也非常融洽。

美娜湖度假村的成功经验表明:培训商业企业的工作效率和竞争力起着重要的作用。美娜湖度假村的培训通过让员工学习所需知识、技能,并激励他们与公司一起发展,使公司能够提供让顾客满意的服务,能够在同行业中赢得并保持了一定的市场份额,由此获得竞争优势。公司还将培训与公司其他的人力资源管理活动如招聘、遴选、工作设计、职业生涯管理等结合起来,从公司的战略经营角度出发开展员工培训,以使其更为有效。

第一节 人力资源培训与开发概述

一、培训与开发的定义和类型

企业要更好地适应复杂多变的环境,必须越来越多地依靠员工的综合素质。提高员工综合素质的途径是以战略为导向的人力资源培训和结合员工的职业生涯规划进行的开发活动。

当前主要三种培训与开发活动为新员工的入职培训、管理技能开发、对员工的业务培训。

培训是指组织为提高员工学习与工作相关的胜任能力而开展的有组织、有计划、有目的的培养和训练活动。培训使员工的知识、技能与态度明显提高与改善,由此能够帮助企业提高效益,获得竞争优势。

培训的类型从不同角度可分为:在职培训和脱产培训;岗前培训(新员工培训)和在职培训;技能培训和素质培训;长期培训和短期培训;内部培训和外部培训;高级、中级和初级培训等。

开发是指提升员工的劳动技能、生理素质、心智水平、道德修养等素质,有助于未来发展的所有措施。开发的类型则有正规教育、职业生涯规划、人际互助和个性与能力测评等。

培训和开发的关注点不同,如表8-1所示。

表 8-1　培训和开发的关注点

关注点	培训	开发
侧重点	当前	未来
工作经验的运用	低	高
目标	着眼于当前的工作	着眼于未来的变化
参与	强制	自愿

二、培训与开发的目的与意义

与一般性培训不同,以战略为导向的人力资源培训是与组织的使命、核心价值观、愿景、战略等协调一致的培训,要求管理者树立整体与全局观念,在了解整个组织运作原理和各个部门之间关联性的基础上,促使员工提高与组织使命及战略相一致的能力,以顺利实现组织的职能与发展目标。从战略的角度培训员工,可以保证企业员工的培训需要与企业战略相适应。

培训与开发的目的可分为四个层次:

(1) 提升本职工作所需的知识、技能、态度、行为。

(2) 提高工作灵活性和解决问题的能力,使团队更加协调地工作。

(3) 确保高效率工作和高工作绩效,满足个人发展需要。

(4) 全面提高员工素质,构建核心竞争力和战略优势。

员工培训的重要意义体现在以下方面:

(1) 能提高员工的职业能力。在能力培训方面,传统上的培训重点一般放在基本技能与高级技能两个层次上,但是未来的工作需要员工更广博的知识,培训员工学会知识共享,创造性地运用知识来调整产品或服务的能力。同时,培训使员工的工作能力提高,为其取得好的工作绩效提供了可能,也为员工提供更多晋升和较高收入的机会。

(2) 有利于企业获得竞争优势。面对激烈的国际竞争:一方面,企业需要越来越多的跨国经营人才,为进军世界市场做好人才培训工作;另一方面,员工培训可提高企业新产品研究开发能力。员工培训就是要不断培训与开发高素质的人才,以获得竞争优势,这已为人们所认识。尤其是人类社会步入以知识经济资源和信息资源为重要依托的新时代,智力资本已成为获取生产力、竞争力和经济成就的关键因素。企业的竞争不再依靠自然资源、廉价的劳动力、精良的机器和雄厚的财力,而主要依靠知识密集型的人力资本。员工培训是创造智力资本的途径。智力资本包括基本技能(完成本职工作的技术)、高级技能(如怎样运用科技与其他员工共享信息,使其对客户和生产系统有所了解)以及自我激发创造力。因此,这要求建立一种新的适合未来发展与竞争的培训观念,提高企业员工的整体素质。

(3) 有利于改善企业的工作质量。工作质量包括生产过程质量、产品质量与客户服务质量等。毫无疑问,培训使员工素质、职业能力提高,将直接提高企业工作质量。培训能改进员工的工作表现,降低成本;可增加员工的安全操作知识,规范生产安全规定;提高员工的劳动技能水平；增强员工的岗位意识，增加员工的责任感。因此企业应加强对员工敬业精神、安全意识和知识的培训。

（4）有利于高效工作绩效系统的构建。在21世纪，科学技术的发展导致员工技能和工作角色的变化，企业需要对组织结构进行重新设计（如工作团队的建立）。今天的员工已不是简单接受工作任务，提供辅助性工作，而是参与提高产品与服务的团队活动。在团队工作系统中，员工扮演着许多管理性质的工作角色。他们不仅具备运用新技术获得提高客户服务与产品质量的信息、与其他员工共享信息的能力，还具备人际交往技能和解决问题的能力、集体活动能力、沟通协调能力等。尤其是培训员工学习使用互联网及其他用于交流和收集信息工具的能力，可使企业工作绩效系统高效运转。

（5）满足员工实现自我价值的需要。在现代企业中，员工的工作目的更重要的是实现“高级”需求——自我价值实现。培训教给员工新的知识与技能，使其能适应或能接受具有挑战性的工作与任务，实现自我成长和自我价值，这不仅使员工在物质上得到满足，还能获得成就感。

培训和开发要注意以下几点：

（1）学习目的。学习的能力必须和学习的动机或目的相连。

（2）总体学习。给受训者整体印象和注意力建议。

（3）强化。人们倾向于重复那些给他们带来正效用的行为，而回避那些可能带来不好结果的行为。

（4）行为修正，包括正强化、负强化、惩罚和废除。一个拿到了自己希望的奖励的人就接收到了正强化；努力避免一个他所不愿看到的结果时，就会出现负强化；惩罚是用于使员工不要有不好行为；废除，就是希望没有得到强化的行为不要重复出现。

（5）及时确认。培训后若能尽快进行强化，那么学习效果会更佳。

（6）实践。① 行为模仿；② 主动实践；③ 间断性实践与一体性实践；④ 学习曲线。

（7）培训转移。① 受训者必须能够掌握在培训中学到的东西并将之应用于他们实际工作的过程中；② 学到的东西在经过一段时间后，在工作中必须还能发挥作用。

第二节 人力资源培训流程

一、需求评估

（一）培训需求分析的必要性

培训前首先要进行培训需求分析，以确定培训是否必要。通常是先寻找组织绩效问题产生的原因，如果绩效差距是由员工的知识、技能或态度方面缺失造成的，则可以通过培训方式解决。通过培训需求分析还可以了解员工个人需求，赢得组织成员的支持；同时建立信息资料库，为培训效果评估做准备。

培训需求分析包括三个层次：组织分析、人员分析、任务分析。组织分析是从战略、资源考虑哪些地方需要培训，实施培训的环境和条件如何。组织分析用来确认培训是否符合公司的战略目标以及公司是否具有进行培训所需要的资金、时间和培训背景。人员分析是分清员工是不想干还是干不好，谁需要被培训，需要哪些培训。任务分析则要搞清为了有效地完成工作必须做什么。图 8-1 是培训需求评估的原因和成果。

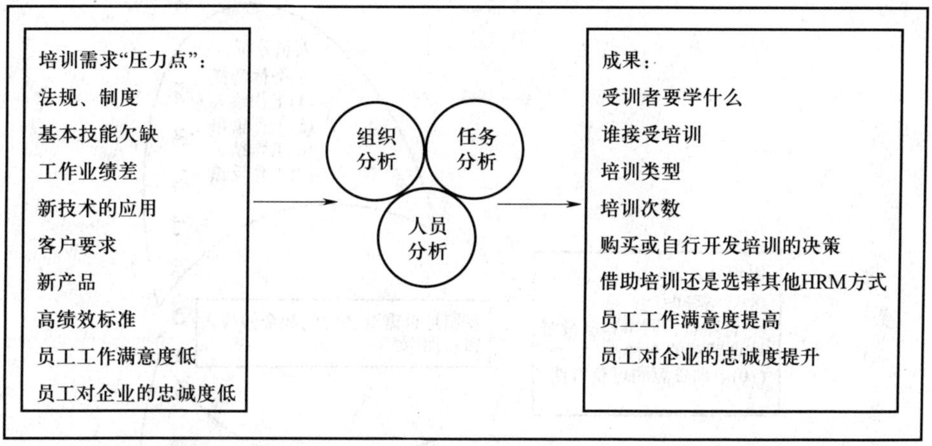

图 8-1　培训需求评估的原因和成果

参加培训需求评估的人员应是多方面的，包括高层管理者、中层管理者、员工本人、人力资源部工作人员、同事、客户等。

（二）培训需求评估方法

培训需求评估的传统方法有：

（1）访谈法。访谈法是通过与被访谈人进行面对面的交谈来获取培训需求的信息。访谈法有利于发现培训需求的具体问题以及解决方法，但比较费时，需求高水平的访问者。

（2）问卷调查法。问卷调查法是以标准化的问卷形式列出一组问题，要求调查对象就问题进行打分或做出是非选择。费用低廉，可从大量人员那里收到数据，易于归纳总结。但质量不能保证，回收率可能会低。

（3）观察法。观察法需要高水平的观察者进行现场观察，一般适用于易被直接观察和了解的工作，工作人员必须对要进行观察的员工所从事的工作有深刻的了解。

（4）关键事件法。通过整理记录的文件，用以发现生产过程和企业活动情况中潜在的培训需求；客观性较强，是关于工作所包含任务的理想的信息来源。

（5）绩效分析法。通过绩效差距发现培训压力点。

（6）经验预计法。根据已出现的问题或招收新员工、引进新设备、提拔晋升、组织重组和变革时，通常需要培训。

新兴的培训需求分析方法是基于胜任力的素质模型分析法，也称胜任力模型（competency model）。素质是指雇员通过达到目标或完成任务来胜任某项工作所需的个人才能，包括知识、技能、态度、价值观、个性特征。素质模型是确定完成每项工作所需的素质及与之相应的知识、技能、行为方式、个体特征。

（三）培训需求评估的过程

培训需求分析包括组织分析、人员分析、任务分析（见图 8-2）。从时间上并不分先后。

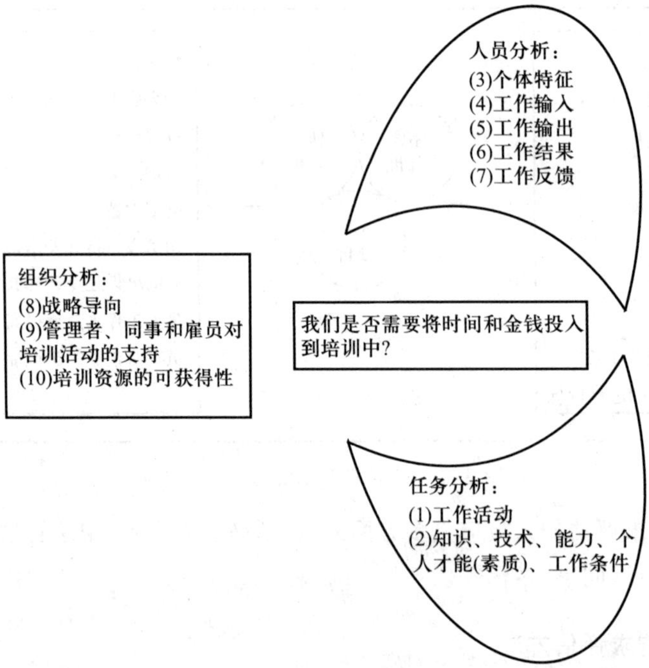

图 8-2 培训需求评估过程

1. 组织层面需求分析

（1）组织目标分析。企业发展战略对培训需求分析的主要作用在于它明确指出了企业希望员工拥有什么样的专长与技能，从而为企业确定培训与开发战略指明了方向。① 组织资源分析。企业可在现有人员技能水平和预算基础上，利用内部咨询人员对相关的员工进行培训。如果企业缺乏必要的时间和专业能力，也可以从咨询公司购买培训服务。目前已有越来越多的企业通过投标的形式来确定为本企业提供培训服务的供应商或咨询公司。② 管理者、同事和雇员对培训活动的支持程度。大量研究表明，员工与管理者对培训的支持是非常关键的。培训成功关键要素在于：受训者的上级、同事对其受训活动要持积极态度，并同意向受训者提供关于任何将培训所学的知识运用于工作实践中的信息；受训者将培训所学习的知识运用于实际工作之中的概率较高。

（2）组织特质与环境分析。主要包括：文化特质；系统特质；资讯传播特质。

2. 任务层面需求分析

任务分析包括任务确定及对需要在培训中加以强调的知识、技能和行为进行的分析。任务分析的结果是有关工作活动的详细描述，包括员工执行任务和完成任务所需的知识、技术和能力的描述。主要研究具体任职人的工作行为与期望的行为标准，找出其间的差距，从而确定需要接受的培训。

3. 人员层面需求分析

通过分析个人考核绩效记录和员工的自我评量、态度评量，进行知识技能测验，考虑员工目前绩效水平与预期工作绩效水平来判断是否需要培训，并通过分析员工的个体特征、工作输入、工作输出、工作结果、工作反馈，分析出其受训准备。最后明确培训是不是解决问题的最佳方案。

（1）分析个体特征。分析员工是否具有完成工作所应具备的知识、技术、能力和态度。个体特征包括：① 基本技能，指雇员完成工作和学习培训项目内容所需的技能，包括认知能力、阅读和写作能力。② 自我效能，指雇员对自己能够胜任工作或成功的学习培训内容的一种自信。③ 对培训需要、职业兴趣和目标的意识。为了激励雇员参加培训项目的学习，必须使他们清楚地意识到自己的技术优势和劣势，以及培训项目与克服这些劣势之间的联系。

（2）分析员工的工作输入，即分析员工是否得到一些指导，如应该干些什么、怎样干和什么时候干等，如果员工有工作必备的知识、能力、态度和行为方式，但缺少必要的指导，其绩效水平也不会高。

（3）分析员工工作输出，即分析员工是否了解工作的目标。有时员工不能达到标准要求的业绩表现，其重要的原因之一是员工不知道他们应该达到什么样的绩效水平。

（4）分析员工工作结果。如果不知道业绩表现好而受到的各种奖励措施，或员工认为绩效奖励不具有激励作用，那么他们就不愿执行绩效标准，而且团队行为也不会鼓励员工执行绩效标准。

（5）分析员工工作反馈，即分析员工是否能得到执行工作中的有关信息。如果员工在工作中没人定期向其反馈工作表现，或者说员工知道怎样做，但不知道自己做得怎样，其绩效水平也会出现问题及缺乏学习动机。

只有在以上分析的基础上才能制定具体的培训项目。

二、方案设计

培训方案的设计是培训目标的具体操作化，即目标告诉人们应该做什么，如何做才能完成任务、达到目的。方案设计必须考虑培训乃是一种学习，要遵循各种学习理论，并营造一种合适的氛围，促进培训成果的转化。

（一）学习理论

1. 强化理论

强化理论认为，人们受到激励去实施或避免某些行为是由于这些行为过去导致的结果。强化理论包括以下几个过程:正强化是对满意行为成果的加强,负强化是对不良结果的排除。通过正向和负向强化根除一种行为的过程称为消失。惩罚是在某种行为之后展示不良后果,由此导致该行为的减少。

从培训的角度看,为了让员工获得知识、改变行为方式和调整技能,培训者要知道学习者认为哪些成果属于正向成果,哪些属于反向成果,然后培训者要将这些成果与学习者知识和技能的获取或行为的改变联系起来。

2. 目标理论

目标设定理论认为,一个人的行为方式是由其有意识的目标和意图决定的。目标会通过引导精力和注意力的分配,支持长时间的努力,激励个人为达到目标而进行战略开发来影响行为方式。具体的、具有挑战性的目标比模糊的、没有挑战性的目标更能激发高水平的绩效。

在员工培训时,为员工提供具体的、富有挑战性的目标有助于学习。

3. 需求理论

需求理论解释了员工对某一种学习成果的价值取向。马斯洛需求层次理论将需求分为五种,像阶梯一样从低到高,按层次逐级递升,分别为:生理上的需求、安全上的需求、情感和归属的需求、尊重的需求、自我实现的需求。

在培训过程中,为激励学习,培训者应该了解受训者的需求并使培训内容与这些需求相一致,如果员工某些基本的需求未被满足,它们就可能成为学习的动力。

4. 期望理论

期望理论认为一个人的行为基于三个因素:行为预期、实现手段和效价。从培训的角度看,期望理论说明学习最有可能在以下情况下发生,即员工相信自己能够完成培训项目内容(行为期望),学习与更高的工作绩效、加薪、同事的认同等成果有关(实现工具),而且雇员认为这些成果有价值。

在培训员工的时候,我们要了解学习周期及受训员工的年龄,营造一个良好的学习环境并且开发满足受训员工偏好的培训材料。

(二) 培训转化理论

设计的培训方案还要遵循转化理论,以确保培训成果的转化。

培训转化理论包括:

(1) 同因素理论。培训转化只有在受训者所执行的工作与培训期间所学内容及环境完全相同时才会发生。受训者的转化力(即受训者将所学技能准确运用于工作上的能力),对培训成果能否转化至关重要。

(2) 激励推广理论。培训计划的构建强调最重要的特征或基本原理。应用此理论,受训的远程转化能力至关重要。远程转化即工作环境与培训环境有差异时,受训者在工作环境中应用所学技能的能力。

(3) 认知转换理论。培训的转化力如何主要取决于受训者恢复所学技能的能力。

(4) 自我管理战略。个人对自己的培训方向的决策及行为方式的控制。

培训方案的设计在遵循学习理论和转化理论的基础上,主要包括以下内容:选择设计适当的培训项目;确定培训对象;培训项目的负责人,包含组织的负责人和具体培训的负责人;培训的方式与方法;培训地点的选择;根据既定目标,具体确定培训形式、学制、课程设置方案、课程大纲、教科书与参考教材、培训教师、教学方法、考核方法、辅助器材设施等。

制定培训方案必须兼顾企业具体的情况,如行业类型、企业规模、客户要求、技术发展水平与趋势、员工现有水平、政策法规、企业宗旨等,最关键因素之一则是企业领导的管理价值观和对培训重要性的认识。

三、培训实施

培训实施是员工培训系统关键的环节。在实施员工培训时,培训者要完成许多具体的工作任务。

员工接受培训的过程也是一个学习的过程,为使员工在培训过程中得到更好的培训,并保证培训成果的转化,必须结合学习理论和转化理论来进行学习环境的营造,并营造支持型的工作环境。受训者缺乏上级和同事的支持,那么让受训者改变工作行为的意图是不会成功的。有效的途径就是由高层在企业内长期倡导和学习,将培训的责任归于一线管理者。同时,企业可建立考核制度,将培训纳入考核中去,使所有的管理者有培训下属的责任。这样,受训者得到上级和同事的支持时,培训效果能够很好地转化。

要保证培训的效果与质量,必须把握以下几个方面:

1. 选择和准备培训场所

选择合适的培训场地是确保培训成功的关键。

首先,培训场地应具备交通便利、舒适、安静,独立而不受干扰,为受训者提供足够的自由活动空间等特点。

其次,培训场地的布置应注意一些细节,检查空调系统以及临近房间、走廊和建筑物之外的噪音;场地的采光、灯光与培训的气氛相协调;培训教室结构选择方形,便于受训者看、听和参与讨论;教室的灯光照明适当;墙壁及地面的颜色要协调,天花板的高度要适当;桌椅高度适当,椅子最好有轮子,可旋转便于移动等;教室电源插座设置的数量及距离要适当,便于受训者使用;墙面、天花板、地面及桌椅反射适当或影音能保持合适的清晰度和音量。

最后,注意座位的安排,即应根据学员之间及培训教师与学员之间的预期交流的特点来布置座位。一般扇形座位安排对培训十分有效,不仅便于受训者从各角度观看,也便于受训者从倾听讲座转向分组实践,还便于受训者相互交流。当然,也可根据培训目的与方法来布置教室。如果培训主要是获取知识,讲座和视听演示为主要培训方法,那么传统教室的座位安排就比较合适。总之,选择和准备培训场所应以培训效果为目的。

2. 课程描述

课程描述是有关培训项目的总体信息,包括培训课程名称、目标学员、课程目标、地点、时间、培训的方法、预先准备的培训设备、培训教师名单以及教材等。它是从培训需求分析中得到的。

3. 课程计划

详细的课程计划非常重要,包括培训期间的各种活动及其先后秩序和管理环节。它有助于保持培训活动的连贯性而不论培训教师是否发生变化;有助于确保培训教师和受训者了解课程和项目目标,课程计划包括课程名称、学习目的、报告的专题、目标听众、培训时间、培训教师的活动、学员活动和其他必要的活动。

4. 选择培训教师

员工培训成功与否与任课教师有着很大关系。特别是 21 世纪的员工培训,教师已不仅仅是传授知识和技能,而且是受训者职业探索的帮助者。企业应选择那些有教学愿望,表达能力强,有广博的理论知识、丰富的实践经验、扎实的培训技能,热情且受人尊敬的人为培训教师。

5. 选择培训教材

培训教材一般由培训教师确定。教材有公开出版的、企业内部的、培训公司的以及教师自编的四种。培训教材应该是对教学内容的概括与总结,包括教学目标、练习、图表、数据以及参考书等。

6. 确定培训时间

适应员工培训的特点,应确定合适的培训时间,如何时开始、何时结束,每个培训周期培训的时间等。

7. 选择培训方法

培训效果如何在很大程度上取决于培训方法的选择。员工培训的方法有很多种,不同的培训方法具有不同的特点,其自身也是各有优劣。要选择到合适有效的培训方法,需要考虑到培训的目的、培训的内容、培训对象的自身特点及企业具备的培训资源等多种因素。(详情可参见下一节内容。)

8. 选择培训供应商

方法有:发出本公司的培训需求征询建议书;询问供应商的经验、成功案例;提出本公司的个性化需求。

9. 促进培训成果转化

培训成果转化是指受培训者能够持续有效地将其在培训中获得的知识、技能、行为和态度运用到工作中,从而使培训项目发挥最大价值的过程。

10. 确保培训成果转化

培训成果转化过程模型如图 8-3 所示。

有利于培训成果转化的一些措施包括:

(1) 自我管理战略。

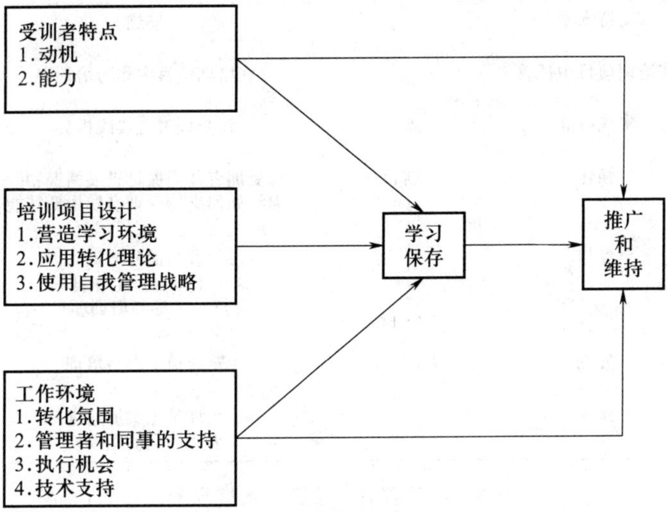

图 8-3 培训成果转化过程模型

① 判断在工作中应用新掌握的技能可能得到的支持和带来的负面作用。

② 设置应用所学技能的目标。

③ 在工作中应用所学新技能。

④ 自我监督所学技能在工作中的应用。

⑤ 自我强化。

(2) 争取管理者和同事的支持。

在进行培训成果的有效转化中,不仅要坚持“自我管理战略”,还要重视同事和管理者的支持。在培训过程中肯定会出现很多问题,来自同事和管理者的支持有助于从各个不同的角度去看待问题,同事和管理者的支持也可以保证培训活动和培训成果转化过程的开展更为顺利和有效。

① 管理者支持。管理者支持表现为两方面:一是对参加培训项目的重视程度;二是对培训成果在工作中应用的重视程度。可以采取一些办法获得管理者的支持:a. 向管理者简单介绍培训项目的目的以及它与经营目标和经营战略的关系。b. 鼓励受训者将他们在工作中遇到的难题带到培训中去,可将其作为实践练习材料或列入行动计划。c. 与管理者共享从以前的参与者那里收集到的关于培训收益的信息。d. 培训师可安排受训者与他们的上司共同完成行动计划。管理者对培训的支持水平如图 8-4 所示。

在培训的过程中可以通过在受训者之间建立支持网络来促进培训成果的转化,受训者可以通过支持网络共享在工作中应用培训内容的成功经验。同时,培训者可以利用内部简讯来指导受训者进行培训成果转化,这个时候作为有培训经验的雇员可以作为同事提供支持与培训转化问题相关的建议和支持。

② 同事支持。受训者之间可以建立支持网来增加培训成果转化。

(3) 增加应用所学技能的机会。

对刚刚接受完培训的受训者的工作进行重新设计,给予受训者在工作中运用其新技

支持水平		描述
在培训项目中任教		在培训项目中作为培训者
实践技能	高	让受训者有实践机会
强化	（支持） ↑	与受训者共同探讨进展情况；并询问如何支持受训者使用新技能
参与	↓	参与部分培训 通过重新安排工作日程，支持员工参与培训项目
鼓励	低 （支持）	赞成员工参与培训
接受		允许员工参加培训 承认培训的重要性

图 8-4　管理者对培训的支持水平

术、新能力的机会与平台，使他们能够将在培训中学习到的技能运用到工作当中去。受训者上司应保证让其在工作中广泛、有深度、经常性地使用在培训中所学技能，尤其是培训中具有挑战性的内容，同时保证受训者有实践的机会。还可以配合晋升机制。

（4）建立学习小组。

无论是从学习的规律还是从转移的过程来看，重复学习都有助于受训者掌握培训中所学的知识和技能，对一些岗位要求的基本技能和关键技能则要进行过度学习，如紧急处理危险事件程序等。此外，建立学习小组有助于员工之间的相互帮助、相互激励和相互监督。

（5）技术支持。

可以应用电子执行系统（EPSS），按要求提供技能培训技术支持。

四、培训评估与控制

培训评估是一个运用科学的理论、方法和程序，从培训项目中收集数据，并将其与整个组织的需求和目标联系起来，以确定培训项目的价值和质量的过程。培训效果评估是一个完整的培训流程的最后环节，既是对整个培训活动实施成效的评价与总结，同时评估结果又是以后培训活动的重要输入，为下一个培训活动确定培训需求提供了重要信息。培训效果评估具有建设性和总结性的作用。培训评估的建设性作用在于有助于完善培训的规划，提高培训的管理水平和实际效果，提高培训工作的效率；培训效果评估的总结性作用在于评估能帮助人们对特定培训项目的必要性做出科学的评价，从而决定这一特定的培训项目是继续下去还是终止。同时，如果某一培训项目被确认为效益不佳，培训效果评估还可以帮助人们在不同的培训之间做出抉择。总之，在运用科学的方法和程序获取培训活动的系统信息的前提下，培训效果评估能够帮助企业决策者做出科学的决策，提高培训项目的管理水平，并确保培训活动实现所制定的目标。

（一）培训评估层次

根据培训评估的逐级深入程度，将培训评估分为以下四个级别：一级评估，反应层评估；二级评估，学习层评估；三级评估，行为层评估；四级评估，结果层评估。不同评估级别的评估重点、评估涉及的问题具体见表8-2。

表8-2 培训评估层次

评估级别	评估重点
一级评估：反应层评估	了解受训学员对培训项目的反应及评价
二级评估：学习层评估	了解受训学员对知识、技能、态度、行为的掌握程度
三级评估：行为层评估	了解受训学员培训后在实际工作中的变化（判断所学知识、技能对工作的影响）
四级评估：结果层评估	了解产生的效果

柯克帕特里克的四层次评估标准框架如图8-5所示：

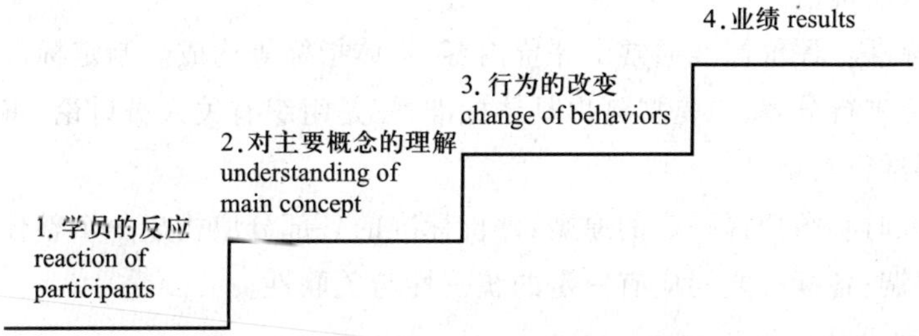

图8-5 柯克帕特里克的四层次评估

更新的研究结果认为，培训效果评估的指标包括认知成果、技能成果、情感成果、绩效成果和投资回报率。认知成果可用来衡量受训者对培训项目中强调的原理、事实、技术、程序或过程的熟悉程度；技能成果用来评估技术或运动技能，以及行为方式的水平，包括技能的获得及学习与技能在工作中的应用两个方面；情感成果包括态度和动机在内的成果；绩效成果用来判断项目给企业带来的回报，表现在企业成本节约、产量增加以及产品或顾客服务质量的改善等；投资回报率指培训的货币收益和培训成本的比较，培训成本包括直接和间接成本，收益则指公司从培训计划中获得的价值。

（二）培训评估工作

培训评估一般包括五个方面的工作：确定培训项目评价标准、评价方案设计、培训控制、对培训的评价、对培训结果的评价。

1. 确定评价标准

为评价培训项目，必须明确根据什么来判断项目是否有效，即确立培训的结果或标准。只有目标确定后才能确定评价标准，标准是目标的具体化，又称为目标服务。

(1) 培训成果的确定。培训结果可以划分为五种类型:认知成果、技能成果、情感成果、绩效成果以及投资净收益。

① 认知成果。它可用来判断受训者对培训中强调的原则、事实、技术、程序等的熟悉程度,也是衡量受训者从培训中掌握了哪些知识的指标。通常可用书面测验的方法来评价。

② 技能成果。它是用来评价受训者的技术及行为的一种指标,包括技能的获得或学习和技能的在职应用(技能转化)两方面,两者都可以通过观察来评价。

③ 情感成果。它包括受训者的态度和动机两个方面的内容。情感成果的一种类型是受训者对培训项目的反应。反应性成果是指受训者对培训设施、培训者以及培训内容的感知。对反应性成果的评价可通过受训者填写问卷得到,这种信息对于确定哪些因素有利于学习,哪些因素阻碍学习是很有用的。

④ 绩效成果。它可用来判断项目给企业带来的回报,表现在企业成本节约、产量增加以及产品或顾客服务质量的改善等方面。

⑤ 投资净收益。它是对培训所产生的货币收益与培训的成本进行的比较,反映企业从培训中所获得的价值。

(2) 评价标准。评价标准通常由评价内容、具体指标等构成。制定标准的具体步骤:一是对评价目标进行分解;二是拟订出具体标准;三是组织有关人员讨论、审议,征求意见加以确定;四是试行与修订。

在确定标准时必须把握一定的原则:评价标准的各部分应构成一个整体;各标准之间要相互衔接、协调;各标准之间应有一定的统一性与关联性。

2. 评价方案设计

企业可以采用不同的评价设计来对培训项目进行评价。主要有以下几种:

(1) 小组培训前和培训后的比较。即将一组受训者与非受训者进行比较。对培训成果的信息要在培训之前和之后有针对性地进行收集。如果受训者组的绩效改进大于对比组,则培训有效。

(2) 参训者的预先测验。它是让受训者在接受培训之前先进行一次相关的测试,即实验性测试。既使受训人员在接受培训之前受到一次培训,以更好地引导培训的侧重点,同时也可对培训成果进行评价。

(3) 培训后测试。它只需收集培训的结果信息。如果评价设计中找到对比小组,操作则更方便。

(4) 时间序列分析。即利用时间序列的方法收集培训前、后的信息,以此来判断培训的结果。它经常被用于评价会随着时间发生变化的一些可观察的结果,如事故率、生产率及缺勤率等。

(5) 所罗门四小组评估设计方案。将所有新入职员工以随机抽样的方式平均分为4组,即受训组A、受训组B、对照组A、对照组B,分别对受训组A和对照组A进行培训前和培训后的成果测量,然后再对受训组B和对照组B只进行培训后的成果测量(见表8-3)。

表 8-3 所罗门四小组评估设计方案

评估设计方案	小组	培训前测量	培训后测量
所罗门四小组	受训组 A	是	是
	受训组 B	否	是
	对照组 A	是	是
	对照组 B	否	是

通过所罗门四小组评估方案设计,能够控制大多数的内部和外部效度威胁。

3. 培训控制

培训控制贯穿于整个培训实施过程,即根据培训的目标、员工的特点等调整培训系统中的培训方法、进程等。它要求培训者具有观察力,并经常与培训教师、受训者沟通,以便及时掌握培训过程中所发生的意外情况。

4. 对培训的评价

进行培训评价时应对培训目标、方案设计、场地设施、教材选择、教学的管理及培训者的整体素质等各个方面进行评价。因此,评价内容包括评价培训者、评价受训者、评价培训项目本身三方面。评价的过程一般包括:首先是收集数据,如进行培训前和培训后的测试、问卷调查、访谈、观察、了解受训者观念或态度的转变等;其次是分析数据,即对收集的数据进行科学的处理、比较和分析,解释数据并得出结论;最后是把结论与培训目标加以比较,提出改进意见。

5. 对培训结果的评价

结果的评价就是对培训效果转移的评价,即指对员工接受培训后在工作实践中的具体运用或工作情况的评价。经常用的方法是请受训者在培训结束后填写一份培训评价表,而设计出一份优秀的培训评价表则是这一步骤的关键。对培训效果的评价要考虑评价的时效性。有些培训效果是即时性的,如对操作人员进行一种新设备操作技能的培训,其培训效果在培训中或在培训结束后就会表现出来,则即时性评价能说明培训效果;而有些培训效果要通过一段时间才能表现出来,如对管理人员进行的综合管理能力的培训。

(三)培训反馈阶段

员工培训的反馈阶段是员工培训系统中的最后环节。通过对培训效果的具体测定与量化,可以了解员工培训所产生的收益,把握企业的投资回报率;也可以对企业的培训决策及培训工作的改善提供依据,更好地进行员工培训与开发。

不管培训成功与否,都应该对培训进行反馈和调整,这才是一个完整的培训周期最终的环节。应该把培训评估的结果反馈给学员,目的是让学员知道自己在培训周期内学习的成果和不足之处,从而迅速总结经验教训,进一步提升自我素质;同时,还需要将结果反馈给企业的领导和培训教师,让他们看到学员的成绩,根据结果对整个培训过程做出总结，把不合理的地方调整、改进。

第三节 人力资源培训与开发的主要方法

一、传统的培训开发方法

培训方案设计时要根据员工的培训需求分析结果，选择培训方法。培训方法有许多种，受技术的影响也在不断创新中。一般分为传统的培训方法和新的培训技术。

传统的培训方法是指这些方法基本上不依赖新技术的支持，如计算机技术、网络技术等。不同的培训方法存在各自的优点和缺点，适用范围不同，所培训的对象也不同，所以组织应综合考虑企业具体的培训需求、受训者的特点、培训内容等来选择最恰当的培训方法，以求达到最佳的培训效果。

传统的培训方法分为三大类：演示法、传递法、团队建设法。

（一）演示法

1. 讲座法

指培训者用语言传达想要受训者学习的内容。这种学习的沟通主要是单向的——从培训者到听众。讲座法按照一定的组织形式有效传递大量信息的成本最低、时间最节省。它可向大批受训者提供受训。但讲座法缺少受训者的参与、反馈以及与实际工作环境的密切联系，这会阻碍学习和培训成果的转化。讲座法不太能吸引受训者的注意，使培训者很难迅速有效地把握学习者的理解程度。为克服这些问题，讲座法常常会附加问答、讨论和案例研究。

除了作为能够传递大量信息的主要沟通方法之外，讲座法还可作为其他培训方法的辅助手段，如行为示范和技术培训。

它自问世以来一直遭受批评，但是不论新技术（如网络培训）如何发展，课堂讲授法一直是受欢迎的培训方法，尤其是对于处于起步阶段的企业和知识需要不断更新的学习型组织，以及对于一些最简单的知识的简单介绍，该方法无疑是最有效的培训方法。

有效的讲座要做到以下几点：讲解材料以知识点方式呈现；介绍讲座的重要性；确保教室的每个人都能听见；每次讲座结束前，总结讲座的要点；关注听众的反应；与听众保持眼神交流；只做必要的手势；提纲挈领，避免照本宣科；提前演练。

2. 视听法

视听法包括给学员展示幻灯片、播放视频和录像等。虽然费用比讲座高，但有其自身优势。视听教学（audiovisual instruction）使用的媒体包括投影胶片、幻灯片和录像。录像、录音等设备可以有效地帮助教师增强其讲授内容的直观效果，非常客观地记录研究对象的活动，如学员在学习中的表现、教师的教学过程；在必要时还可以反复播放，对帮助学员掌握知识、提高他们的技能有其他培训方法所不及的优点。它可以用来提高学员的沟通技能、谈话技能和顾客服务技能，并能详细阐明一道程序（如焊接）的要领。但是，录像方法很少单独使用，它通常与讲座一起向雇员展示实际的生活经验和例子。

录像也是行为示范法和互动录像指导法借助的主要手段之一。

在培训中使用录像有很多优点：第一，培训者可以重播、慢放或快放课程内容，这使他们可以根据受训者的专业水平来灵活调整培训内容；第二，可让受训者接触到不易解释说明的设备、难题和事件，如设备故障、顾客抱怨或其他紧急情况；第三，受训者可接受相同的指导，使项目内容不会受到培训者兴趣和目标的影响。

（二）传递法

传递法是要求受训者积极参与学习的培训方法。适用于以下情况：开发特定技能；理解技能和行为如何运用于工作当中；亲身经历任务完成的全过程；处理工作中发生的人际关系问题。

传递法是一种理想的技能开发方法。这些方法的开发成本都很高，但是它们包括促使学习和培训成果转化所需的条件。主要包括：

（1）在职培训。在职培训的方法是让员工通过实践来学习，由主管和有经验的员工辅导传授，员工观看主管操作，也可以岗位轮换。使用在职培训要注意：培训者必须先经过培训，且应该提供给培训者适当的培训材料。在职培训的步骤：① 学习者准备；② 操作演示；③ 演练；④ 跟进。

（2）师带徒。师带徒是一种既有现场培训又有课堂培训的"工作-学习"培训方法。这是一种比较高效的方法，因为有专人带领，新员工可以更快地进入状态，但是需要处理好师生之间的沟通问题。师带徒培训的一个主要优点是可让学习者在学习的同时获得收入。

（3）角色扮演。角色扮演是指让受训者扮演分配给他们的角色，并给受训者提供有关情境信息。角色扮演是在管理培训中使用最广的一种体验性方法。通常是让受训者根据简单的背景资料（如剧本或规定的情境）扮演分配给他们的角色。将受训者分成两部分，一部分进入角色情境去处理各种问题和矛盾，让其通过表演去体验他人感情或体验别人在特定环境中的反应和处理问题的方式；而另一部分受训者则要认真观察扮演者的行为，在表演结束后要对扮演者的行为进行评价，发表自己的看法。扮演者获得了一个自我发现和自我认知的机会。角色扮演注重的是人际关系反应，可以应用于人际关系的培训和行为领域的培训中。

（4）行为示范。行为示范是指向受训者提供一个演示关键行为的示范者，然后给他们机会去实践这些关键行为。这一方法的理论基础是社会学习理论。员工通过观察主管、经理、同事等来学习行为，模范角色的行为示范对人的影响是很大的。行为示范比较适合于有关某种技能或行为的学习,而不太适合于知识的学习。研究显示,这一方法既在管理技能的培训上有效,例如人际技能的培训,也在那些需要程序化或者标准化的操作技能培训上有效。行为示范本身构成的就是一个封闭的学习环。它包括培训需求的评估、学习材料的开发、培训实施过程和对培训效果转移的设计及培训结果的评估。行为示范成功的关键之一在于准确地定义关键行为。这种培训方法可以让受训者在很短的时间内学会某种技能或技巧,并能立即应用于实际工作中;缺点是可能造成受训者机械模仿所学的关键行为,在实际工作中不会灵活运用。

(5) 自我指导。自我指导学习是指由雇员自己全权负责的学习,包括什么时候学习及谁将参与学习过程。受训者不需要任何指导者,只需按照自己的进度学习预定的培训内容,培训者只是作为一名辅助者而已。自我指导学习要求受训者必须有学习动力。自我指导学习在将来会越来越普遍,因为公司希望能灵活机动地培训雇员,不断使用新技术,并且鼓励雇员积极参与学习而不是迫于雇主的压力而学习。

(6) 仿真模拟。仿真模拟是一种体现真实生活场景的培训方法,受训者的决策结果能反映出如果他在某个岗位上工作会发生的真实情况。模拟可以让受训者在一个人造的、无风险的环境下看清他们所做决策的影响,常被用来传授生产和加工技能及管理和人际关系技能。模拟器可以是工作中所使用的真实机器的复制品,也可以是计算机化的模拟器。该方法特别适用于生理或物理反应等方面的培训,如飞行员和宇航员的培训、驾驶员或者昂贵机械的操作。仿真模拟方法可以较好地避免风险和实际损失;增强受训者的信心。

(7) 案例研究。案例研究是通过描述一个成功或失败的事件,或者是故事,让学习者分析哪些是正确行为,哪些是错误行为,并提出其他可能的处理方式的学习方式。对案例的记忆可以帮助推广运用所学的知识或技能,目的是提高受训者分析问题和解决问题的能力。案例研究的运用相当广泛,最早是在军事培训中使用,然后扩散到了大学管理学院。适合于培训管理者、医生、律师和其他专业人员,此外在公共管理、社会学、法学等教育中也得到了广泛应用。

(8) 商业游戏。商业游戏是由两个或更多的参与者,在遵守一定规则的前提下相互竞争,以达到预期目标。要求受训者在游戏中收集信息、进行分析和进行决策。游戏具有趣味性和竞争性特点,常常能激发参与者的兴趣和学习主动性,是管理开发中运用得比较广泛的一种方法。商业游戏比较费时间,在对高层管理者进行战略管理能力的培训方面是比较有效的,适用于各种管理开发尤其是高层管理者的开发,也适合人际能力的提高。为了增强商业游戏的真实性,在设计上应该尽量考虑将实际情形带入培训中。在商业游戏的运用中应该注意增加游戏的真实性,使其更接近于现实;应该注意在学习中让学习者把握游戏中间的伦理和道德原则。

(三) 团队建设法

团队建设法是用以提高小组或团队绩效的培训方法,旨在提高受训者的技能和团队的有效性。团队建设法让受训者共享各种观点和经历，建立群体统一性，了解人际关系的力量，并审视自身及同事的优缺点。团队培训协调一起工作的单个人的绩效，从而实现共同目标。团队绩效的三要素是知识、态度和行为。

户外培训法是一种冒险性学习，指注重利用有组织的户外活动来开发团队协作和领导技能。它最适合于开发与团队效率有关的技能，如自我意识、问题解决、冲突管理和风险承担等。但是员工的身体素质是需要注意和考虑的限制因素。

二、培训方法的选择

企业培训的效果在很大程度上取决于培训方法的选择。当前，企业培训的方法有很多种，不同的培训方法具有不同的特点，其自身也各有优劣。要找到合适有效的培训方法，需要考虑到培训的目的、培训的内容、培训对象的自身特点及企业具备的培训资源等因素。

选择培训方法时，首先，要考虑培训的目标，确定希望培训能够产生的学习成果，选择一种或几种最有利于实现培训目标的培训方法，再结合开发和使用已选择的培训方法的成本，做出最佳选择，最大限度地保证培训成果的转化。不同的培训方法对不同的学习成果的影响是不同的。在选择培训方法时，不仅要考虑你需要改变的是什么，更需要考虑不同的方法在转变知识、技能、能力、态度、动机或者行为上的可能性。而选择培训目标的关键又在于对企业战略的理解。应该具备将战略“翻译”成培训内容的能力。

其次，应该根据学习者的不同特点来决定需要采用的培训方法。对企业来说一线员工和管理层次的雇员，培训方法应该有很大的差异。即使是管理层的培训，也应针对高层管理者、中层管理者和初级管理者所进行的培训选择不同的方法。

最后，根据企业的培训预算成本来进行选择。预算紧张时培训者应该选择讲座法，这样既可以节省成本，也可以使培训在比较大的范围内进行。而当资金条件比较好时，则可以考虑使用体验法、制作录像、开发模拟器等。

团队合作法是一种较独特的培训方法，因为它兼顾个人和集体，将个人学习和团队学习结合在一起，对于那些希望提高小组或团队绩效的培训者来说，团队合作法无疑是最佳选择。

三、网络学习与新技术

多媒体和网络培训作为新的培训技术适应了时代和社会的要求。

（一）多媒体培训

多媒体培训把视听培训与基于计算机的培训结合在一起，缩短了学习时间，节约成本且有效率，是现实的可视化培训，可以促进员工学习，并及时提供信息反馈和指导。但多媒体培训面临较高的开发费用,对某些培训内容不能及时快速地进行更新。

(二)网上培训

网上培训又称为基于网络的培训,是指通过企业的内部网或因特网对学员进行培训的方式。它是将现代网络技术应用于人力资源开发领域而创造出来的培训方法,以其无可比拟的优越性受到越来越多企业的青睐。

在网上培训中,老师将培训课程储存在培训网站上,培训师位于中心位置,分散在世界各地的学员利用网络浏览器进入该网站接受培训。

1. 网上培训的优点

(1)无须将学员从各地召集到一起,大大节省了培训费用。

(2)在网上培训方式下,网络上的内容容易修改,且修改培训内容时无须重新准备教材或其他教学工具,可及时、低成本地更新培训内容。

(3)网上培训可充分利用网络上大量的声音、图片和影音文件等资源,增强课堂教学的趣味性,从而提高学员的学习效率。

(4)网上培训的进程安排比较灵活,学员可以充分利用空闲时间学习,而不用中断工作。

2. 网上培训的缺点

(1)网上培训要求企业建立良好的网络培训系统,这需要大量的培训资金,中小企业由于受资金限制,往往无法花费资金购买相关培训设备和技术。

(2)某些培训内容不适用于网上培训方式,如关于人际交流的技能培训。

新技术降低了传递培训课程所耗费的成本,提高了学习环境的有效性,帮助培训更好地实现公司目标。同时,新技术还能实现雇员自身完全控制培训时间和地点、根据自己要求获得专家建议、自行选择培训、掌控培训等优势。

(三)远程学习

远程学习通常采用两种技术使人们之间进行双向沟通。

一种是受训者的同时性学习,即通过培训设备受训者可以同培训者(位于其他地方)和其他使用个人计算机的受训者进行沟通。包括电话会议、录像会议及文件会议(员工可以通过计算机来合作制定一份文件)。

另一种方式是通过个人计算机进行的个人培训。只要拥有个人计算机,员工就可以随时接受培训。培训者和受训者之间可以通过电子信箱、公告栏和电子会议系统进行沟通。录像远程会议通常会配备电话线,可以让观看录像的受训者通过电话向培训者提问。

远程学习的一个最大优点在于能为公司节约交通费用。通过这种方式可以使处于不同地区的员工都能获得专家的培训。

远程学习的主要缺点在于缺乏培训教师和受训者之间的沟通。

培训支持技术包括:专家系统、电子会议软件、电子执行支持系统(EPSS)。

运用新技术对培训信息的传递产生了深远影响。首先,可以运用多种知觉将各种学习原理相融合,满足学习者的特殊需求。其次,对于培训管理,新技术实现了监控和无纸记录及登记;对于培训支持,新技术可以根据需要来提供信息,开发智力资本。

随着新技术的发展,多媒体、因特网与便利培训软件日益结合,使学习与工作融为一体成为可能,使传统培训无法实现的愿望得以实现,如受训者能完全控制培训的时间和地点,受训者可以根据自己的要求随时获得有关知识或专家的建议,受训者可以自行选择培训媒体,以及实现电子化培训管理等。新技术还可以在24小时内对分布在各地的受训者进行培训,使远程培训成为可能,为企业节省培训费用。

虚拟现实等新技术创造了更为逼真的培训环境,使培训材料更有意义,加大了将培训运用于工作中的可能性。由于新技术培训方法有利于创造积极的学习环境,因此被认为大多新技术培训方法要优于传统培训方法。

但是由于新技术的研发费用相当昂贵,因此在进行决策时要综合考虑研制费用、雇员的地理分布状况、参与培训的难度,以及新技术是否公司经营战略的组成部分等诸多要素。

实践证明,实行传统培训方式与新技术培训方法结合能取得较好的培训效果。

第四节 人力资源开发

首先要了解人员开发需求,选择开发目标,明确雇员和公司为达到目标所需采取的行动;然后确定工作进展测量方法,制定人员开发时间表。

有效的人员开发战略需坚持个性化、学员控制、持续支持。

一、职业生涯管理

职业生涯是指人一生中的职业历程,它是一个动态的过程,是指一个人一生在职业岗位上所度过的、与工作活动相关的连续经历。每个工作着的人都有自己的职业生涯,职业生涯对人生价值起着决定性作用。

职业生涯管理是使员工能够更好地理解、开发其职业生涯技能和兴趣,并有效利用它们的过程。员工的职业生涯管理,对个人和组织有着非凡的意义。在实现组织目标的同时,员工可以通过职业生涯的管理,增强对工作环境的把握能力和对工作困难的控制能力,更好地确立人生方向和奋斗的策略,处理好职业生活和生活其他部分的关系,实现自我价值的不断提升和超越。

职业生涯对于员工来说,是员工个人根据自己的个性特征和外部环境的约束,选择合适的职业,并进一步规划未来职业发展的工作。员工个人应当承担自己职业生涯的责任,评估自身的兴趣、技能和价值观，寻求职业生涯信息和资源，建立目标和职业生涯计划，使用职业开发机会，跟踪实际的职业生涯计划。

职业生涯对于经理来说，是给员工提供及时的绩效反馈，提供开发任务和支持，参与职业生涯开发讨论，支持员工职业开发计划。

职业生涯对于组织来说，由组织系统地考虑执行企业战略所需人力资源的技能结构、人员组合等，交流使命、政策和程序，将组织内部的岗位资源调动起来，提供培训和开发机会，提供职业生涯信息和职业生涯项目，并用以作为员工职业发展和职业规划的参考。另外，引入科学的评价体系，帮助员工理性地认识和评价自己能干什么，并给予其干的机会，提供一系列职业生涯选择，在组织内部设立职业发展通道。

职业发展通道的设计需先识别员工的技能以及识别员工的职业锚。职业锚是在需要做出决策时，你不会放弃的关注点或价值观。典型的职业锚包括：技术才能；管理才能——分析、人际和情绪才能；创造力；自治和独立；安全。

个人的职业生涯导向或选择，根据霍兰德理论，可分为现实倾向、研究倾向、社交倾向、常规倾向、创业倾向、艺术倾向。

这些倾向越是相似或兼容，人们在做出职业生涯决策时面临的内在冲突或优柔寡断就越少。

职业生涯可分为以下几个阶段：

（1）成长阶段（从出生到 14 岁）。

（2）探索阶段（15~24 岁）。

（3）立业阶段（24~44 岁）：审视自身能力和志向阶段；稳定阶段；职业生涯危机阶段。

（4）维持阶段（45~65 岁）。

（5）下降阶段（65 岁以后）。

组织必须考虑做什么来维持员工承诺，进而降低自愿离职率，最大化员工努力，和员工建立新心理契约。

组织应用职业导向工具（计算机技能评估及其他职业分析工具）帮助员工努力去设立可行的职业目标，开发目标需要的技能和经验。绩效评估提供一个完美的机会将员工的绩效、职业生涯兴趣、开发需求纳入职业生涯计划。

员工退休的年龄一般在 60 岁到 65 岁之间。这个阶段员工不需要每天上班，可能会有失落感，组织应有退休前咨询帮助员工过渡。

二、人力资源测评

人力资源测评也是有效的开发类型之一。

人员测评是在收集信息的基础上，为雇员提供有关其行为、沟通类型、技能等方面的反馈。雇员、同事、顾客、上级都可以提供反馈信息。

人员测评通常用于：

（1）衡量雇员的潜在管理能力。

（2）评价现任管理者的强项和弱项。

（3）确认管理者的晋升潜能。

（4）测量团队内部各成员的优劣势，了解影响团队效率的决策过程和交流类型。

（一）评价中心

评价中心是指由多名评估人员对雇员在一系列练习中的表现进行评估的过程。一般有6~12人参加。可以辨别员工是否具有管理工作所需的个性特征、管理能力、人际交往能力，鉴别雇员的团队工作能力。

评价中心的主要形式有：面试、公文处理、无领导小组讨论、管理游戏、案例分析、角色扮演等。在人员测评的实践过程中，首先要根据需要测评的素质内容，选择恰当的、有针对性的测评方法，并做好相应的题目设计。其次要尽可能多地采用各种测评方法进行评价，并做好主试人的培训工作。

（二）基准（benchmarks）

基准指为衡量成为成功的管理者所需要素而设计的工具。

（三）360度反馈系统

由管理者、同事、顾客、下属对自己进行全方位的评价与反馈，然后根据结果拟订开发计划。

三、在职体验

在职体验是指雇员在工作中经历各种关系、难题、需求、任务及其他事项。

在职体验的方法包括：

（1）扩展现有工作，对员工的现有工作提出挑战或赋予新的责任。

（2）工作轮换，让员工在公司的不同部门工作或在同一部门内部移动。

（3）调动、晋升、降级和外部实习。① 调动。给员工在公司的不同部门安排一份不同的工作，不涉及工作责任或报酬的增加。② 晋升。指提升到一个新的职位，具有更大的挑战，被赋予更多的责任和权力，工资增加。③ 降级。平行移动，但责任和权力减少；临时性跨部门移动；表现不佳降级。④ 外部实习。到其他公司临时从事全职工作，获得新的技能或经验。

（4）其他组织的临时性工作安排。

四、人际互动

人际互动是员工通过与组织中资深成员的交往来开发自身的潜能,并增进对公司的了解。人际互动包括辅导、教练关系。

1. 辅导

导师是指帮助缺乏经验的雇员进行人员开发的,经验丰富、卓有成效的资深员工。成功的正式导师计划的特点:

(1) 导师和受助者自愿参与该计划。

(2) 选择导师时,应考虑其过去培养人员的记录、成为导师的意愿、有关信息沟通、指导和倾听能力的证明。

(3) 有清晰明确的计划目标,明确导师和受助者各自的活动。

(4) 明确计划的时间长度,鼓励导师和受助者在业余时间更好地发展关系。

(5) 规定导师和受助者之间的最低接触频率。

(6) 鼓励受助者之间相互交往,共同研讨问题,共享成果。

(7) 对导师计划的进展状况进行评估。

2. 教练关系

教练(coach)是指同员工一起工作的同事或经理。

教练的作用:提供一对一的训练;帮助雇员自学,获得信息反馈;向雇员提供导师、培训课程、在职体验等资源。

教练的素质要求:有感染力、顽强、理性、乐于助人、自信、尊重受助者。

第五节 人力资源培训与开发的战略性思考

随着企业的发展演化,企业的组织特点和工作特点相应发生着变化,因此必然要求企业的人力资源管理做相应的调整。

企业处于生命周期的不同阶段,人力资源的特点就会不同,管理中的人性假设也需要相应转变。企业处于不同发展阶段,人力资源培训的内容和强度是不同的。

员工个人的需求随着企业的发展演化也发生变化。企业创立初期盈利能力较弱,员工的需求主要是低层次需求和预期需求,往往能够与企业同甘苦共命运,使命感较强;企业发展起来以后,员工的需求层次上升,强调个人的发展和自我价值的实现,员工对于工作的满意感随着在企业工作的时间延长而边际下降。因此,如何随着企业的发展而为员工提供升迁的机会和途径,满足员工在企业发展不同时期的需求,是职业生涯管理中需要考虑的。

在人力资源测评方面,在企业发展初期,注重围绕产品和技术的能力评价;在企业快速成长时期，将注重围绕产品、市场能力和提高生产效率技能的评价；在企业发展中期，注重组织管理能力、市场营销能力和战略思考能力的评价；在企业发展后期，注重战略管理能力、协调能力和包括企业家、经理和管理者各个方面的综合能力的评价。

学习型组织的人力资源管理是战略性的人力资源管理。学习型组织将“学习”上升到组织的层次，而不是仅仅强调个体层次的学习。因此，人力资源管理也应从传统的员工选择、培训、报酬确定、行为评价等目标任务上升到战略人力资源管理，从而将人力资源管理的功能和行为与组织的战略目标结合在一起。学习型组织的战略人力资源管理应是动态的并具有柔性以应对高度动荡的环境。

学习型组织把人力资源管理上升到战略管理层次，将企业经营战略与企业的人力资源政策紧密结合起来，人力资源主管参与企业高层管理者的决策会议，其工作重心是企业人力资源战略的制定和落实。随着知识经济向广度、深度发展，知识也越来越成为企业的战略性资源，知识管理和人力资源开发同处于战略性地位。

根据系统观点，学习型组织将组织单元的需求和目标与整个组织的需求和目标联系在一起。学习型组织将学习看作对公司未来的投资，并不是将它看成消费，在学习活动上的费用也被看作人力资本投资。基于资源的企业观点认为，企业的人力资源是企业获得持续竞争力的潜在核心资源。这与学习型组织将学习看作企业获得持续竞争力的源泉有内在的一致性。

随着经济全球化进程的加快，未来的组织必然要雇佣不同国籍的员工并对员工实行跨国管理。人力资源管理必须警惕不同文化观念和社会价值观的相互影响，研究人员和实际工作者要将现在的国家观念发展成全球观念。

在高绩效的组织中，人力资源管理将成为一种思想或思维方式，并将其编织成组织的真实结构，与其他的目标或行动结合成一体，实现人力资源管理由功能式管理向思维式管理的转变。

一、人力资源培训与战略的匹配

不同的组织有不同的战略。战略一般分为四种：

（1）集中战略。侧重于提高市场份额，降低成本，或使产品或服务保持鲜明的市场定位。

（2）内部成长战略。侧重于新市场和新产品的开发、革新以及合资。

（3）外部成长战略。强调通过发展更多的经销商和供应商，或收购企业，使公司进入新的市场领域。

（4）紧缩投资战略。强调经营的财务清算和业务剥离。

不同战略下的培训需求也不同，需要安排不同的培训重点。

（一）集中战略

重点：提高市场份额、减少运营成本、开拓并维持市场定位。

如何实现：提高产品质量、提高生产率或革新技术流程、定制产品或服务、技术交流。

关键事项：技术交流、现有劳动力开发。

培训重点：团队建设、交叉培训、特殊项目培训、人际交往技能培训、现场培训。

（二）内部成长战略

重点：市场开发、产品开发、革新、合资。

如何实现：销售现有产品、增加分销渠道、拓展全球市场、调整现有产品、开发新的产品、通过合伙发展壮大。

关键事项：创造新的工作任务、革新。

培训重点：支持产品价值的高质量的沟通、文化培训、培养重视创造性思维和分析能力的组织文化、工作中的技术能力、对管理者进行的反馈与沟通方面的培训、冲突调解和谈判技巧。

（三）外部成长战略

重点：横向一体化、纵向一体化、集中多元化。

如何实现：兼并那些处于产品市场链条上相同经营阶段的公司、兼并那些供应商或零售商的业务、兼并那些处于不同领域的公司。

关键事项：整合、富余人员、重组。

培训重点：判断被兼并公司的雇员的能力、整合培训系统、合并后的公司的方法和程序、团队建设。

（四）紧缩投资战略

重点：节约开支、转产、剥离、债务清算。

如何实现：降低成本、减少资产、创造利润、重新制定目标、卖掉全部资产。

关键事项：效率。

培训重点：革新、目标设置、时间管理、压力管理、交叉培训、领导技能培训、人际沟通培训、向外安置的援助、寻找工作的技能培训。

二、人力资源开发与战略的匹配

管理层开发是根据公司的战略需求，通过传授知识、改变态度或强化技能来改进管理者的行为，从而改进整个公司的绩效。

企业高层管理者是企业的将帅和灵魂，是企业成败的关键。对他们的开发管理较之对一般员工的开发管理,更为迫切和重要。要采用科学的测评技术和方法,评估其综合素质,发现和挖掘其潜能;引进竞争机制,考核其绩效,优胜劣汰;按照人才市场的价值和企业的经营状况确定其应当享受的工薪报酬和福利待遇。做好企业高层管理人员的开发管理工作应当成为企业人力资源开发管理的重点。

对管理人员的开发往往采用案例研究法、商业游戏法、角色扮演法。

管理层开发包括:评估公司的战略需求;评估管理者的绩效;开发管理者(和未来管理者)。

继任计划则是公司通过专门为高级管理层或潜在高层制定计划的过程。

管理者的在岗培训包括以下三种:

(1) 工作轮换。受训者在不同部门轮岗,来拓展他们对公司所有部门的了解,并测试他们的能力。

(2) 指导式学习。受训者在上级管理者的指导下工作,通常会承担导师的部分责任,从而获得学习锻炼的机会。

(3) 行动学习。给予管理者全天候时间,为其他部门分析并解决问题。

对企业高管人员,很多大学都提供针对企业高管人员的教育与继续教育培训课程,内容涵盖战略管理、管理顾问等。

许多企业建有培训中心,让受训管理者参与管理实践,从而提升其管理技能。

经理人教练则是企业外部咨询人员向高管人员的上级、下属、同事和家人调查提问,识别出高管人员的优缺点,向高管人员反馈并提供专业化建议,使其扬长避短。

本章小结

培训是指组织为提高员工学习与工作相关的胜任能力而开展的有组织、有计划、有目的的培养和训练活动。培训使员工的知识、技能与态度明显提高与改善,由此能够帮助企业提高效益,获得竞争优势。开发是指提升员工的劳动技能、生理素质、心智水平、道德修养等素质,有助于未来发展的所有措施。开发的类型有正规教育、职业生涯规划、人际互助以及个性和能力测评等。

培训是企业管理传统的职能。现代培训与开发更注重将培训目标与组织的长远发展和战略思路相联系,更多地服务于组织的中长期发展目标。

培训不仅仅是组织追求有效性的手段,也是员工实现自我发展的有效途径,培训的内容延伸到员工基本素质的提升方面。员工可以主动提出培训的要求,也可以参与培训内容的确定和培训目标的制定。从培训需求分析到培训计划的制定、实施,再到培训效果的评估和培训成果的转化,员工是主动参与的一方,甚至是活动的中心,培训成为员工追求自身职业发展的需要。

培训有传统培训方法如演示法、传递法和团队培训法,以及新技术培训,多媒体和网络培训。不同培训方法的选择需要根据企业战略、受训对象等不同进行细致研究,方法选择得当,不仅能保证学习效率,学习成果能转移,还能节省成本,配合企业战略的实施。

在未来,人力资源培训和开发与组织战略要紧密配合,根据组织战略选择合适的培训重点。在开发方面,关注管理层的开发和学习型组织的建成,使得组织所有的人力资源不断学习,形成有效的组织核心竞争力。

思考题

1. 培训的作用是什么?
2. 如何做培训需求分析?
3. 如何激发管理者,使其在培训成果转化中扮演更为积极的角色?
4. 培训项目评估中包括哪些成果?
5. 有工作经历的同学根据自己服务过的企业的战略,分析培训要点、培训对象特征,然后选择培训方法并说明原因。没有工作经历的同学可以访问自己的父母或者其他亲友来完成这一练习。
6. 请思考如果你是一家大型企业人力资源开发经理,有足够的资金和人力支持你制作录像节目来满足企业的培训需要,你会考虑制作什么节目?有什么事件或活动可供你录制?
7. 探讨新技术是如何促进学习和培训成果转化的。

(扫描右侧的二维码,查看思考题答案解析。)

阅读材料

基于胜任力模型的培训体系设计

从胜任力胜任要素推导出培训课程,是一份挑战性很大的工作,主要原因在于输入和输出的信息量不对等。或者说,单纯地输入抽象的、普遍性的胜任力要素概念,不可能输出生动的、个性化的培训课程。

要想解决这种信息不对等的问题,必须从多角度地挖掘胜任力要素的内涵入手,以企业的管理实践和培训实际为根基,补充输入大量的具体信息,并经过系统而严密的设计,才可能保障培训课程的完备性、实践性、适用性及开放性。

步骤一:胜任力要素解析

从概念解析、主观过程分析等五个方面,对每一个胜任力要素进行解析,深刻挖掘该要素的内涵,并提炼出其所对应的培训要点。① 要素的概念及本质剖析:对胜任要素的内涵和外延做深入的解析,从而框定该要素的培训要求。② 主观过程分析:按照人的主观能动过程规律,依据冰山模型和综合干预模型,从意识观念、素养特质、认知与能力、知识与技能一直到行动和结果,分析该要素的培训关键点。③ 实践过程分析:按照要素在实践过程中的一般过程、流程,逐步探悉该要素在实践中的各个关键环节。④ 特定情境分析:结合工作实际情况,将该要素放在不同工作情境下再进行衡量,发现其独特的培训要点。⑤ 工作实践及问题呈现:回到工作实践中,结合前期访谈的素材,分析经理人在各要素上的具备程度、体现方式、存在问题等,从而使培训要点的提炼更切近实际。

步骤二:培训要点与培训单元

培训要点的解析过程是一个从概念到实践、从内涵要求到行为标准的过程,实质上是在定义每个胜任力要素的核心元素。对培训要点进行归类组合,形成多个培训单元,从而框定各胜任力要素的主体培训模块。

"培训单元"是对培训要点的归类组合,也是各要素培训内容的模块划分;培训单元构成了各个要素内在的培训内容架构,为培训课程的设计奠定重要的框架基础。

步骤三:胜任力要素的培训要求

依据培训单元及其对应的培训要点,对各胜任力要素的培训工作进行总体设想,从而确定各领导要素的培训要求。"培训要求"是对"该要素应该如何培训"这一问题的整体解答,它抽象掉培训对象的差异,从一般意义上对各要素的培训方案的总体设想;它是在课程设计前的过渡性分析,为接下来的课程设计奠定总体思路。

步骤四:不同层及岗位培训侧重点差异

我们借鉴国际通用的岗位分析及岗位评估的方法,建立起 8 个维度的分析对比体系,全方位地揭示不同层及岗位在每一个胜任力要素上的培训侧重点。

步骤五:培训课程设计

以"培训要点"为基准,以"培训要求"及"培训单元"为蓝本,结合各岗位在各要素上的培训侧重点差异,分别设计对应的培训课程,形成分级的《课程目录》。

步骤六:课程定义与描述

对每个课程的内容进行设计和定义,制作《课程描述》文件,内容包括:课程名称、培训主题、课程目标、课程内容、培训对象、培训方式、课程实施建议等。

步骤七:课程分层分类

依据不同发展阶段上经理人的特点和需要,对课程进行合理的分布与组合,梳理课程间的逻辑关系,形成分层、分类的课程体系。

资料来源:北大纵横,2009-11-02.作者:马顺。

参考文献

1. 雷·诺伊.雇员培训与开发.徐芳,译.北京:中国人民大学出版社,2001.

2. 张德.人力资源开发与管理.3 版.北京:清华大学出版社,2007.

3. 威廉·P.安东尼,K.米歇尔·卡克马尔,帕梅拉·L.佩雷威.人力资源管理:战略方法.赵玮,徐建军,译.北京:中信出版社,2004.

4. 杰弗里·梅洛.战略人力资源管理.吴雯芳,译.北京:中国劳动社会保障出版社,2004.

5. 石金涛.培训与开发.北京:中国人民大学出版社.2013.
6. 汪玉弟.企业战略与 HR 规划.武汉:华东理工大学出版社,2008.
7. 周三多,陈传明,鲁明乱.管理学原理与方法.4 版.南京:南京大学出版社,2006.
8. 戴夫・乌尔里克.人力资源管理新政.赵曙明,译.北京:商务印书馆,2007.
9. 赵曙明,伊万切维奇.人力资源管理.9 版.北京:机械工业出版社,2005.
10. 金延平.人员培训与开发.3 版.大连:东北财经大学出版社,2013.
11. 刘建华.人力资源培训与开发.北京:中国电力出版社.2014.
12. 赵曙明.人力资源战略与规划.北京:中国人民大学出版社,2012.

第九章　战略性员工关系管理

学习目标

1. 掌握员工关系的概念及相关理论
2. 了解劳动合同的订立、履行与变更
3. 了解劳动合同的解除与终止
4. 熟知劳动争议处理的途径
5. 掌握员工满意度调查的目的、内容、方法和流程
6. 掌握员工健康管理的方法

开篇案例

沃尔玛常德店关店纠纷何解？

2014年4月，备受关注的沃尔玛常德店劳资纠纷案又起风波。4月22日，包括沃尔玛常德店工会主席黄兴国在内的78名员工，被挡在从前工作过的沃尔玛门店外已经48天了。但他们依然按照以往的工作时间，早上8点30分来到店门口，下午5点离开，表达抗议。

合法性存疑的员工安置通知

这一事件的起源是2014年3月5日，沃尔玛常德水星楼分店发布了一个员工安置通知。通知显示，分店将于2014年3月19日起停止营业，安置员工的办法首选是转岗，如果不愿意转岗，补偿方案是根据劳动者在本单位工作的年限，按照每满一年支付一个月工资的标准向劳动者支付经济补偿。6个月以上不满一年的，按一年计算；不满6个月的，向劳动者支付半个月工资的经济补偿。公司还将额外支付劳动者一个月的工资作为代通知金。

然而，该分店的员工与工会组织并不认可此安置方案。

分店工会认为，这个分流安置方案极不公平合理，对广大普通员工和主管来说，基本不具有可行性。因为他们不可能拿着在这个城市很低的工资去其他城市生存，而“N+1”的买断方案只是公司强加的一个方案，没有经过任何法定程序，而是由公司方单独拟订的。

《劳动合同法》第4条规定：“用人单位在制定、修改或者决定有关劳动报酬、工作时间、休息休假、劳动安全卫生、保险福利、职工培训、劳动纪律以及劳动定额管理等直接涉

及劳动者切身利益的规章制度或者重大事项时,应当经职工代表大会或者全体职工讨论,提出方案和意见,与工会或者职工代表平等协商确定。在规章制度和重大事项决定实施过程中,工会或者职工认为不适当的,有权向用人单位提出,通过协商予以修改完善。用人单位应当将直接涉及劳动者切身利益的规章制度和重大事项决定公示,或者告知劳动者。"

沃尔玛常德水星楼分店工会认为,公司没有严格履行法律程序,未召开职工代表大会或者经过全体职工讨论,而单方面宣布解除劳动合同是违反《劳动法》的。

站不住脚的"提前解散"

那么,沃尔玛关店到底应该履行什么样的程序呢?

劳动关系专家、中国人民大学劳动人事学院常凯教授在2014年举行的一次关于本次事件的研讨会上说:"关店是市场行为,也是企业的权利。首先要确定关店属于什么性质,确定性质后,再确定法律程序。沃尔玛提出关店的法律依据是《劳动合同法》第44条——用人单位决定提前解散的,劳动合同可以终止。但这一条显然不适用于沃尔玛分店,因为用人单位决定提前解散是指法人因其目的的事业完成,法人成员会做出解散的决议。沃尔玛常德水星楼分店只是一个不具独立法人资格的分店。它不具备解散主体资格,不能适用'用人单位决定提前解散'这一条。退一步讲,即使适用解散的规定,它的资产也必须封存清算,不得随意转移。《民法通则》明确规定,'解散并宣告破产,擅自处理财产的,除法人承担责任外,对法定代表人可以给予行政处分、罚款,构成犯罪的依法追究刑事责任。'但沃尔玛常德店宣布解散以后马上开始转移资产,按照'用人单位决定提前解散'的法律要求,沃尔玛更是严重违法。"

在这起劳资纠纷中,沃尔玛常德水星楼分店工会自发领导工人维权,是近几十年来基层工会一次非常有影响力的发声。3月7日下午,沃尔玛常德水星楼分店工会和资方在常德市总工会进行了首次劳资沟通,超市所在的武陵区政府相关部门悉数到场。在历经7次沟通会后,诉求从最初的15项减到14项,谈到最后的三项分歧,劳资双方始终无法达成完全和解。员工最在意的,还是企业单方面作出了一切决定,他们认为这是完全不尊重员工的表现,就是要争这一口气。

集体协商仍是最佳解决途径

3月20日,分店工会代表与仍在坚持的77名员工就三项尚存的分歧向店方发出了谈判邀约函。员工的三项要求分别是,将目前的经济赔偿金翻番;如果分流到其他店,子女转学、租房等生活成本的增加由资方负担;按工资集体协商加薪比例,补发折算的2014年截留工资。但此时的沃尔玛已经不愿再出现在谈判桌上,并按照自己的节奏闭店。

常凯认为,目前分店工会已经提出了集体谈判的邀约,但一直得不到企业的积极回应。如果劳动争议仲裁部门接受仲裁申请,首先也会积极促成谈判协商,谈判不成再走仲裁程序。因此,提起仲裁申请并不影响双方谈判,反而可以促进劳资谈判。如果仲裁解决不了,只能进入诉讼程序,但这个程序延续时间非常长,不仅工人拖不起,企业也会在声誉上受损。"我们希望劳资双方通过集体协商谈判的方式来解决这一争议,对双方来说,这都是最经济最有效的途径和渠道。”

资料来源：李小彤.中国劳动保障报，2014-4-29.

第一节　员工关系管理概述

一、员工关系的界定及相关理论

（一）员工关系的界定

“员工关系”一词来源于西方人力资源管理体系，又称雇员关系，与劳动关系、劳资关系相近。最初由于西方的劳资矛盾愈演愈烈，对企业发展造成巨大的威胁，在双方的对抗和妥协中，企业逐渐认识到缓和劳资矛盾的重要意义，加之国家劳动法律体系日益完善，企业越来越注重改善员工关系、加强内部沟通、协调员工关系。对于“员工关系”的内涵，目前国内外学术界没有统一、明确的界定，他们多是基于不同的研究目的和视角去研讨员工关系的性质、管理意义和具体内容。员工关系一般也可从广义和狭义两个方面理解。广义的员工关系是在企业内部以及与企业经营有密切关联的集体或个人之间的关系，甚至包含与企业外特定团体（供应商、会员等）或个体的某种联系；狭义的员工关系是指企业和员工、员工与员工之间的相互联系和影响。

国内学者程延园（2004）曾提出，员工关系是由企业和员工双方利益引起的，表现为合作、冲突、力量和权利关系的总和。这一概念强调以员工为主体和出发点的企业内部关系，注重个体层次上的关系和交流，注重和谐与合作。员工关系的本质是双方合作、冲突、力量和权利的相互交织。这是从狭义方面来理解的。本书在这个含义基础上，认为员工关系是指企业组织或管理者与员工之间产生的，由双方利益引起的表现为合作、冲突、力量和权利关系的总和，双方是一种相互影响和相互制约的工作关系，并受到一定社会中经济、技术、政策、法律制度和社会文化背景的影响。对于这一概念，我们可以从以下几个方面去理解。

第一，员工关系是从人力资源管理角度提出的一个取代劳资关系的概念，是企业人力资源管理的一项工作或管理职能，主要表现为企业或管理者与其内部员工之间的关系，强调以员工为主体和出发点的企业内部关系。

第二，企业与员工的这种关系以雇佣契约为基础，以工作组织为纽带，既包括了双方因为签订雇佣契约而产生的法律上的权利义务关系，也包括社会层面双方彼此间的人际、情感甚至道义等关系，即双方权利义务不成文的传统、习惯及默契等伦理关系。这一关系的实质也可以认为是企业组织中各利益群体之间的经济、法律和社会关系的特定形式。

第三，企业与员工双方选择合作还是冲突，取决于双方的力量对比。力量是影响员工关系结果的能力,是相互冲突的利益、目标和期望以何种形式表现出来的决定因素。

(二) 员工关系相关理论

迄今为止,关于员工关系的理论有很多。本书主要从五大理论学派观点、员工关系的价值取向和劳动关系调整模式这三个方面来介绍员工关系理论。

1. 五大理论学派观点

这里的五大理论学派主要是指新保守派、管理主义学派、正统多元论学派、自由改革主义学派和激进派。

(1) 新保守派。

新保守派主要关注经济效率最大化,认为市场力量不仅能使企业追求效率最大化,而且也能确保雇员得到公平合理的待遇。劳动关系是具有经济理性的劳资双方之间的自由、平等的交换关系,双方具有不同的目标和利益。由于供求是趋于均衡的,员工和企业作为供求的双方,最终任何一方都不会处于劣势。员工给企业提供劳动力,企业得到了员工创造的收益,而员工根据其技能和努力程度,获得与其劳动成果相匹配的待遇,甚至还可能获得超过其他企业所能提供的工资福利。雇主之所以提供高于市场水平的工资或者是采取激励性的奖金分配,是因为这样能促使雇员更加努力工作,提高工作效率。因此,如果市场运行和企业的策略不受任何其他因素的干扰,那么劳资双方都会履行各自的权利和义务,从而实现管理效率和生产效率最大化。企业获得高利润,员工获得高工资、福利和工作保障,达到双赢。劳动力市场机制可以保证劳资双方利益的实现,理想的劳动法应该使工人难以组织工会,或者即使有工会,其权力也很小。这样,劳动和资源的配置才会更加灵活,也才能提高劳动生产率。

(2) 管理主义学派。

管理主义学派更关注就业关系中员工的动机,以及员工对企业的高度认同、忠诚度问题,主要研究企业对员工的管理政策、策略和实践。该学派认为,员工与企业的利益基本是一致的,劳资之间之所以存在冲突是因为雇员认为自己始终处于被管理的从属地位。如果企业能够采用高认同感的管理策略(如高工资高福利、保证员工得到公平合理的待遇、各种岗位轮换制度和工作设计等),使员工摆脱对管理与服从这种关系的不满情绪,冲突就可以避免,生产效率也会提高,员工辞职率和缺勤率就会降低,企业与员工的关系就会更加和谐。该学派对工会的态度是模糊的。因为工会的存在威胁到资方的管理权力,并给劳动关系带来不确定性,甚至是破坏性的影响,所以他们认为应尽量避免建立工会。另一方面,该学派也相信,在已经建立工会的企业,管理方应该将工会的存在当作既定的事实,同工会领导人建立合作关系。并且,工会只有以一种更为认同的"伙伴角色",来代替传统的"对立角色",才能更好地发挥作用。

(3) 正统多元论学派。

该学派主要关注经济体系中对效率的需求与雇佣关系中对公平的需求之间的平衡,主要研究劳动法律、工会、集体谈判制度。该学派认为,雇员对公平和公正待遇的关心,同管理方对经济效率和组织效率的关心是相互冲突的。同时也认为,这种冲突仅仅限于诸如收入和工作保障等具体问题,而且,这些具体利益上的冲突,是可以通过双方之间存在的共同的根本利益加以解决的。相对于雇主,雇员个人往往会面对这样一个问题:劳动力市场上能够选择的工作种类少,如果辞职,很难再有选择机会。所以,在劳动力市场上雇员大多处于相对不利的地位。而工会和集体谈判制度则有助于弥补这种不平衡,使雇员能够与雇主处于平等地位,并形成“工业民主”的氛围。这不仅可以维护雇员的利益,确保更广泛的公平,而且对于鼓舞员工士气、降低流动率、提高生产效率具有重要意义。这些制度产生的经济效益,足以抵消高工资、高福利给雇主带来的成本,所以工会和集体谈判是有积极作用的。通过劳动法和集体谈判确保公平与效率的和谐发展是建立最有效的劳动关系的途径。

(4) 自由改革主义学派。

自由改革主义学派关注如何减少或消灭工人受到的不平等和不公正待遇,包括对歧视、不公平、裁员和关闭工厂、拖欠工资福利、危险工作环境以及劳动法和集体谈判体系中的缺陷等问题的分析。该学派认为,劳动关系是一种不均衡的关系,管理方凭借其特殊权力处于主导地位。从双方地位差异这个角度看,该学派与正统多元学派、管理主义学派并没有很大的分歧。但它认为,现存的劳动法和就业法不能为工人提供足够的权利保护,因为公正、平等地对待工人,往往不符合管理方的利益,也不是管理方凭借其自身能力所能实现的。因此为了确保工人获得公正平等的待遇,必须加大政府对经济的干预。自由改革主义学派的最大特点是提出了“结构不公平”理论。该理论将经济部门划分为“核心”和“周边”两个部门。“核心”部门是指规模较大、资本密集且在市场上居于主导地位的厂商;而“周边”部门则是规模较小、劳动密集且处于竞争性更强的市场上的厂商。核心部门比周边部门采用更进步的管理方式,周边部门更容易受到裁员政策的影响,因此工会的存在和集体谈判的开展是非常必要的。自由改革主义学派支持强有力的劳动法和各种形式的工人代表制度,关注更广泛的经济社会政策,反对市场化,尤其是自由贸易协议,主张强势工会,认为工会应该比以往更加关心更为广泛的社会问题和事务。

(5) 激进派。

激进派具有比其他学派更加深刻的思想内涵,主要由西方马克思主义者组成。激进派关注的问题同自由改革主义学派有许多是相同的,但它更关注劳动关系中双方的冲突以及对冲突过程的控制。该学派认为,自由改革主义学派所指出的问题是资本主义经济体系本身所固有的问题,因而其提出的政策主张的作用十分有限。激进派认为,在经济中代表工人的“劳动”的利益与代表企业所有者和管理者的“资本”的利益是完全对立的。“资本”希望用尽可能少的成本获得尽可能多的收益,而工人由于机会有限而处于一种内在的劣势地位,由此,这种对立关系在劳动关系中比在其他地方都表现得更明显。冲突不仅表现为双方在工作场所的工资收入、工作保障等具体问题的分歧,而且还扩展到“劳动”和“资本”之间在宏观经济中的冲突。其他学派提出的“和谐的劳动关系”只是一种假象,只要资本主义经济体系不发生变化,工会的作用就非常有限。尽管工会可能使工人的待遇得到某些改善,但这些改善是微不足道的。要使工会真正发挥作用,必须提高工人对自身劳动权和报酬索取权的认识,了解劳动关系对立的本质,进而开展广泛的与资本斗争的运动,向资本的主导权挑战。该学派的主要倾向是建立雇员集体所有制。

2. 员工关系的价值取向

(1) 一元论和多元论的比较。

对于管理者和工会、管理者和雇员之间的关系理论,概括来说有两种基本观点:一元论和多元论。

一元论观点强调资方的管理权威,要求雇员必须忠诚于企业的价值观,其核心价值取向就是权威和忠诚。一元论认为每个工作场所都是一个整体,工作场所中各个员工是为共同目的而走到一起的,这些员工成为一个团队,为实现管理者制定的组织目标而努力。无论是在劳动者、所有者还是管理者之间,无论是在提供技术、知识还是经验的工人之间,都没有利益冲突。管理方和被管理方都是整个团队的一部分,管理者制定目标,其他人执行目标,配合完美。在这样的情境下,企业将成功实现其目标,雇员也将成功地保留其工作和收入,双方都获益,从而就业组织被视为一个相互合作的利益共同体。大多数情况下,管理者都愿意持一元论观点,他们认为自己可以通过指导并控制工人来达到经济增长的目的。他们也相信自己拥有制定规章的权力,赞美团队精神,主张每个人都应尽力发挥其最大能力,为实现组织的共同目标而努力。

但也可以看到,一元论观点中,组织内部利益群体间任何形式的冲突或争议,都被看作会对组织产生本质性的危害,管理方的决策和意志绝不能受到挑战和质疑。如果确实产生了冲突,持这一价值观的管理者会发现很难理解冲突产生的原因。他们只能想到两种原因:一是沟通失败,即组织没有清晰地向员工传达其目的,或者没有就调整、变化的原因做充分的解释,沟通不到位(这一原因可通过增进交流加以解决);二是企业在招聘阶段选人不当或者某些人散布不良言论、蛊惑员工(只能通过解雇或终止其劳动关系来解决)。一元论观点主张应尽量消除或避免成立工会,因为工会的存在会分散雇员对企业的忠诚。

多元论观点与一元论最大的不同是承认冲突,甚至认为工作场所中的冲突在所难免,因为任何工作环境中都存在着不同利益和信念的群体。因此,组织必须在不同利益群体之间寻求持续的妥协。多元论将工业组织视为一个多元社会,包含了许多相互关联但又相互独立的利益和目标,而这些利益和目标必须保持在某种均衡的状态。多元论主张工会的建立,因为工会是法律承认的在工作场所代表劳动者利益的合法组织,不仅是劳资冲突的发起者,而且也可看作是争议的调整者,对调整雇员与雇主之间因工资产生的争议,以及对就业合同的谈判发挥着重要作用。只要确立双方都认同的程序性规则,劳资冲突制度化,双方就可以在协商一致的基础上达成协议,降低潜在冲突可能引发的破坏性。集体谈判被认为是规范和调整劳资之间利益关系的最好形式。当然,员工希望管理者也可以通过采取员工持股形式,以增进相互关系以及雇员的责任感,在如何最大限度地满足组织及其成员的共同利益上征求雇员意见,使两者的利益都能达到最大化。

(2) 不同组织的价值观。

上面介绍的一元论和多元论这两种截然不同的价值观,在不同组织中得到了不同程度的认可,甚至在同一组织的不同场合、不同阶段,其适用也不同。国外学者珀塞尔(Purcell)和西森(Sisson)在传统型企业、精明的家长型企业、精明的现代型企业和标准现代型企业这四种企业类型中进一步阐明了两种价值观适用的范围和特点。

传统型企业认为劳动者是影响生产力的直接因素,劳动力是一种成本,因而应尽可能将这一成本降至最低。主张劳动者要服从资方的管理和指挥,禁止雇员参加和组织工会,因为工会的存在会对管理权威构成潜在的挑战和威胁。这一传统型的劳动关系管理类型,强调一元观,主张用强有力的管理反对工会。

精明的家长型企业能够给雇员提供优惠的就业条件和待遇。其目的是加强劳动者对组织的忠诚感,避免雇员加入工会,取而代之的是企业内部建立的能给雇员提供抱怨、申诉渠道的相应机构。这种企业并不认为雇员会自动忠诚于组织,因而它们也会投入大量的资源用于招募、甄选和培训,以确保招聘进来的员工有基本的忠诚,并通过持续的培训、不断的调整,使员工融入企业,强化忠诚感。精明的家长型企业的劳动关系管理类型,在本质上属于一元观,但它并不认为雇员会接受企业的目标或自动地认为管理者的决策很正当,而主张花费大量时间和资源以确保雇员采取正确态度。

精明的现代型企业接受工会和集体谈判作为协商确定就业条件和待遇的方式,他们坚持多元论。由工会代表雇员所签订的集体协议,确认了管理方的权威和特权。集体协议内容广泛,包括规范和调整劳动关系的实体规则和程序性规则,规定了雇主和工会所享有的合法权利和义务。因而,这类组织通常会积极鼓励工人加入工会,从而使通过工会达成的协议能够覆盖所有雇员。管理方和工会都倾向于支持劳动关系得到长期的战略性发展。

标准现代型企业承认工会,也接受集体谈判,但劳资关系的发展是建立在不断变化的机会主义基础之上,因而表现得更为实用。当劳动力市场或者产品市场状况显示雇员群体力量强大时,管理方会勉强与工会谈判,但当工会处于弱势、力量弱小时,管理方又会试图恢复其管理控制特权。这一模式是目前最典型的一种劳动关系管理类型,其特征是实用主义或机会主义。

总之,传统型企业和精明的家长型企业一般采用一元论观点,精明的现代型企业和标准的现代型企业一般采用多元论观点。不同层次的管理者,对于提高劳动条件和待遇的态度是不同的,随着时间的推移也会不断调整和改变。一般而言,高层管理者更倾向于一元论观点,而职位较低的管理者由于更接近产品的生产和服务,可能更倾向于多元论观点。

3. 劳动关系调整模式

要了解劳动法制理念,我们必须首先搞清楚劳动关系的调整是如何决定的(是由劳资双方协约自治、国家主导干预,还是由资方单独决定)。这一前提决定着劳动法制的体系,以及劳动关系调整的模式。各国由于历史、法律、文化等不同,所采用的处理劳动关系的制度模式也不尽相同。我国台湾学者黄越钦在《劳动法新论》中,将劳动关系的主要调整模式归纳为斗争模式、多元放任模式、协约自治模式和统合模式四类。

(1) 斗争模式。

斗争模式是以某种特定的意识形态为指导,认为劳资关系是建立在生产资料私有制基础上的具有阶级斗争性质的关系,其表现形式是雇佣劳动和剩余价值的生产,其本质是剥削与被剥削的关系。因而在劳资之间存在着不可调和的阶级矛盾,无产阶级夺取政权之后,要将工厂、土地及一切生产资料收归公有,同时要消灭资产阶级,以斗争模式解决劳动问题。随着社会的变迁和进步,工业革命以来曾经被认为是劳资间互动基础的阶级"斗争"正逐渐消失,而以"合作"为本质的劳资关系体制则逐渐形成,因而以阶级斗争模式解决劳动问题的主张已成为历史。

(2) 多元放任模式。

美国的劳资关系体制与大部分欧洲国家不同,美国是全世界最大的移民国家,人种复杂,劳动者不够团结,工会又倾向于以短期利益换取长期利益,政府对劳动关系的干预较小,因而可归为多元放任模式。这一模式秉承新古典主义学派劳动关系理论,认为市场是决定就业状况的至关重要的因素,工会或工会运动对市场机制的运行和发展具有副作用,主张减少政府对劳动关系的干预。

(3) 协约自治模式。

协约自治模式具体分为两种模式:劳资抗衡模式和劳资制衡模式。

劳资抗衡模式以劳资对立抗衡为主轴,完全排除国家干预。劳资双方通过行使争议权,进行周期性的抗争,缔结集体协议,在抗争中取得均衡与和谐,以法国、意大利等西欧国家为代表。这一模式认为雇主联盟与受雇人联盟之间订立的集体协议,对其成员均具有规范效力,主张以协约自治原则处理劳资事务。集体协议一经签订,对缔约双方成员都具有法律约束力,使集体协议成为规范劳资关系的基础。

劳资制衡模式是对劳资抗衡模式的修正与超越,是劳动者以劳工的身份参与企业经营,并与企业形成相互制衡机制。其形式包括参与决定、共同经营等,其基本思想是从消极保护劳工,转为积极地由劳资双方共同参与决定企业经营活动。这种工会与企业内利益代表并存的二元架构为德国、奥地利所特有。

(4) 统合模式。

美国著名劳动关系学者邓洛普(Dunlop)在《产业关系体系》一书中以统合模式对劳、资、政三者之间经济和政治关系进行介绍后,学界对统合模式纷纷进行研究,将其分为社会统合、经营者统合和国家统合三类。

在社会统合模式中,劳资双方的关系以整个社会为背景,工会在跨企业的团结权方面具有强大的力量,集体意识与阶级认同存在于社会阶层,劳工对其他劳动阶层的忠诚度高于本身的产业。著名的瑞典模式是社会统合模式的代表者,内容包括:工会联盟与雇主联盟力量均十分强大,并共同构成强大的劳动市场组织;劳资双方都愿意保持工业和平,都明确反对国家干预,认为劳资纠纷应以劳动市场上的供需情况为基础求得解决;设立争议处理机构，如由工会联盟和雇主联合会的代表组成"劳动力市场理事会"，为全国性协商机构，任何劳资争端在提交法院审理之前，应先在理事会内部调解；劳资双方组织的影响扩大，工会采取主动措施，促使生产过程规范化，并参加政府的各种调查委员会，参与咨询或决策活动；成为集团利益组织，插足政界，发表政见，左右舆论。总之，劳资双方已超出以协约自治处理劳资关系的范围，成为统合经济、政治活动的当事人。

在经营者统合模式中，劳资关系主要发生在企业层级，工会在跨企业的团结权方面不具有强大的力量，集体意识与阶级认同只存在于产业阶层，劳动者对本产业的忠诚度高于对其他劳动阶层。经营者统合模式以日本最为典型。日本模式是建立在以劳动基准法为核心的三项"国粹"之上，即终身雇佣制、年功序列制和企业工会制。经营者在统合各方面力量之后，通过政府将其决策表达在劳动基准法中，要求各阶层予以服从。

在国家统合模式中，企业与劳工组织在社会结构中所扮演的角色由国家决定。国家通过立法对企业的功能与活动范围予以界定、限制、命令或禁止。国家统合模式的特点是：国家对劳资双方采取强有力的控制手段，对劳动契约采取干预态度，对集体劳动关系予以压缩。在工会方面，实行强制入会制、单一工会制，禁止或限制特定当事人组织工会，在实务上政党力量介入较深，工会的自主性非常有限。在雇主团体方面，政府也采取相应的干预手段，对产业的控制极深。政党与产业界的关系密切，产业界对政府的影响力也很大，但劳资双方团体却壁垒分明而互不干涉，没有固定的合作机制；以劳动基准法为核心，国家公权力对劳资双方的劳动契约直接介入、干预和管制；在劳动安全卫生与劳动监督检查方面，采取官僚本位主义，缺乏工会与劳动者的参与；劳动力市场政策主要是为配合国家经济发展计划，而较少从劳动者的立场进行规划，体现劳动者利益。

总之，多元放任模式秉承新古典学派劳动关系理论，认为市场是决定就业状况至关重要的因素，工会对市场机制的运行和发展具有副作用，主张减少政府对劳动关系的干预。这一模式以美国最为典型。协约自治模式则以正统多元论学派理论为基础，主张劳资双方通过谈判取得均衡与和谐，以协约自治原则处理劳资事务。这一模式以法国、德国、意大利等西欧国家为代表。统合模式则以管理主义学派和自由改革主义学派理论为基础，其中社会统合模式秉承自由改革主义理论，主张劳资双方突破协约自治范围，以整个社会为背景处理劳资关系。瑞典是这一模式的代表者。经营者统合模式则秉承管理主义学派理论，主张由经营者在企业层面统合各方力量，再通过政府将其决策表达在劳动基准法之中。这一模式以日本最为典型。斗争模式则以激进派理论为基础，认为劳资之间存在着不可调和的阶级矛盾，主张以斗争方式解决劳动问题，但随着社会的变迁和发展，劳资间互动基础的阶级"斗争"正逐渐消失，而以"合作"为本质的劳资关系体制则逐渐形成，现已不再主张以斗争模式解决劳动问题。

二、员工关系管理的意义

员工关系管理是企业人力资源部门的重要职能之一，其核心思想是将企业的员工视

为最重要的企业资产,通过完善的人力资源服务和深入分析来满足员工的个性化需求。从这个层面上讲,员工关系管理有以下意义:

(一)有利于实现人与事的最佳配合

良好的员工关系管理是实现人与事最佳配合的重要手段。为了实行员工关系管理,必须进行合理的组织设计,为员工提供发展平台。组织设计明确了员工应该做什么和如何做才能达到要求。

(二)有利于提高员工满意度和忠诚度

激烈的市场竞争使得不少企业努力提高客户满意度,但却忽视了员工满意度。实际上,员工直接与客户接触,其情绪、态度会直接影响到客户的态度,也就是说,员工满意度会直接影响客户满意度。员工工作满意度低造成的不良后果是不言而喻的。进行员工满意度管理可以使员工体会到被尊重和认同的感觉,从而提高员工对企业的忠诚度。

(三)有利于减少员工关系冲突,激发其工作热情

一个企业内部每个员工的教育背景、立场、观点、态度和职责都是有差异的,无论是在工作还是在生活上,极有可能产生各种各样的冲突。虽然不是所有的冲突都会产生不良的影响,但是企业内部的大部分冲突会影响员工的工作积极性,降低企业绩效,影响到企业的正常发展。进行员工关系管理,努力提高员工满意度能够有效地减少这些冲突。在积极向上的工作环境中,员工也更有动力工作,迸发更大的工作热情。

(四)有利于建立畅通的沟通机制

企业制度设计、企业文化、企业价值理念等因素以及员工个体之间的目标差异会导致员工之间产生冲突或隔阂,从而给员工造成心理负担。内部员工关系的紧张、员工情绪的低落会影响到员工工作效率,最终影响企业的绩效。知识经济时代,员工追求尊重和平等,良好的员工关系管理有利于建立畅通的沟通机制,畅通的沟通机制有助于员工和管理层及时交流信息、沟通思想,企业及时了解员工的心理状况,解除员工之间的冲突和隔阂,使得员工能在积极向上的工作氛围中交流和从事生产活动。

(五)有利于提高企业经营效益

可以这么说,员工关系管理的水平直接关系到企业经营效益,员工关系管理与企业效益的最大化之间呈正比。通过员工关系管理改善员工关系,企业的经济效益也会提高。反之,则会直接影响到企业的生存之本。从影响企业业绩的角度来看,员工关系的好坏直接关系到企业经营管理的顺畅性。企业做好员工关系管理工作,使管理方式符合员工心理,对员工的信任会反馈到员工的工作效果中,员工会努力提高自己的工作绩效。同时,员工关系管理的科学化会激发员工对企业的责任感和认同感,促使员工为企业效益最大

化献计献策，推动企业健康发展。

第二节　劳动合同管理

一、劳动合同的订立、履行与变更

（一）劳动合同的订立

劳动合同的订立，是指用人单位与劳动者经过相互选择、协商一致，以书面形式依法签订协议，确定劳动合同内容，明确双方的权利、义务和责任，建立劳动关系的法律行为。劳动合同的订立，是劳动合同管理工作的起始环节，也是重要内容之一。

1. 劳动合同的订立原则

《劳动法》第 17 条规定："订立和变更劳动合同，应当遵循平等自愿、协商一致的原则，不得违反法律、行政法规的规定。"

（1）合法原则。所谓合法就是劳动合同的形式和内容都必须符合国家法律法规。具体来说，第一，劳动合同的形式要合法，一般要以书面形式订立；第二，劳动合同的内容要合法，如果劳动合同的内容违法，劳动合同不仅不受法律保护，当事人还要承担相应的法律责任。

（2）公平原则。所谓公平就是劳动合同的内容应公平合理，确立双方的权利和义务。

（3）平等原则。所谓平等原则就是劳动者和用人单位在订立劳动合同时在法律地位上是平等的，没有高低、从属之分，不存在命令和服从、管理和被管理关系。当然在订立劳动合同后，劳动者成为用人单位的一员，受用人单位的管理，处于被管理者的地位。因此，这里讲的平等，是确定劳动契约关系在法律意义上的平等或形式上的平等。

（4）自愿原则。所谓自愿原则是指订立劳动合同完全是出于劳动者和用人单位双方的真实意志，是双方协商一致达成的，任何单位和个人不得强迫劳动者订立劳动合同及相关条款。

（5）协商一致原则。协商一致就是用人单位和劳动者要对合同的内容达成一致意见，一方不能凌驾于另一方之上，不得把自己的意志强加给对方，也不能强迫命令、胁迫对方订立劳动合同。

2. 劳动合同的订立程序

订立劳动合同要遵循一定的程序。需要注意的是，劳动合同的被要约方在开始时是不确定的，需要首先确定被要约方，即确定与用人单位签订劳动合同的劳动者才能完成要约承诺的全过程。确定要约人是人力资源的招聘甄选与录用程序的连续环节之一。订立劳动合同可分为招收录用和签订劳动合同两个阶段，具体如表 9-1 所示。

表 9-1 劳动合同的订立程序

劳动合同订立阶段	具体步骤
第一阶段:招收录用阶段	步骤一:发布招聘信息。企业可通过报刊、网络等途径,向社会发布包括招聘条件和录用后的权利和义务在内的招聘信息
	步骤二:组织报名工作。企业对外发布招聘信息后,要安排具体的时间、地点、人员开展报名工作,有关工作人员要负责接待应聘者咨询,接收应招劳动者提交的有关证明文件,对应聘者进行初步筛选
	步骤三:全面考核应聘者。企业在接受劳动者报名后,应组织有关人员对参与招聘的劳动者的健康状况、文化程度、技能水平、受雇历史等情况进行全面考核,考核内容由企业或企业与主管部门协商确定
	步骤四:择优录用员工。企业在对劳动者进行考核之后,应择优确定被录用人员,公布考核结果,公开录用劳动者。企业要向被录用人员(被要约方)发出书面通知,必要时对未被录用人员的查询和发问进行解释
第二阶段:签订劳动合同阶段	步骤一:企业提出劳动合同草案。企业在决定录用劳动者以后,要拟订并向劳动者提交劳动合同草案。合同草案并不是正式的合同文件,只是为了便于企业与劳动者协商使用,而由企业单方面提出的,不具有法律约束力。企业有义务向劳动者说明草案中各条款的具体内容和法律依据,解答劳动者的疑问
	步骤二:企业向劳动者介绍企业内部劳动规章制度。一旦签订劳动合同,劳动者将成为企业的一员,必须遵守企业的各项规章制度。劳动者能否接受企业的规章制度,也是决定劳动者是否与企业签订劳动草案的一个因素
	步骤三:企业与劳动者协商劳动合同内容。企业与劳动者就劳动合同草案中的条款逐一协商,对需要补充或修改的内容各自提出意见,相互协商达成一致
	步骤四:双方签约。企业与劳动者经过协商一致,在企业劳动合同书上签字。签字前,企业劳动合同管理人员要认真审阅合同书的内容是否真实,是否全部双方最后协商一致的结果。在确认无误的基础上,企业通过一定的仪式和劳动者签字、盖章。如果合同不需要鉴证,则至此合同的订立阶段结束,所签劳动合同具备法律效力
	步骤五:合同鉴证。合同鉴证是企业根据国家规定或企业和劳动者的要求,将合同及相关证明材料递交到合同签订或履行地的合同鉴证机构,依法审查、证明劳动。合同鉴证是合同的真实性和合法性的一项行政监督服务措施。合同鉴证机构一般是劳动行政部门。(这一步骤不是必需的)

（二）劳动合同的履行

劳动合同的履行，是指劳动合同在依法订立以后，企业依据合同约定的条款，履行合同约定的义务，实现合同约定的权利，使企业劳动合同所产生的劳动法律关系得以保持的过程。

1. 劳动合同的履行原则

劳动合同依法订立后，企业和劳动者都必须履行，并遵循一定的原则。

（1）实际履行的原则。所谓实际履行的原则就是指企业要按照合同规定的标的，履行自己的义务和实现自己的权利，不得以其他标的或方式来代替。员工和企业双方都要遵循这一原则。具体来讲，员工一方要向企业提供一定数量和质量的劳动，以保证企业生产经营活动正常开展；企业一方要为员工支付必要的劳动报酬和提供必要的劳动条件等，以保障员工正常的生活和工作需要。

（2）亲自履行的原则。所谓亲自履行的原则就是指企业和员工要以自己的行为履行劳动合同规定的义务和实现劳动合同规定的权利，不得由他人代为履行。一方面，企业要以自己的实际行为去完成劳动合同规定的任务，实现劳动合同约定的目标，企业要将劳动合同规定的内容融入自己的日常活动和工作中去；另一方面，企业也有权要求员工以自己的实际行动去完成劳动合同规定的任务，实现劳动合同约定的目标。

（3）全面履行的原则。企业劳动合同规定的各项条款是有其内在联系的，是不能割裂的统一整体。企业不能分割履行某些条款规定的义务或者不按劳动合同约定履行，企业必须按劳动合同约定的时间、地点和方式，全面履行劳动合同的规定和各项义务。只有企业和员工双方全面履行自己的义务，才能保证劳动合同全部履行。

（4）协作履行的原则。协作履行是指企业和员工相互协作，共同完成劳动合同规定的任务。

2. 两种劳动合同履行情况

按照劳动合同履行程度，可能会出现全部履行和不适当履行两种情况。

（1）全部履行。全部履行是指企业履行合同中规定的全部义务和实现合同中规定的全部权利。

（2）不适当履行。企业只履行合同中规定的部分义务，或只实现合同中规定的部分权利。不适当履行的三种情况：一是不完全履行，即企业只完成劳动合同规定的一部分义务；二是不履行，即企业未按劳动合同的规定履行自己应承担的义务；三是单方不履行，即企业履行了劳动合同规定的、自己所应承担的义务，而员工没有履行劳动合同规定其所应承担的义务。

（三）劳动合同的变更

劳动合同的变更也是劳动合同管理的重要内容。劳动合同的变更是指劳动合同依法订立后，在合同尚未履行或者尚未履行完毕之前，经用人单位和劳动者双方当事人协商同意,对劳动合同内容做部分修改、补充或者删减的法律行为。劳动合同的变更是原劳动合同的派生,是对双方已存在的劳动权利义务关系的发展。原劳动合同未变更的部分仍然有效,变更后的内容取代了原合同的相关内容,新达成的变更协议条款与原合同中其他条款具有同等的法律效力,对双方当事人都有约束力。我国《劳动合同法》第 35 条规定:"用人单位与劳动者协商一致,可以变更劳动合同约定的内容。变更劳动合同,应当采用书面形式……"变更劳动合同,必须遵循一定的程序。

首先,劳动合同的一方(可以是企业,也可以是员工),及时以书面形式提出劳动合同变更要求,并就变更的理由、内容、条款和条件等做出说明。

其次,按期答复对方,即当事人一方在得知对方变更劳动合同的要求后,应在对方规定的期限内给出答复。

再次,双方当事人就变更劳动合同的内容经过协商,取得一致意见后,应该达成变更劳动合同的书面协议,书面协议应指明哪些条款有所变更,并明确变更后劳动合同的生效日期,书面协议经双方当事人签字盖章后生效。

最后,变更后的劳动合同生效。需要说明的是,变更合同的效力只及于经过变更的合同条款,未变更的合同条款仍然有效,仍应依法履行。变更后的劳动合同文本由用人单位和劳动者各执一份。

二、劳动合同的解除与终止

(一) 劳动合同的解除

劳动合同的解除,是指企业和员工提前终止劳动合同的法律效力,解除双方的权利义务关系。《劳动合同法》第 36 条规定:"用人单位与劳动者协商一致,可以解除劳动合同。"解除劳动合同有两种情况:一是企业解除劳动合同;二是员工解除劳动合同。

1. 企业解除劳动合同

企业解除劳动合同,有三种情况:过失性解除劳动合同、无过失性解除劳动合同和企业经济性裁员。

(1) 过失性解除劳动合同。《劳动法》第 25 条规定:"劳动者有下列情形之一的,用人单位可以解除劳动合同:(一)在试用期间被证明不符合录用条件的;(二)严重违反劳动纪律或者用人单位规章制度的;(三)严重失职,营私舞弊,对用人单位造成重大损害的;(四)被依法追究刑事责任的。"

(2) 无过失性解除劳动合同。关于劳动者无过失性解除,《劳动合同法》第 40 条规定:"有下列情形之一的,用人单位提前三十日以书面形式通知劳动者本人或者额外支付劳动者一个月工资后,可以解除劳动合同:(一)劳动者患病或者非因公负伤,在规定的医疗期满后不能从事原工作,也不能从事由用人单位另行安排的工作的;(二)劳动者不能胜任工作,经过培训或者调整工作岗位,仍不能胜任工作的;(三)劳动合同订立时所依据的客观情况发生重大变化,致使劳动合同无法履行,经用人单位与劳动者协商,未能就变更劳动合同内容达成协议的。”当然,在劳动者无过失的情况下,企业也不可以随意解除劳动合同。《劳动合同法》第 42 条规定,劳动者有下列情形之一的,用人单位不得解除劳动合同:“(一)从事可接触职业病危害作业的劳动者未进行离岗前职业健康检查,或者疑似职业病病人在诊断或者医疗观察期间的;(二)在本单位患职业病或者因公负伤并被确认丧失或者部分丧失劳动能力的;(三)患病或者负伤,在规定的医疗期内的;(四)女职工在孕期、产期、哺乳期的;(五)在本单位连续工作满十五年,且距法定退休年龄不足五年的;(六)法律、行政法规规定的其他情形。”

(3) 企业经济性裁员。《劳动合同法》第 41 条第 1 款规定:“有下列情形之一,需要裁减人员二十人以上或者裁减不足二十人但占企业职工总数百分之十以上的,用人单位应提前三十日向工会或者全体职工说明情况,听取工会或者职工的意见后,将裁减人员方案向劳动行政部门报告,可以裁减人员:(一)依照企业破产法规定进行重整的;(二)生产经营发生严重困难的;(三)企业转产、重大技术革新或者经营方式调整,经变更劳动合同后,仍需裁减人员的;(四)其他因劳动合同订立时所依据的客观经济情况发生重大变化,致使劳动合同无法履行的。”根据劳动合同法的规定,用人单位单方解除劳动合同,应该事先将理由通知工会。用人单位违反法律、行政法规规定或者劳动合同约定的,工会有权要求用人单位纠正。用人单位应当研究工会的意见,并将处理结果书面通知工会。

2. 员工解除劳动合同

员工解除劳动合同也有三种情形:员工提前通知解除、员工有条件的解除和无须通知即解除。

(1) 员工提前通知解除。员工提前通知解除合同也有两种情形:一种是劳动者提前 30 日以书面形式通知用人单位,可以解除劳动合同;另一种是劳动者在试用期内提前 3 日通知用人单位,可以解除劳动合同。

(2) 员工有条件的解除。《劳动合同法》第 38 条第 1 款规定:“用人单位有下列情形之一的,劳动者可以随时通知企业解除劳动合同:(一)未按照劳动合同约定提供劳动保护或者劳动条件的;(二)未及时足额支付劳动报酬的;(三)未依法为劳动者缴纳社会保险费的;(四)用人单位的规章制度违反法律、法规的规定,损害劳动者权益的;(五)因本法第二十六条第一款规定的情形致使劳动合同无效的。(六)法律、行政法规规定劳动者可以解除劳动合同的其他情形。”

(3) 员工无须通知解除。用人单位以暴力、威胁或者非法限制人身自由的手段强迫劳动者劳动的,或者用人单位违章指挥、强令冒险作业危及劳动者人身安全的,劳动者可以立即解除劳动合同,无须事先告知用人单位。

(二) 劳动合同的终止

劳动合同的终止,是指劳动合同期满或者当事人约定的劳动合同终止条件出现,或双方当事人的权利义务履行完毕,结束劳动关系的行为。劳动合同终止与劳动合同解除不同,劳动合同终止的条件是约定的,而劳动合同解除的条件是法定的。劳动合同终止是劳动合同关系的正常结束,劳动合同解除是劳动合同关系提前消灭,是劳动合同终止的一种特殊形式。

1. 劳动合同终止的条件

《劳动合同法》第 44 条规定:"有下列情形之一的,劳动合同终止:(一)劳动合同期满的;(二)劳动者开始依法享受基本养老保险待遇的;(三)劳动者死亡,或者被人民法院宣告死亡或者宣告失踪的;(四)用人单位被依法宣告破产的;(五)用人单位被吊销营业执照、责令关闭、撤销或者用人单位决定提前解散的;(六)劳动者达到法定退休年龄;(七)法律、行政法规规定的其他情形。"

2. 劳动合同终止的程序

(1) 明确表达终止意向。劳动合同期满前,如果企业一方不再希望与员工续签劳动合同,应当提前按照相应的法律规定,将"终止劳动合同意向书"通知员工。如果企业希望续签而员工不再希望与企业续签劳动合同,则员工应在人力资源部门出具的"续订劳动合同意向书"的回执联签署"不同意续签,到期终止"反馈给人力资源部门,以便员工和企业为后续相关事宜做准备工作。

(2) 出具终止通知书。法定的劳动合同终止的情形出现,或者劳动合同终止的约定条件出现,则人力资源部门为员工出具"终止劳动合同通知书"。

(3) 办理离职手续。企业与员工应该在终止劳动合同 7 日内办理离职相关手续。如果是企业一方不愿意续签而终止劳动合同,或者是由于用人单位被依法宣告破产、被吊销营业执照、责令关闭、撤销或用人单位决定提前解散而终止劳动合同,企业需要向员工支付经济补偿金。

(4) 出具终止证明。在离职相关手续办理完后,企业人力资源部门为员工出具"终止劳动合同证明"。

第三节 劳动争议的处理

一、劳动争议处理概述

(一) 劳动争议的概念

劳动争议,也称劳资争议、劳资纠纷,是指劳动关系双方当事人(用人单位与员工)之间因为对薪酬、工作时间、福利、解雇其他待遇等工作条件的主张不一致而产生的纠纷,包括在劳动法调整范围内,因适用国家法律、法规和订立、履行、变更、终止和解除劳动合同以及其他与劳动关系直接相联系的问题而引起的纠纷。劳动争议是企业与员工之间关系不协调的反映，只有妥善、合法、公正、及时处理劳动争议，才能维护劳动关系双方当事人的合法权益，促进劳动关系的和谐。

（二）劳动争议的类型

劳动争议的类型见表 9-2。

表 9-2 劳动争议类型

分类依据	争议类型	具体解释
争议的主体不同	个别争议	雇主与员工个人之间所发生的争议，其争议对象是私法上的权利，也是劳动合同上的内容
	集体争议	雇主与劳动者团体即工会之间所发生的争议，其争议的对象是团体的利益，也就是有关集体协议的内容。换句话说，集体争议是以劳动者团体即工会为主体的、在集体谈判过程中发生的争议
争议的性质不同	权利争议（法律争议）	产生于对现行法律或集体协约的使用或解释（在某些国家也包括现行劳动合同）引起的争议。即劳资双方当事人基于法律、集体协议和劳动合同规定的权利义务所产生的争议，是双方因为实现劳动法、集体协议和劳动合同所规定的既存权利义务所发生的争议
	调整争议	劳资双方当事人对于劳动条件主张继续维持或变更的争议

（三）劳动争议的内容及调整范围

劳动争议内容依据相关劳动法律而涉及的劳动权利和劳动义务而确定。主要包括就业、工时、工资、劳动保护、保险福利、职业培训、民主管理、奖励惩罚等各个方面。依据我国现行法律，劳动争议受理的范围是境内企业与员工之间发生的下列争议：

（1）因确认劳动关系发生的争议。

（2）因订立、履行、变更、解除和终止劳动合同发生的争议。

（3）因除名、辞退和辞职、离职发生的争议。

（4）因工作时间、休息休假、社会保险、福利、培训以及劳动保护发生的争议。

（5）因劳动报酬、工伤医疗费、经济补偿或赔偿金等发生的争议。

（6）法律、法规规定的其他劳动争议。

（四）劳动争议处理的目的

设定劳动争议处理制度的目的，是公正、及时处理劳动争议，建立和谐、稳定的劳动关系，保护劳动者合法权益。劳动争议处理一般有如下目的：

（1）平衡双方当事人利益。公正、及时处理劳动争议，保障用人单位与劳动者的合法权益，有利于平衡劳动合同双方当事人的利益。

(2) 建立和谐、稳定的劳动关系。劳动争议,特别是集体劳动争议,如果不能及时预防和有效解决,就会引起停工、罢工,影响经济发展和社会安定。因此,事先预防和事后公正处理劳动纠纷具有重要意义。这就需要建立解决纠纷的相应机构,通过法定程序解决纠纷,使劳动关系在协调、稳定、有序的轨道上发展,促进劳动关系双方的合作与共同发展。

(3) 保护劳动者合法权益。只有将劳动纠纷纳入法制轨道,才能妥善处理,切实保障双方的合法权益,发展良好的劳动关系。

(五) 劳动争议处理的原则

劳动关系原则上是一种不受国家权力直接干预的私人自治关系,但如果不能及时预防和有效解决劳资间发生的各种纠纷,可能对国家经济发展带来不利的后果。因此,事先预防和事后公正处理劳资纠纷具有重要的意义。这就需要建立解决纠纷的相应机构,通过合适的方法解决。在具体的劳动争议处理过程中,必须遵循以下原则:

(1) 着重调解、及时处理原则。一方面,调解是处理劳动争议的基本手段,贯穿于劳动争议处理全过程。企业劳动争议调解委员会应按照处理劳动争议的工作程序进行调解。仲裁委员会和人民法院处理劳动争议,也应当先行调解,在裁决和判决前还要为当事人提供一次调解解决争议的机会。另一方面,对劳动争议的处理要及时。企业劳动争议调解委员会对案件调解不成,应在规定的期限内及时结案,避免当事人丧失申请仲裁的权利;劳动争议仲裁委员会对案件先行调解不成,应及时裁决;人民法院在调解不成时,应及时判决。

(2) 在查清事实的基础上依法处理原则。正确处理调查取证与举证责任的关系。调查取证是劳动争议处理机构的权力和责任,举证是当事人应尽的义务和责任,两者有机结合,才能达到查清事实的目的。处理劳动争议既要依实体法,又要依程序法,而且要掌握好依法的顺序,按照"大法优于小法,后法优于先法"的顺序处理。处理劳动争议既要有原则性,又要有灵活性,坚持原则性与灵活性相结合。

(3) 当事人在适用法律上一律平等原则。劳动争议当事人法律地位平等,双方具有平等的权利和义务,任何一方当事人不得有超越法律规定的特权。当事人双方在适用法律上一律平等、一视同仁,对任何一方都不偏袒、不歧视,对被侵权或受害的任何一方都同样予以保护。

二、劳动争议处理的途径

关于劳动争议处理,有一般处理途径和特殊处理途径。一般处理途径包括协商、调解、仲裁和诉讼四种途径。劳动争议发生后,当事人应当协商解决,不愿、协商或者协商不成的,可以向劳动争议调解委员会申请调解,调解不成的,可以向劳动争议仲裁委员会申请仲裁。当事人也可以直接向劳动争议仲裁委员会申请仲裁。对仲裁裁决不服的,可以向人民法院提起诉讼。特殊处理途径主要是对特殊主体或事件所采取的紧急处理方法。

（一）一般处理途径

一般处理途径包括协商、调解、仲裁和诉讼四种途径。

1. 协商

协商是指劳动争议发生后，企业和员工在双方自愿、尊重事实、依据法律并充分考虑对方利益的基础上，就争议事项进行谈判、磋商，使双方消除矛盾，在双方达成共识的基础上找出解决争议的方法。协商后达成的协议不是基于法律的强制，而是基于当事人的自主选择，企业可以执行或不执行。协商解决的特点在于无第三者介入，不受程序的约束。当然，协商解决并不是解决劳动争议的必经程序，不愿协商或者协商不成的，当事人有权申请调解或仲裁。

以协商方式解决争议的优越性在于：

（1）容易解决纠纷。由于双方当事人最熟悉纠纷的起因和争议的焦点，便于对症下药。

（2）解决问题的成本低。双方可以选择彼此都方便的时间、地点和方式进行协商，既不会过多影响工作，更不必支付过多的费用。

（3）后遗症较少。劳动争议与其他纠纷不同，双方很可能今后仍要维持劳动关系与合作，以协商方式处理纠纷，既容易解决问题，又不至于闹翻，不仅不会影响今后的合作，反而会促进双方的理解。

（4）有利于争议真正解决。由双方自主协商，没有任何外在压力，可以充分表达当事人内心意愿，便于协议的执行。

（5）影响面小。以协商方式解决纠纷，避免将争议闹得沸沸扬扬、人人皆知。

通过协商解决纠纷，要注意选择适当的时间、场所和方式，为协商顺利进行创造较好的外部条件。双方要充分表明自己的主张、要求及理由，认真听取对方的主张、观点及其依据。同时，要清楚两方主张之间的异同点，把握争议的焦点，熟悉大环境，包括国家的政策和法规、国家和地区的经济状况、单位生产经营状况，以及自己在单位中所处地位。反省自己的主张和要求，进行换位思考，必要时可以暂时中止协商过程，冷静思考。还要审时度势，做出必要的让步和妥协，达成协议，如不能及时达成协议，应终结协商程序，选择其他方式。

2. 调解

劳动争议调解是指第三者依据有关法规和集体合同或劳动合同的规定，在纠纷主体之间沟通信息，查清事实、明确责任，通过说服、诱导促成纠纷主体相互谅解、妥协，最终自愿达成解决纠纷的协议。需要注意的是，此处的调解不是指劳动争议进入仲裁或诉讼以后由仲裁委员会或法院所做的调解工作，而是指由劳动争议调解组织对劳动争议所做的调解活动。

企业可以设立劳动争议调解委员会。调解委员会由职工代表、企业代表、企业工会代表组成。劳动争议发生后,当事人应在 30 日内向本单位劳动争议调解委员会申请调解,调解委员会应当在 4 日内做出受理或不受理的决定,对不予受理的应向企业与员工说明理由,并告知应向何部门申诉。

调解委员会调解劳动争议应当遵循当事人双方自愿原则,经调解达成协议的,制作调解协议书,调解协议书由双方当事人签名或盖章,经调解员签名并加盖调解组织印章后生效,对双方当事人具有约束力,双方当事人应当自觉履行;调解委员会应当自申请调解之日起 15 日内解决劳动争议,到期未结束的,视为调解不成。也就是说,自调解委员会收到调解申请之日起 15 日内未达成调解协议的,当事人可依法向劳动争议仲裁委员会申请仲裁。具体的调解程序如图 9-1 所示。

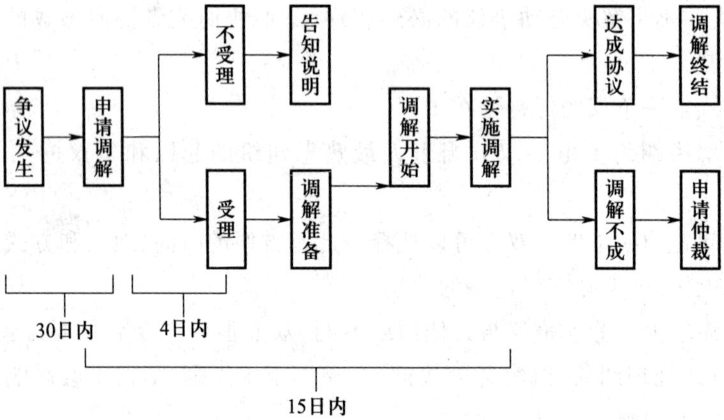

图 9-1 劳动争议调解程序

3. 仲裁

仲裁是指劳动争议仲裁机构依法对劳动争议双方当事人的争议案件进行公正判决的执法行为,包括对案件的依法审理和对争议的调解、裁决等一系列活动或行为。仲裁一般在劳动争议调解委员会调解不成的情况下由双方当事人向劳动争议仲裁机构提出申请。

仲裁裁决具有约束力,并具有强制执行的效力。仲裁分为自动仲裁、自愿仲裁和强制仲裁。自动仲裁是双方在争议发生前已在集体协议之中规定,一旦发生争议,双方以仲裁方式解决。自愿仲裁是双方在争议发生后或争议未达成和解协议时,自愿将争议提交仲裁机构处理,并服从仲裁裁决。强制仲裁是根据法律规定,双方必须将争议提交仲裁机构处理,或由仲裁机构主动介入争议处理。

劳动争议仲裁委员会是我国目前专门的劳动争议仲裁机构。根据我国现行《劳动法》和《劳动争议调解仲裁法》的规定:劳动争议仲裁委员会由劳动行政部门代表、工会代表和企业方面代表组成。劳动争议仲裁委员会下设办事机构,负责办理其日常工作,并设仲裁员名单。

根据现行法律规定,提出仲裁要求的一方应当自劳动争议发生之日起一年内向劳动争议仲裁委员会提出书面申请。仲裁委员会应当自收到申诉书之日起 5 日内做出受理或者不予受理的决定。仲裁委员会决定受理的,应当自做出决定之日起 5 日内将申诉书的副本送达被诉人,并组成仲裁庭;决定不予受理的,应当说明理由。符合条件的劳动争议案件,仲裁机关在受理、收到申诉书后 7 日内,应做出决定是否立案审理。仲裁委员会立案受理了劳动争议后,应按有关法律法规规定,组成仲裁庭,仲裁庭由主名仲裁员组成,设首席仲裁员。组成仲裁庭之后,仲裁庭成员应认真审查申诉、答辩材料,调查收集证据,查明争议事实。

在调查取证的基础上开庭审理。仲裁庭处理劳动争议应当先行调解,在查明事实的基础上促使当事人双方自愿达成协议。协议内容不得违反法律、法规。调解达成协议的,仲裁庭应当根据协议内容制作调解书,调解书自送达之日起具有法律效力。调解未达成协议或者调解书送达前当事人反悔的,仲裁庭应当及时裁决。

仲裁裁决一般应在收到仲裁申请的 45 日内做出。对仲裁裁决无异议的,当事人必须履行。劳动争议当事人对仲裁裁决不服的,可以自收到裁决书之日起 15 日内向人民法院提起诉讼。期满不起诉的,裁决书发生法律效力。一方当事人在法定期限内不起诉又不履行仲裁裁决的,另一方当事人可以申请人民法院强制执行。

劳动争议仲裁程序如图 9-2 所示。

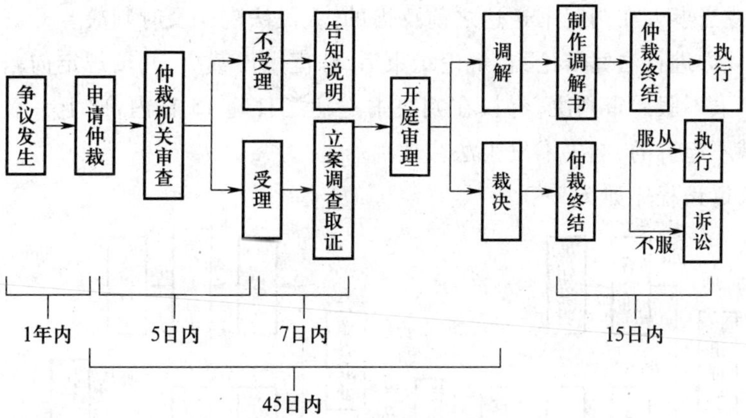

图 9-2　劳动争议仲裁程序

4. 诉讼

诉讼是以国家权力解决民事纠纷的典型机制,具有国家强制性和严格的规范性。人民法院是处理劳动争议的司法机关。当前面所述的三种途径都无法解决劳动争议时,只能依靠诉讼来判决。根据我国相关法律的规定,劳动争议当事人对仲裁裁决不服的,可以自收到仲裁裁决书之日起 15 日内向人民法院提起诉讼。法院在处理企业劳动争议的过程中有权采取强制措施,法院的调解或审理结果具有最终解决争议的效力,法院自己可以对争议双方当事人实施强制执行。诉讼是处理劳动争议的最终程序。需要说明的是,劳动争议案件未经仲裁的,人民法院不予受理。人民法院只受理已经由劳动争议仲裁委员会裁决后,当事人不服裁决的争议。

劳动争议诉讼范围包括:

(1) 因企业开除、除名、辞退员工和员工辞职、自动离职发生的争议。

（2）因执行国家有关工资、保险、福利、培训、劳动保护的规定发生的争议。

（3）因履行劳动合同发生的争议。

（4）劳动者与用人单位之间没有订立书面劳动合同，但已形成事实劳动关系后发生的争议。

（5）劳动者退休后，与尚未参加社会保险统筹的原用人单位因追索养老金、医疗费、工伤保险待遇和其他社会保险费而发生的争议。

（6）法律法规规定应当由人民法院受理的其他劳动争议。

人民法院在收到原告的起诉后，要对起诉依法进行审查，并决定是否受理。符合受理条件的案件应当在 7 日内立案，并通知当事人，立案之日起 5 日内将诉讼副本发送被告，被告在收到之日起 15 日内提出答辩状。经审查不符合条件的，应当在 7 日内裁定不予受理，原告对裁定不服的，可以上诉。人民法院要对劳动争议仲裁机关掌握的情况、证据进行核实。对争议有关的事实进行调查、取证，弄清事实。人民法院审理劳动争议案件，根据当事人自愿的原则，在事实清楚的基础上分清是非，进行调解。达成调解协议的，由人民法院制作调解书。调解书在经当事人双方签收后，即发生法律效力，当事人必须执行。调解不成的，或当事人在调解书送达之前反悔的，人民法院应及时判决。开庭要进行法庭调查，当事人双方进行法庭辩论，在辩论结束后，法庭做出裁决，并按规定向当事人发送判决书。如当事人不服一审判决，有权在判决书送达之日起 15 日内，向上一级人民法院提起诉讼。期满不起诉的，判决书发生法律效力。

劳动争议诉讼程序如图 9-3 所示。

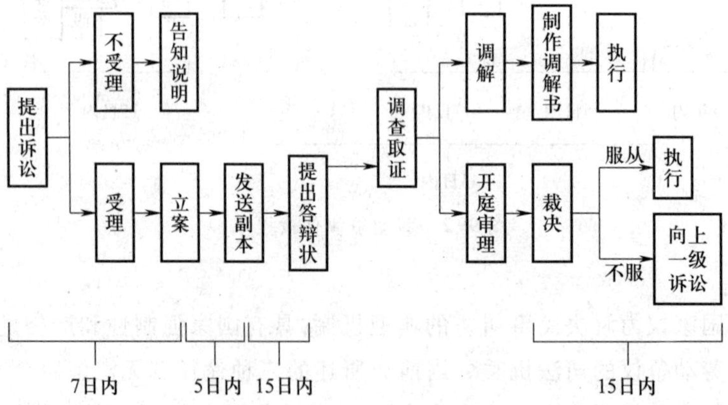

图 9-3 劳动争议诉讼程序

（二）特殊处理途径

对于特殊事件的紧急处理的适用范围是：劳动争议涉及公益事业；争议涉及的规模大而且性质特殊；损害国民经济的发展；损害国民的日常生活等。在上述情况下，可停止劳动争议行为，而由中央劳动委员会调整争议。如铁路、邮电、医疗、银行、广播等行业的集体纠纷，许多国家都规定了特殊的处理程序，具体方法是：① 坚持优先和迅速处理的原则；② 政府在必要时可采取强制仲裁，即停止或者限制影响公共利益和国民生活的争议行为,采取紧急的方法提出解决问题的方案;③ 争议行为的实施期限短。

对于特殊主体发生的劳动争议,即主要指由于侵害女职工劳动保护权益而发生的争议,根据《女职工劳动保护的规定》,申诉人有权向所在单位的主管部门或者当地劳动部门提出申诉,受理申诉的部门应当自收到申诉书之日起 30 日内做出处理决定,女职工对处理不服的,可以在收到决定书之日起 15 日内向人民法院起诉。

此外,我国的《劳动争议调解仲裁法》还就劳务派遣单位或者用工单位与劳动者发生争议的,做了相关规定。

第四节　员工满意度管理

一、员工满意度管理的内涵及意义

(一) 员工满意度管理的内涵

员工满意度,是指员工对在组织中所扮演的角色的感受或情感体验,是员工对其工作或工作经历评估的一种态度的反映,它与工作投入程度、组织承诺和工作动机等有密切关系,是员工满意的一种测量指标。具体来讲,员工满意度是反映员工感知效果与其期望值比较之后的程度指标:员工满意度=实际感受:期望值。

员工满意度管理即指通过规范的管理制度和信息收集程序,收集员工对组织经营、管理和发展等各方面的意见,根据其结果进行动态管理的一种管理手段。

员工满意度是企业管理的一项重要指标,它假设在不同的管理方式和水平下会有不同的员工满意度。因此,对员工满意度的管理是人力资源管理,特别是员工关系管理的有效工具。员工满意度管理是员工关系管理的一项重要工作,企业应该根据需要进行员工满意度的调查与指标监测,并进行动态管理。

(二) 员工满意度管理的意义

1. 有利于预防和监控员工态度和行为

通过员工满意度管理可以捕捉员工的思想动态和需求变化,及时了解组织管理政策及其变化对员工的影响,以利于组织采取有针对性的应对措施。如通过调查发现了人员流动意向和原因,如果改进及时,措施得法,就能预防一些人才的流失。

2. 有利于及时诊断和改进员工管理

通过员工满意度管理,可了解企业在哪些方面亟待改进,企业变革的成效及其改革对员工的影响,监控企业管理成效,掌握企业发展动态,管理结果可以为企业和部门业绩提高提供量化数据,为企业人力资源管理决策提供重要依据。

3. 有利于激发员工参与和积极性

通过员工满意度管理，收集员工对改善企业经营管理的意见和要求，给员工一种主人翁的感觉，他们同样可以为企业的发展献计献策。这是一种民主管理和员工参与的方式，激发员工参与组织变革和民主管理的积极性，提升员工对组织的认同感和忠诚度。

二、员工满意度调查

员工满意度调查，是指运用专业方法，向员工收集意见并与员工就有关观点、想法、评价等进行交流，适时了解员工工作状态和企业管理上的成绩和不足，以改善企业管理，提高员工满意度和工作绩效的一种活动。

（一）员工满意度调查的目的

1. 诊断潜在问题

这里的潜在问题包括员工管理问题和企业潜在危机。一方面，通过员工满意度调查能有效地评价组织管理政策和管理行为的实施状况，了解管理决策变化对员工满意度的影响。另一方面，员工满意度调查是员工对企业各种管理问题是否满意的晴雨表。企业在某一时期对员工满意度进行调查，通过员工满意度的高低和不满意的指向，对企业管理进行全面审核，及时发现企业潜在的管理危机和问题，保证企业工作效率和最佳经济效益。

2. 找出问题症结

员工管理问题和企业潜在危机可能由多种原因造成。员工满意度调查有助于解释这些问题产生的根源及症结所在，例如出现高缺勤率、高离职率等现象的原因。研究表明，满意度与缺勤率之间存在一种稳定的消极关系，即员工满意度越低，缺勤率越高；满意度与流动率之间也存在负相关关系，且这种相关比满意度与缺勤率之间的相关程度更高，因而提高员工满意度在一定程度上可以降低缺勤率，更能够降低流动率。再比如，公司受到产品损耗率、高丢失率的困扰，通过员工满意度调查确定这是否由于员工工资过低、管理不善、晋升渠道不畅等原因造成的。如果能够及时发现员工的不满，并采取有效措施，可维护稳定和谐的员工关系。

3. 评估组织变化和企业政策对员工的影响

员工满意度调查能够有效地评价组织政策和规划中的各种变化，为此公司管理层可以了解管理决策和变化对员工满意度的影响。

4. 促进与员工间的沟通和交流

通过满意度调查，管理者与员工之间加强了沟通，员工能够畅所欲言，管理者也可以了解员工的真实想法和需求，收集到员工对企业经营管理改善的意见和建议，同时又能激发员工参与企业管理，使管理者能够针对员工的主要需求，增强激励的有效性，提高员工绩效。

5. 增强员工对企业的认同感、归属感

定期和规范的员工满意度调查会使员工感受到企业的关怀和重视,增强员工对企业的认同感。同时,通过满意度调查可以培养员工参与管理的意识,有利于员工在民主管理的基础上树立以企业为中心的群体意识,从而增强员工的凝聚力和归属感。

(二) 员工满意度调查的内容

影响员工满意度的因素构成了满意度调查的内容,所以要了解员工满意度调查的内容,首先必须明了员工满意度的构成因素。著名学者赫兹伯格在对人的满意度因素研究的基础上,提出了有名的双因素理论;洛克认为员工满意度构成因素包括工作本身、报酬、提升、认可、工作条件、福利、自我、管理者、同事和组织外成员 10 个因素。阿莫德和菲德曼则认为影响员工满意度的因素包括工作本身、上司、经济报酬、升迁、工作环境和工作团体 6 个因素。我们认为在这些研究的基础上还要根据调查目的选择调查内容。可大致分为以下六个方面:

(1) 工作本身满意度。指工作的胜任程度、工作适合度、工作的挑战性程度与成就感、工作安全感、责任分配度、工作的发展空间大小等。

(2) 工作回报满意度。指薪酬的绝对公平和相对公平程度、医疗保险和假期等福利的合理和齐全程度、激励制度、职务晋升制度、培训制度等。

(3) 工作环境满意度。指工作环境的温度、亮度、噪声、气味等方面,工作必需设施的完备和可取得的程度,工作作息时间和加班制度等。

(4) 人际关系满意度。指员工与其同事、上级、下级的人际关系状况。例如上级的信任、支持、指导,同事的相互了解和沟通,以及下属领会上级意图、完成任务情况。

(5) 自我发展满意度。指企业所提供的对自身发展有益的事项。例如培训开发的次数、广度、深度,从工作中获得提高的机会,上级的帮助和指导、晋升机会等。

(6) 企业满意度。指员工对企业文化、企业战略的认同程度,员工对企业经营管理的参与程度,对企业各项规章制度和其他管理行为的认同程度,信息渠道的畅通及信息开放程度等。

(三) 员工满意度调查方法

1. 访谈调查法

访谈调查法是研究者通过设定开放式不断深入的题目对员工进行访谈,通过面对面的谈话等沟通方式直接获得企业中存在问题的类型和员工的深切感受的调查方法。主要有个别访谈和集体访谈。这是一种开放度很高的双向信息交流方法。访谈法的优点是具有直接性、灵活性、适应性,应变性强,回答率高和信息收集效度高等;缺点是规模小,比较费时,事先需培训,标准化程度低等。访谈调查法适用于部门较分散的公司、公共场所。

2. 问卷调查法

问卷调查法是一种定性研究方法,是设计者根据需要,把要调查的内容设计在一张调查表上,写好填表说明和要求,分发给有关人员填写,用以收集和征求不同人员意见的一种方法。这种方法收集到的信息质量取决于问卷设计得是否科学。它可以迅速地从许多员工那里获取信息,且员工回答一般比较客观,标准化程度也较高,但设计问卷并进行统计可能需要花很多时间。这种方法是一种目前运用最多的方法。主要的问卷类型有工作描述指数问卷、明尼苏达工作满意度调查表、彼得需求满意调查表、波特式调查问卷、洛克工作满意度量表。

3. 观察记录法

观察记录法是指对特定的人群行为进行观察,收集工作行为信息。它是一种单向获取信息的方法,有一定的针对性。这种方法的优点是便捷、高效、简单易行,但信息的表面化含量高,受观察调查人员的主观意识和被观察者偶然表情的影响大,调查时间较长,调查费用较大,真实性难以估量。观察记录法适用于小范围的重点调查。

(四) 员工满意度调查的流程

1. 明确调查目的和内容

进行有效的员工满意度调查,首先要明确调查目的。调查目的不同,调查的范围、内容和方法也有所不同。有些调查是为了了解企业现存问题,有些是为了寻找问题产生的原因和相应的对策。有的是综合性调查,有的则是为了专门目的进行的调查。调查范围可以是全体员工,也可以是几个特定员工,合理确定调查范围有利于提高调查效率。在了解企业现状的基础上,确定突出的问题作为调查内容。另外,通过访谈的方法,从不同的部门、年龄、性别分层选取一些员工进行座谈,获取与满意度调查内容有关的企业信息。还可以进行文案调查,对企业内部资料进行收集与归纳,并在此基础上拟订调查计划。

2. 选择调查方法,实施调查方案

在这一阶段,首先要做好相关的沟通工作,包括与各级管理者和员工沟通。然后根据事先拟订的调查计划选择不同的调查方法,实施调查方案,并形成书面报告。目前员工满意度调查方法主要有观察调查法、访谈调查法和问卷调查法等。其中问卷调查法实用性最强。

3. 分析调查结果,实施改进措施

调查人员通过检验、归类、统计,形成用文字、图表表达的调查结果,并对现存问题进行总体评价分析。针对调查结果,企业要提出具体的改进措施并实施,千万不能让员工认为满意度调查只是形式主义。具体改进措施包括:

(1) 建立严密的规章制度。针对员工满意度调查中暴露的问题,管理者应该改进和完善相应的制度。

(2) 落实各项制度。加强基础管理工作,将制度落实到位。

(3) 培育企业文化。引导企业价值理念和员工价值观保持一致,鼓励平等竞争。

4. 跟踪反馈效果

实施改进措施并不是员工满意度调查工作的终结,还要对改进措施进行两方面的效果评估，以便总结经验和教训，更好地开展下一步工作。一是评价措施的经济性，即是否能够以较少的投入获得较大的产出；二是评价措施的实用性，即改进措施对员工满意度指标的改善。对改进措施的经济性评价，可以采用成本/效益法。成本是进行员工满意度调查所花费的调查成本以及实施改进措施所花费的成本。效益是企业在劳动生产率、出勤率、顾客投诉率、销售收入、利润率等指标上的变动情况。对改进措施的实用性评价则需要下一轮的调查。

第五节 员工健康管理

一、员工健康管理的内涵及意义

(一) 员工健康管理的内涵

按照世界卫生组织的定义，健康包括三个层次的含义：一是生理层次的健康，即身体结构完好、功能正常，躯体和环境之间保持相对的平衡；二是心理层次的健康，即人的心理处于完好状态，包括正确认识自我、正确认识环境和及时适应环境；三是社会层次的健康，即个人的能力在社会系统内得到充分的发挥，个人能够有效地扮演与其身份相适应的角色，个人行为与社会规范一致，也可称作社会适应能力。这三个层次的健康是相辅相成的。心理健康是生理健康的精神支柱，良好的情绪状态可以使生理功能处于最佳状态，反之则会降低或破坏某种功能而引起疾病；生理健康是心理健康的物质基础，身体状况的改变可能带来相应的心理问题，使人产生烦恼、焦躁、忧虑、抑郁等不良情绪，导致各种不正常的心理状态；社会适应性归根结底取决于生理和心理的素质状况。

管理是在特定的环境下，对组织拥有的各种资源进行计划、组织、领导和控制，协调人力、物力和财力等资源以期高效率地实现组织既定目标的过程。在这里，企业内健康管理工作者即为管理的主体，员工即为管理客体，健康管理工作者对员工进行健康管理，达到员工健康之目的。我们应该按照世界卫生组织的健康定义来指导企业员工的健康管理。具体可将员工健康管理做如下界定：

员工健康管理是以现代健康概念和新的医学模式为指导，企业内健康管理工作者采用现代医学和现代管理学的理论、技术、方法和手段，针对员工健康进行全面计划、干预、监测、评估和循环跟踪服务的医学行为和过程，从而达到员工生理、心理和社会生活处于完好状态之目的。具体来说，员工的健康管理包括员工的生理健康、心理健康和社会适应能力的管理。

(二) 员工健康管理的意义

做好员工健康管理工作无论是对员工自身还是企业都有重要的意义。

1. 对员工的意义

在企业的生产经营过程中，员工遭到健康伤害的情况屡见不鲜，例如安全事故造成的伤害，有毒物质、环境和动作对健康造成的伤害。现代化的大生产加大了物的因素对员工健康伤害和事故发生的风险。特别是与工作密切相关的不利环境因素，是员工健康的大敌，它导致大批劳动者受到健康伤害，例如患各种职业病，削弱或丧失劳动能力，甚至失去生命，还有劳动者患上心理疾病（可能由激烈的市场竞争、紧张的工作节奏所带来的压力引起）、疲劳综合征。通过员工健康管理，采用现代医学和现代管理学的理论、技术、方法和手段，可以减少对员工的健康伤害，提高员工健康水平。

2. 对企业的意义

（1）是企业的基本职责。给员工提供一个良好的、对健康无伤害的工作环境和工作条件，关系到员工的工作生活质量，是企业的基本责任，也是劳动者基本的权利。员工健康管理是人力资源管理的新理念，也是人力资源管理和员工关系管理的核心职能之一。

（2）有利于促进企业竞争力。员工健康管理并不单纯是企业的成本支出，如果不进行健康管理，员工职业疾病和亚健康状态会导致企业员工医疗保健开支比员工健康管理的成本多得多。实际上，企业强化对员工的健康管理，可以促进企业的竞争力：一是提高劳动生产率。进行员工健康管理，表达对员工健康关心，可以增强员工企业归属感和工作热情，提高工作效率，同时提高员工身体素质，可以使员工工作精力充沛，减少因生病缺勤等产生的工作不协调。二是节约人力资源损失。组织通过健康干预降低员工的发病率，可以减少病假和健康事假，减少病假工时和事假工时，同时通过有效的医疗服务减少看病的工时消耗，还可为高层管理者提供各种特殊的健康管理计划，保护企业核心人力资源不受损失。三是减少企业医疗保健相关支出。将员工健康管理作为一项长期和制度化管理，可以降低员工的健康风险，减少因预防不利而带来的巨大的直接和间接损失。

（3）有利于提高企业声誉。目前，世界各国都很重视“以人为本”的思想，提倡以人道主义经营企业，重视劳动者的权益保护，同时提出了“体面劳动”这一概念。所谓“体面劳动”即劳工在自由、公正、安全和具备人格尊严的条件下，工作权利得到保障，享有足够的收入，享受充分的社会保护和有足够的工作岗位。为了使这个理念在世界范围内得到普遍实现，一些发达国家采取各种措施加以落实，包括在国际贸易中的“社会责任认证”（SA8000 标准认证）体系也随之建立，它将劳工权利与市场订单挂钩，成为各国企业产品能否进入国际商品流通领域的通行证。国内一些专家认为，企业会受到 SA8000 标准带来的直接或间接影响，其中包括企业能否为员工提供一个安全、健康的劳动条件和工作场所。如果一个企业重视员工健康，并将员工健康管理落到实处，切实提高了员工的健康水平，企业声誉定会提高，也有利于吸引员工。

二、员工健康管理的方法

员工健康管理是一个长期、连续不断的过程，只有坚持才能达到健康管理的预期效果。要做好员工健康管理,一般可采用如下流程方法。

(一) 员工个人健康信息管理

建立企业员工个人健康档案。任何疾病的发生都是有原因与规律可循的,有的由先天的遗传因素决定,有的受到后天的行为和生活方式的影响。健康管理服务可以软件的形式收集和管理企业员工个人健康档案,用于健康及疾病危险性评价、跟踪和健康行为指导的个人健康信息,并提供安全的网络化信息管理,包括标准的信息管理格式、友好互动的客户端管理界面、永久的个人电子病历及健康管理账户。

(二) 员工个人健康与慢性病危险性评价

当完成个人健康信息收集后,根据以上信息和规律建立起来的疾病危险性评价模型的分析计算,可以准确有效地评估出被评估者的健康状况,一般分为“健康”“亚健康”“高危”以及“患病”及在将来几年内患慢性病的危险程度、发展趋势及相关的危险因素,从而让企业员工准确地了解自己的健康状况和潜在隐患,积极参与自身的健康管理,并采取行动改善健康。尤其是一些慢性病,更需要重视。维护健康最重要的就是预防疾病,而不是治疗疾病。

(三) 制定员工个人健康计划

·旦明确了个人患慢性病的危险性及疾病危险因素分布,就要对不同的人群采取不同的健康措施。对于“健康”的个人,健康管理服务将提供进一步保持健康生活方式的各种相关建议;对于“亚健康”“高危”以及“患病”的个人,健康管理服务即可通过个人健康改善的行动计划及指南对不同危险因素实施个性化的健康指导。制定员工个人健康管理计划的主要依据是员工个人的健康检查及评估的结果,主要针对个人存在的健康危险因素制定相应的目标并拟订健康干预措施,员工个人健康管理周期长度应依据个人健康状况进行调整,一般以1~2年为宜。制定员工群体健康管理计划的主要依据是群体的主要健康指标和群体的健康期望。健康管理的关键指标应符合“SMART”原则,即关键指标的标准应是具体的(S)、可度量的(M)、可实现的(A)、现实的(R)、有截止期限的(T)。

(四) 实施员工健康干预

健康干预是根据循证医学的证据,对影响健康的不良行为、不良生活方式及习惯等危险因素以及导致的不良健康状态进行综合处置的医学措施与手段。疾病尤其是慢性非传染性疾病往往都有健康人—低危人群—高危人群—疾病—并发症的发展规律,任何阶段对健康危险因素进行健康干预都可能取得一定的效果,干预越早取得的效果越明显。对员工实施健康干预的方式主要包括:

(1) 生活方式管理。主要关注健康个体的生活方式可能带来什么健康风险,这些行为和风险将影响他们对医疗保健的需求。生活方式管理要帮助员工做出最佳的健康行为

(建立健康的生活方式和习惯)选择来减少健康风险因素。生活方式管理方案的结果在很大程度上依赖于参与者采取什么样的行动。因此,要调动员工对自己健康的责任心。四类促进健康行为改变的主要干预技术措施是教育、激励、训练和市场营销。

(2) 需求管理。以人群为基础,通过帮助健康消费者维护健康以及寻求适当的医疗保健来控制健康消费的支出和改善对医疗保健服务的利用。需求管理试图减少人们对原以为必需的、昂贵的和临床上不一定有必要的医疗保健服务的使用。需求管理使用电话、互联网等远程患者管理方式来指导个体正确地利用各种医疗保健服务满足自己的健康需求。

(3) 疾病管理。目前,我国正面临着传染病和慢性非传染病防治的双重挑战,开展慢病防治是健康管理的重要任务之一。我国主要的慢性非传染性疾病有高血压、脑卒中、冠心病、糖尿病、超重和肥胖、肿瘤、慢性阻塞性肺部疾病等。对慢性非传染性疾病进行健康干预要针对不同人群采取有针对性的措施,按照不同慢病三级预防的要求开展健康干预。这种健康干预的目标是建立一个实施医疗保健干预和人群间沟通,与强调患者自我保健重要性相协调的系统。该系统可以支持良好的医患关系和保健计划。疾病管理以改善患者健康为基本标准来评价所采取行动的临床效果、社会效果和经济效果。

(4) 灾难性病伤管理。灾难性病伤管理为患癌症等灾难性病伤的患者及家庭提供各种医疗服务,要求高度专业化的疾病管理,解决相对少见和高价的问题。通过帮助协调医疗活动和管理多维化的治疗方案,灾难性病伤管理可以减少花费和改善结果。综合利用患者和家属的健康教育,患者自我保健的选择和多学科小组的管理,使医疗需求复杂的患者在临床、财政和心理上都能获得最优化结果。

(5) 残疾管理。残疾管理试图降低工作地点发生残疾事故的频率和费用代价,并从雇主的角度出发,根据伤残程度分别处理以尽量减少因残疾造成的劳动和生活能力下降。残疾管理的具体目标是:防止残疾恶化;注重残疾人的功能性能力恢复而不仅是患者疼痛的缓解;设定残疾人实际康复和返工的期望值;详细说明残疾人今后行动的限制事项和可行事项;评估医学和社会心理学因素对残疾人的影响;帮助残疾人和雇主进行有效的沟通;有需要时考虑残疾人的复职情况。

(6) 综合的人群健康管理。通过协调不同的健康管理策略来对员工群体提供更为全面的健康和福利管理。

这些策略都是以人的健康需要为中心而发展起来的,是有的放矢的。

(五) 定期进行健康检查

健康检查的内容主要包括两个方面。一方面是对受检者进行健康体检,另一方面是对健康干预措施的执行情况进行检查。因部分健康干预措施难以执行到位,即依从性(依从性指员工按照健康管理师或医生的健康管理措施进行健康管理、与健康管理干预措施一致的行为,反之则称为非依从性)较差,健康管理者必须检查健康干预措施的执行情况,了解依从性较差的措施为何难以执行并分析原因,以有利于提出下一步健康干预措施。

（六）评估与提高员工健康状况

健康管理的核心技术是健康评估。健康评估指对所收集到的个体、群体健康或疾病相关信息进行系统、综合、连续的科学分析与评价的过程，其目的是为维护、促进和改善健康，管理和控制健康风险提供科学依据。可从以下几个方面进行健康评估：

（1）身体健康评估。通过对运动系统、循环、呼吸、消化、神经、内分泌代谢、泌尿、生殖系统、感官、免疫等系统的全面检测，做出肌体器官组织的结构和功能评价；对体质、体能测定做出素质能力的评估。结构和功能异常即诊断为疾病状态，并且能够划分出疾病的危险等级，进而做临床预防。

（2）心理健康评估。心理健康是人体整体健康的一部分，所以心理评估是健康评估不可或缺的重要组成部分。完成一个正确有效的心理评估可以了解自身的心理状况，及时发现影响健康的危险因素，及时干预，阻止疾病的发生发展。了解和鉴别躯体不健康状况是疾病反映还是心理反映，从而帮助个体认识自己。另外已有研究表明，心理生物因素在多种疾病的发生发展中起主要作用，所以了解这些因素对于避免像高血压这类由心理生物因素共同导致的疾病的发生发展有重要作用。目前心理评估的方式除了成熟的量表外，还有各种先进的心理及压力测试仪器，使心理评估更加客观、准确。

（3）社会适应能力评估。个体在与环境相互作用时表现出不同的适应性，也就是个体的社会适应能力。社会适应良好是指能胜任各种角色；适应不良是指缺乏角色意识。如果出现持续不适应，就会产生各种身心反应，影响健康水平和生活质量，进而引起身心失调及衰退。通常采用社会适应能力量表、心理适应性量表、社会支持问卷、社会功能缺陷评定量表完成此项评估。

（4）生命质量和生理年龄评估。生命质量按 WHO 提出的定义指不同文化和价值体系中的个体对他们的生活目标、期望、标准，以及所关心事情有关的生活状态的体验。这一概念包含了个体的生理健康、心理状态、独立能力、社会关系、个人信仰和与周围环境的关系。生理年龄的评估是通过收集个体的生理、生化指标及激素水平，采用一定的运算公式和算法，得出个体的生理年龄，并与自然年龄作比较，判断其衰老程度，从而更精确地评估健康状况。

（5）健康风险评估。健康风险评估用于描述或估计某一个体未来发生某种特定疾病或因为某种特定疾病导致死亡的可能性。健康风险评估包括检查个人病史、家族史、生活方式、年龄、性别、体检资料等个人健康信息，并通过标准化的健康指标对个人的健康状况及未来患病或死亡的危险性进行评估。其重点在于估计特定事件发生的可能性，而不在于做出明确的诊断。目的是帮助员工综合认识健康风险，鼓励和帮助员工纠正不良健康行为和习惯，制定个性化的有效的干预措施，评价干预措施的有效性。

本章小结

本章对员工关系的含义做出了界定。员工关系是指企业组织或管理者与员工之间产生的，由双方利益引起的表现为合作、冲突、力量和权利关系的总和。双方是一种相互影响和相互制约的工作关系，并受到一定社会中经济、技术、政策、法律制度和社会文化背景的影响。新保守派、管理主义学派、正统多元论学派、自由改革主义学派和激进派对员工关系有不同的理解。对于管理者和工会、管理者和雇员之间的关系，主要有一元论和多元论。一元论观点强调资方的管理权威，要求雇员必须忠诚于企业的价值观，其核心价值取向就是权威和忠诚。多元论观点与一元论最大的不同是承认冲突，甚至认为工作场所中的冲突在所难免，因为任何工作环境中都存在不同利益和信念的群体。传统型企业和精明的家长型企业一般采用一元论观点，精明的现代型企业和标准的现代型企业一般采用多元论观点。劳动关系的主要调整模式归纳为斗争模式、多元放任模式、协约自治模式和统合模式四类。

劳动合同管理主要包括劳动合同的订立、履行、变更、解除与终止。劳动合同的订立，是劳动合同管理工作的起始环节，必须遵循合法、公平、平等、自愿和协商一致原则。劳动合同履行在劳动合同订立之后，必须遵循实际履行、亲自履行、全面履行和协作履行的原则。劳动合同的解除可以是企业或员工单方面的行为，也可以是双方的行为。劳动合同终止与劳动合同解除不同，劳动合同终止的条件是约定的，而劳动合同解除的条件是法定的。

劳动争议是指劳动关系双方当事人（用人单位与员工）之间因为对薪酬、工作时间、福利、解雇和其他待遇等工作条件的主张不一致而产生的纠纷。劳动争议处理要遵循着重调解、及时处理原则，在查清事实的基础上，遵循依法处理原则以及当事人在适用法律上一律平等原则。劳动处理途径分为一般处理途径和特殊处理途径。其中，一般处理途径包括协商、调解、仲裁和诉讼。劳动争议发生后，当事人应当协商解决，不愿协商或者协商不成的，可以向劳动争议调解委员会申请调解，调解不成的，可以向劳动争议仲裁委员会申请仲裁。当事人也可以直接向劳动争议仲裁委员会申请仲裁。对仲裁裁决不服的，可以向人民法院提起诉讼。劳动争议协商、调解、仲裁和诉讼都要遵循一定的程序。

员工满意度是反映员工感知效果与其期望值比较之后的程度指标，员工满意度管理是员工关系管理的一项重要工作。员工满意度调查的目的是诊断潜在问题、找出问题症结、评估组织变化和企业政策对员工的影响、促进与员工间的沟通和交流以及增强员工对企业的认同感和归属感。员工满意度调查主要是对工作本身、工作回报、工作环境、人际关系、自我发展以及企业的满意度进行调查。常用的调查方法是问卷调查法。

员工健康管理也是员工关系管理的一项重要工作，包括员工的生理健康、心理健康和社会适应能力的管理。员工健康管理对员工和企业都有着重要的意义。员工健康管理是一个长期、连续不断的过程，只有坚持才能达到健康管理的预期效果，主要流程为：进行员工个人健康信息管理；对员工个人健康与慢性病危险性进行评价；制定员工个人健康计划；实施员工健康干预；定期进行健康检查；评估与提高员工健康状况。

思考题

1. 新保守派、管理主义学派、正统多元论学派、自由改革主义学派和激进派这五个学派各自的理论观点是什么？

2. 一元论和多元论这两种价值观的适用范围和特点是什么？

3. 劳动关系调整模式主要有哪几种？

4. 劳动合同的订立应当遵循什么程序？

5. 劳动合同在什么情况下可以解除和终止？

6. 劳动争议的处理途径有哪些？每种途径的具体程序是什么？

7. 员工满意度调查的目的、内容、方法和流程是什么？

8. 员工健康管理有何意义？可以采取什么方法？

（扫描右侧的二维码，查看思考题答案解析。）

阅读材料

劳动关系处理要讲究“合理性”

本文的三个案例提醒用人单位和劳动者，和谐稳定的劳动关系，以双方在合理合法的框架内行使权利、履行职责为基石。无论哪一方偏离了“合理性”这个原则，都可能面临法律风险。

案例 1：因劳动者过错解除劳动合同用人单位可主张服务期违约金①

单某在上海 L 公司担任副总经理，双方合同中明确约定，单某在职期间，由 L 公司出资进行专业技术培训；当单某在公司未满约定服务年限解除合同时，公司可以按照实际支付的培训费计收赔偿金，其标准为每服务一年递减实际支付的培训费。

合同履行期间，单某 2015 年开始攻读 EMBA，公司报销了学费 11 万余元。单某从 2016 年 1 月起长期不到岗上班。公司支付单某工资至 2017 年 2 月，后以单某长期旷工违反规章制度为由与其解除劳动合同，并先后申请仲裁和提起诉讼，要求单某赔偿服务期违约金，即返还公司为其支付的学费。法院支持了公司的诉求。

评析：

《劳动合同法》第 22 条规定：“用人单位为劳动者提供专项培训费用，对其进行专业技术培训的，可以与该劳动者订立协议，约定服务期。劳动者违反服务期约定的，应当按照约定向用人单位支付违约金。违约金的数额不得超过用人单位提供的培训费用。用人单位要求劳动者支付的违约金不得超过服务期尚未履行部分所应分摊的培训费用。”

① 资料来源：《劳动报》，2018-11-07。

《劳动合同法实施条例》第26条规定:"有下列情形之一,用人单位与劳动者解除约定服务期的劳动合同的,劳动者应当按照劳动合同的约定向用人单位支付违约金:(一)劳动者严重违反用人单位的规章制度的;(二)劳动者严重失职,营私舞弊,给用人单位造成重大损害的;(三)劳动者同时与其他用人单位建立劳动关系,对完成本单位的工作任务造成严重影响,或者经用人单位提出,拒不改正的;(四)劳动者以欺诈、胁迫的手段或者乘人之危,使用人单位在违背真实意思的情况下订立或者变更劳动合同的;(五)劳动者被依法追究刑事责任的。"

因此,用人单位对劳动者进行专项培训,可以与劳动者约定服务期及违约金;用人单位因劳动者过错解除劳动合同的,可以按照劳动合同的约定向劳动者主张违约金。

具体到本案,单某在公司解除劳动合同前,已长期未履行劳动义务,严重违反公司规章制度,且导致公司未能享受到出资培训单某的相应成果,损失客观存在,单某理应按尚未履行的服务期返还学费。

案例2:年终奖发不发谁说了算①

2010年2月份,蒋某进入上海某外资制药公司工作。双方劳动合同和公司员工手册中均有"年终工作表现奖并非保证性收入,而是根据员工整年表现而可能得到的最高奖金(不满一年,按比例计算),在公司指定发放日前辞职或因其他任何原因离开公司的员工则不能享受"的相关条款。

2011年11月10日,蒋某辞职,当时尚未到发放当年年终工作表现奖的时间,因此之后他也没有得到这份奖金。为此,他申请劳动争议仲裁,主张劳动合同中"年终工作表现奖并非保证性收入、在指定日发放前辞职的员工不能享受"的约定无效,自己应得到奖金。

最终,仲裁委对蒋某的仲裁请求不予支持。

评析:按照国家统计局《关于工资总额组成的规定》第4条和《〈关于工资总额组成的规定〉若干具体范围的解释》第2条的规定,年终奖从广义上来讲也属于工资的组成部分。通常认为,年终奖属于公司给予员工的特殊奖金,年终奖是否发放、发放多少、发放给谁,与公司经营状况及员工表现密切相关,属于企业自主经营范畴。而如何考核、考核标准如何确定,考核采取什么方式等,也由用人单位自行确定。目前司法实践的主流,也是强调用人单位对年终奖的发放与否拥有自主管理权。

可见,年终奖属于企业内部自主管理的范畴。员工能否获得年终奖,主要看双方签订劳动合同中有无明确约定,或者用人单位有没有相关的规章制度。

具体到本案,制药公司通过员工手册和劳动合同明确,年终工作表现奖并非保证性收入,在公司指定发放日前辞职或其他任何原因离开公司的员工则不能享受。这一规定(约定)对年终工作表现奖的发放前提描述得比较明确,也无证据显示会造成重大误解或显失公平,是合法有效的,故蒋某的诉求不应得到支持。

需要提示用人单位的是,用人单位要建立有效的年终奖制度,需做到以下几点:年终

① 资料来源:中工网,2018-11-15。

奖考核制度的民主程序和公示程序需合法、年终奖考核标准和发放条件应具备合理性和全面性、考核制度执行过程中应留痕。

案例3:合同约定宽泛就可随意调整工作地点吗①

冯某于2008年10月18日入职某珠宝公司,双方劳动合同仅约定冯某的工作地点为北京市。但自入职起,冯某一直在珠宝公司位于北京市郊区的一家店内任销售员。

2016年12月,珠宝公司将冯某调到位于北京市中心城区的另一家店内工作。冯某拒绝调店,理由为调岗后的店址距其居住地太远,晚班下班后无法乘坐公共交通工具回家。珠宝公司以冯某旷工为由解除了劳动合同。冯某为此提起劳动争议仲裁,以公司违法解除劳动合同为由要求支付赔偿金。

珠宝公司虽称新工作地点对冯某并未产生太大影响,但公司提交的出租车票却显示,从新工作地点到冯某居住地打车需花费92元。冯某被解除劳动合同前12个月的月平均工资为5 500元。

最终,仲裁委支持了冯某的请求。

评析:

根据《劳动合同法》第35条的规定,工作地点的变更属于变更劳动合同内容,而变更劳动合同内容需双方协商一致,并采取书面形式。从司法实践来看,用人单位可依据其用工自主权,在一定程度上单方面调整劳动者的工作地点。但这种权利不得滥用,在发生劳动争议纠纷时,用人单位需对调整工作地点的合理性承担相应的举证责任。

评判合理性应当综合考虑用人单位经营管理需要与劳动者提供劳动的便利性两方面因素。如果用人单位调整工作地点对员工造成消极影响,如导致上下班距离大幅增加,须经劳动者同意并书面确认或采取相应的举措,如安排班车接送上下班、发放交通补贴、工作时间弹性化等。如用人单位未与劳动者协商一致,单方面变更劳动地点对劳动者造成较大不便,劳动者有权拒绝。

同样,如工作地点调整对员工造成的影响很小或者几乎没有影响,也没有给劳动者履行劳动合同造成实质困难,此种情况下,尽管工作地点变动同样构成合同内容的变化,劳动者应当配合用人单位的工作安排。

具体到本案,珠宝公司在调整工作地点后,冯某下班交通不方便这一事实确实存在。根据冯某的工资,冯某很难承受其下班后乘坐出租车回家的成本,珠宝公司也未向冯某提供合理的弥补措施,因此调岗行为违法,冯某拒绝到岗不应视为旷工,公司与其解除劳动合同违法。

资料来源:赖玥.中国劳动保障报,2019-1-5.

参考文献

1. 赵永乐,王全蓉,陈丽芬,薄赋徭.人力资源管理概论.2版.上海:上海交通大学出版

① 资料来源:《劳动午报》,2018-11-27。

社,2009.

2. 程延园.员工关系管理.2 版.上海:复旦大学出版社,2008.

3. 李新建.员工关系管理.天津:南开大学出版社,2009.

4. 李艳.员工关系管理实务手册.2 版.北京:人民邮电出版社,2009.

5. 田橙,余爱华,梁直厚.员工健康管理.武汉:武汉大学出版社,2011.

6. 王长城,关培兰.员工关系管理.武汉:武汉大学出版社,2010.

第三篇
新议题

第三篇

应对篇

第十章　国际人力资源管理

学习目标

1. 认识国际人力资源管理的概念框架
2. 了解国际人力资源管理的主要内容
3. 明确国际人力资源管理中跨文化管理的基本内涵与主要对策
4. 掌握国际人力资源管理的主要职能

开篇案例

2004年12月8日，联想集团以包括6.5亿美元现金和6亿美元的联想股票的12.5亿美元收购了业界鼻祖、蓝色巨人IBM个人计算机事业部，成为年收入超过百亿美元的世界第三大PC厂商。联想与IBM的PC资源虽然合二为一，但不等于人才的融合。由于两家公司位于东西两半球，其企业文化人才理念和管理风格等诸多方面都存在着巨大差异。"一里不同俗，十里改规矩"，来自不同国家和地区的人才的文化背景和价值观不同，产生了联想与IBM在人力资源管理方面的冲突，这一冲突的有效解决成为联想跨国并购成败的关键。正如联想集团董事局主席柳传志所说，"文化磨合到今天，最实质的问题就是中西方的人能不能在一起工作"。

由于文化差异造成了联想与IBM在人力资源管理上存在以下冲突：

(1) 选人。联想在集体主义文化影响下，通常倾向于从其喜爱的群体或是庞大的家族体系等裙带关系中选聘。IBM在个人主义文化影响下，选聘注重的是个人的能力而不是人际关系，认为公开竞争才会选聘到最优秀的人才。

(2) 用人。联想在集体主义文化影响下，由组织进行决策，工作任务的下达对象通常是团体，"我们"出现频繁，鼓励员工集体奋斗，共同承担责任，以集体利益为重。IBM在个人主义的影响下，工作任务的下达对象通常是个体，并由执行者做出决策，"我"出现频繁，承认个人价值，鼓励个人奋斗，表彰成绩突出的个体。

(3) 育人。联想在集体主义文化影响下，培训着重于公司所需要的技能，着重于如何使集体利益最大化。IBM在个人主义文化影响下，培训着重于个人自我发展所需要的技能，着重于个人利益最大化。

(4) 留人。

① 绩效管理方面。联想在集体主义文化影响下，企业的管理目标倾向于提高员工整体工作绩效，往往以某个团队在一定时期内所取得的工作绩效大小合作程度制定团队的

奖惩制度,激励团队的工作绩效,避免对个人进行评价。IBM在个体主义文化影响下,主要针对员工的职务责任工作能力和业绩等个人因素进行考核。

② 薪酬管理。联想在集体主义文化影响下,福利待遇往往与员工的资历工龄相关,与实际能力贡献大小联系较少。IBM在个人主义文化影响下,薪酬直接与个人的能力工作绩效挂钩。

由上述冲突可以看出文化差异通过人们的行为对组织效率和竞争力的影响是十分巨大和不可避免的,因此如何实行有效的跨文化人力资源管理,以消除文化差异的负面影响、促进企业可持续发展,这一直是联想集团不断思考的课题。

资料来源:郭琳,王田田.跨文化人力资源管理研究——以联想为例.合作经济与科技,2012(11).

第一节 国际人力资源管理概述

一、国际人力资源管理的含义与特点

著名管理学家摩根(Morgan)认为,国际人力资源管理是人力资源管理活动、员工类型和企业经营所在国类型三个维度的互动组合。① 人力资源管理活动,包括人力资源的获取、分配与利用的过程,也就是人力资源管理的六项基本活动即人力资源管理规划、员工招聘、绩效管理、培训与开发、薪酬计划与福利、劳动关系。② 与跨国人力资源管理相关的三种国家类型即所在国、母国与其他国。所在国是指海外建立子公司或分公司的国家;母国是指公司总部所在的国家;其他国是指劳动力或者资金来源国。③ 跨国企业的三种员工类型,即所在国员工、母国员工、其他国员工。

简言之,国际人力资源管理主要是指跨国企业的人力资源管理,是跨国企业在国际经营环境下,有效利用和开发人力资源的管理活动或管理过程。

与国内企业相比,跨国企业面临着更加复杂的经营环境,包括政治环境、经济环境、文化环境等,使得国际人力资源管理比国内人力资源管理复杂得多。国际人力资源管理具有以下主要特点:

(1) 更丰富的人力资源管理活动。由于国际人力资源管理涉及两个以上的国家,所以内容更加丰富。比如,外派员工赴任前的培训、与所在国政府和所在社区的关系、语言的培训和翻译、国际税收、外派人员的家属安置等。

(2) 更多外部因素的影响。国际人力资源管理受所在国政府的类型、经济状况及所接受的工商企业运营方式等诸多外部因素的影响。例如,外派人员的薪酬是以所在国的货币作为计价单位的,而本国与所在国货币汇率的变化将影响到这些外派人员的实际收入。诸如此类问题都需要国际人力资源管理加以考虑与协调。

(3) 更多的风险。由于受更多外部因素的影响,国际人力资源管理会面临更多的风险与挑战,包括外派人员的失败会给公司的经营带来很大的损失,所在国的政治、法律制度的变化有可能直接影响公司的人力资源战略,国际政治局势的动荡、地区冲突和治安恶化等更是国际人力资源管理不得不面临的巨大风险。

(4) 更高的人力资源管理成本。国际人力资源管理成本要远远高于国内人力资源管理成本。比如外派人员的薪酬福利、培训成本、差旅费用等都是相当可观的开支。

二、国际人力资源管理的模式

由于跨国企业的规模、发展阶段与经营范围等各不相同,因此国际人力资源管理模式也有很多种。希南(D.A.Heenan)和霍华德·V.珀尔马特(Howard V.Perlmutter)根据跨国企业在标准的制定、评估、控制,沟通和协调,以及员工管理这三方面的管理内容提炼出四种国际人力资源管理模式。

(1) 民族中心主义模式。在这种模式中,跨国企业将在本国母公司中的政策与工作方法直接移植到海外的子公司,这些子公司由母公司派出的本国员工管理,同时母公司对子公司的政策实行严密的控制。在这种情况下,子公司的人力资源经理就需要在公司总部的规定与所在国当地的员工可以接受的政策之间进行协调,操作难度比较大。

(2) 多中心模式。在这种模式中,母公司与子公司基本上是相互独立的,各个子公司实行适合当地特定环境的人力资源管理政策,人力资源管理人员也由当地员工担任。这种模式的主要特征是:各子公司有一定的决策权,子公司由当地人进行管理,但这些管理人员不可能被提拔到总公司任职;总公司人员也很少被派往国外子公司。

(3) 地区中心模式。在这种模式中,子公司按照地区进行分类,如欧洲区、大中华区和北美区等。各个地区内部的人力资源管理政策尽可能地协调,子公司的管理职务由本地区任何国家的员工担任,地区内部的协调与沟通的程度很高,而在各个地区与公司总部之间的沟通与协调是很有限的。

(4) 全球中心模式。在这种管理方式中,公司总部与各个子公司构成一个全球性的网络。该网络被看作一个经济实体,而不是母公司与各个子公司的一个简单集合。全球中心模式下的人力资源管理政策服务于整体最优化的目标,因此既可以有在整个网络中普遍适用的政策,也可以有局部适用的政策。在地区中心原则和全球中心原则同时适用的情况下,子公司的人力资源经理需要在整体的人力资源战略要求与当地具体的人力资源管理政策之间进行平衡。

表 10-1 是四种国际人力资源管理模式比较。

三、国际人力资源管理的影响因素

影响国际人力资源管理的因素有很多,其中主要的四个因素是:文化、教育、政治与法律制度和经济制度。

表 10-1 四种国际人力资源管理模式比较

模式名称	特征	优点	缺点
民族中心主义模式	由总公司负责,子公司的自治权较少	1. 子公司负责人与总公司不存在文化差异,总公司的存在感较强 2. 有利于经营活动中技术诀窍的保密	1. 员工士气低,流动频繁 2. 代价高昂 3. 可能引起文化摩擦和冲突
多中心模式	由子公司的管理当局负责,子公司有一定的决策权	1. 可以消除语言、文化上的障碍 2. 避免一些敏感的政治风险 3. 可以以低工资吸引到高质量人才	1. 当地管理人员对总公司战略不甚了解 2. 子公司和总公司及其他子公司可能沟通不善,协调不够 3. 影响当地管理人员的积极性
地区中心模式	由地区内部的各个国家之间协调负责,地区内部子公司之间协调和沟通程度很高,但与总公司的协调和沟通有限	1. 促进各个地区中子公司之间的互动 2. 是跨国企业逐渐由民族中心主义模式或多中心模式向全球中心模式转变的一条途径	1. 在地区内可能形成"联邦主义" 2. 人员可以晋升到地区总部,但很少能升到总公司
全球中心模式	按照全球和当地的标准进行,子公司与其他子公司及总公司协调和沟通程度高	1. 总公司能组建一支国际高级管理人员队伍 2. 能避免和减少公司内部的歧视,使各单位经理各司其职,发挥优势	1. 所在国家往往有一些本地保护措施 2. 实施成本较高,完善时间较长

(一)文化

对国际人力资源管理影响最大的因素是跨国企业分公司或分支机构所在国家或地区的文化。文化是一个内涵丰富、博大精深的范畴,是由特定群体成员共同形成的涵盖了价值观念、行为准则、知识、信仰、艺术、风俗等要素的总称。文化是社会与人们共同生活的基础,来自不同国家、种族、民族、地区的人,会由于文化差异而引发管理和沟通问题。

文化之所以对人力资源管理非常重要,是因为它不仅在很大程度上影响甚至决定了教育与人力资本、政治与法律制度和经济制度,而且决定了各种不同人力资源管理实践的有效性。各国的文化差异深深影响着人力资源管理实践及效果。

在对于文化差异的诸多研究成果中,荷兰的跨文化研究专家吉尔特·霍夫斯泰德

(Geert Hofstede)的五维度模式最为典型。霍夫斯泰德关于文化的理论是在他做的关于文化差异的实验性研究基础上形成的。20世纪70年代,尽管IBM公司想在全球各工厂建立一套共同的管理程序和标准,但是在不同国家,如巴西和日本的管理程序和标准仍存在很大差异。霍夫斯泰德通过采访和问卷调查的方式发现这种差异在很大程度上与员工所在国家文化有关系。在此基础上,他提出了不确定性规避、男性化-女性化、个人主义-集体主义、权力距离、短期倾向-长期倾向五个能够将各种不同的文化加以分类的维度。霍夫斯泰德断言,国际企业管理在本质上就是文化问题。

(1) 个人主义-集体主义(individualism-collective)。个人主义-集体主义表示个人和群体间的关联程度。个人主义是指一种松散的社会结构,在这种结构中人们只关心自己和亲属的利益,每个人都有强烈的自我意识,唯我独尊。集体主义则是一种紧密结合的社会结构,人们的归属感强,极其相信甚至依赖组织。

在霍夫斯泰德的研究中,一个社会的个人主义-集体主义是通过个人指数来衡量的。这一指数的数值越大,说明该社会的个人主义倾向越明显。研究发现,发达国家如英国、美国、荷兰等数值比较大,个体倾向比较强烈,而经济相对落后的国家如哥伦比亚、巴基斯坦等国家则数值较小,集体倾向较强。同时,个人主义与集体主义还与权力距离有关。

(2) 权力距离(power distance)。权力距离表明一个社会能够接受组织或公司的权力在各成员之间不平等分配的程度。对这个维度,各个国家由于对权力赋予的意义不完全相同,所以也存在很大的差异。

在霍夫斯泰德的研究中,权力距离差异通过权力距离指数体现。如果权力距离大,说明部下对上级极为尊敬,同时这类文化在与其他组织发生联系时往往强调同等级之间的沟通。这种国家的典型代表是菲律宾、委内瑞拉和印度等。权力距离较小的国家则强调减少等级差异,这类国家包括丹麦、瑞典等。

(3) 不确定性规避(uncertainty avoidance)。不确定性规避是指人们对一种模糊不清的情况没有能力预测但将来有可能发生的事件的感受程度。霍夫斯泰德的研究指出,避免不确定性的强弱程度可以通过不确定性回避指数来体现,如日本、葡萄牙以及希腊等国不确定性回避指数高,不确定性回避程度就较强;新加坡、瑞典和丹麦等国指数低,相对程度就较弱。

(4) 男性化-女性化(masculinity-femininity)。男性化-女性化又被译为生活数量与生活质量。男性化表现了一个民族在自信、工作、绩效、成就、竞争、金钱、物质等方面占优势的价值观,女性化则是在生活质量方面保持良好的人际关系、服务、施善和团结等。霍夫斯泰德的研究结果表明,男性化-女性化的倾向可以用男性度指数来衡量,日本和奥地利的男性度指数较大。男性化倾向越明显,男性气质就越突出;挪威、瑞典、丹麦和芬兰则相反。

(5) 短期倾向-长期倾向(long-term-short term orientation)。这一维度表示一个民族是追求短期利益还是追求长远利益,比较有代表性的就是日本。日本企业一般强调长远利益,甚至有可能牺牲利润来赢得市场占有率。具有短期倾向的国家则注重眼前利益,美国就是这种文化维度的代表。

表10-2是对三个典型的国家日本、美国和韩国在每个维度上的特征比较。

表10-2 日本、美国和韩国在五维度上的比较

比较维度	国家		
	日本	美国	韩国
个人主义-集体主义	公司像一个集体	极少强调集体	公司像一个家庭型的集体
权力距离	非常强调普遍的等级制	与职能相联系的管理等级	极为强调普遍的等级制
不确定性规避	较强	较弱	居中
男性化-女性化	男性化倾向明显	男性化倾向微弱	女性化倾向明显
短期倾向-长期倾向	强调长远利益	注重眼前利益	短期利益和长期利益结合

国际人力资源管理面临的最大挑战,就是如何整合来自不同民族、不同国度、不同文化背景的人力资源,以发挥整体优势,而这五个维度有助于我们理解在管理来自不同文化背景的员工时,可能会遇到哪些潜在问题及应该采取哪些相应的措施。比如,美国是一个推崇个人主义文化的国家,因此对来自美国的员工就应该重视基于个人的绩效评价和报酬激励,而在中国和日本等推崇集体主义文化的国家,企业就应该重视基于集体或团队的绩效评价和报酬激励。

(二)教育

跨国企业在向国外市场进行扩张的任何一个决策中,在国外发现和维持高质量员工队伍的潜力,是一个重要的依据。因此,一国的人力资本状况会成为影响国际人力资源管理的重要因素。不同国家的人力资本水平存在着很大的差异,造成这种差异的一个非常重要的变量是劳动者受教育的机会。所以教育对跨国企业进行国家人力资源管理是至关重要的。

一个国家的教育投入大,劳动者受教育机会多,其人力资本水平就相对较高。而人力资本的状况可能会深刻地影响到其他国家跨国公司进入该国市场的愿望和行动并且有较低人力资本存量的国家,对于那些主要由高技术职位构成的企业通常不会有什么吸引力,因此只能吸引来对技能要求很低,同时愿意支付的工资水平也很低的一些企业。比如,美国企业之所以愿意将那些低技术、低工资的制造业和一些流水线的工作转移到墨西哥去,就是因为它们在墨西哥能够以非常低的工资获得低技术的工人。

(三)政治与法律制度

一个国家的政治与法律制度施加管制的程度对于国际人力资源管理也会产生深刻的影响。政治法律制度常常强制性地提出某些人力资源管理相关要求,比如在培训、薪酬、雇用、解雇以及裁员等方面,从而直接影响国际人力资源管理的实践。从宏观方面讲,法律制度是从其所处的文化环境中产生的,因此,一个国家的法律常常反映了关于何种行为构成合法行为的社会规范。比如,美国之所以能在消除工作场所中的歧视方面处于世界领先地位,是因为反歧视在美国文化中有着重要的地位,进而制定了相应的法律,以消除这种不良现象。又如,美国社会对追求薪酬制度公平具有一种坚强的信念,因此美国政府制定了《公平劳工标准法》以及其他一些法律和规章制度,为各种各样的工作确定了最低工资标准,进而促成薪酬制度公平的实现。

(四)经济制度

一个国家的经济制度会通过多种方式对国际人力资源管理产生影响。正如前面提到的,一个国家的文化与其经济体制是紧密融合在一起的,并且这些制度对该国的人力资本开发提供了多方面的激励。在社会主义经济体制下,个体接受教育与人力资本开发的成本较低,对于开发人力资本的经济激励也很小,因为增加人力资本并不一定会得到货币报酬。但是,在资本主义制度下,一个人在不付出较高成本的情况下,很少有机会开发人力资本。那些在人力资本方面进行了投资,尤其是通过教育进行投资的人,确实比他人更有能力获得货币报酬。例如,在美国,个人之间的薪酬差别通常是对他们之间的人力资本差异的反映(即高技术工人能够获得比低技术工人更高的薪酬)。研究估计,美国一个人的正规受教育年限每增加一年,其薪酬水平就会上升10%。

此外,经济制度还会通过对总薪酬征税直接对国际人力资源管理产生影响。各国的税收政策及税率不同,会导致跨国企业的外派员工实际带回家的货币收入存在相当大的差别。因此,那些在其他国家从事经营活动的公司,不得不向外派员工提供具有竞争力的实际可支配收入,而不是总收入,以留住与激励员工。

四、战略性国际人力资源管理

(一)战略性国际人力资源管理的含义与意义

随着跨国企业和它的子公司在全球经济中扮演着越来越重要的角色,人们越来越重视对跨国企业战略和管理实践的研究,并且人们普遍认识到任何一种跨国战略的成功都离不开恰当的国家人力资源管理方式,成功的跨国企业对国际人力资源管理导向的选择也主要取决于它是否支持其跨国战略的实施。于是在人力资源管理理论中诞生了一个新的研究分支,即战略性国际人力资源管理。这一分支考察人力资源管理活动来源于又作用于跨国企业国际关注的问题和战略活动,它平行于战略人力资源管理,吸收了包括战略管理不同流派在内的制度理论、资源依赖理论、交易成本、行为流派和资源基础等观点,形成了一种全新的人力资源管理理论。

具体来讲,战略性国际人力资源管理(SIHRM)是指由跨国企业战略活动引起的人力资源管理的问题、职能、政策和实施,并且在这些方面能够影响到跨国企业国际目标的实现。战略性国际人力资源管理要比一般人力资源管理和战略人力资源管理复杂得多,它要考虑更多复杂的要素:不同文化观念和社会价值观、管理体系从一种文化到另一种文化的适应性、不同的经济和文化环境、源于文化差异的不同学习方式等。从这个意义上说,战略性国际人力资源管理是在考虑因国际化经营而影响企业人力资源管理各种变量的基础上建立起来的适应不同文化的人力资源管理模式。

战略性国际人力资源管理是对传统跨国企业人力资源管理的重大变革。它把人力资源管理的诸要素建立在由企业管理层共同确立、符合企业内外各方面利益、得到企业全体员工一致认同的企业发展战略目标的基础上,促使人力资源管理在跨国企业中的地位不断提高,作用不断加强;它有利于跨国企业拥有一批高素质的人力资源,快速适应不断变化的环境,在拥有较强的国际竞争力的同时,保持着较快的发展和扩张速度,成为母国和世界经济发展的主要促进力量。目前,许多现代化跨国企业如惠普、IBM、联合利华、飞利浦等都将跨文化人力资源整合问题提升到企业组织的战略管理层面,以增强企业的全球适应能力。

(二) 战略性国际人力资源管理模型

根据 Taylor 等人提出的战略性国际人力资源管理简化模型(见图 10-1),跨国企业基于公司的总体战略考虑与目标,评估影响战略人力资源管理的公司内外部环境因素,在母公司全球管理与子公司当地经营管理两个层面,协调 SIHRM 的职能、政策与方式。其中,在母公司全球管理层面平衡差异化与一体化两种力量,在子公司管理层面则追求在保证对当地环境做出适应性反应的前提下增强战略的一致性。

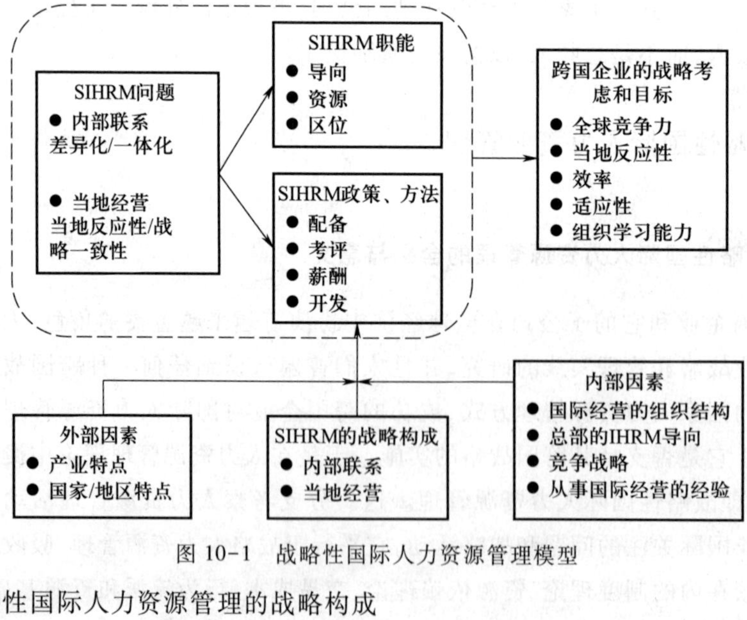

图 10-1 战略性国际人力资源管理模型

1. 战略性国际人力资源管理的战略构成

内部单位间的联系和当地经营是战略性国际人力资源管理的两个主要战略组成部分,战略性国际人力资源管理模型的其他部分也是由这两个方面引申出来的。

(1) 跨国企业内部单位间的联系。

由于跨国企业同时在多个国家开展经营，所以它面临着一个怎样管理遍布全球的经营单位的问题。特别是跨国企业通常关注在何种程度上保持经营单位的差异化与一体化、控制和协调。许多专家认为一体化和差异化的问题会直接影响到跨国企业的效率，所以关于这两个问题的许多方面可以作为跨国企业的战略来制定。当然跨国企业的人力资源管理也会涉及一体化和差异化的问题，所以它们也是战略性的。事实上，跨国企业内部单位间的这种差异化和一体化的关系是影响战略性国际人力资源管理问题、职能和政策、方式的主要因素。

一般而言，跨国企业内部单位联系所涉及的战略性国际人力资源管理的政策、方式主要包括以下三个方面：决定和保持来自母国、第三国和东道国人员的适当比例，开发既能整合各子公司又能适应当地环境的人力资源管理政策、方式、运用管理开发来加强各子公司之间的联系。

（2）跨国企业的当地经营。

跨国企业的当地经营是其另一个重要的战略组成部分。跨国企业各单位除了要在整个公司的总体规划下进行经营外，还要受到经营所在国的法律、政治、文化、经济和社会等环境的约束，每一个单位在母公司和自身竞争战略的双重指导下，尽可能地进行最有效的经营。同样，跨国企业分布在世界各地的子公司的当地经营也会影响企业的总体效率，所以对于这一方面的考虑也被纳入跨国企业的战略，也包括在战略性国际人力资源管理模型中。跨国企业要实现当地的经营目标，需要使子公司人力资源管理的方式与其竞争战略以及当地文化、法律环境相适应，创造一种能使人力资源管理方式与变化的环境相适应的机制、方式，在总公司的层次上创造一套能够包含子公司人力资源管理方式的全球性 SIHRM 政策。

2. 战略性国际人力资源管理问题

战略性国际人力资源管理问题涉及跨国企业内外部的机遇和挑战。尽管跨国企业的经营单位散布在全球，但它还是一个单一的独立企业，这就需要考虑如何平衡图 10-1 中的“差异化/一体化”问题。跨国企业需要考虑能够和需要给予海外子公司多大的自主权，还需要考虑多大程度上对子公司实施控制和协调，同时还要保持海外子公司对当地环境有足够的反应能力，也就是图 10-1 中的“当地反应性/战略一致性”问题。这些问题也由跨国企业的战略性国际人力资源管理活动来协调，所以也构成了战略性国际人力资源管理模型的一部分。

3. 战略性国际人力资源管理职能

战略性国际人力资源管理职能一般包括三个方面的内容：跨国企业人力资源管理的导向、跨国企业用于管理人力资源或组织所耗费的时间和资源、这些人力资源或组织所分布的区位。

跨国企业人力资源管理的导向是指跨国企业选择以什么样的方式管理其全球人力资源，这种方式主要表现为在子公司完全独立和对子公司实施完全控制之间进行权衡与选择。

为了有效地管理其人力资源，跨国企业必须付出一定的时间和资源。总部可以成立一个职权广泛的人力资源管理部门，专门负责战略性国际人力资源管理的决策，比如，选拔、外派、遣返和雇员薪酬等，它需要雇用专门人员负责人力资源的培训和开发。当然，如果涉及的外派人员十分有限或者子公司具有充分的自主权，跨国企业在人力资源管理方面所需投入的时间和资源就比较有限了。

这些战略人力资源管理的活动以及相关的资源投入覆盖了母公司和子公司各个层面或者配置在跨国企业所有的经营区位。

4. 战略性国际人力资源管理政策、方式

战略性国际人力资源管理政策、方式涉及制定跨国企业人力资源管理的一些准则和具体方式。例如，跨国企业母公司制定“奖励绩优者”的人力资源管理政策，那么每个子公司都会依此制定既与总部政策相一致又与子公司当地环境相适应的具体实施方式。某家子公司可能制定针对总经理的与子公司当地销售业绩挂钩的个人激励计划，而其他子公司也许会制定针对整个经理层的与子公司当地销售业绩挂钩的团队激励计划。

5. 影响战略性国际人力资源管理的内外部因素

尽管战略性国际人力资源管理的三个组成部分（战略性国际人力资源管理的问题、职能、政策和方法）对我们的管理模型非常重要，但它们也仅是我们管理模型的一部分。如图 10-1 所示，这三个组成部分均会受到跨国企业内外部因素的影响，这些因素还会影响各子公司的当地反应性和全球一致性。

外部因素包括产业特点和国家、地区特点。产业特点主要有产业和业务的种类、竞争者的特征、产业的变化程度。国家、地区特点包括政治环境、经济环境、法律环境、社会和文化环境。

内部因素包括：跨国企业国际经营的组织结构、跨国企业总部的国际人力资源管理导向、跨国企业运用的竞争战略、跨国企业从事国际经营的经验。

当然，在我们的管理模型中对影响战略性国际人力资源管理的因素做了很大的简化，例如，在这个管理模型中没有将产业成熟度、产业历史和国家产业政策等因素包括在内。

6. 跨国企业的战略考虑和目标

跨国企业有五个战略考虑和目标：全球竞争力、当地反应性、效率、适应性、组织学习能力。就跨国企业战略性国际人力资源管理而言，这五个目标可能是最重要的，但是跨国企业的战略考虑和目标并不局限于上述五个方面。

第二节 国际人力资源管理的跨文化视角

一、跨文化管理概述

所谓跨文化管理又称交叉文化管理，是指涉及不同文化背景的人、物、事的管理，即如何对来源于不同文化背景的人力资源进行整合和融合，所关注的问题就是一个具有文化特点的个体行为与另一种文化之间会发生冲突、冲突的范围和影响、冲突的文化原因以及如何减少冲突的对策等。

跨文化人力资源管理就是跨文化的、国际化的企业为了保持竞争优势，在人员选择与任用、绩效考评和薪酬管理等方面，根据文化差异的特点进行合理控制与管理，在交叉文化的背景下通过相互适应、调整、整合而塑造出本组织的企业文化，以提高人力资源配置与适用效率的管理活动。跨文化人力资源管理除了执行单一文化的人力资源管理职能以外，更重要的是要致力于对跨国企业中多元文化的认识和把握，创新出适合于企业中各种文化的管理，取得多元文化的协同作用效果。

（一）跨文化管理形成与兴起的原因、意义

跨文化管理于 20 世纪 70 年代后期在美国形成，并在全球逐步兴起。它主要研究在跨文化条件下如何进行有效管理的问题。跨文化管理的形成与兴起主要有以下原因：

（1）文化差异（cultural differences）。文化差异存在于任何两个不同的群体或组织之间。它包括三个层次：第一，双方母国或地区的文化背景差异。这是跨文化差异的宏观层次。第二，双方母国自身特有的“公司文化”风格差异，这在通过兼并、收购而重组的企业中特别明显。这是跨文化差异的中观层次。第三，个体文化差异。年长者和年轻者、男性与女性等任何不同的两个人身上都可能存在跨文化差异。这是跨文化差异的微观层面。导致这些差异的根源或深层次原因主要包括思维方式、语言、价值观念、风俗习惯、宗教信仰、法律规范、管理方法、经营理念以及组织架构等。

（2）文化休克（culture shock）。由于文化的差异性，不同文化背景的人在沟通时可能遭遇“文化休克”。文化休克又称“文化震荡”，是指一个人由于突然处于异己文化生活环境或者长期脱离原有的文化生活环境，也可以是由于同时遭遇两种或多种文化而产生的一种处于社会性隔离的焦虑、抑郁的心理状态。文化休克必然在企业管理中产生跨文化沟通障碍，具体表现在：① 认知层面。来自不同文化背景的管理者和员工的沟通，常常建立在自己的认知层面上，形成一种消极的定型观念，从而阻碍企业中良好人际关系的建立。② 价值观层面。不同文化背景的人具有不同的价值观，即使在同一文化中，人的价值观也不尽相同。不了解对方的价值观，势必造成跨文化沟通障碍。

（3）文化冲突（cultural conflict）。文化冲突是指不同形态的文化或者文化要素之间相互对立、相互排斥的过程。它既指跨国企业在他国经营时因与所在国的文化观念不同而产生的冲突，又包含在一个公司内部由于员工分属不同的文化背景而产生的冲突。文化冲突势必导致跨文化沟通障碍。跨国企业合作经营的实践表明，合资公司内部因为来自文化价值观的碰撞而导致的合作双方的对峙、冲突越来越多，进而造成公司组织机构的低效率和市场机会的丧失，这样的跨国合资公司很可能在新一轮的竞争中陷入困境，甚至被淘汰。

跨文化管理在全球范围内都产生了重大影响，其主要意义在三个方面：① 有利于解

决文化冲突问题。② 有利于促进全球化和地方化的优势互补。③ 有利于增强跨国企业的核心竞争力。

（二）跨文化管理策略

调查资料显示,约 82%跨国企业的失败是由跨文化管理失败导致的。目前约有 1/3 的著名跨国企业因为多元企业文化管理不善而面临内部管理紧张的状况。那么,对于海外子公司到底应该采用哪种企业文化才有利于公司的发展呢? 对此,有以下三种跨文化管理策略可供选用。

（1）文化移植。文化移植就是跨国企业在世界各地子公司的高级管理人员都由母国人员担任。其优点在于子公司经理与母国公司不存在文化差异,便于子公司与母公司之间在经营活动中信息的沟通。母国企业通过派到开发国或东道国的子公司中,让子公司里的当地员工逐渐适应并接受这种外来文化,并按这种文化背景下的工作模式来运行公司的日常业务。但这种方式也存在一定的局限性,它无视子公司所在地的本土文化或合作方的原有组织文化,在具体的文化贯彻和实施过程中,都不可避免地带有强迫色彩。这是最低层次的跨文化管理。

（2）文化嫁接。这种类型的跨文化管理是在母公司认识到子公司所在地域特征,并在尊重当地文化的前提下采取的方式。嫁接多以子公司的地域或组织文化为主题,然后选择母公司文化中关键和适应的部分与之结合。这种方式的优点在于对当地文化的充分认识和尊重,但是母公司文化的特征不突出或者是没有尽取精华,对当地文化中不适宜的成分没有充分剥离,使协同效应无法充分发挥出来。

（3）文化相融。文化相融又称文化合金,是两种文化的有机结合,选择各自精华的部分紧密融合,成为兼容性强、多元化的合金。以两种文化相容的程度不同又可以细分为两个层次:一是文化的平行相容。在习惯上我们称之为“文化互补”,就是在跨国企业的子公司中并不以母国的文化或是开发过的文化作为子公司的主体文化。二是隐去两者主体的文化和平相容,就是虽然跨国企业中的母国文化和东道国文化之间存在着巨大的文化差异,而两者文化的巨大不同也很容易在子公司的日常运作中产生“文化摩擦”,隐去两者文化中最容易导致冲突的主体文化,保存两者文化中比较平淡和微不足道的部分。这是跨文化管理的最高层次,也是经实践证明最有效的方式。具有这种性质的文化也可以兼容更多的文化,适应更多不同文化的环境,具有普遍推广的能力,因此是经济全球化下跨国企业最强的核心竞争力。

二、跨文化管理的主要对策

由于跨国经营管理必须面对国家间的文化差异,跨文化包容就显得尤为重要。无视这一客观存在,势必给跨国企业的经营活动带来困难甚至最终导致失败。跨文化管理应充分认识跨文化差异,并对员工进行跨文化培训。更为详细的对策主要有以下几个方面。

（一）正确对待文化差异，促进文化融合

对于跨文化的企业来说，首先要培养多元文化意识，正确对待文化差异，同时提高文化敏感性，尊重不同的国家和民族、地区的文化，并积极、开放地予以吸收接纳，不断地刺激跨文化的交流和学习，提高文化的认知能力，对异地文化的敏感性和异质文化的领悟力。其次，弄清楚当地文化是如何决定当地人的行为的，掌握当地文化的精髓。较为完善的文化敏感性培训能使员工更好地应付不同文化的冲击，减少他们在不同文化环境中的苦恼、不适应性或挫败感，促进不同文化背景的人之间的沟通和理解，避免他们对当地文化形成偏见。

（二）加强跨文化培训，培养跨文化人才

跨文化企业应通过有效的培训，培养目光长远，能适应多种不同文化并具有积极首创精神的各类人才，加强每个人对不同文化环境的适应性，提高不同文化间的合作意识和联系，维持组织内良好稳定的人际关系，保持企业内信息流的畅通及决策过程的效率，加强团队协作精神与公司的凝聚力。如此员工的工作能力和适应能力往往能够得到较大的提高。

（三）推行人力资源本土化战略

首先，本土的管理者对于自己的民族文化氛围、员工有深刻的了解，所采取的一些管理措施容易为员工所接受，同时为本土员工提供了晋升渠道，因此具有很强的激励作用。其次，“本土化”人力资源战略有利于母公司降低人员派遣的高昂费用，也避免了为本地化而导致的中低层与高层管理者思维方式的脱节。最后，实施人才本土化也有利于当地经济安全和就业机会增加。

（四）提高管理人员的国际化水平

全球导向的国际人力资源管理，不仅要求选拔和培训具有不同国家背景的经理人，而且更加注重其与职位的匹配性，淡化个人国籍或任职国家的考虑，使之主动接受全球公司文化。灵活对待不同的文化和国家社会制度，如对企业的高层管理者普及人力资源管理的理念和知识，获得高层的理解、认同和支持。同时，建设一支专业化的人力资源管理队伍，对人力资源管理人员进行培训，提高人力资源管理者的素质。另外，制定合理的薪酬和绩效机制，这也是全球范围内吸引人才最重要的手段。提出跨文化管理的方法，由于经济全球化已经不再是一个概念了，跨文化背景下的企业将会越来越多，跨文化背景下的人力资源管理也就显得尤其重要。

第三节　国际人力资源管理的主要职能

一、国际人力资源招募与甄选

（一）国际人力资源的来源

国际人力资源来源主要包括三个部分：母国来源、所在国来源、第三国来源。

1. 母国来源

母国来源具有以下优势：在跨国企业创建的早期阶段，任用母国人员更有利于传播技术和保守技术秘密，有利于和总部保持良好的沟通、配合与交流，熟悉总部的目标、政策和管理；有助于母国人员的管理和开发，在公司形成具有国际经验的经理人员人才库。但是母国来源也有不足之处：外派员工很难适应外国语言和所在国社会、经济、政治文化和法律环境，失败率高，特别是外派人员配偶的就业问题很难解决；外派人员的高福利会给所在国人员带来不公平感，可能引起所在国人员的民族情绪；所在国坚持经营本土化，要求提拔本土人员到高层位置。

2. 所在国来源

所在国来源是跨国企业人力资源中比重最大的来源，所在国人员有很多本土的优势：熟悉当地的环境，没有文化隔阂，管理费用较低，有利于公司组织内部的沟通；能够为所在国的员工提供更多的职业发展机会；员工稳定性较好，可以保持管理政策的连续性。所在国员工不足之处是：无法使母国员工获得国际任职经验和跨文化管理经验，限制了公司员工的国际化发展需求，不利于与总部交流。

3. 第三国来源

相对于母国员工和所在国员工，第三国员工有其自身的优势：可能具备出色的技术、专业或者丰富的国际管理经验，具有更大的文化适应性，同时，其管理成本比外派员工要低。第三国员工也有不足；所在国对来自特定国家的人员具有敏感性，可能在与所在国员工的合作上会有一些被排斥的情况，他们任职可能受所在国就业政策的限制。

表 10-3 对三种国际人力资源来源做了简单的比较。

表 10-3　国际人力资源来源比较

来源	优势	不足
母国	· 有利于传播技术和保守技术秘密，有利于与总部形成良好的互动 · 有助于形成具有国际经验的经理人员人才库	· 外派人员适应性较差，失败率高 · 可能会引起所在国的民族情绪 · 所在国当地会有一些本土要求

续表

来源	优势	不足
所在国	· 熟悉环境，没有文化隔阂，管理费用较低，有利于公司内部的沟通 · 为所在国员工提供更多就业机会 · 员工稳定性、连续性较好	· 限制公司员工的国际化发展需求，不利于与总部交流
第三国	· 国际管理经验丰富，文化适应性强 · 管理成本较低	· 敏感性较强，容易被排斥，任职可能受限

（二）外派员工的甄选标准

外派员工可以分为四类：公司高层领导人、重要职能部门经理、解决难题的能手与一般员工。由于每一类人员的工作职责、当地文化接触程度以及在某个国家停留的时间不尽相同，因此对于特定人员的选拔标准是有区别的。对于国际经营人员来说，具备一些特殊的个性、技能、知识以及适应环境的自我定位能力非常重要。选聘外派人员主要应考虑以下标准：

（1）独立工作能力。在国外工作的管理人员要能独当一面，有更强的独立工作能力，因为他们往往需要面对复杂多变的外部环境，在不请示国内总部的情况下于现场作出决策和应对。

（2）跨文化的适应能力。外派人员工作的文化环境是决定他们成功的重要因素。除了显而易见的专业能力和管理能力之外，外派人员还需要跨文化的适应能力，使其能在新环境中工作。跨国企业在另一个国家能否成功很大程度上依赖于外派人员适应那个国家文化的能力。这些能力包括文化移情能力、适应能力、外交能力、语言能力、乐观态度、感情的稳定和成熟度。

事实上，虽然跨文化适应能力很重要，但我们很难对此做出准确定义，更不要说在这方面评估候选者的适应性了。我们必须考虑各个方面，比如候选者的个性、对外国人的看法、与外国人的交往能力等。例如，跨国企业指出公关能力是选择驻外人员的重要标准，但公司很少通过正规程序评估候选人的公关能力，如由高级经理或者通过心理测试做出决定，往往免去测试程序。

（3）健康及家庭状况。海外管理人员必须拥有良好的身体和精神状态，他们应该精力充沛并喜欢旅行。同时，海外任职会影响员工配偶及其子女，因此有利于海外任职的家庭状况是外派人员成功的关键。

（4）动机。其选择标准是个人驻外工作的意愿和对新工作的责任心。只有选派了真正从心理上接收海外工作的员工，才能降低外派失败率。

（5）跨国企业因素。各种环境因素影响对员工的甄选。比如，跨国企业在甄选前可能会考虑外派员工和当地员工的比例，这主要是受其人员配备理论的影响。其他的环境因素还包括相关的运作方式、工作的持续时间和驻外工作中所需要的专业知识等。

(6) 语言。第二语言的能力常与跨文化适应能力相联系。语言是影响选择的一个重要因素,这是由环境决定的。语言能力对某些驻外工作极为重要,但在其他工作中并非如此。无论职务高低,有关子公司东道国语言的知识都是驻外人员业绩的重要方面。

二、国际人力资源配置

一般来说,跨国企业会根据其发展的不同阶段采取不同的人员配置方式。在国际化阶段,一般采取母国化模式;在多国经营阶段,一般采取当地化模式;而在全球经营阶段则多采取全球化模式。目前绝大多数的跨国企业都处于多国经营阶段,人员本土化势在必行。近年来跨国企业人员配置本土化趋势已日趋明显。这不仅是处于需要,也与所在国的市场环境及政治氛围有关。

跨国企业实施人员本土化的主要原因有:① 外派管理人员的工资、补贴、福利及其他费用太高;② 东道国人员更了解当地情况;③ 管理人员本土化可以鼓励当地员工的整体士气;④ 管理人员本土化有利于子公司组织内部的沟通;⑤ 外派管理人员失败率更高;⑥ 东道国政府鼓励本土化。

限制本土化的主要因素有:① 东道国缺乏跨国企业子公司所需的人才;② 外派管理人员更了解跨国企业文化;③ 外派管理人员有利于母公司高管积累全球经营经验,促进他们形成全球管理思维。此外,随着目前经济全球化趋势的加快以及全球贸易壁垒的大幅度降低,跨国企业的竞争优势越来越取决于其同时满足全球战略实施和适应当地需求的反应能力,而不是在这两者之中选其一的问题。

由上述可知,企业国际化经营一般分为以下几个阶段:国内生产阶段、国际化阶段、多国经营阶段和全球化经营阶段。在不同的国际化经营阶段,跨国企业又有着不同的人员配置模式,分别为母国化、本土化和全球化。管理人才的本土化在此背景中也呈现以下阶段性特征:

第一阶段:管理人才的非本土化,以母国外派管理人员为主。

跨国企业在进入海外市场的初期阶段,其人员配备政策以民族中心导向为主,即以母国外派管理人员为主,本土员工仅占据低层次和辅助性的职位。并且在管理人才的结构维度上,职位越高,尤其是海外子公司的高管,越倾向于使用本国员工。这些人熟悉母公司的目标、政策和实践,与母公司人员能保持有效的联络,总部也容易控制海外子公司的经营。不过,由于我国企业跨国经营起步较晚,缺乏具有全球市场经营素质的经理人才,不能有效驾驭跨国经营。因此,本国管理人才外派前的培训是必不可少的,特别是文化敏感性训练。通过对东道国文化以及市场运作方式的了解,以培养经理人才的跨文化经营技能,减少驻外管理人才可能遇到的文化冲突,使之迅速适应当地环境并发挥有效作用。当然,企业内部那些有过东道国生活经历或者东道国求学经历的优秀管理者是更加适合的选择。

第二阶段:管理人才的“半”本土化,大量起用东道国华人。

随着时间的推移,我国企业的海外经营投资开始走出试探期,进入发展期。在这一阶段,国内企业派遣的本国人员依然占据重要位置,但是中高层管理者中东道国华人所占比重逐渐增大,并且东道国的本国留学生以及本国的东道国留学生日渐增多。这三类人才具有很好的文化适应能力,并且对我国和东道国的政治、经济和社会文化环境都有深刻的了解。因此不需要进行文化敏感性训练,也没有语言障碍,能与当地员工进行有效沟通。他们处在我国和东道国两种文化的结合点上,从某种程度上来讲,这是一种文化的本土化。聘用这些人才,一方面,能使海外子公司对东道国政府当地化的要求做出有效反应,有利于我国跨国企业协调、处理好与东道国在人力资源开发、储备方面可能发生的矛盾;另一方面,正如华森公司全球人力资源本部地区总裁 Steue Barnett 所言,管理人员的本土化“不是因为这些企业不需要外派经理,而是为了从长计议,在企业内部发展专门人才”。这样的人才构成可以实现功能互补,最大化跨国企业的管理效益,从而推进跨国经营的成功。

第三阶段:管理人才的完全本土化,以东道国管理人才为主。

进入这一阶段,我国企业在跨国经营中的人力资源配置方面采用多中心法,招聘所在国员工管理当地子公司。这一做法的优势在于可以完全消除语言障碍,避免驻外管理人员及其家庭的适应问题,免除昂贵的文化敏感性等培训开支。此外,本土的职工更愿意与当地的管理人才进行沟通交流,建立融洽的关系,从而提高职工对公司的忠诚度。企业可以充分选用东道国的优秀人才充实到管理层,实现管理人才的完全本土化,这样既可以加速东道国公民对本企业的认同,提高公司的知名度,还可以取得东道国政府的信任,树立企业形象,避免一些敏感的政治风险。至此阶段,本国公司的海外子公司管理人才已从过程和结构两方面完全实现本土化。

三、国际人力资源培训与开发

为了在全球市场上成功地竞争,越来越多的企业将人力资源作为其核心竞争力的关键和竞争优势的源泉。培训与开发是跨国企业建立人力资源储备的一部分,一个重要的发展趋势是,很多跨国企业已经建立起自己的“大学”或“学校”,而且数量在不断增加,摩托罗拉、麦当劳、迪士尼大学就是这种内部培训中心典型例子。欧洲、韩国、日本的一些企业也有类似的安排,比如汉莎航空公司商务学校和爱立信管理学院。

(一) 国际人力资源培训

美国学者的研究显示,99.9%的驻外人员不能适应海外跨国企业的主要原因,是不能适应海外的不同文化和工作方式。美国人在英国伦敦工作的有 18%不能适应,而在比利时布鲁塞尔工作的有 27%不能适应,在东京工作的有 36%不能适应,在阿拉伯国家比例更高。由于美国人非常不理解阿拉伯国家的文化背景,每 100 个派到阿拉伯国家的美国人中就有 68 人会提前回国。此外，驻外的美国人中还有 30%～50%不能高效率地工作。据测算，每派出一个不成功的驻外美国人，公司就要损失 4 万～25 万美元，这个数字还不包括公司的形象损失及今后贸易合作的损失等。可见，对驻外人员进行培训，是非常重要的。

国际人力资源培训一般要针对不同对象制定不同培训计划和内容，使外派员工或在所在国招聘的员工尽快适应工作环境，提高工作技能。主要从以下几方面入手：

（1）培训对象。国际人力资源培训与开发的对象是不同的，具体有以下几种类型：一是非技术工和半技术工的培训计划。这类培训计划一般包括对跨国企业新员工的引导性培训，并常常是基础性的，如安全培训、上岗培训、文化培训等。二是专业技术工人的培训计划。这类培训在财务上通常占跨国企业培训预算中的很大部分，但就参加者的人数来说，并不一定构成培训业务量的最大部分。技术工人的培训计划通常是由设在特定地点的培训班进行的。三是高级技术工人的培训计划。高级技术工人包括从事质量控制、工作研究和程序编制、维修、电子和新技术应用的工人。这类课程大部分是内部的，因为它们与跨国企业的特定技术和方法相关，常涉及商业机密。四是经理培训计划。经理培训计划包括经营管理、电子数据处理、人事和税务、会计和销售等专业知识的培训。此类人员常被派到母公司参加高级培训课程，而且经常接受反复培训，包括属于“连续培训”过程中的旅行学习，以便跟上新产品和新技术的最新发展。

（2）培训目标。在任务分析和工作绩效分析的基础上确定培训需求，建立具体的、可量度的、能实现的培训目标。以跨国企业普遍进行的跨文化的培训教育为例，其培训目标主要包括：全面提高企业员工的技能和文化素质；提高派往国外员工的跨文化技能；通过对员工行为，尤其在文化差异管理方面的培训，来提高员工的工作效率；提高员工在不同文化背景下的人际交往能力，改善顾客与员工之间的关系；在开展海外业务时减少文化冲突，并为员工提供更多的跨文化的经历。

（3）培训内容。根据国外成功经验，跨文化培训可以分为四个阶段，并有对应的培训内容：一是预备教育阶段，时间为一周左右，主要内容包括所在国情况介绍、文化差异、工作任务、职责与待遇、家庭安排等；二是启程前教育阶段，一般为 4～5 天，其内容包括所在国的语言训练，主要加强口语和听力训练，从不同角度进行跨文化的教育，介绍旅途中和抵达后的注意事项、遇到紧急情况的处理办法等；三是抵达后教育阶段，主要介绍公司情况、周围环境以及所在国跨国企业的实际工作情况等；四是回国前训练阶段，主要是外派人员调回本国前给予的训练，以便最大限度地减少回国时可能遇到的问题。

（4）培训方式。培训方式主要有集中授课、专题研究、实地考察、环境模拟、情境对话、角色扮演、工作轮换等，以便打破每个人心中的文化障碍和角色束缚，增强员工对不同文化的适应性，提高员工的合作意识。培训机构主要有以下两种：第一，公司自设培训机构。每一个跨国企业一般都有专门的培训部门负责培训，有针对性地制定培训计划，使不同地区的员工有不同的培训计划。如摩托罗拉大学在全球有 14 个培训中心，各业务单位另有培训部门。第二，专业培训机构。专业培训机构可分为两类：一类是高校的管理学院;另一类是社会的专业培训机构。

(二)国际管理者职业开发

随着跨国企业全球经营的发展与日趋成熟,对新型的国际管理人才的需求也在不断增加,而由于多种因素的制约,目前国际管理人才的供给远远满足不了客观的需要,人力资源方面的限制已经成为企业经营全球化进程中最大的障碍。而且,许多公司预期国际管理者的缺乏状况会进一步加剧。为了适应这一挑战,人力资源管理必须建立一整套开发项目与相关活动,借此开发具有全球观念与跨文化管理技能的国际管理者。

为解决目前管理人员缺乏与国际管理开发滞后的问题,跨国企业采取了许多新策略。首先开拓管理人员的来源,增强母国管理人员的国际可调度性。例如,跨国企业开始将一些女性管理者吸收到国际管理队伍,同时利用更多的东道国与第三国管理人员,为国际管理开发提供有力的后备保证。

为了消除管理人员国际流动中的障碍与后顾之忧,增强管理队伍的流动性与灵活性,跨国企业日益重视为国外任职的国际管理人员配偶提供相关服务,帮助他们安排工作或者其他的替代方案。当然,要建立一支强大的国际管理队伍,更重要的是建立和完善国际管理开发体系,加紧培养新型的国际管理人才。目前越来越多的跨国企业开始关注国际管理开发,投入巨资用于企业内部国际管理教育培训,特别是针对最高管理层和高级管理人员的开发项目。为提高国际管理人员的相关技能,跨国企业重视通过培训和轮岗等方式,建立和完善连续的专业与管理开发项目,增强国际管理人员的灵活性和流动性。同时,建立职业中期考核与职业评价制度,用以确认国际管理人员需要开发的领域和个人开发项目。

在国际管理者开发方面,跨国企业在不断推出一系列行之有效的策略与措施。

第一,为解决国际管理人员短缺问题,跨国企业在母国管理人员职业生涯的早期,就确认具有高潜质的国际管理后备人选,在他们年轻时提供积累国际经验的机会。基于开发的目的,将这些年轻的高潜质的管理人员派到海外任职,使他们尽早驶入国际管理人员开发的快车道。目前跨国企业提供国家任职机会并不限于年轻的高潜质的管理人员,而是不断扩大范围。越来越多的跨国企业还利用短期国际开发性任职培训,开发更多具有国际经验的员工。

第二,跨国企业在国际管理开发的对象上也在改变传统的做法。传统上跨国企业几乎所有的外派管理人员都来自内部选拔,这样有利于建立国家管理开发的轨迹和建立外派人员对公司的忠诚。目前,跨国企业还日益重视利用外部招聘人员的国家管理开发,将他们派遣到国外管理岗位。同时尽早将新招聘的毕业生纳入国际管理开发的轨道。跨国企业一方面积极招募高潜质的并对国际职业生涯具有特殊兴趣的年轻毕业生,另一方面加强国家管理开发,有的跨国企业将新进入公司的毕业生在3~6个月之内就派到国外任职,并以此作为吸引优秀毕业生的条件。

第三,强调国际管理开发应是在职业生涯规划基础上进行的全程性开发。我们知道,对母国管理人员的国际管理开发并不是通过一次或若干次培训一劳永逸的，相反，国际管理开发是一个过程，贯穿于国际管理人员的职业生涯。具体到国际任职，从候选人遴选、外派、国外任职直到结束国外任职归国，任何一个环节都涉及内容和方式不同的培训和开发。

企业在不同阶段对母国员工所提供的培训和支持活动应以对国家管理人员的职业规划为基础。职业生涯规划在成功的海外任职和归国适应中发挥着重要作用。换句话说，海外任职和应召回国不应该是临时性安排，而应是遵循员工的职业开发规划，是进行国际管理开发的系列步骤。

第四，发挥国际管理培训开发的作用，有效地解决管理人员国际任职的归国问题，稳定国际管理队伍，巩固国家管理开发的成果。在国际管理开发的上述循环中，国际任职人员结束海外任职后归国的问题应越来越引起跨国企业的重视。目前，跨国企业不仅对国际管理人员及其家属的培训与开发关注不够，对国际管理人员归国前的培训与归国后的支持更是极少考虑。

国际管理人员的归国问题也是国际管理人员的保持与稳定的问题，归国问题解决不好会导致人员的流失，直接意味着国际管理开发前期努力的徒劳与失败。归国的失败对公司而言是人力资源上的重大损失，公司不仅不能有效地利用这些人力资源，而且可能失去这些资源而被竞争对手获得。归国的失败不仅对外派人员造成负面影响，也会对公司内其他的外派人员和潜在的外派人员造成不良影响。因此，有必要对外派人员的回国加以关注和研究，以采取措施保证外派人员的成功归国。

第五，加强对东道国管理人员的开发。上面我们讨论的国际管理开发主要针对母国管理人员的开发，而跨国企业要获取充足的合格的国际管理人员，不仅要在国际管理队伍中吸收东道国人员，还应重视对东道国管理人员的开发。母国人员海外任职的成功不仅取决于国际管理人员的自身因素，还取决于同他一起工作的东道国管理人员的能力与素质。这意味着不仅要派遣母国管理人员从事国外任职，而且要将东道国人才派到公司总部或分布在世界其他地区的分部工作。许多跨国企业在分布于世界各地的分支机构中发现和重用人才。

无论国际管理者的来源如何，对管理人员的开发都是全球人力资源管理的重要职能，国际人力资源管理必须负责管理跨国任职的许多重要方面，这包括发现具备国际任职技能的合适雇员，提供跨文化和语言技能培训，建立国际任职前后的职业管理规划以及为外派人员配偶和家庭提供支持。

四、国际人力资源绩效管理

最近十年，跨国企业在全球不同分布管理绩效的复杂性已经引起了大量的专业学术关注。对于人力资源实践者来说，产品和运作模式的多样化、地理位置的扩展等因素综合起来使得既与当地有关又与全球可比的绩效测量方式和绩效管理过程的创建成为一个主要的挑战。在一个跨国企业的管理控制系统中,监督并确保运行过程符合标准是非常重要的。然而,全球绩效管理系统的模式很大程度上是未知的。

而国际人力资源管理比国内人力资源绩效管理更复杂,也更具有挑战性,这是因为需要考虑更多的因素,如公司的整体战略、母国与所在国业绩的不可比性、国际环境的多变性、跨国业务发展的不同阶段和成熟程度、不同类型人员的不同考核指标、绩效评价者的不明确性。国际人力资源绩效管理主要包含以下要点:

(一)绩效计划

跨国企业要为各种类型的员工确立绩效目标,并制定绩效标准。无论是母国外派员工、所在国员工还是第三国员工,他们的绩效目标必须明确,并要注意绩效标准的具体性和可测性。绩效目标分为硬目标、软目标和情境目标。硬目标是可视的、可以量化并直接测量的,如销售额、市场占有率等;软目标倾向于以关系和特性为基础,如领导风格或人际技巧;情境目标则试图将绩效发生的情境作为考虑因素,例如跨国企业经常通过金融工具在子公司之间进行交易尽可能减少外汇风险。

(二)绩效监控

跨国企业在跨地域、跨文化经营的同时,必须有一套有效的制度和方法来监控绩效,以确保绩效有利于公司经营战略的实现与竞争力的提升。这也是总公司控制子公司运营的重要手段。一方面,管理者要持续不断地实施绩效沟通,将之贯穿于绩效管理的整个过程,而不仅是年终的考核沟通;同时,重视双向的建设性沟通,以追踪绩效的进展,发现并解决问题。另一方面,做好信息的收集、观察、记录工作,为下一步的绩效评价做好资料上的准备。

(三)绩效评价

绩效评价是国际人力资源绩效管理的核心环节。由于国际人力资源的复杂性,使得绩效评价问题非常复杂。一般而言国际人力资源管理绩效评价需要重点关注以下两个问题:

一是海外子公司员工的绩效评价。对海外子公司员工的绩效评价,要注意区分其文化的个人主义和集体主义维度,因为文化会影响评价方法的有效性、评价结果的可接受性。要想使与某种文化差别较大的评价制度为员工所接受,需采用循序渐进的策略。其中,个人主义文化的绩效评价体系以美国为典型,信奉个人的权利、义务与报酬紧密联系的文化价值观,同时强调法律和机会的平等。而在集体主义文化中,年龄和群体内成员身份(如社会地位)是考核中的重要因素,也就是说,在人力资源决策中,更多地考虑个人背景特征而不是个人成就。当然也不否定业绩信息的重要性,由于重要的是为群体利益工作,因此一般在奖惩方面都是比较间接或含蓄的,管理者们更注重群体内的和谐。

二是海外经理人员的绩效评价。对海外经理人员的绩效评价,常常是以海外经理人员业务开展情况作为基本标准的。由于海外经理人员的绩效受开展业务的起点、国际商业活动的不确定性、跨国企业内部政策等多种因素的影响，管理者或因此对其评价要考虑一些特殊的做法。这些做法包括：评价要以所在国当地的评价意见为主，以公司总部意见为辅；如果公司总部负责确定最终的正式评价结果，最好征求一下与被评价对象同在一个国家或地区工作过的管理者或同事的意见，以减少评价偏差；根据外派员工工作地点的文化特征，对绩效评价标准进行适当的修改，以增强评价体系的适应性。

（四）绩效反馈

跨国企业的经营活动遍布各个国家，跨越不同的文化和语言，这就使得国际人力资源绩效反馈异常复杂和困难。对于因地域上的差异而导致母公司与子公司之间、子公司与子公司之间信息交流及通信联系困难，管理者要充分利用全球资源和机会，促使组织体系内部的总公司和子公司之间紧密配合、互相协作、互通情报、交流信息，以尽可能地保证绩效反馈渠道的畅通。另外，对于因语言不同而导致经理人员之间、经理与员工之间信息传递困难，管理者要克服心理障碍，加强语言学习，重视换位思考，以实现绩效反馈及沟通无障碍。

五、国际人力资源薪酬管理

国际薪酬实践已经远远超出了原始的外派人员报酬的范围。薪酬一般被视为：一种发展和强化国际化企业文化的机制，公司控制的一种主要资源，与相关成本相联系的绩效成果，关于在国际环境中进行公司治理的日渐尖锐、复杂的关系。

全球薪酬的日益复杂性包括：外包行为的增加和随之而来的对劳动力定价的需要；在给定的以网络为基础的人力资源信息系统的技术能力条件下，平衡对激励、福利和津贴的统一化和分散化；在对国际外派人员的更精确和具体的绩效测量的需求和在日渐成熟的全球竞争下的成本敏感型环境的现实之间寻求平衡。

外派人员的薪酬作为全球人力资源管理者的当务之急，正在逐渐被视为一个均衡的虽然有点复杂的全球薪酬体系的一部分。国际人力资源薪酬管理必须考虑当地劳动力市场工资水平、劳动报酬相关法规和文化倾向，同时还要与跨国企业的整体经营战略保持一致。各子公司的人力资源经理要为所在国的员工、母公司派出的员工和第三国的员工制定不同的薪酬制度。这里主要对国际人力资源薪酬政策的目的与要求、多元报酬体系和外派员工的薪酬体系等方面进行介绍。

（一）国际人力资源薪酬政策的目的与要求

这主要包括：一是要与跨国企业的总体战略以及企业的需求一致。二是能将人才吸引到跨国企业最需要的地方并留住他们，因此要有竞争性，而且要认识到诸如出国服务的激励、税收平等以及合理费用的报销等因素的作用。三是要有利于公司以最经济的方式调动驻外人员。四是要适当考虑行政管理的公平和方便,与此同时,驻外人员的一些个人目标也需要通过公司的薪酬政策的实施得以实现,这些个人目标包括:获得在国外的福利、社会保险和生活费等;增加收入;满足职业生涯发展和回国安排等。

(二) 国际人力资源的多元报酬体系

国际人力资源需要多种不同的报酬体系,要为所在国的员工、母国派出的员工和第三国的员工开发出不同的薪酬制度。这方面的关键问题就是薪酬外部公平性问题和薪酬激励问题。由于在物价水平有差别的不同国家工作,外派员工的生活费用有所差别,因此需要在整个组织范围内执行统一的与工作性质相适应的基本工资,然后根据员工所在国家或地区的具体情况,用各种专项补贴来实现薪酬的公平性。此外,与国内员工相比,外派员工的薪酬公平性在实现上会涉及特殊的国别差异问题。解决这一问题的方法是国际经济中的购买力平等化,即外派员工的薪酬水平至少应该能够使他们在所在国保持与在本国时相同的住房条件、商品和服务消费水平以及储蓄水平,如果出现缺口则由公司来弥补。当前多数跨国企业对外派员工实行海外服务奖金或津贴制度。

(三) 外派员工的薪酬体系

外派员工的薪酬主要包括基本薪酬、税务补偿、奖金、出国服务奖励或艰苦条件补贴、津贴和福利等。

(1) 基本薪酬。确定外派员工基本薪酬有两种方式:一种是采用本国标准,即与员工来源国同类职务的薪金水平相联系,依他们的国籍不同而完全不一致。这容易产生不公平的问题。另一种是与本公司系统内各级职务的薪金水平相联系,同级同酬。这种做法较好地实现了公正,但当跨国企业活动的国度经济发展水平与本国差距较大时,又带来与当地工资水平相差悬殊的矛盾,因此需要靠奖金和津贴等补充形式做适当的调整。

(2) 税务补偿。外派员工会面临双重纳税的问题。一方面,在外国的收入首先要在收入发生地交纳个人所得税。另一方面,员工本国的纳税义务。比如,美国要求其公民对在其他国家所得收入进行纳税,即使他在该国已经纳税。雇主负责向本国或所在国支付个人所得税,数额从员工税前收入中扣除。对双重纳税的问题,雇主可以通过税务补贴来解决。

(3) 奖金。外派员工获得的奖金通常有两类:一是与业绩相关的奖金;另一类是不与业绩联系,只与底薪联系的奖金。奖金包括海外工作奖金、满期工作奖金等项目。

(4) 出国服务奖励或艰苦条件补贴。母国员工通常会收到一份奖金作为接受出国派遣的奖励,或作为对在派遣过程中所遇到的艰苦条件的补偿。出国服务奖励一般为基本工资的 5%~40%,根据任职、实际艰苦情况以及派遣时间的长短而不同。

(5) 津贴。津贴是对员工在海外工作支付的补助,通常包括以下项目:住房津贴、生活费用津贴、探亲补贴、子女教育津贴、搬家费、特权享受津贴和配偶补助等。

(6) 福利。与货币形式的薪酬相比,国际福利更复杂,需要解决许多问题。由于各国的福利管理实务之间存在很大的差异,因此养老金计划、医药费和社会保险费等的转移变得很难。此外,一些适用于国际人力资源的特殊的福利值得关注。例如,许多跨国企业提供休假和特殊假期,作为驻外人员定期休假的一部分;每年的探亲福利中通常包括家庭成员回国的机票费,也包括为驻外人员的家属提供免费的机票去工作所在国附近的疗养地疗养。除疗养福利外,还有在艰苦地区工作的驻外人员应获得额外的休假费用和疗养假期。

六、国际人力资源劳动关系

不同国家的劳动关系形式不仅来自文化方面的差异,也来自各国劳工组织特有的历史,在进入一个国家前,跨国企业一定要考虑工会对公司的影响程度。例如,英国工会是在没有政府干预的条件下发展起来的,这种缺乏政府干预的劳工关系使得资方和工人之间发展成显著的对抗关系;德国文化更加注重规避不确定性,承认工会的合法性,政府强有力的作用促使劳资双方关系较为和谐地发展;法国的工会则有强烈的意识形态取向,具有这种意识形态的工会倾向于在同一组织中争夺工会成员,这样的后果是对资方有利而有损于工人的利益;日本的工会则被吸收进公司组织架构之中,并在很大程度上支持资方。不仅如此,工会还可能从三个方面限制跨国企业的战略选择:

1. 影响工资水平

虽然劳动力成本与其他成本相比重要性在下降,但是它仍然对大多数产业的成本竞争力起着重要作用,因此,工会对工资水平的影响重大。未能成功管理工资水平的跨国企业将承受劳动力的成本劣势,从而限制了战略选择。

2. 限制跨国企业任意改变雇佣水平的能力

对许多西欧、日本和澳大利亚等国家和地区运营的跨国企业来说,不能任意改变雇佣水平将可能比降低工资水平带来更为严重的问题。许多国家现在已经立法,限制公司关闭工厂、裁员或者解雇,除非公司能够证明当前的状况显示裁员是不可避免的,而要证明这些的过程常常冗长繁杂。许多国家对工厂关闭或裁员立法做出了明文规定:公司必须以具体的规则来补偿被裁员工,如每服务一年提供两周的薪水。许多国家对突然终止雇员合同的补偿是相当大的,尤其是在美国。

工会可能以两种方式影响这一过程:通过游说国家政府进行裁员立法,以及通过鼓励经济合作与发展组织对跨国企业进行管制。在战略规划中不考虑这些约束的跨国企业管理者可能会发现他们的选择受到严重限制。事实上,最近证据表明跨国企业在做出投资区域决策之前开始将解雇员工的能力作为一种先决条件。

3. 阻碍或防止跨国企业运营的全球化

认识到这些限制之后,许多跨国企业明智地决定不对运营活动进行最大限度的整合和合理化,因为这么做可能会导致行业和政治问题。普拉哈拉德和多兹认为通用汽车是“次优一体化”的一个实例。据称通用汽车在20世纪80年代早期就已经根据德国金属工联的要求(西方最大产业工会之一)为了培养与联邦德国良好的产业关系而注入了一大笔投资(相比它在奥地利和西班牙的投资)。世界汽车行业的一个观察员提出,汽车生产商优化它们的制造网络,部分原因是为了安抚工会,部分原因是为了提供裁员机会,以避免遭遇那些致使其销售网络瘫痪的当地社会冲突。这种次优化导致欧洲的单位生产成本比可能达到的最优化网络水平平均高出15%。普拉哈拉德和多兹从该例子中得出了如下结论:

工会的影响不仅延缓了跨国企业制造网络的合理化和一体化进程,增加了这些调整的成本,而且,至少在汽车产业中长期降低了跨国企业一体化网络的效率。因此,在一些国家,将劳资关系视为纠纷并将其转交给专业处理并不合适。正如在战略决策时需要考虑政府政策一样,劳资关系同样不能忽视。

所以对于不同国家的工会倾向于采取不同的组织架构,这反映了其不同的意识形态和取向。跨国企业在进行与其他国家相关的战略决策时,必须考虑与工会相处及相关劳动法的影响。此外,国际人力资源管理要始终将提高员工满意度作为员工关系管理的基础工作。例如,熟悉所在国的相关劳动法律法规,理解并尊重当地员工的信仰、风俗习惯,并将这些贯穿到日常管理政策的制定中;积极吸纳当地员工参与管理,进而促进劳资关系和谐,并使公司对当地的人文、市场等外部环境更加熟悉。

本章小结

国际人力资源管理主要是指跨国企业的人力资源管理,是跨国企业在国际经营环境下,有效利用和开发人力资源的管理活动或管理过程。国际人力资源管理主要具有更丰富的人力资源管理活动、更多外部因素的影响、更多的风险和更高的人力资源管理成本等特点。国际人力资源管理主要有民族中心主义、多中心、地区中心和全球中心等模式。它主要受到文化、教育、政治与法律制度和经济制度四个因素的影响。随着世界经济一体化和区域经济集团化的不断发展,国际人力资源管理在企业的国家化发展中担任了至关重要的作用。

战略性国际人力资源管理是人力资源管理理论中一个新的研究分支。具体而言,战略性国际人力资源管理是指由跨国企业战略活动引起的人力资源管理的问题、职能、政策和实施,并且在这些方面能够影响到跨国企业国际目标的实现。在现有的战略人力资源管理理论中,研究者几乎都采取了从战略的、宏观的角度,并且把战略人力资源管理作为能够有效控制及管理其海外经营的手段。根据Taylor等人提出的SIHRM简化模型,跨国企业基于公司的总体战略考虑与目标,评估影响战略人力资源管理的公司内外部环境因素,在母公司全球管理与子公司当地经营管理两个层面,协调战略性国际人力资源管理的职能、政策与方式。

20世纪70年代后期,由于文化差异、文化休克和文化冲突等原因,在美国形成了跨文化管理,并逐步在全球兴起。所谓跨文化管理又称交叉文化管理,是指对涉及不同文化背景的人、物、事的管理，即如何对来源于不同文化背景的人力资源进行整合和融合，所关注的问题就是一个具有文化特点的个体行为与另一种文化之间会发生冲突、冲突的范围和影响、冲突的文化原因以及如何减少冲突的对策等。针对跨文化管理，有文化移植、文化嫁接和文化相容三种策略。由于跨国经营管理必须面对国家间的文化差异，跨文化包容就显得尤其重要。无视这一客观存在，势必给跨国企业的经营活动带来困难甚至导致失败。跨文化管理应充分认识跨文化差异，并对员工进行跨文化培训。主要有正确对待文化差异，促进文化融合；加强跨文化培训，培养跨文化人才；推行人力资源本土化战略；提高管理人员的国际化水平。

本章最后使用大量篇幅阐述了国际人力资源管理的六个主要职能，即国际人力资源招募与甄选、国际人力资源配置、国际人力资源培训与开发、国际人力资源绩效管理、国际人力资源薪酬管理和国际人力资源劳动关系，进而提供了对国际人力资源管理更为全面的认识。

思考题

1. 什么是国际人力资源管理？它是由哪三个维度组成的？具有哪些特点？
2. 国际人力资源管理有哪些模式？并简单阐述各个模式的特征和优缺点。
3. 国际人力资源管理的影响因素有哪些？霍夫斯泰德的五维度是哪五个？
4. 什么是战略性国际人力资源管理？主要模型是哪个？
5. 什么是跨文化管理？形成的原因有哪些？有哪些策略？
6. 跨文化管理的主要对策有哪几个方面？请简要阐述。
7. 国际人力资源的来源有哪些？外派员工的选聘有哪些标准？
8. 国际人力资源培训主要有哪些方面？绩效管理有哪些要点？
9. 国际人力资源薪酬管理是什么？请对国际人力资源劳动管理做简要介绍。

（扫描右侧的二维码，查看思考题答案解析。）

阅读材料

跨国企业在跨国经营的过程中，会受到来自文化、教育、政治与法律制度和经济制度等因素的影响，其中，对国际人力资源管理影响最大的是跨国企业分公司或分支机构所在国家或地区的文化。文化之所以对人力资源管理非常重要，是因为它不仅在很大程度上影响甚至决定了教育与人力资本、政治与法律制度和经济制度，而且决定了各种不同人力资源管理实践的有效性。各国的文化差异深深影响着人力资源管理实践及效果。在对于文化差异的诸多研究成果中，荷兰的跨文化研究专家吉尔特·霍夫斯泰德（Geert Hofstede）的五维度模式最为典型。

对于霍夫斯泰德这个名字，很多读者都不陌生。霍夫斯泰德教授 1928 年生于荷兰的哈勒姆。他曾经参过军，又做过多年的工程师。1965 年，他加入了 IBM 的人事部门，1971 年进入学术界，先后在欧洲多所大学任教，1993 年从马斯特里赫特大学退休。在 IBM 任职期间，他以 IBM 公司的员工为研究对象所建立的关于国家文化的五个维度的理论，影响遍及社会科学的每个学科，凡是谈到文化差异，无不将霍氏的观点作为主要证据之一。

霍氏的观点其实刚开始并不完美，后来他在加籍香港学者彭迈克研究的基础上，又补充了第五个维度——长期目标和短期目标，使得这个理论更趋于完善。但他以独特的研究方法和视角，从文化角度分析了不同国家社会生活和组织管理的诸多差异，试图告诫人们：不同文化背景下的管理有其特殊性，文化差异在组织管理中无处不在。

霍氏原来的成名作《文化的效应》已经成为引用率最高的学术著作。据 SSCI 统计，他是在社会科学领域被引用次数最多的 100 位学者之一，在非美国学者中则独占鳌头。但是这本名作是作为学术著作而出版的，其中涉及很多研究方法和统计分析技术，使得其读者面受到了限制，于是，根据很多人的建议，霍氏重新编写了一本比较通俗、适合于普通读者的书，也是我们给大家推荐的《文化与组织：心理软件的力量》（吉尔特·霍夫斯泰德、德格特·扬·霍夫斯泰德著，中国人民大学出版社），这本书在原来四维度的基础上，对其五维度模型进行了更详尽的诠释，并运用这一模型，对世界各国的文化以及不同文化下的组织管理进行了深入的剖析和精辟的阐释，让读者能对国家人力资源管理中的文化影响因素有更为深刻的认知和了解。

参考文献

1. 吉尔特·霍夫斯泰德，格特·扬·霍夫斯泰德.文化与组织：心理软件的力量.李原，孙健敏，译.2 版.北京：中国人民大学出版社，2010.

2. 方振邦，徐东华.战略性人力资源管理.北京：中国人民大学出版社，2010.

3. 宋培林.战略人力资源管理——理论梳理和观点评述.北京：中国经济出版社，2011.

4. 邱立成.跨国企业人力资源管理.天津：天津教育出版社.2006.

5. 刘忠群，张洪岩.与组织相匹配的信息化人力资源管理.中国人力资源开发，2007(8).

6. 陈志红，张江江.关注文化差异：国际人力资源管理的重心.世界经济与政治论坛，2007(5).

7. 张明.国际人力资源管理的差异性及其战略.当代经济管理，2012(12).

8. 谢凌玲，谢东.战略人力资源管理研究的新进展.当代经济管理，2005(6).

9. 吴爱民.我国企业跨文化人力资源管理模式选择.企业管理，2007(6).

10. 赵曙明.人力资源管理理论研究现状分析.外国经济与管理，2005(1).

11. 房宏君，刘凤霞.国际人力资源管理研究热点和前沿的可视化分析.科技管理研究，2010(10).

12. 汪群，李卉，杨漫，田梦斯.跨国经营中的管理人才本土化的梯度研究.管理世界(增刊).2013(10).

第十一章　电子化人力资源管理

学习目标

1. 认识什么是电子化人力资源管理
2. 了解电子化人力资源管理的主要内容
3. 明确电子化人力资源管理系统的结构与功能模块
4. 掌握电子化人力资源管理系统的开发与实施

开篇案例

A控股(集团)公司成立于1980年,是一家大型综合服务经营型集团公司。主营业务为:以军品贸易为主体、军民品贸易相结合的进出口业务;以军事工程、资源工程和军民结合、军转民为主的国内外工程项目的开发、建设与专业服务业务;以军民结合、军转民为主的高新技术投资与经营管理。集团公司在全国部分地区共有20余家分公司,实行母子公司管理体制,总部设在北京。集团共有员工约1万人,其中总部员工500人。

实施E-HR前,A公司人力资源管理主要分为员工信息管理、合同管理、薪酬保险管理。在员工信息及合同管理方面,A集团总部需要管理总部员工,同时监管各个分公司人员;各个分公司单独管理本单位人员信息。在薪酬保险管理方面,A集团总部人力资源部制定标准(应发金额),由集团总部财务部计算总部员工薪酬(实发金额)并发放;各个分公司依据集团总公司制定并审批的薪酬总额,单独管理本单位薪酬计算与发放。集团总部曾经使用某一国内人事软件,各个分公司曾经或正在分别使用一些不同的人事软件。目前,在集团总部与人力资源系统密切相关的其他系统主要有:考勤管理系统、财务软件、原人事管理软件系统、其他外部的数据处理系统。

A公司目前人力资源管理的特点是:首先它还停留在传统的人事管理阶段,已不能满足公司战略发展需求。其次总部与各个分公司和下属单位的人力资源管理比较分散,总部不能及时准确地了解各个分公司和下属单位的人事信息。目前急需解决的问题是:如何统一各厂现有的不同薪资处理系统,实现数据共享、集中管理,并能与总部的财务、销售系统进行数据交换?如何才能将总部的人力资源管理体系通过系统推广到每一家下属单位?其中除了薪资管理外,还包括组织结构管理、职位管理、培训管理、绩效评估管理、招聘管理等整体人力资源管理体系。如何解决目前的业务瓶颈,如数据分析统计、预算等较为复杂的操作?

资料来源:孙冬梅.A公司实施电子化人力资源管理系统——E-HR的案例分析和启

示.对外经济贸易大学,2006.

第一节 电子化人力资源管理概述

一、电子化人力资源管理的含义

信息技术的高速发展对传统观念与模式下的人力资源管理系统的分析、设计与实施提出了新的挑战,引发了人力资源管理的深刻变革,促进了与信息技术发展相适应的新的管理理念和管理方式的诞生。当前,借助当代信息技术建立灵活高效的管理信息系统,实现人力资源管理电力化,已经成为组织提高人力资源管理水平的必由之路。

电子化人力资源管理(electronic human resource management),即通常所说的E-HR,从广义上说是基于电子商务理念的所有电子化人力资源管理工作,包括利用公司内部网及其他电子手段的人力资源管理工作。E-HR能支持企业的人力资源管理者有效利用内部资源,并有效运作;有效利用外界的资源,并与之进行交易,比如获得专业网站、调查机构、咨询公司等人力资源管理专业服务提供商的电子商务服务。但是从狭义上来说,电子化人力资源管理还是指基于互联网的、高度自动化的人力资源管理工作,囊括了最核心的人力资源工作流程如招聘、薪酬管理、绩效考核、岗位培训等。简单来说,E-HR就是指组织利用互联网和计算机技术实现人力资源管理的部分职能,它通过与组织的现有网络技术相联系,保证人力资源管理与变幻莫测的技术环境同步发展。

E-HR中的"E"有三种含义,即它不仅仅是"electronic"(电子化)的,更重要的是"efficiency"(高效)的和"employees"(全员共同参与)的。提高效率和全员参与是E-HR的根本目的,而电子化只是实现这一目的的手段。在此基础上E-HR中的"E"体现在以下三个方面:

(1) 基于因特网的人力资源管理流程化与自动化。"E"把有关人力资源的分散信息集中化并进行分析,优化人力资源管理的流程,实现人力资源管理全面自动化,与企业内部的其他系统进行匹配。

(2) 实现人力资源管理的B2B。企业的人力资源管理者能够有效利用外界资源,并与之进行交易。比如获得人才网站、高级人才调查公司、薪酬咨询公司、福利设计公司、劳动事务代理公司、人才评价公司、培训公司等人力资源服务提供商的电子商务服务。

(3) 实现人力资源管理的"B2C"。让员工和部分经理参与企业的人力资源管理,体现人力资源部分视员工为内部顾客的思想,建立员工自主服务平台,开辟全新的沟通渠道,充分实现互动和人文管理。

对于企业经营管理者来说,能够迅速、准确地获得有关人员管理的信息,这对于进行正确的企业经营决策具有重要的意义,并且这可以使高层管理者和部门经理掌握企业的人员状况、人才需求标准,有利于提高人员管理水平;而对于员工来说,他们可以很方便地获得有关自己的考勤、薪资、培训记录等信息,并可以由自己来维护这些信息,还可以实现在线报销、在线申请休假、在线查询等。它对人力资源工作者的意义是不言而喻的。这样不但大大降低了企业的管理成本,而且实现了组织内部的有效沟通。

与传统人力资源管理系统不同,E-HR 是从全面人力资源管理的角度出发,利用互联网/内联网技术为人力资源管理搭建一个标准化、规范化、网络化的工作平台,在满足人力资源部门业务管理需求的基础上,将人力资源管理生态链上不同的角色联系起来,使得 E-HR成为企业实行全面人力资源管理的纽带。它由面向人力资源部门的业务管理系统(HRMS)与面向企业不同角色(高管人员、直线经理、普通员工、人力资源专业管理者)的网络自助服务系统(self-service)两大部分组成,是对传统的 HRMS 在技术(即建立在全面人力资源管理观之上,强调全员的共同参与)的延伸。

深入认识 E-HR 概念,还必须了解它与其他相关术语之间的关系。

(1) E-HR 与 C-HR 和 D-HR。C-HR(computerized human resource management)是计算机化人力资源管理。计算机化人力资源管理知识将人力资源管理信息化,虽然取代了传统手工管理文件和档案资料,但未网络化,无法实现及时的信息传递和反馈。D-HR(digitalized human resource management)是数字化人力资源管理,数字化人力资源管理只是将人力资源资料具体数字化,缺少实时处理及交换等功能。而 E-HR 是运用信息技术执行人力资源管理工作,将组织人力资源管理工作计算机化、网络化,提升人力资源管理绩效。综合来说,E-HR 是比 C-HR 和 D-HR 都更高级的人力资源管理模式。

(2) E-HR 与 HRMIS。HRMIS(human resource management information system)是人力资源管理信息系统。说起 E-HR,不少人会感到陌生,但说起 HRMIS,想必会熟悉得多。它产生于 20 世纪 60 年代末期,当时人们称之为 HRIS(human resource information system),即人力资源信息系统,着重于对人力资源信息的采集、维护等功能,主要表现为软件中的模块,大多是人事信息管理模块、考勤模块、薪酬计算模块、福利管理模块等。后来,随着人力资本理论的提出和现代人力资源管理的逐渐深入,企业对人力资源管理系统的要求不仅局限于信息的采集、更新和维护,而是要进一步对这些数据进行挖掘,依靠各类模型和工具,提供优化的管理流程、智能的分析、战略的决策参考等,于是人力资源管理系统 HRMS(human resource management system)的称呼随之出现。HRMS 比 HRIS 增加了许多新功能,比如招聘功能、培训功能、绩效管理功能等。目前人们一般把它们统称为 HRMIS。

人们往往会把 E-HR 和 HRMIS 等同,而准确地说 E-HR 是新一代的 HRMIS,是用全新理念与最新技术开发的人力资源管理信息系统软件。它们最重要的区别在于:E-HR 是一种管理模式,这种管理模式以 HRMIS 为运行平台,以网络化、知识化、全球化为特征,代表了人力资源管理的未来发展方向。E-HR 并不像 HRMIS 那样仅限于和人力资源管理者发生互动关系。E-HR 体现全面人力资源管理的理念,在满足人力资源部门业务管理需求的基础上,从高层到中层管理人员,再到企业的所有员工,都参与到人力资源管理工作中来；帮助人力资源从业人员缩短管理周期，减少人力资源工作流程的重复操作，使工作流程自动化，减少不必要的人为干扰因素，使最终用户（员工）自主选择人力资源信息和服务，加速实现事务性工作和日常服务的外包。

E-HR 面向人力资源管理生态链上的不同角色提供以下不同的功能：

(1) E-HR 之于人力资源管理部门。人力资源管理部门对员工进行的人力资源管理活动，包括了从人力资源计划、招聘、在职管理（人事信息管理、考勤休假管理、培训管理、绩效管理、薪酬管理）一直到员工离职的所有人力资源管理职能。虽然越来越多的人力资源管理活动将委托给直线经理来实施，但人力资源管理体系的建立、人力资源管理活动的计划、管理过程的监控以及管理结果的汇总与分析都需要人力资源部门统一来完成，只是人力资源管理活动的过程将更多地授权给直线经理完成。因此，对人力资源部门而言，除了负责 E-HR 平台的系统管理之外，更多地是通过 E-HR 平台来进行人力资源管理活动的计划、监控与分析，而不是进行大量的数据维护，因为数据维护的工作经授权后将逐渐由直线经理与员工分担完成。当然，出于管理的需要，类似于薪酬管理这样的职能，很多企业还将以人力资源部门为主来完成。

(2) E-HR 之于 CEO。对于 CEO 而言，E-HR 首先是人力资源信息查询与决策支持的平台。CEO 不需要通过人力资源部门的帮助，自助式地获取企业人力资源的状态信息，在条件允许的情况下（要求企业业务管理系统、财务系统的基础数据比较完善，并能跟 E-HR 平台集成起来），CEO 还能获得各种辅助其进行决策的人力资源经营指标。其次，利用 E-HR 平台，当某个人力资源管理活动的流程到达 CEO 处时，CEO 还可以在网上直接进行处理。

(3) E-HR 之于直线经理。对于直线经理来讲，E-HR 是其参与人力资源管理活动的工作平台，通过这个平台，直线经理可在授权内在线查看所有下属员工的人事信息，更改员工考勤信息，向人力资源部提交招聘、培训计划，对员工的转正、培训、请假、休假、离职等流程进行审批，并能在线对员工进行绩效管理。

(4) E-HR 之于员工。员工利用 E-HR 平台，可在线查看企业规章制度、组织结构、重要人员信息、内部招聘信息、个人当月薪资及薪资历史情况、个人福利累计情况、个人考勤休假情况，注册内部培训课程，提交请假/休假申请，更改个人数据，进行个人绩效管理，与人力资源部门进行电子化的沟通等。

值得指出的是，由于 E-HR 是建立在标准业务流程基础之上的，它要求个人的习惯服从于企业统一的管理规范，这对实现人力资源管理行为的一贯化是十分重要的，而管理只有成为大家共同遵循的一种习惯，才能发挥最大功效。

二、E-HR 的产生与发展

人力资源管理在企业的管理工作中越来越受到关注，同时，信息化的浪潮也在冲击这个领域，并且成为继财务之后又一个管理信息化的热点模块。在这样的形势下，面对管理的困惑和信息化的冲击，很多人力资源管理者面临很大的挑战。人力资源管理的信息化由来已久，它的产生与发展大致经历了四个阶段：

（一）薪酬计算系统阶段

这是E-HR系统的第一个阶段——仅限于自动计算薪酬的初级阶段。薪酬计算系统诞生于20世纪60年代末，当时由于发达国家的计算机技术已经进入实用阶段，同时企业的规模也越来越大，用手工来计算和发放薪酬既费时费力又非常容易出差错，为此，薪酬管理系统应运而生。

（二）薪酬/人事管理系统阶段

这是E-HR系统发展的第二个阶段。20世纪70年代末，随着计算机技术的飞速发展，无论是计算机的普及，还是计算机系统工具和数据库技术的发展，在计算机薪酬管理的基础上开始记录员工的其他基本信息包括薪酬的历史数据，具备了报表生成和薪酬数据分析功能，即具有一部分人事信息管理的功能。

（三）人力资源管理系统阶段

到20世纪90年代初，人力资源管理系统出现革命性的变革。由于企业管理理论，特别是人力资源管理理论的发展，人们认识到人力资源在企业发展和企业竞争中的关键性作用，另外随着计算机技术的发展，将信息技术导入企业人力资源管理成为可能。人力资源相关数据（如招聘、培训、职位管理、绩效管理、薪酬福利管理、员工信息历史资料等）的统一管理与信息共享，使人力资源管理人员摆脱了繁重的日常工作，大大提高了人事管理工作的效率。这是E-HR系统发展的第三个阶段——人力资源管理系统阶段。

（四）E-HR系统阶段

人力资源管理信息系统的第二次革命性变革出现在20世纪90年代末和21世纪初。由于互联网和内联网技术的普及，以及人力资源管理理论的进一步发展，人力资源管理快速响应企业内部和外部的各种要求与变化成为可能。这就是E-HR系统阶段——人力资源管理系统发展到了一个更高的阶段，即可以实现员工或潜在员工和企业人力资源管理者的互动和零距离接触。

三、E-HR的意义

E-HR能够大大地提高组织人力资源管理的水平，它的意义主要体现在以下几个方面。

（一）提高人力资源管理效率

人力资源管理的员工考勤、人事档案管理、绩效评价、工资福利等大量事务性、程序性工作占用了人力资源管理者大量的时间，而且手工操作效率低，还容易出错。组织应用信息技术后，通过E-HR授权员工进行自主服务、外协及服务共享等，不仅可实现无纸化办公，还可以大大节省人力和时间，从而降低管理成本，显著提高效率。翰威特咨询公司的统计数字表明，戴尔公司2000年上半年通过互联网处理了300万美元的人力资源管理操作业务；思科公司通过电子化培训（e-learning）系统一年节省了2 400万美元。

（二）规范人力资源管理业务流程

E-HR的实施，有利于消除手工作业分散、隔离、盲目等现象，促使各项管理功能的关联，保证信息共享与流程规范化，从而使各项人力资源管理职能在实际运用中得到衔接；各部门的人员按照流程设定的分工开展工作，使整个业务的办理过程清晰明确，便于对业务事件的跟踪和反馈。而且，人力资源管理人员通过规范与优化人力资源运作体系的业务流程，包括招聘流程、培训和开发流程、绩效管理流程、薪酬管理流程、员工离职流程等，以实现人力资源管理工作的模式化、系统化和集成化。

（三）推进战略人力资源管理实施

组织人力资源管理工作大致分为两部分：作业性项目和战略性项目。作业性项目指的是员工考勤、人事档案管理、绩效评价、工资福利等行政性和事务性的工作。战略性项目指的是人力资源政策的制定、执行，中高层主管的甄选，员工的教育、培训、职业生涯规划，开发、留住人才，等等，具有极大的前瞻性。E-HR使得稳定的、机械性的、重复性的人力资源行政事务性工作，基本上被机器取代，或者被外包，使人力资源管理者集中精力于重要的战略性项目。因此，人力资源管理部门由原来边缘化的功能性部门转变为核心的战略性部门；人力资源管理工作者真正从烦琐的行政事务中摆脱出来，可以随时随地向组织决策层提供决策支持。这两方面的变革促使人力资源管理部门成为组织管理的战略伙伴角色。这是E-HR系统给企业人力资源管理带来的最积极的影响。

（四）为企业及管理者、员工提供增值服务

随着组织规模的不断扩大，组织各部门之间、员工之间、组织与外部业务伙伴之间的沟通往往会变得十分困难，但激烈的市场竞争使得这种全方位的沟通显得极为必要。E-HR的实施，不但可以成为员工之间的纽带，帮助他们逾越因部门、工作时间、工作地点不同而形成的障碍，促进相互了解和沟通，同时还可促使组织与外部业务伙伴实现在人才、技术、知识等方面的资源共享，有效提高适应外部环境的能力。对管理者而言，常规的事务性工作已经不能满足组织长远发展的需要，现实状况是：一线经理想要获取某一职位任职者的最佳人选；部门主管希望了解哪些员工可以参与轮岗或轮班；管理层渴望知道谁

是最佳员工,哪些员工需要哪种类型的专业培训,谁是继任计划的最佳人选,人力成本的构成和使用情况等。应用 E-RH 系统,这些问题可以得到清晰、明确、及时的解答。对员工而言,E-RH 通过网络的交互性、动态性使员工很方便地获得与维护有关自己的考勤、薪酬、培训记录等信息,还可以实现在线报销、申请休假、查询等工作,进而让员工实施自我管理成为可能,能更加自主地把握自己的职业前程。

四、实施 E-HR 的必备条件

企业在实施 E-HR 之前,首先要对自身做一个客观而充分的评估,要了解企业人力资源管理当前所处的阶段、实施 E-HR 的项目预算以及是否需要引入管理咨询等,然后再确定实施 E-HR 的范围与边界,从而真正做到互相匹配。

企业实施 E-HR 需要一定的环境。宏观上而言,实施 E-HR 必须具备三个条件。

1. 企业要有良好的人力资源管理基础,具备完善科学的绩效考核、薪酬等制度和规范的工作流程

E-HR 是一种比较高级的管理工具,里面融入了先进的管理理念和管理思想。但这些管理思想和管理理念并不适用于所有的企业或企业的某一发展阶段,所以企业要有良好的人力资源管理基础。在此基础上可以借鉴 E-HR 管理理念和管理思想,并在实施 E-HR的过程中对企业现有的管理制度和工作流程加以改进,使其能够满足企业的发展需求。

2. 企业人员要具备一定的素质

首先,企业的管理者要具备一定的管理能力,对人力资源管理有一定的了解,并且重视本企业的人力资源管理。其次,企业拥有必要的信息化专业人才,也就是 IT 人员。企业实施 E-HR 后还需要对其进行数据维护与更新,根据企业的发展需求有时还需要进行二次开发,以上工作涉及一些专业知识,需要专业人员完成。此外,企业的员工应具备一定的计算机和网络知识,会进行简单的计算机操作。E-HR 最大的特点就是可以实现员工自助,员工可以登录系统进行个人相关信息查询。E-HR 在企业内全面推广,需要企业员工具备一定的基础知识。

3. 企业要具备一定的网络环境

首先,E-HR 通常安装在企业的公共网或内部网上,这就要求企业有自己的网站(Internet)或局域网(Intranet)。其次,随着企业不断发展,对信息化的要求越来越高,会配置其他诸如考勤系统、财务系统和 E-HR 集成,进行信息共享。最后,E-HR 最主要的特征是全员参与,具有员工自助和流程审批功能,这需要企业为员工提供相应的配套设施和网络环境,便于员工上网查询使用。

第二节 电子化人力资源管理系统结构与功能模块

一、E-HR 系统结构

一套典型的 E-HR 系统从结构上分为三个层面：基础数据层、业务处理层和决策处理层（见图 11-1）。

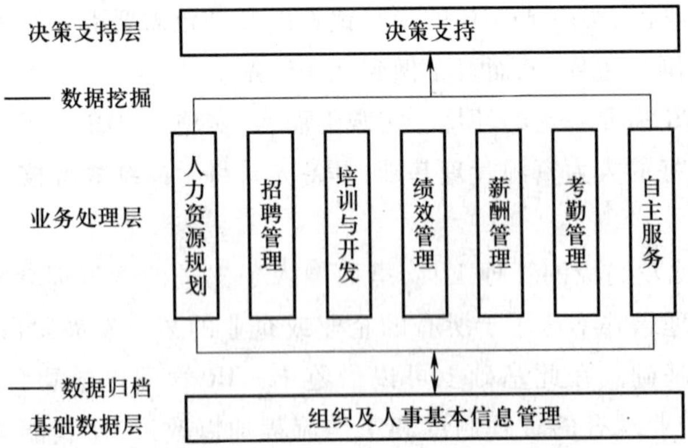

图 11-1 E-HR 系统结构图

（1）基础数据层。基础数据层包含的是变动很小的静态数据，主要有两大类：一类是员工个人属性数据，如姓名、性别、学历等；另一类是企业数据，如企业组织架构、职位设置、工资级别、管理制度等。基础数据在人力资源管理系统初始化的时候会用到，是整个系统正常运转的基础。

（2）业务处理层。业务处理层是指对应于人力资源管理具体业务流程的系统功能，这些功能将在日常管理工作中不断产生与积累新数据，如培训数据、绩效管理数据、薪酬数据、考勤休假数据等。这些数据将成为企业掌握人才资源状况、提高人力资源管理水平以及提供决策支持的主要数据来源。

（3）决策支持层。决策支持层建立在由基础数据与大量业务数据组成的人力资源数据库基础之上，通过对数据的统计和分析，就能快速获得决策所需信息，如工资状况、员工考核情况等。这不仅能提高人力资源的管理效率，而且便于企业高层从总体上把握人力资源情况。

二、E-HR 功能模块

完整的 E-HR 系统由几十个功能模块组成，其功能涵盖人力资源管理体系的各个领域。这里主要介绍 E-HR 一些常用的功能模块。

（一）电子化人力资源规划

电子化人力资源规划可以对企业的人力资源状况进行各种调查、统计分析；根据企业的经营战略对未来的人力资源进行预测及规划，以保证人力资源能够满足当前工作及未来发展的需要。它具有以下主要功能：

（1）收集调查对象（如本地区、本行业、竞争对手以及本单位）的人力资源状况，并进行各种对比分析，为人力资源规划和决策提供重要的参考依据。

（2）根据组织规模的发展变化、人力资源调查状况，以及本单位的人力资源的基本状况，确定本单位的人力资源战略。

（3）确定战略规划之后，将战略规划转化成定性和定量的人力资源规划，为实现既定的目标而对未来所需员工的数量和种类进行估算，并根据能力水平和职位要求确定所需员工的数量和类型，使组织内部和外部人员的供给与特定时期组织内有人力资源的成本进行不同角度的核算与分析，结合人力资源规划进行未来人力资源成本的预算。

（4）实时监控人力资源规划的执行情况，发现异常情况做出预警提示。

（二）电子化招聘

电子化招聘（e-recruiting）是E-HR中发展最迅速的一项功能。根据《财富》杂志所做的调查，世界500强企业中2000年就有795家公司实现了电子化招聘。通过互联网的应用，能够在应聘者和用人单位两个层面分别创建自助服务系统，从而盘活整个招聘流程，协助进行应聘者与空缺职位的匹配，并处理这一过程中的其他环节，如应聘者测评和个人背景资料认证等。如果企业中出现了空缺职位，管理者即可在线输入职位招聘申请，同时系统会自动将工作说明书中的任职条件、主要职责等信息从人力资源数据库中提取出来，以便修改和确认。职位招聘申请提交并审批通过后，系统立即在网上发布招聘信息，使招募工作及时进行。如果需要，可以先直接进入E-HR系统的内部人才储备库挑选合适的候选人，优先录用。招聘信息在网上发布后，应聘者在网上输入的求职信息直接转入E-HR系统的应聘者数据库，同时与招聘相关的管理工作的整个过程都会在网络上完成，包括确定候选人、面试考官、面试时间和地点、面试试题、面试评价表等，并通过网络进行互动式管理。应聘者一经录用，他们的基本资料便会从E-HR系统中的应聘者数据库直接转入公司员工信息库。这是一种完全数字化的招聘模式。

（三）电子化培训

传统的培训方式是让员工集中在某一地点统一接受培训。与这种把员工送到信息面前的培训方式不同，电子化培训（e-learning）是把信息送到员工面前。员工可以在网上查看关于培训课程的最新信息，这些课程可以通过名称、日期、地区等路径取得。当员工选中一个课程后，能够查看关于该课程的另外一些信息，如培训人数要求、课程大纲、地点条件、日程安排、费用等。员工也可以查看自己培训的历史记录，需要的时候可以删除。当一个员工报名参加培训后,有关该课程的信息和费用情况会通过邮件自动传送到其部门经理的手中。经理有权否决,如经理无反馈则视为同意。在线培训结束后,培训效果的评价同样是通过网络来实现的。企业通过该模块可以规划自己的培训体系和调配培训资源,合理安排和管理日程、课程、进度、结果等信息,进而评估效果。此外,该模块的另外一个重要功能就是提供在线培训。以网络虚拟学院为平台的在线培训使得员工培训成为实时、全时的过程,企业可以将培训课程发布在网络上,供各地的员工共享,员工均可以根据自身要求选择针对性课程进行学习,形成员工自我学习、自我管理、自我激励的培训体系。例如,当某名员工为了更新自己的知识储备,产生了想要学习新知识的需求时,应用系统可以提供在线指导,并有可能按照个性化需求提供相应的培训项目。随着系统应用的不断深入,培训也变得更加广泛和简便,而且企业用于培训的投资回报会变得更加直观和容易衡量。

(四)电子化绩效管理

信息技术的应用加速了绩效管理流程的发展。通过网络和软件系统,企业有能力掌握组织核心竞争力的状况,并合理地配置员工已有的知识和技能。目标管理、关键绩效指标和平衡计分卡等现代绩效管理工具的导入,与信息系统一道为企业绩效管理工作的有效开展,提供了管理技术和信息技术的双重保障。电子化绩效管理为企业提供适用于不同时间、不同部门的多重管理工具,并确保绩效评价的客观公正。主要表现为:建立目标管理体系,与员工签订目标与绩效评价计划,按职位设置不同的评价规则,灵活定义评价规则的各项指标,并设计绩效评价表;适时调整评价周期、评价主体与复核人;提供在线绩效评价功能,不仅为异地绩效评价提供了可能,使得360度绩效反馈真正成为现实,还能够减少员工和管理者大量的资料分析和整理的手工操作,提高了绩效评价的效率和准确度;支持对评价结果有意义的员工进行在线申诉,相关部门管理者及时处理并反馈处理结果;统计分析综合评价结果,并根据评价结果自动生成员工的评价成绩,进而将评价成绩传送到薪酬管理模块,用于计算相应的绩效薪酬。

(五)电子化薪酬管理

电子化薪酬管理可以用于管理企业薪酬福利计算的全过程,其中包括企业的薪酬福利政策设定、自动计算个人所得税、自动计算社会保险等代扣代缴项目;可以根据公司的政策设置并计算由事假、病假、婚假、丧假等带薪假期以及迟到、早退、旷工等形成的对薪酬福利的扣减,能够设定企业的成本中心并按成本中心将薪酬和总账连接起来,直接生成总账凭证,还能存储完备的历史信息供查询和生成报表;提供多种薪酬支付方式,并提供与银行系统的接口,系统内的数据及指定发薪期的数据可输出至与银行自动转账系统相容的数据文件,并把数据存储在磁盘中,以便送往银行自动转账;提供政府规定格式的各种报表,高层领导可对薪酬分布进行统计和图标浏览,同时提供完善的薪酬统计分析功能,为制定薪酬制度与调整薪酬结构提供依据;员工可以利用系统所提供的强大功能,管理个人财务安全,新的应用系统支持员工进行个人财务状况分析和个人退休金的科学规划。

(六) 其他模块

1. 人事信息管理

人事管理是企业人力资源管理中的事务性工作,包含人员档案维护、人员变动、统计查询、合同管理等功能。借助 E-HR 人力资源管理系统的 HR 部门人员可以方便、快速地查询、统计所需要的各种组合信息,记录人员变动情况,并能够打印员工花名册。系统生日提示、合同到期等职能提示,更显 HRM 人性化管理思想。

(1) 档案维护。人事管理专员可在此录入相关人员各种档案信息,并能够根据权限开展增加、删减等维护工作。

(2) 人员变动。人力资源管理人员可以在此处对员工入职、转正、部门变动、职位变动、类别变动、离职等人事事务进行管理,变动工作流程设计可以完全满足客户个性化的人力资源管理实际业务。

(3) 合同管理。本模块合同包括劳动合同、岗位协议、专项协议、培训协议等内容,用户也可以重构协议。提供劳动合同的签订、变更、续签、解除、到期提示功能以及台账管理功能等。

(4) 离职管理。离职管理主要是对已经离开企业的人员进行管理,通过这个模块人力资源管理者可以查询已离职人员的基本信息、培训、工资等信息。

(5) 今日提示。今日提示主要有生日、节日、合同到期、培训时间、考评时间等提醒功能,可以帮助人力资源管理者记住这些信息。

(6) 统计查询。可以随意对人员信息、合同协议信息进行一维、二维交叉统计分析,为决策提供支持。系统与报表中心接口,可以调用各种复杂的统计报表,并实现统计报表的上报下载。

2. 电子化考勤

电子化考勤提供对不同考勤机的数据导入接口,灵活定义企业规定的考勤规则,包括休假制度与上下班时间等;设置倒班、加班、节假日、公休日并灵活调整休息日,对每个部门及每位员工设置不同的考勤规则;记录员工的出勤情况,依据其上下班类型自动判断是否迟到、早退、请假、休假或旷工;为员工制定休假计划、加班计划并记录加班、请假与休假情况,提供请假与休假到期预警提示与销假功能;统计每位员工的月出勤情况并提供给绩效管理系统与薪酬管理系统,自动计算和累计员工的各类假期,生成积存金额记录,并在必要时折算成工资。

3. 电子化自主服务

电子化自助服务直接面向员工和经理,使信息直接到达需要它的用户界面,所收集到的信息也变得更为准确和及时。个人用户不必依靠信息系统部门和人力资源部门,而通过自助服务系统实现自我管理。这些自助服务内容包括:员工地址、电话、紧急联系方式等内容的变更,员工福利项目个人信息的变更和菜单式福利服务,工时记录和休假管理,员工绩效管理和发展计划,组织培训安排和工作调配等。例如,员工可在线查询个人信息(薪酬、福利累计、考勤休假情况等)和企业的公共信息(组织架构、内部招募信息等),在线申请请假、休假,注册内部培训课程,在线处理绩效评价工作等;经理在授权范围内可以在线查看所有下属员工的人事信息、出勤、合同、工资、培训情况,更改员工考勤信息,查看人力资源配置和成本变动情况、薪酬平衡表、组织绩效、员工绩效等重要信息,在线审批员工转正、培训、请假、休假、离职等申请,以及在线评估员工绩效。

第三节 电子化人力资源管理系统开发与实施

企业应该利用信息技术来完善人力资源管理体系,将 E-HR 系统规划与其他信息化建设规划一道纳入企业发展战略规划之中,从企业人力资源战略与信息化建设战略全局的高度出发,积极应对企业人力资源管理环境的变化,以便提高 E-HR 系统开发与实施的成功率,延长系统使用的生命周期。E-HR 系统的开发与实施主要包括规划、选型、运行与实施、维护与评估四个步骤,这四个步骤构成一个循环系统,不断优化企业的 E-HR 系统流程。

一、E-HR 系统规划

E-HR 系统规划包括通盘考虑企业战略发展需要和人力资源管理现状,使全体人员充分理解 E-HR 的概念与结构,确认系统的目的和可能会涉及的一些变量,考虑系统设计和处理方案,决定系统规划的范围和重点,做好系统开发与实施的时间进度安排,建立起各种责任制和规章制度等。具体言之,E-HR 系统规划阶段一般要完成以下任务:

(1) 确认企业人力资源管理的发展方向和优先次序。它需要企业在项目实施前,通盘考虑其战略发展需要和人力资源管理现状,确认系统的目标和可能会涉及的一些变量,决定 HR 信息系统规划的范围和重点,然后再筹建项目小组。

(2) 成立规划领导小组并组织和相关培训。E-HR 系统规划领导小组应该由组织的主要决策者之一负责,其成员包括人力资源部门与相关业务部门的业务骨干,人力资源管理专家和系统分析设计人员。而且,通过组织相关培训使领导小组各位成员了解 E-HR 系统相关专业知识并掌握制定 E-HR 系统的规划方法。

(3) 全面收集和整理规划信息。实施 E-HR 系统时需要使用的信息包括人力资源管理政策信息、劳动力市场信息和现有人力资源结构信息等,通过对这些信息的归类和汇总,为 E-HR 系统的规划准备好“原材料”。

(4) 确定规划性质和期限。E-HR 系统规划需要根据组织规模、管理规范化程度以及产品或服务需求等基本情况确定规划的年限和具体方法，以明确规划的性质和适用范围，进而合理地选用规划辅助工具或软件。

(5) 拟订开发与实施方案，确定 E-HR 系统的建设目标，诸如应具备的功能、项目服务范围和项目建设质量等，给出初步形态和基本框架，为项目的分析和设计指明方向。同时，选定优先建设的子项目，确定项目建设的总体顺序，制定较为详细的开发与实施策略，明确具体的开发与实施方法，估计项目成本与人员需求并列出建设进度表。

(6) 实施推广和效果评估。包括开发新的功能和流程、系统应用、技术支持和维护及系统的整体效果评估。

二、E-HR 系统选型

成功选型是保障 E-HR 系统达到预期效果至关重要的一步，特别提醒企业认真对待。在 E-HR 选型之前，我们可以按照 E-HR 解决方案的复杂程度将其划分为四种主要类型，即资料库类型、独立功能类型、功能整合类型和系统整合类型。这四种类型的解决方案各有特点，适合于不同规模和发展阶段的企业。

(一) 资料库类型

确切地说，这种类型还不能称之为方案。一台单机，加上 ACCESS 或许就可以解决问题。资料库类型的 E-HR 方案主要侧重人力资源基础信息的整理归类及查询，如员工的个人基本情况、岗位变动情况、奖惩信息等。虽然简单，但却是治理人事档案管理混乱、人力资源信息不易查找且经常出错的灵丹妙药。对于小企业或新成立的企业，由于人员少，部门层级扁平，使用这类 E-HR 方案可以提高人力资源管理效率，简化事务性工作的成效较好。加上其花费低廉、实施快捷，所以经常被大量采用。另外一些传统行业的企业，比如机械制造、食品加工，即使人员规模超过百人，但由于岗位设置相对简单，对人员的管理需求比较单一，也倾向于选择该类方案。

总体来说，对于企业信息化程度低，且人力资源管理内容单纯的，无须大动干戈，选择这种类型的解决方案可以有效地处理人事信息的问题。该类型方案最主要的优势体现在对于员工信息的规范整理和快速查询。但其劣势也很明显，对信息的更新相对静态，而且很难与其他业务系统实现信息共享。

(二) 独立功能类型

很多中小企业人力资源管理部门承担了非常繁重的管理任务，大部分精力花在日常性事务的处理上，且效率低下。如果要在短时间内解决这些问题，则可以采用独立功能型 E-HR 方案。该类型的 E-HR 方案偏重于某一个人力资源管理职能方面的功能，或采用多个人力资源管理职能方面的功能模块各自独立运行。其效益是将人力资源管理方面的事务性作业电子化，流程处理自动化，大大减少人力资源部门非增值性工作时间，并减少人为干扰因素,提高事务性工作的品质。选择这类方案最大的优点是企业可以根据自身最迫切的需要来选择,并能快速运作。

比如一家生产汽车零配件的企业,人员达到 6 000 人,地处西南区域。其人力资源部门在选择 E-HR 方案时,考虑到企业信息化程度比较低(该企业当时只有财务系统的应用)以及目前内部人力资源管理从业人员专业素质较低等限制因素,以操作简便、解决最急需问题为选择标准,先后采用了人事管理系统及薪资福利管理系统,其中薪资福利管理系统与财务系统的工资模块可以实现信息共享。在选择了这个方案后,其实施效果非常明显:员工信息查询速度快、查询方便、信息更新同步好,薪资福利的计算由原来的一周缩短到了 2 天的时间,消除了原来经常出现的人为计算错误。

这个类型的 E-HR 方案已经开始涉及人力资源管理的现代理论思想,利用软件系统来优化企业现有的部分人力资源管理制度和作业流程。所以如果企业希望利用 E-HR方案实施的时机优化现有人力资源管理,但又受到现有人员素质、内部信息化程度低等方面的约束,同时希望投入小、见效快,分步采用独立功能型的 E-HR 方案是一个很好的选择。

(三) 功能整合类型

功能整合类型 E-HR 方案的特点是从人力资源管理的整体出发,建立完整的人力资源功能模块,包含员工管理、招聘选拔、培训管理、薪资福利、考勤管理、绩效管理等,并进行横向整合,用集中的数据库将几乎所有与人力资源相关的数据统一管理起来,形成集成的信息源。这种方案提供的自助人力资源信息服务、高效的报表生成工具和跨职能人力资源管理作业流程的无缝自动化处理使得人力资源管理人员摆脱了繁重的日常工作,集中精力从战略的角度来考虑企业人力资源规划和政策。

如果选择这一类型的解决方案,需要企业达到一定的人员规模,并且已经进入良性经营形态,内部管理制度已经建立目前处于理顺阶段,现代人力资源管理的观念得到普及,企业管理高层重视人力资源管理,人力资源部门正处于向企业决策伙伴角色转换的时期。由于实施过程中要调整、优化企业所有人力资源管理制度和作业流程,改变人力资源管理部门角色,并使员工和直线经理能参与人力资源管理的过程,所以从某种程度上讲选择这一类型的人力资源解决方案,在实施过程中可以看作组织管理及企业文化的一次变革,企业需要投入大量时间、资金、人员进行制度和流程体系的完善、优化,人员培训及理论宣导。尽管在这一类型解决方案中存在能否顺利实施的风险,目前绝大部分知名企业如上海贝尔、宝钢集团、中国爱立信、光大集团等都已选择并成功实施了这一类型的E-HR方案。

(四) 系统整合类型

对于已经建立生产、销售、财务等管理系统的中大型企业集团,系统整合型的 E-HR 方案最为合适。系统整合型 E-HR 方案建立在功能整合型 E-HR 方案的基础上,一方面内接既有的其他管理系统,外接各类 ASP(应用服务供应商);另一方面提供战略规划、决策支持系统分析工具,使人力资源管理者能够担任企业内部管理咨询角色。可以说,这就是 E-HR 的发展方向。选择这一类型的 E-HR 解决方案,对企业的管理水平、已有的信息化程度和资金投入要求非常高。只有当企业规模发展到一定程度,稳定成长,生产等管理系统运转成熟,并且具备高素质的管理人才队伍的时候,在选择 E-HR 方案时,就可以考虑系统整合型的方案。

该类型的 E-HR 方案对企业核心竞争力的提升有着巨大的帮助。该方案最大的特点就是与企业原有的业务系统进行有机整合,真正实现 E-HR 系统与其他系统之间形成协同效应。该类方案实施后,系统可以协助分配人员工作,不是按月而是按小时来控制开发人员在各个项目的工作量,从而大大降低项目开发成本,提高人力资源利用率。直线经理可以通过 E-HR 系统直接查询到所管辖员工的业绩情况,而 E-HR 系统也可以直接从业务系统中提取数据,完成对员工的业绩评估。

企业在进行人力资源信息化的时候,一般有三种途径:一是购进国产软件直接使用或进行二次开发;二是购进进口软件并通过其在国内的代理商完成其本土化的二次开发;三是自行开发软件。

中国的 E-HR 软件系统大多源自管理信息系统(MIS),从部门业务需求的角度出发设计。管理信息系统设计的初衷是服务于企业内绝大多数的业务操作人员,将业务操作人员的重复性劳动予以初步自动化,即从管理理论抽象出理想化的业务管理模式,在基于该业务模式的基础上实现低层次的数据处理或业务流程电子化。管理信息系统的设计,是根据电子人力资源(E-HR)管理对企业价值提升作用及构建过程中小型业务单元的需求来编写的,一般无法满足多体制、多元化、多重组织结构的大型企业或跨国集团企业的数据处理需求。

国外 E-HR 系统与国内 E-HR 系统相比,优势主要体现为:① 具有雄厚的实力,在技术力量的培养、研发、市场推广等方面大力投入。② 具有包括硬件厂商、数据库公司、咨询公司在内的合作伙伴,形成强强联手的格局。③ 伴随着管理理论的发展,其设计思路蕴含了先进的管理理念。④ 起步较早,完整性和成熟度高,开发适用于不同行业的解决方案。西方发达国家已广泛使用这些国外的 E-HR 系统,其他一些软件系统如 ERP(企业资源计划)、WFM(工作流管理)等在开发过程中预留了与 E-HR 系统的接口,使得国外 E-HR 系统今后的扩展难度降低。⑤ 对于基于互联网技术的研究和支持不遗余力。以 PeopleSoft(知名协同合作企业软件的全球领导级供应商)为例,其最新版本是完全基于互联网架构的版本,使得其适用性大大加强。

但是,国外 E-HR 系统也有一些弱点,主要表现在三个方面:

(1) 国外某些 E-HR 系统对中文环境的支持不够完善,目前的中文版本尚存在一些翻译错误,但近年来其本地化的力度正逐渐加大。

(2) 国外 E-HR 系统授权及顾问实施服务费用相对较高,对实施企业造成了较为沉重的费用负担。

(3) 国外 E-HR 系统源自西方的管理思想,在某些方面不符合中国国情和中国商业环境的需要。

另外,也有个别集团企业会因为自己的个性化需求选择自主开发软件,但大多数企业还是会选择通用型 E-HR 系统软件,不但可以借鉴先进管理理论,缩短项目实施周期,而且便于系统维护升级。

无论企业选择国内软件还是国外软件,或者是自行开发,都要注意以下几个方面:

(1) 选择完善的具有战略意义的功能。一个能够成功应用并且有效实施的人力资源信息化软件,有些功能根据公司现有和未来可能的规模发展获取资源,利用员工自愿达到组织目标。这些功能至少要包括组织机构管理、职位管理等相关的基础管理信息,人力资源规划方面的管理内容,员工绩效管理、招聘、福利管理、薪资管理和考勤管理等相关的基础信息管理。软件应包含尽可能完善的功能模块,因为只有软件的功能尽可能地完备与齐全,才能使企业各项办事流程与内容更快完成,提升人力资源部门作业效率,提高其单位时间内处理信息的能力,简化审批与审核流程等。由于它们所蕴含的业务流程和数据本身就需要优化和清理,因此往往很难简单处理或者有效实施,可是这类功能的有效实现往往能产生最大的投资和效益比。

(2) 考虑各个层面的应用。选择 HR 功能的时候,同时考虑战略层、规划层和操作层的应用。必须考虑各个可能的应用层面,而不是只考虑日常操作。

(3) 与组织战略相关联。确认所决定采用的功能与企业目标、战略规划相符。例如,公司的竞争优势在于高质量的客户服务,那么为了维持高效率的服务,需要一个 HR 功能,它能够预测服务类岗位的产值,在这些岗位有空缺之前就开始招聘培训。良好的人才库以及员工发展规划系统对于这个战略也是相当重要的。相对而言,工作评估系统对于这样的战略就意义不大了。

(4) 兼顾 E-HR 系统与其他系统的兼容性。不管选择哪个 E-HR 系统都要考虑它与企业本身所特有的人力资源系统的兼容性。如 E-HR 系统中的 HRMS 侧重人力资本的计算与统计管理,甚至融入财务管理理念,发展到人力资本管理层面,这类系统便可以接入 ERP 系统,成为财务中心的一个数据分支,为生产提供更可靠的决策支持。

下面我们对部分著名 E-HR 系统品牌做简单比较(见表 11-1)。

表 11-1 著名品牌 E-HR 系统比较

品牌名称	特点	风险
仁科 PeopleSoft	• 对 HR 业务知识有相当的积累,需求分析较为深入,功能具有前瞻性 • 功能更新快,维护方便,费用相对较低 • 预算、成本跟踪和报告功能较为先进,提供对人员管理的深度	• 全球化是通过核心功能加国家地区扩展来支持,但中国台湾和大陆的扩展做得还不够完善 • 掌握实施能力、整体架构的人少,用户支持度不够

续表

品牌名称	特点	风险
Guru E-HR 明基逐鹿	• 考勤模块已成为业内标杆,多样化、严格并能满足复杂细致的管理要求 • 将系统与明基本身的管理及运营流程有机结合,有很强的借鉴性	• 更适合于细致严格的台资制造业,对多样化企业的实施支持相对较弱 • 软件本身的稳定性及质量有待提高
用友 E-HR	• 瞄准集团企业用户,定位精准,占有率高 • 与财务系统、E-RP 系统的整合比较完善,接口丰富,功能齐备,较为先进	• 实施顾问有限,实施能力受到限制
奇正 E-HR	• E-HR 系统架构业内领先,数据集成非常便于整合企业信息 • 奇正 E-HR 系统薪资管理可以个性化设置,调整灵活	• 技术领导力量集中于个人,面对一些厂商的大型技术团队,发挥空间较小 • 资源有限,实施能力的地域不够多,市场影响力不足

三、E-HR 系统运行与实施

E-HR 系统运行与实施的实质是将分析与设计阶段的结果在计算机系统和组织内加以实现。

(一) 运行与实施阶段的主要任务

1. 物理系统的安装与调试

按照系统总体设计和物理配置方案的要求选择合适的设备和供应商,安装并调试计算机系统,连接和测试计算机网络,按照数据库设计要求搭建数据库结构。

2. 程序设计与调试

程序设计应该遵照可靠、规范、易理解和易维护的目标,选用恰当的编程工具和设计方法完成计算机程序的编写。紧随程序设计的工作是程序的调试,即在计算机上以各种可能的人力资源数据和操作条件对程序进行试验和检测,尽可能地找出存在的问题并加以修正,使其符合设计的要求。

3. 基础数据整理与人员培训

分析设计人员应该注意采用统一规范的方法、手段和渠道将组织的人力资源数据整理并输入系统内,与此同时还要进行操作人员和用户的培训,其主要方面应该集中在系统操作方式和流程、操作注意事项、可能的故障及其排除等方面,这样做的目的是使用户更有效地参与系统使用与维护,加强用户和分析设计人员之间的理解和沟通。

4. 系统试运行及切换

系统试运行实际上是程序调试和检测工作的延续,它通过初始化后输入原始数据让系统运行并记录和核对系统输出,以测试系统运行的速度、可靠性并发现实际运行中可能出现的问题。此外,将通过试运行的系统应用到组织中去替代原有人力资源管理业务操作的过程就是切换,不同的组织可以根据时间、费用、复杂程度等因素决定采用直接切换、并行切换还是分段切换的方式完成系统的平稳过渡。

(二) E-HR 系统在运行过程中遇到的问题

1. 把"上线"作为项目的结束

E-HR 的实施绝不仅仅是一个简单的信息化建设项目,"上线"并不是项目重点,而是一个新旅程的开始。一般来说,E-HR 项目的先期投资非常大,而期望的应用生命周期也在 10~20 年。企业组织起一个团队,用了 1~3 个月或者更长的时间终于完成了项目的"上线",怎么能在投入使用的一个月后就解散团队呢?因此,在 E-HR 上线后,保留 E-HR项目实施小组的主要人员,包括专业管理人员和技术人员,不仅可以保障 E-HR 正常应用,及时处理应用中的瓶颈问题,持续改进系统,而且可以继续挖掘人力资源的潜能,发挥系统的潜在效益。

2. 对系统启用后暂时的低潮表现缺乏心理准备

大部分 E-HR 项目对企业组织构架的改变和人力资源管理模式的调整是革命性的,这不仅仅是技术转型,它很大程度上改变了一个企业的业务流程、企业文化、企业知识以及工作环境。因此,项目上线之后的适应期是不可避免的。研究表明,即使是那些在实施阶段非常顺利的项目,也无法避免新系统启动后的适应期。例如,薪酬和绩效管理效率可能从 98%下降到 90%,处理销售订单或者货品入库的速度都有可能减慢等。企业一方面必须通过详细计划、试点试用、内部教育和风险分析等一系列手段,来减少这种情况发生的可能性,另一方面需要根据所呈现的系统上线后磨合期的现象正确判断是真实的问题呈现,还是磨合阶段的正常现象,避免小问题的放大或对问题的警示不足的现象。但是,在项目实施过程中,企业必须充分认识到项目上线最初的这段适应期的存在是不可避免的。如果做好准备,执行得当,那么这种负面效果可以最小化,而且在最短时间内可以消除。

3. 难以平衡业务整合需要和对短期绩效的追求

由于一个完整的 E-HR 项目实施所面临的巨大挑战和所覆盖的范围很广泛,使得人力资源管理的从业人员很难向管理层承诺 E-HR 项目实施后 2~3 年内可能节省的具体费用或改善的具体指标。由此而言,E-HR 项目实施面临的挑战是:如何规划好项目的规模和实施顺序,选择适当的切入点,确保企业以相对小的投入和较短的实施周期,迅速地获得最大的商业回报,看到明显的改善成果,而同时又不危及 E-HR 未来整合的最佳效果。这就要将企业在 E-HR 项目的初期就做好系统规划,包括投资、周期、资源、风险预测等内容。

4. 与数据有关的各项工作启动太晚

数据的一致性和准确性至关重要。一个大型的E-HR项目的投资巨大，但要记住的是：系统的有效使用依赖于原始输入数据的准确性。问题往往就出在这里。调查显示，绝大部分企业在意识到数据的质量和准确度对于系统的重要性时都为时已晚。要决定采用何种新的数据标准，清理和转移现有数据都需要大量的时间，因此在项目刚开始时就应该考虑数据准备的问题，而不要留到系统上线的前两个月才如梦初醒。这将保证有关档案、薪酬和绩效的重要信息与未来的业务发展保持一致。企业往往由于忽视了数据准备的工作量和难度，导致该问题成为导致实施周期延长的主要原因之一。

5. 核心团队缺乏顶尖专业管理人员和技术人员

这可能成为一个巨大的挑战。E-HR项目需要顶尖高手的参与——不仅仅是技术明星，更需要专业好手。即使必须牺牲某方面的质量，也不能放弃专业尖子。相反，企业在资源或内部能力有限的情况下也许可以牺牲技术专才，而通过咨询顾问团队中已经配备的熟练的技术人员进行弥补。这些技术和专业高手应该比项目团队中的其他成员更紧密地围绕在项目经理周围，千万不要因为张三或者李四无所事事而将他们纳入团队中，而由于专业尖子正在承担主要的业务日常工作而将他们放置在项目之外。这样做可能很困难，因为企业中最好的专才无疑正忙于其他事务，而有些大型的E-HR项目需要几十人的参与。但无论如何，如果要保障系统实施最终的成功，企业必须将最好的业务专才从日常事务中解放出来，加入E-HR项目组中，承担该部分的主要设计职责。这样才能既保障系统工程与企业需求的匹配性，又为未来系统的持续优化提供内部人才储备。

6. 项目起不了，却没有高级管理小组的支持

任何一个大型E-HR项目都会牵扯庞杂的业务流程、角色、职责、标准以及数据定义，而这些变革无法自下而上地开展。一个有效的管理小组就显得格外重要，而一位高级行政人员进行积极有效的领导也同样关键。E-HR项目会触发一些困难的有时甚至是恶性的问题，而承担责任的这位高级管理人员就可以及时处置，并观察指挥部是否能够理解并接受这些决定。从业务角度看，这位高级管理人员通常是主管人力资源的高层领导，或者是企业的一把手。那些业务管理中关键环节的关键流程、与统计和分析紧密相关的重要信息等，都需要高层管理人员的支持和参与才能完成正确的设计，保证未来正常的运行。E-HR项目的"守护神"必须是集团领导层的一员，并且最好不是分管信息技术的人员。否则，E-HR项目很可能会变成人力资源部门和技术部门的一项技术工作，而不是全员参与的一项企业的重要工作。

7. 忽视强有力的系统整合团队的建议

公司经常花费大量时间和金钱选择一个强有力的系统整合团队(system integrator，SI)承担信息整合的任务。但在选择后，企业却在项目进程中处处与之为敌，例如，总是质疑SI，或者认为它的建议只是为了简单地为它带来更多收入等。其实，对于选择了SI的企业，SI应该成为企业在E-HR项目中的左膀右臂，因为E-HR对企业而言有可能只是第

一次或者第二次接触，而SI也许已经数十次或者上百次经历过类似案例。他们的项目经验和项目管理体系的严密性是最大的财富，也是企业需要去学习和借鉴的。项目尊重和建立战略伙伴关系是E-HR系统项目成功的关键，其中包括对每一位伙伴以及软件供应商的尊重。

8. 试图创造与公司文化不相容的解决方案

管理人员也许希望在一个全球业务中央集权式的环境中工作，然而，如果企业的文化崇尚分权式的创业精神，那么这种风格并不适合。任何人都无法运用技术强行改变公司的文化，因此如果公司的结构十分离散，那最好选择安装分权式的E-HR应用程序，或者直面将要来临的巨大变革。在这个前提下，对于E-HR系统中的最佳模式借鉴，企业需要慎重考虑与自身的匹配程度再进行借鉴和选择。但是，加入企业的高层团队授权项目组彻底审视整个公司及其文化，那就另当别论。需要重申的是，企业的高层团队并不将E-HR项目视为简单的技术解决方案，而同时也视为业务和组织解决方案。企业的高层团队应该从一级和二级经理中挑选合适的人，在全新的制度下工作，以确保E-HR项目大获成功。

9. 没有充分发挥全新的整合信息的威力

E-HR技术是切实可行的，但E-HR项目30%的挑战来自技术层面，而剩余的则来自专业人员和业务流程。在企业中很少会有人由衷地喜欢变革，然而当公司转向实施E-HR时，变革的发生则是无法避免的。小而言之，员工的计算机屏幕会发生变化，工作习惯会发生变化；大而言之，员工的整个生活和在企业内部的价值体现都会发生改变。这种全新的E-HR技术的应用会影响许多人员，如果他们无法掌握相关的技术和熟练操作系统，则将无法保证系统输出信息的正确性和及时性；同样，如果他们无法明确如何从系统中快捷地获取所需要的信息，也将影响他们对系统价值的判断，从而影响系统的正常使用。

10. E-HR商业计划没有生命力

一个E-HR商业计划是具有生命力的，并且随着项目的进行而不断更新。它应该设定如何去跟踪E-HR应用所带来的效益。它必须为企业高层管理团队在项目初期的决策提供参考，把成本降低和收益增长分列到公司每年的运营预算中去，并以此作为各类人员的业绩指标。它必须明确中高层的管理人员对达到目标担负相应的责任，以保证实现预期的底线利益。这种做法现在还相当少，部分原因是许多管理人员都会有"在项目结束时，我可能早就不在这里工作了"这样的想法。仅有技术是不可能帮助你达成商业目标的。E-HR项目的成功离不开一个设计周全、久经考验的商业计划。另外，如果没有一个实实在在的商业计划，你不可能得到整个业务小组的支持。很多时候，一个企业实施E-HR项目并不仅仅是为了减少技术成本，因为E-HR实施后总的技术成本往往会明显上升。E-HR项目的实施常常是出于更宽泛的业务目的，如果大家对项目实施的目的一知半解，而且没有实现获得对项目内容和投入资金的批准，就不可能得到高级管理层的全力支持。

四、E-HR 系统维护与评估

现行的人力资源信息系统大都基于网络技术,因此系统的安全问题显得尤为重要。采取必要的安全保护措施是保证企业正常运行的基础。定期对 E-HR 系统进行维护与评估是提高 E-RH 的回报和应用效果的有力保证。

E-HR 系统维护与评估主要包括系统应用、技术支持和维护,新功能和流程开发,以及系统整体效果评估等。系统日常管理的内容主要包括管理机构的运行、基础数据的管理、系统运行情况的记录和维护等。维护一般有以下几种:

(1) 短期维护。对服务器中的员工数据要经常维护,能避免丢失信息的灾难。一旦系统安装开始进行,清理旧数据的计划也应该恰当做出。同时,还应该有定期把某些数据存档和定期合并报告评论的计划。

(2) 长期维护。除了日常维护,长期维护应该牢记在心,这是 HR、IT 以及 E-HR 销售商的共同职责。如果长期维护没有得到执行,结果就是数据库充斥着大量无用的信息,进而影响客户的使用。

(3) 销售商维护。安装完成后销售商对诸如安装补丁或升级等维护中的一些问题还负有责任,这是保持系统顺畅运行的重要部分。例如,当一个销售商有一个你需要的新产品,但你没有保持定期的销售商维护,你将无法使用它。同时不可避免地,你将需要对系统增加产品或进行投资完成一次完全的升级,因为没有系统可以永远有效。

此外,系统运行状况怎样、绩效如何、对组织的影响有多大等问题都需要建立科学的评价指标体系对其加以衡量,并将此作为维护、更新和进一步开发的依据。优质的 E-HR系统应该是一套高效率、多功能及易学易用的解决方案。可以通过以下特征来进行评价。

(1) 易用性。界面友好简洁,能直观体现人力资源管理的主要工作内容,而且能引导用户按照优化的人力资源管理流程进行操作;一个界面就能显示尽可能多的相关信息,并操作更多的功能,信息集成度高;能够符合用户的使用习惯,易使用、易维护、易升级。

(2) 完整性。全面涵盖人力资源管理的所有业务功能,是用户日常工作的信息化管理平台;对员工数据的输入工作只需进行一次,与其他模块实现共享,减少大量的重复录入工作。

(3) 智能性。支持人性化的网络功能与自助服务,便于人力资源管理部门与其他部门及员工之间的沟通;可直接批量发送信息给相关人员,降低管理人员的行政事务工作强度;有提醒功能,以便用户定时操作,使人力资源管理者变被动为主动,有效提高员工对人力资源管理部门工作的满意度。

(4) 稳定性。系统从底层数据库到功能层经过严格测试,数据库稳定、功能顺畅,能在不同的硬件环境中长期平稳运行。

(5) 开放性。提供功能强大的数据接口,轻松实现各种数据的导入、导出以及与外部系统的无缝连接;可方便引入各类文档,并存储到数据库中,同时支持主流关系型数据库管理系统及各种类型的文档处理系统。

(6) 安全性。关键数据进行加密存储,设定不同级别的操作权限,建立日志文件,跟踪记录用户对系统每一次操作的详细情况;建立数据定期备份机制并提供数据灾难恢复功能。

第四节 电子化人力资源管理预警

由于人力资源管理中面对的人员对象和事务对象很广泛,如果仅凭查询分析功能还是不能及时得到应处理事项的信息,容易产生工作失误。软件中的预警管理功能,能够及时地对设置的工作事项进行提醒,预先对应处理事项进行反应,有助于直接提高员工的满意度,同时预警措施有利于及时发现问题,实现人力资源的主动管理。

主要包括以下几个方面:

(1) 超缺编制预警。对不同的部门根据战略需求设定编制,包括超缺编制的人员比例标准和设定时间内组织编制到位计划。对缺编部门,提醒部门进行工作分析,进行招聘补充;对超编部门,要协同部门负责人,进行实际工作负荷评估,降低超编程度。

(2) 招聘费用和期限预警。对企业人员的补充,是需要付出成本和时间的,如果超出招聘费用则需要提出改进方案,而如果超出既定的人员到岗时间,则会直接影响招聘的价值,因此对招聘费用和时间控制预警,有利于提高人力资源计划工作的质量。

(3) 培训需求预警。对于新进入企业的员工的培训需求设定编制,包括超缺培训的人员比例标准和设定时间内的组织培训到位计划,这样的预警有利于逐步提升员工能力素质。

(4) 薪资成本预警。薪资成本占企业成本很大的比例,对于薪资成本的分析和预警是对企业人力资源成本优化的必要手段。

(5) 缺勤预警。缺勤预警是对考勤管理准确性的保证,能够对考勤结果进行分析和控制。运用预设信息对考勤严重的员工进行预警处理,对员工起到督促的作用。

(6) 劳动合同到期预警。由于企业人数众多,并且员工签订合同的时间不统一,因此对合同的续签、终止等处理是人事管理最值得注意的事项之一。通过设定合同到期时间,在制定的时间内预警到期员工,并通知相关的管理部门。

(7) 绩效评估位次预警。对于员工的绩效评估必须进行详细的历史记录,通过预设绩效标准,对长期处于高绩效和长期处于低绩效水平的员工,通过绩效评估的位次预警,找出样本,进行分析,发现差异,为招聘标准、晋升标准和员工培训提供有价值的参考。

本章小结

信息技术的高速发展对传统观念与模式下的人力资源管理系统的分析、设计与实施提出了新的挑战,引发了人力资源管理的深刻变革,促进了与信息技术发展相适应的新的管理理念和管理方式的诞生。当前,借助当代信息技术建立灵活高效的管理信息系统,实现人力资源管理电力化,已经成为组织提高人力资源管理水平的必由之路。

电子化人力资源管理(electronic human resource management),即通常所说的 E-HR,从广义上说是基于电子商务理念的所有电子化人力资源管理工作,包括利用公司内部网及其他电子手段如员工呼叫中心等的人力资源管理工作。E-HR 中的“E”有三种含义,即它不仅仅是“electronic”(电子化)的,更重要的是“efficiency”(高效)的和“employees”(全员共同参与)的,主要体现在基于因特网的人力资源管理流程化与自动化、实现人力资源管理的 B2B 和 B2C 三个方面。与传统人力资源管理系统不同,E-HR 是从全面人力资源管理的角度出发,利用互联网/内联网技术为人力资源管理搭建一个标准化、规范化、网络化的工作平台,在满足人力资源部门业务管理需求的基础上,将人力资源管理生态链上不同的角色联系起来,使得 E-HR 成为企业实行全面人力资源管理的纽带。它的产生与发展大致经历了薪酬计算系统、薪酬/人事管理系统、人力资源管理系统、E-HR 系统四个阶段。E-HR 能够大大地提高组织人力资源管理的水平,提高人力资源管理效率,规范人力资源管理业务流程,推进战略人力资源管理实施,为企业及管理者、员工提供增值服务。

一套典型的 E-HR 系统从结构上分为三个层面:基础数据层、业务处理层和决策处理层。完整的 E-HR 系统由几十个功能模块组成,其功能涵盖人力资源管理体系的各个领域。常用的功能模块有电子化人力资源规划、电子化招聘、电子化培训、电子化绩效管理、电子化薪酬管理等。

企业应该利用信息技术来完善人力资源管理体系,将 E-HR 系统规划与其他信息化建设规划一道纳入企业发展战略规划内容之中,从企业人力资源战略与信息化建设战略全局的高度出发,积极应对企业人力资源管理环境的变化,以便提高 E-HR 系统开发与实施的成功率,延长系统使用的生命周期。E-HR 系统的开发与实施主要包括规划、选型、运行与实施、维护与评估四个步骤,这四个步骤构成一个循环系统,不断优化企业的E-HR 系统流程。

最后,本章使用较多篇幅对 E-HR 软件中的预警管理功能实现了展望,它能够及时地对设置的工作事项进行提醒,预先对应处理事项进行反应,有助于直接提高员工的满意度,同时预警措施有利于及时发现问题,实现人力资源的主动管理。

思考题

1. 什么是电子化人力资源管理？E-HR 中的“E”有哪三种含义？

2. E-HR 与 C-HR 及 D-HR 有什么区别？阐述 E-HR 与 HRMIS 的异同。

3. E-HR 的产生与发展分为几个阶段？企业实施 E-HR 需要哪些准备？

4. E-HR 系统分为几个层面？常用的功能模块有哪些？并做简单介绍。

5. E-HR 系统的开发与实施主要包括哪些步骤？

6. 什么是 E-HR 系统规划？E-HR 系统规划有哪些任务？

7. 企业在进行 E-HR 选型时一般有哪些途径？要注意哪些问题？国外和国内的 E-HR 系统有何异同？

8. E-HR 系统运行与实施有哪些任务？系统维护有哪几种？

9. 为什么要实行预警的主动管理？它包含几个方面？

（扫描右侧的二维码，查看思考题答案解析。）

阅读材料

用友人力资源信息系统方案——打造华侨城员工核心竞争力

华侨城是 1985 年成立于深圳的一家大型国有企业。多年来，华侨城经济快速增长，已经发展成为一个以家电制造、电子、旅游、房地产、金融、传媒为主导业务的大型资控股企业集团。据 2002 年的统计，其总资产达 200 亿元，净资产近 100 亿元，年销售收入超过 100 亿元，累计向国家上缴税收 30 多亿元。

企业的人力资源管理在更新、开发、激励、监控等方面是否具备吸引人才和深远发展的优势，是企业竞争力的一个重要方面。对于集团来说，华侨城更重视的是对薪酬管理的监控和面向高管人员的激励体制。比如对于薪酬监控来说，HR 部门需要快速搜集相关数据并进行分析，与行业、产业的薪酬标准进行对比，这样可以使监控的力度加大。目前华侨城集团拥有 300 人的人力资源队伍，管理着全球 26 000 名员工，仅在深圳华侨城这一区域就有着 11 000 名员工。如此庞大的人力资源管理工作势必要求有一套相应的信息系统来支持。

早在十几年前，华侨城集团就已经在使用深圳市人事局推广应用的 TYRS 系统和集团信息中心开发的人事管理系统。但随着社会发展和环境的变化，员工基本信息项目发生了很大变化，而原有系统只有工资管理、文件管理和员工基本信息管理三个模块，并且基本处于相互割裂的状态。如工资管理和员工基本信息管理两个模块就因为技术原因而不得不重复录入员工基本信息。同时，对于现代人力资源管理的其他极为关键的绩效评估、人力资源开发、招聘管理、人力资源规划、组织架构、人力资源指标衡量等方面也完全没有被涉及。人力资源信息系统迫切需要实现信息共享。不仅在人力资源部门内要实现信息共享,而且要在部门之间甚至整个集团内实现信息共享,以提高运作效率。

华侨城集团2001年采用用友E-HR系统。从此以后华侨城集团人力资源管理者不但能够把信息收集上来,而且还能够真正利用起来。企业中的很多流程也会根据这一软件而发生改变。以往上游操作部门的举措很难与下游的操作部门进行衔接,或者只是在按照惯性操作,而现在则完全变为强制合作。原来出现问题之后很难找到死角,而现在则很容易找到问题死角并加以修正。几乎任何有关人力资源管理的细枝末节都在掌握之中。新系统上马后的第一个变化就是HR部门的员工感觉到自己从以往繁重的手工计算中解脱出来了。以往如果一个数字输错了,就必须重新手工输入一遍。而新系统上线后使得基础性的工作量大大减少。第二个变化就是HR部门有了“权威性”。理论上讲,人力资源部门做出来的人力资源数据应该是最权威的、最准确的,但是很多HR部门的一个通病就是,由自己调出来的数据反倒缺乏权威性。这是因为他们搜集出来的数据在即时性和核对率方面都无法保证。未来的情况是,由于现有新系统的“强制性”,每天都会有最新的数据录入系统,这样由HR部门做出来的人力资源数据自然就成为“绝对的权威”。

华侨城整个集团有60多家企业,而且行业跨度非常大。也正是因为需要面对如此繁杂的领域进行“多边作战”,直接负责集团E-HR项目的华侨城集团总部人力资源部业务经理曾经感到颇为头疼。各股份公司各有各的章法,比如在薪酬方面,每家公司都有自己的一个薪酬套路,而且集团横跨家电制造、电子、旅游、房地产业、金融、传媒等众多产业,每个产业有自己独特的薪酬管理模式,而同一产业中的公司也有自己独特的架构特点。所以对于整个集团来说,既要兼顾各个子公司的特点,又要兼顾各个产业的特点,无法进行简单的模式“拷贝”,有时候只能在最基础的平台上进行重新开发。看似简单的E-HR系统在华侨城集团却变得异常复杂,而对于那些产业结构比较单一的大型企业集团来说,由于其旗下企业的薪酬标准基本相同,即使下属企业再多,也会比华侨城集团的这种跨行业情况简单得多。

在E-HR系统下,公司的高层管理人员可以在任何一个地方通过因特网进入系统,随时查阅与公司人力资源相关的基本信息,准确定位下属人员的工作绩效和在公司中的职位变动信息,掌握公司人员的岗位信息、薪酬和福利现状,并可以方便地运用各种数据报表或图表,以便对人力资源信息进行深入分析。新系统为高层管理人员的战略决策提供了更多的智力支持,人力资源管理的大部分职能已经可以由员工的直接上级完成,部门经理实际上也是一个人力资源管理者,他们可以借助系统实现部门级与公司级的同步处理,这不仅提高了人力资源管理的效率,更使中层经理也参与到公司的人力资源管理中。他们利用系统可以随时了解员工的工作绩效、个人素质、业务能力等情况,能够根据员工的具体工作状态、工作能力以及未来职业发展规划安排员工的具体工作,或采取灵活措施安排具体工作,并且能够通过系统及时审批和处理下属人员提交的各种申请,避免在年终填写大量表格,从而更加准确地评估员工的工作绩效。

公司的普通员工也可以通过自助服务系统了解个人出勤、假期、薪资福利等历史和当前信息，并对专属于自己的个人信息进行查看或修改；同时，员工也可以查询公司政策规定和相关的人力资源管理规章制度。利用预设的审批流程，员工可以方便地提交个人休假、加班、公出等申请，并查询申请审批状态。另外，员工还可以在网上实现个人工作评估，对同事或经理进行工作绩效评价，甚至可以对照绩效评估结果提出培训需求，申请相关培训。更让许多员工感到欣喜的是，虽然公司人数众多，但 HR 部门却对诸如员工生日等平常“小事”无一“遗忘”，这让他们感到由衷的温暖。HR 部门能够有如此神通，正是因为有 E-HR 系统所提供的预警功能，人力资源管理者对合同到期、员工转正、员工生日等事件事先获得通知，避免了因遗忘而导致的事务中止，同时也可以对员工进行人性化关怀，这些都大大提高了员工满意度。

集团在进行招聘时，需要把具备企业核心能力作为一项招聘的必要条件，不具备这一条件的人员即使其他能力再强也不被录取，这样才能保证所招聘的人员是企业真正需要的人员。为此，华侨城集团建立了人才库，应聘者的简历投到网上的简历中心以后，由简历中心直接发送到内部系统；搜集到这些数据后，包括对招聘过程和上次面试的登记情况，都可以随时进行查询、分类和统计，并且可以随时将这些资料调出，与其下属公司共享。如果集团再次招聘时需要重新审视这份简历，也可以很容易地知道这个应聘者以前做了哪些工作以及对他做的这份工作的评价。这些都大大提高了招聘工作的效率。

华侨城集团在进行绩效考评时，把是否具有职位所需要的核心能力和核心能力水平高低作为考核指标，希望通过这样的考核，促进员工积极主动地通过多种方式去获得核心能力。因此，集团在制定薪酬制度时，把员工核心能力作为影响薪酬的重要因素，将它直接与员工的薪酬挂钩，通过薪酬制度激励员工获得核心能力。通过培训，不具备核心能力的员工往往能够获得核心能力，而核心能力水平不高的员工则可以提升自己的核心能力。华侨城员工职位的调配是以其是否拥有核心能力为基础而进行的。当员工具有更高层次的核心能力时，公司需要对其进行提拔；当员工不具备目前职位所需的核心能力，而具备其他职位所需核心能力时，公司则需要对其工作进行调换。

资料来源：邬锦雯.人力资源管理信息化.北京：清华大学出版社，2006.

参考文献

1. 方振邦，徐东华.战略性人力资源管理.北京：中国人民大学出版社，2010.

2. 邬锦雯.人力资源管理信息化.北京：清华大学出版社，2006.

3. 洪玫.人力资源信息化管理.北京：中国发展出版社，2006.

4. 姜军.人力资源管理信息化开发与操作实验.北京：经济科学出版社，2008.

5. 朱健仪.信息化人力资源管理探析.中国管理信息化，2007(2).

6. 蒋永宁，王香玲.企业信息化人力资源管理的成功要素.中国人力资源开发，2007(8).

7. 孙艳，赵俊杰.我国企业人力资源管理信息化.中国人力资源开发，2007(4).

8. 刘忠群，张洪岩.与组织相匹配的信息化人力资源管理.中国人力资源开发，2007(8).

9. 王晓玲，谢康.E-HR 系统提升企业人力资源管理质量的耗散结构论解析.当代财经，2007(6).

10. 韩燕.基于信息化人力资源管理的组织竞争力提升.科学管理研究，2009(4).

11. 田朝晖.关于企业实施电子化人力资源管理的剖析.人力资源，2007(12).

12. 朱仕祥，刘昱.关于电子化人力资源管理模式的思考.人力资源，2007(12).

第十二章 共享经济下的人力资源管理

学习目标

1. 理解共享经济的内涵及特点
2. 认识共享经济的商业模式
3. 掌握共享经济下人力资源管理的发展新方向

开篇案例

Uber 的管理模式到底是什么样的?

数字技术令新创企业在不断瓦解既有企业,为适应新的经济模式,人们的工作方式也出现了转变。优步(Uber)是"按需经济"企业中最引人关注的一家。优步是一种连接私家车司机和乘客的"共乘"智能手机应用程序,其模式最大的特点是,工作者是独立的合同工,而非正式员工。优步公司声称"公司只是做了一个 App,为用户、乘客和司机搭建了一个中介平台"。优步的这种自我定位需要公司解决一个看似矛盾的问题:一方面公司声称其提供的平台能够帮助司机实现自由创业;另一方面公司需要通过持续监控、预测、实时预约管理、日常绩效评估的工作方式对司机实施全方位的管控。

管控的基础:信息不对称

优步的解决方案是制造少许的信息不对称,利用司机"理性人"追求自利的行为,实现对司机的管控和激励。优步通过 App 实时收集司机的数据,公司的核心全职员工,如数据科学家和工程师,会获取并管控大量司机工作信息。

优步可以将每个司机的表现与其他司机进行比较,并做出相应排序,进而发出提示,告诉司机应该何时、去何地,以及如何工作。信息不对称并不是优步 App 设计的副产品,而是优步商业模式的基础组成部分。例如,优步不会提示司机乘客的目的地以及他们可能挣到的钱数,这可以令乘客在用车时不会遭到拒载的尴尬。

但与此同时,优步的司机就面临着收益未知的风险,经济学认为这种不确定性的风险应当由企业家承担,因为企业家也获得超过普通劳动者的超额收益,所以这种风险和收益应该统一,但优步却将这一风险转移到一线司机的身上。作为补偿手段,优步向司机提供补贴,以弥补司机不能选择乘客所面临的收入风险。

自动溢价:实现司机的自组织

Uber 通过收集司机和乘客行为的相关数据,并基于客户需求调控优化价格,但也对司机设定了不同价值标准。基于平台的数字化连接使平台实现了不间断的软监督。对于Uber司机来说,监控结果每周会通过评级和排名的形式发布,对司机造成一种远程压力和有形的推动力,使其工作必须达到公司的预期。所以,优步能确保必要劳动的供给,以提供核心商业服务。优步自动溢价系统是管控司机的一项富有成效的措施。该系统根据某一区域内司机和乘客的供需关系,动态地调整乘车价格。优步通过确定对乘客和司机都可见的溢价区,并将司机引导到高需求区,可以实现积极的消费者体验。溢价这样的方式会促使司机在特定的时间按照优步引导到达特定区域,以期获得较高的收益(如高于正常价格的2.5倍或5倍)。

当优步为常规工作设定较低收益率时,激励性薪酬也会迫使司机在更加严格、更加缺乏灵活性的条件下工作。例如,优步有时会保证一些司机每小时获得较高的收益率(如每小时22美元)。当然,其前提是这些司机可以保证登录App的时间与地点。司机获得优步担保的条件是:接受90%的搭乘请求、平均一小时完成一单、每小时至少在线50分钟、每单都可获得乘客较高的评分。所以,优步可借此影响并管控司机的工作计划。

评分系统:让乘客变成管理者

优步通过司机评级系统管控司机的行为,在该系统中,乘客发挥着管理司机的中层管理人员的作用,其评分直接影响到司机合格性评估。将正式中层管理人员的监督管理权重新分配给消费者是管理"自由"劳动者的一种趋势:公司或平台通过评级系统,确定一种员工必须达到的服务预期。

为取得较高的评分,司机必须提升自己的行为表现,以使乘客获得良好的优步体验。优步评级系统是一种惩戒性的自动化系统,无须实施明确的纪律也可以管控员工的工作方式。优步通过每周反馈向司机发送绩效考核指标以此管控司机行为,而不是实施严格的纪律措施。根据司机聊天记录,乘客评分是司机绩效考核的最主要组成部分。尽管司机无法左右乘客和优步利用评级系统的方式,但个性化考核指标却使司机形成了这样一种感觉,即"自己对自己工作的稳定性负责"。

司机每周接收到反馈,通过该反馈,司机可以了解到自己的评级和绩效(如车费/小时)以及与"标杆司机"的差距。这种数据监控机制拉开了纪律与效果之间的距离:优步可以无须像传统雇主一样直接对司机发出明确指示便可使司机行为同质化。

乘客是被隐形招募用于监督并评价司机的"管理人员"。在优步系统中,乘客可以看到司机的行驶路线,监督其是否可以快速到达目的地。优步允许乘客通过App监视司机,进而使乘客扮演了经理的角色。

基于数据度量标准进行的绩效评估向司机表明,他们正在被观察,他们的行为可评测并可与其他司机进行比较,他们需要为自己下降的评级负责。这种度量标准对司机产生的影响体现在多个方面。一旦乘客上了车,司机通常会递给他们一瓶水,更体贴的一些司机还会为使用智能手机的乘客提供充电宝。司机会通过与乘客进行眼睛接触并观察其举止,尝试着判定乘客是想聊天还是想盯着自己的手机看。

这些优步司机行为是社会学家阿莉·罗塞尔·霍克希尔德(Arlie Russell Hochschild)

识别出的“情感劳动者”的典型行为。服务型工作者如出租车司机或空中乘务员管控自己的情绪,以带给客户快乐,即使是客户做出令人难以接受的事情也要表现出尊重并欢迎他/她的态度。

评级系统是一种规范并统一司机行为的间接方式。优步会定期给司机发送信息,包括有关乘客因某些司机的特殊行为给了高分或低分的建议性信息。这类反馈会被精心编辑成间接委婉的建议,尽量避免使其看起来像是公司政策。优步提倡某些行为,但不会以要求的口吻传达给司机。尽管雇主可以管控雇员完成工作的方式,但他们无法管控独立合同方的行为方式。优步发送给司机的建议性信息是有效的,司机按着这些建议做可能会收获较高的评分,这令评级系统更为有效。

优步系统联合采用了多种数字化劳动者管理模式,如通过 App 进行交互的同时促进面对面交互。通过数字化方式交付的线上无缝对接服务创造了线下无缝对接服务预期,包括乘客预期和司机预期。信息不对称和行为经济学的应用,让司机自发按照公司设想的方式服务。

在共享经济下,平台的分散令人的管理更加复杂,如何更深刻地理解人的属性,将是公司竞争优势的一个重要来源。

资料来源:中欧商业评论,作者:亚历克斯·罗森布拉特,卢克·斯塔克。

第一节 共享经济概述

一、共享经济的含义

基于移动互联网、大数据、人工智能、云计算等技术的兴起,消费体系在业务模式、组织结构、运营理念等方面发生了重大变化。在成本、市场、创新等方面独具优势的第三方支付技术促进了移动支付及其账户体系的快速发展,深刻影响了国民消费模式的变革,线上线下支付融合及共享经济等逐渐成为消费体系中不可忽略的一部分。

互联网技术的广泛运用方便了人们之间的沟通交流,丰富了人们的合作方式,改变了人们之间的相互关系。在当前资源闲置过剩、需求多样化的社会背景下,以共享为特征的资源配置方式跨越了传统产品服务的时空限制,成为经济发展的新模式。《中国共享经济发展年度报告(2018)》显示,我国共享经济市场 2017 年的交易额达 4.9 万亿元,融资规模约 2 160 亿元,参与共享经济活动的人数超过 7 亿人,且将持续保持高速增长状态。

共享经济(sharing economy),又被称作分享经济、协同消费,是借助互联网等技术,通过整合闲置资源及分享使用权的方式获取报酬的绿色发展新范式,其核心是“闲置+价值+收益”。共享经济在提高资源利用率、推动消费模式变革、产业结构调整、促进绿色发展等方面都发挥了独特的作用。

共享经济共有三个参与主体,分别为:供给方、需求方和共享平台。

供给方是拥有闲置资源且愿意暂时分享物品使用权以获取利益的个体或企业。分享的物品不仅包括图书、单车、房子、生产装备等实物,还包括时间、WIFI、项目创意、生产技能等无形物品。总之,能满足社会需求的物品就是有价值的物品。

需求方主要是希望尽快满足自身需求的个体或企业。需求方通过借用、交换、租赁等方式获得需求物品的使用权,即“使用却不占有”。需求方享有主动权和自主选择权。

共享平台是连接供给方和需求方的中介机制。共享平台通过供需双方的位置共享和大数据计算等技术手段,为供需双方提供共享信息并进行精准匹配,实现双方的互惠互利。由于共享平台本身不提供产品或服务的特殊性,因此共享平台的固定成本主要发生在平台维护等方面,盈利则主要来源于供需双方的交易抽成。

共享经济实质上是一种去中介化后再中介化的过程。去中介化是指共享经济使得供需双方无须依赖传统的商业组织,可以直接进行交易;再中介化是指共享平台成为为供需双方匹配信息的“新中介”。

二、共享经济的特点

(一)平台化

基于移动互联等现代技术建立起来的信息化平台是共享经济运行发展的前提。作为连接机制,这个平台跨越了时间和空间的限制,不仅有利于社会闲置资源的整合和再分配,还促进了供给方和需求方之间信息的精准对接,实现了闲置资源使用权的暂时转让。

(二)自愿性

在共享经济模式下,供给方和需求方通过合作实现利益的最大化,其交易完全遵循平等自愿的原则。不排除交易双方会在交易过程中产生一些分歧、摩擦,但绝不会存在强制要求或被迫接受等非自愿性选择现象。而且,对于传统的交易合同而言,在网络平台建立或解除关系较为简单,不需要办很多手续。供给方和需求方可以根据自身意愿,自行选择是否参与共享经济活动。

(三)低成本

闲置资源是共享经济发展的基础,共享经济最主要的功能就是提高闲置资源利用率。相较于传统经济发展消耗的新资源,闲置资源具有较低的边际成本和机会成本,而且共享平台不直接拥有闲置资源的所有权,这使得共享经济的支出主要发生在平台运行维护等方面,大大降低了共享经济的固定成本。在现代化技术的支持下,共享经济成功利用了规模经济效应和集聚效应,实现了供求信息的无缝对接,将交易发展成了一项效率高、成本较低、持续收益的经济活动。

三、共享经济的商业模式

传统经济商业模式的产业链较长，供给方和需求方之间涉及代理商、零售商等多个层级，每个层级的利润也间接提高了产品价格，使得最终呈现到顾客手中的产品不仅价格高而且缺乏个性化特征。而共享经济的商业模式（见图12-1）实现了供给方与需求方的直接匹配，在价格、个性化、产品利用率等方面占有很大优势。

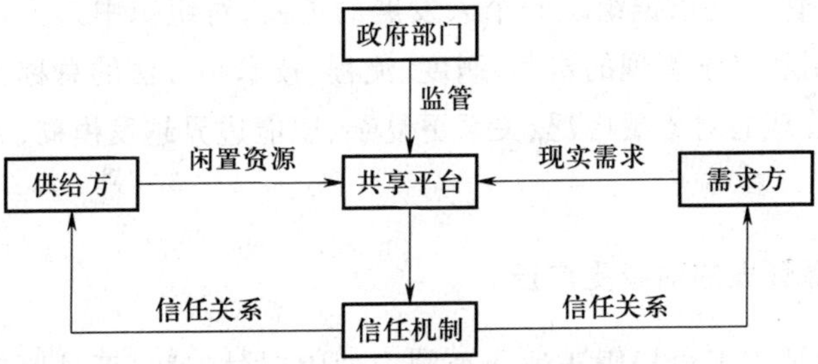

图12-1 共享经济的商业模式

共享经济的运行主要有闲置资源、现实需求、共享平台、信任机制这四个要素。

1. 闲置资源

经济的持续发展会带来资源利用结构的变化，部分或实体或虚拟资源得不到重视则会变成闲置资源。所有权和使用权可分离的这些闲置资源成了共享经济的供给基础，想通过暂时转让闲置资源使用权获利的人成为共享经济的供给方。

2. 现实需求

按照目的可将现实需求分为两种：利己式需求和体验式需求。利己式需求的重点在于低支出，指的是需求方通常希望以尽可能低的成本支出来满足自身对产品或服务的需求。共享经济使用却不占有的方式正好满足了这一点。体验式需求的重点在于体验，指的是需求方想要通过共享的方式增强自身的使用感受，提高自身的消费福利。

3. 共享平台

共享经济活动平台是供需双方之间的连接机制。共享平台以体验、福利、双向补贴等方式吸引了大量的供给方和需求方。一方面，共享平台拥有足够的供给方来满足需求方多种多样的需求；另一方面，共享平台拥有足够的需求方来为供给方提供持续稳定的客源。共享平台依据相似特征对供给方和需求方进行细分，以需求特征为基础进行功能开发，为交易收集评价和处理反馈。

4. 信任机制

供需双方对产品/服务和价格达成一致意见是交易顺利完成的前提条件。为了保证供需双方在交易过程中以及交易完成后能够保持相互信任，建立供需双方对共享平台的信心，共享平台需要建立信任机制（如用户评价、信誉打分等）为供需双方消除信任障碍。同时，政府部门也需加强对共享平台的监管，以防出现平台“跑路”等事件。

第二节　共享经济下人力资源管理的发展趋势

一、人力资源管理的概念更宽泛

企业人力资源管理是依据组织和个人发展的需要，对组织中人力这一特殊资源进行有效开发、合理利用和科学管理的机制、制度、流程、技术和方法的总称。在共享经济模式下，企业人力资源管理的对象更广泛、关系更复杂、职能边界越发模糊，人力资源管理的概念也更加宽泛。

（一）人力资源管理的对象更广泛

平台化企业的员工不再局限于法律合同中的固定员工数，而是覆盖了能够为企业谋福利的所有人员，员工可以为企业提供技术，也可以提供劳动甚至是时间。因此，平台型企业的人力资源对象包括两类：第一类仍属于传统的人力资源管理范畴，主要是企业内部的管理和技术人员，负责平台运营和整体模式的把握，这只构成了企业员工的一小部分；第二类是在共享平台上进行闲置资源共享的供给方，这是平台化企业员工的主体。从长期发展状况来看，平台化企业中第一类员工将一直保持少数且不会有大幅度增减，而第二类员工数量将会持续增加。对于要向平台化方向转型的传统企业来说，他们一方面需要减少第一类员工数量，或将其转化为第二类员工；另一方面要不断吸引供给双方，扩大第二类员工队伍。总体而言，人力资源管理对象的范围在无限扩大。

（二）人力资源管理的关系更复杂

共享经济下，企业人力资源管理对象分为两类。对于第一类员工，企业通常会为他们制定严格的劳动规章制度，规范其工作行为；对于第二类员工，企业大多采取让他们自主管理的管理方式，企业与他们之间主要通过网络联系，关系不稳定因素较多。因此，企业人力资源部门需要同时管理两种提供不同类型服务并享受不同水平福利的员工，妥善处理两类员工人力资源管理关系的责任分担问题，这样就使得人力资源关系变得复杂化。

（三）人力资源管理职能边界逐渐模糊

传统的组织形式中，企业各部门职责分明、等级森严，人力资源管理部门以“选人、育人、用人、留人”为核心，履行招聘录用、岗位调配、绩效考核等多项职能。近年来，伴随着市场的快速变化和网络组织的出现，企业为了加强内部沟通，弱化了传统的职能分工，转而强调各组织部门之间的整合与互补。人力资源管理的边界随之变得模糊起来，逐渐跨出组织内部及外部的边界，向更为广阔的管理领域发展。

二、人力资本价值更突出

人力资本是指经过投资而形成的凝结在人体内的能够带来预期回报的知识、技能、健康和态度等因素的综合，具有无形性、自我性、多样性等多种特征。人力资本是人才创造价值的主要因素，是企业发展中不可或缺的部分。在共享经济时代，人力资本的价值又被进一步提升到关键位置。

共享经济是以互联网平台为依托进行商业活动的。虽然目前科学技术已经处于社会先进地位，但企业在整合资源、信息匹配、价值反馈等方面仍然需要人工监管。人工监管是共享平台企业运营资金的主要支出点之一，为了降低运营成本，企业要尽量招揽高人力资本的人才，争取以最低的管理成本发挥其最大的价值。

此外，在共享经济模式下，企业对于员工权利的束缚力较小，和员工的关系相对松散，已然失去了人力资本的绝对拥有权。具有高质量人力资本的人才是带动企业利润增长的核心动力，为了保持自身的竞争优势，企业要转变以往的管控理念，以提升人的价值创造能力为根本出发点，优先投资企业的人力资源，重视发展自身的人力资本，通过员工持股、利润分享、人力资本合伙人等制度供给和制度创新，进一步提升企业对人才的吸引力、保留力、发展力。

企业还可以通过互联网平台不断拓宽挑选优质人才的资源渠道，做好人才培养的长期战略规划，为高素质人才实现其人力资本价值提供更大的发展空间，最终打造出一个“投资共赢型”的人力资本新模式。

三、信息技术更普及

信息技术是主要用于管理和处理信息所采用的各种技术的总称。在企业中，信息技术体系结构是一个为达成战略目标而采用和发展信息技术的综合结构。共享经济与信息技术相辅相成，信息技术是共享经济快速发展的重要依托，共享经济能够促进信息技术进步更快、实力更强。在共享经济时代，企业内部员工在日常工作中也会使用大量的信息技术，如各项报表绘制、软件开发及文件资源传输等都需要以信息技术为辅助，从而确保办公效率提升。

共享经济的发展给企业带来了大量的工作信息与工作资源，此时企业管理人员就需要借助各种办公软件或开发相应的信息平台对碎片化的信息进行整合，这样不仅能减轻管理人员的工作负担，还能提高企业管理的有效性和可靠性。

而且，以共享经济作为业务模式的企业，其和闲置资源供给方进行的任务发布、沟通评价等交流互动行为是通过互联网共享平台进行的。从这个角度来看，共享平台代替企业的人力资源管理部门承担了招聘录用、培训开发、绩效考评、薪酬管理等多项人力资源管理职能，一定程度上取代了传统人工管理模式，促进了企业人力资源管理的信息化。

第三节 共享经济下人力资源管理的新特征

一、松散型人力资源管理

共享经济的发展不仅打破了社会原先的商业逻辑和经济秩序，还打破了原本企业与员工关系的现状。

长久以来，企业和员工是通过签订劳动合同的方式确立雇佣关系的。在传统企业人力资源管理模式下，员工需要全职工作，在享有劳动者各项权利、履行劳动者各项义务的同时，要追随组织目标，竭尽所能地为企业创造价值。

而在共享经济模式下，企业（共享平台）和员工（主要指闲置资源供给方）之间的关系从传统意义上的归属转变为合作与契约。闲置资源供给方通常已有本职工作，只是利用空闲时间借助共享平台从闲置资源中获利。闲置资源供给方从共享平台处获得持续稳定的客源，以实现自身利益而不是平台利益为追求目标；共享平台凭借供给方巨大的资源优势吸引更多的需求方，从供需双方的交易中提取利润。企业和闲置资源供给方地位平等、互惠互利，劳资关系较为松散，形成了一种松散型人力资源。

松散型人力资源管理以"平台+个人"为特征，主要依赖闲置资源供给方的自我管理和客户评价体系进行管控，相比传统的人力资源管理管理模式省去了员工招聘等一系列烦琐程序，更为灵活和轻便。对于平台而言，松散型人力资源管理能够帮助其结合自身实际需求，合理控制员工数量，根据员工绩效考核表现支付相应报酬，从而实现企业的利润最大化和管理最优化。松散型人力资源管理的出现使得企业可以在发展的不同阶段灵活调整组织规模，最大限度地发挥员工潜力，避免了由裁员和招聘产生的资源浪费。对于个人而言，松散型人力资源管理实现了其就业渠道的多元化。个人可以通过拥有多份工作来获取报酬和实现自我价值，自我雇佣的方式还有助于个人实现生活与工作的平衡。

二、市场化绩效结算体系

如今，共享经济模式得到了越来越多人的支持，这对传统的人力资源考评系统也产生了巨大的影响力。在传统的人力资源考评体系中，员工绩效考评的主体大多是员工所在的组织或者员工的上级。员工需要完成组织布置的任务，达到一定的绩效指标才能够获得同等价值的薪资报酬。在共享经济模式下，闲置资源供给方与企业的联系没有那么紧密，而顾客（闲置资源需求方）是最直接接触到闲置资源供给方的人，于是顾客代替企业成为闲置资源供给方绩效考评的主体，企业则承担着为供需双方建立用户评价体系的职能。在双方交易完成后，顾客需要在评价系统里对闲置资源供给方提供的产品及服务进行打分评价并给予相应的酬劳,顾客的评价将会对闲置资源供给方日后的交易机会产生直接影响。这种市场化的绩效结算体系实现了员工考评标准的外向化,有助于闲置资源供给方更加注重塑造个人声誉,重视客户服务质量,使顾客获得良好的交易体验,提高企业形象,同时也能为其自身带来物质奖励或平台晋升机会。

三、全球人力资源库

共享经济背景下的人才平台变得更加开放,人才的归属权不再属于企业,而属于价值创造圈。企业也开始转变思维,努力追求"不求人才所有,但求人才所用;不求绝对拥有,但求绝对所用"。共享经济时代下的人力资源不再局限于某一特定区域,渐渐展现出互联网人力资源的特征,总体上呈现出全球人力资源库的发展特征。作为共享经济代表型企业,Airbnb 的人力资源管理就体现出了全球化的特点。Airbnb 广泛吸纳全球资源提供者,在全球范围内形成庞大的规模效应,打造了一个"海量"的全球人力资源库。Airbnb 借助它全球人力资源库的优势,甄选和招募了大量的闲置资源供给方,仅在 7 年内就成功在全球 3.4 万个城市拥有超过 200 万个房源,远远超过了世界最大的酒店企业洲际酒店集团所拥有的房源。同样,在互联网时代,海尔集团的管理思维再次突破传统管理的桎梏,进行了"企业平台化、员工创客化、用户个性化"的大胆探索实践,最终成功实现了自我颠覆。而海尔集团以"听市场、听用户,世界就是我的人力资源部"为核心的"分布式"管理模式也体现了全球人力资源库的特征。

共享经济模式下的企业看重的不是人才的所有权,而是人才的使用权,全球资源都可以为企业所用。闲置资源的社会性使得企业更加关注规模经济所产生的强大收益,全球人力资源库则是共享经济发展的重要基石。

第四节　共享经济下人力资源管理面临的挑战

一、组织结构变革

共享经济主张开放、共享、合作、平等,改变了社会在工业经济时代下形成的生产组织方式、资源配置方式和价值创造方式。共享经济的发展是不可避免的,企业作为经济的基本单元,受到了强烈的影响,其组织结构将会产生颠覆性变革。

企业传统组织结构下的管理体系追求低成本和相对稳定,往往集权度高、层级多、机制固定,个体需要在组织结构内利用有限资源才能实现自身价值。这种传统体系已难以适应新环境、新变化,逐渐显现出组织臃肿、层级复杂、反应迟缓等诸多问题。因此,企业需要依照共享经济的特性进行组织结构变革。企业的组织结构变革主要有三方面的挑战:第一,要实现企业与用户的零互动。共享经济时代企业可以借助信息技术实现与用户的无限接近,企业要能够做到全员面对用户,在与用户的零距离接触中寻找商机。第二,要尊重个体能力。共享经济时代个体价值得到极大提升,企业需要匹配个体相应的职责权力,使个体的价值得到开发和激励。第三,要实现组织的动态化。在如今市场发展快速、跨界竞争激烈、用户需求多变、产品迭代迅速的外部发展环境下,企业要有动态的组织与其相匹配。

总体而言,共享经济时代要求企业必须不断地突破和创新,与传统的组织结构相比,虚拟化、扁平化、动态化的组织结构更适合经济的发展。企业人力资源管理工作要以"去中心、去结构、去层级"为工作核心点,聚焦于精简管理层级、优化治理结构,努力构建平台共治的组织运行模式、开放共创的企业文化模式,为组织内部成员提供零距离交流平台。

二、员工管理

(一)员工甄选

共享经济以开放为特色,自主加入的招聘模式使得共享平台的资源供给方数量庞大、分布广泛、人员混杂,这为企业的甄选工作带来了很大的挑战。而且企业和供给方主要通过网络进行交流管理,难以核实对方身份资料的真实性,难免出现造假情况。若一旦被发现造假,必然会对平台的声誉造成不利影响,甚至会导致顾客流失。为了树立良好的形象,企业要在审核员工身份信息、注册信息等方面下足工夫,努力解决信息不对称问题,为客户营造安全、值得信赖的交易环境。

(二)员工培训

资源供给方素质参差不齐且大多是兼职,缺乏法律法规意识和职业道德意识,这不仅不利于为客户提供良好的交易体验,也不利于维护供给方自身的权益。企业除了要在软件操作及绩效考评等方面对员工进行培训,还要注重加大法律法规、服务规范、应急反应等方面的培训力度。

(三)员工安全

生命安全是双方交易能够持续进行的底线。共享平台快速发展的背后隐藏着诸多安全问题,如某 Airbnb 房东哭诉房客毁了她的家、滴滴顺风车交通事故频发及一系列性骚扰事件等。为此,企业要加强平台建设,及时发现并优化系统漏洞,做好员工及客户的安全保障工作,解除交易双方的安全顾虑。

(四)员工情感联系

共享经济时代下信息透明度较高,员工可以充分表达自身的价值诉求。企业在进行人力资源管理时,要加强与员工的情感互动,关注员工的情感表达,重视员工的精神需求和自我价值的实现,用情感羁绊提升员工价值体验,增强员工对企业的归属感、对企业文化的认同感。

三、跨界能力

所谓跨界,是指从某一属性的事物,进入另一属性的运作。进入互联网时代,跨界更加明显、广泛。在共享经济的时代背景下,从企业到个人都要树立跨界思维,掌握跨界能力。跨界主要强调资源的共享和能力的延伸。跨界思维要求企业进行不同工作的跨界、人才的跨界,通过拓展能力和整合资源达到优势互补,提高自身在市场上的竞争优势。在企业的跨界中,企业需要员工掌握更多的相关知识,促进员工的全面发展。比如,企业需要员工与客户跨界。员工可以是客户,要帮助员工以客户的思维对产品进行开发,加强员工对产品的了解和联系;客户也可以是员工,企业要加强与客户的互动沟通,对客户提供定期关怀,为忠实客户提供定制化产品,满足客户的独特需求。

跨界能力的发展有助于企业在发展的过程中不断建立内部竞争优势,提高企业的资源有效性。在当前市场决定资源配置的经济机制和共享经济的时代背景下,企业要学会跨越传统组织内部及外部的边界,与市场和社会进行交换。通过多方位的跨界,企业可以更灵活地适应外部市场的变化和需求,建设机动性更高的开放共享平台。

本章小结

共享经济是借助互联网等技术,通过整合闲置资源及分享使用权的方式获取报酬的绿色发展新范式,"闲置+价值+收益"是其核心内容。共享经济的特点主要是平台化、自愿性和低成本。

共享经济实质上是一种去中介化后再中介化的过程,共享经济有供给方、需求方和共享平台这三个参与主体。在共享经济模式下,供需双方无须依赖于传统的商业组织,可以直接通过共享平台进行交易。

共享经济主要有闲置资源、现实需求、共享平台、信任机制这四个运行要素。闲置资源是共享经济的供给基础,现实需求是共享经济的利益来源,共享平台是供需双方之间的交易渠道,信任机制是促进交易完成的有效保障。

面对共享经济新的商业模式,企业的人力资源管理也将呈现出新的发展趋势。一是人力资源管理的概念更宽泛,主要体现在人力资源管理的对象更广泛、人力资源管理的关系更复杂、人资源管理职能边界逐渐模糊这三个方面。二是人力资本价值更突出。具有高质量人力资本的人才是带动企业利润增长的核心动力,共享经济下企业已丧失人力资本的绝对拥有权,企业需要重视发展人力资本,招揽更多优质人才。三是信息技术更普及。共享经济时代企业员工需要借助信息技术整合碎片化信息。而且,共享平台代替企业的人力资源管理部门承担了多项人力资源管理职能,促进了人力资源管理的信息化。

共享经济下的人力资源管理呈现出松散型人力资源管理、市场化绩效结算体系及全球人力资源库这三大特征。共享经济下的企业(共享平台)和员工(主要指闲置资源供给方)之间的关系更多地偏向于合作与契约,双方地位平等、互惠互利,劳资关系较为松散,形成了一种松散型人力资源。在对闲置资源供给方绩效进行结算时,顾客代替企业成为其绩效考评的主体。顾客在评价系统里对闲置资源供给方提供的产品及服务打分,并给予相应酬劳。企业也会通过网络平台发放员工薪酬。此外,共享经济背景下的人才平台变得更加开放,人力资源不再局限于某一特定区域,全球的人力资源都可以为企业所用。

新经济时代也会给人力资源管理带来新的挑战,比如在组织结构变革方面,企业人力资源管理要根据外部目前用户需求多变、产品迭代迅速的外发展环境,以"去中心、去结构、去层级"为中心,构建平台共治型的组织运行模式;在员工管理方面,企业要做好员工甄选、员工培训、员工安全保障和员工情感联系的管理工作;在跨界能力方面,企业要实现不同工作的跨界、人才的跨界,通过拓展能力和整合资源实现优势互补,提高自身在市场上的竞争优势。

思考题

1. 什么是共享经济?共享经济的本质是什么?
2. 共享经济有哪些特点?
3. 共享经济是如何运行的?有哪些基本要素?
4. 共享经济下的人力资源管理将会向哪些方向发展?
5. 什么是松散型人力资源管理?有什么特点?
6. 共享经济下的人力资源管理需要注意哪些问题?

(扫描右侧的二维码,查看思考题答案解析。)

阅读材料

海尔的人事剧变

2005年9月20日,作为中国民族工业的代表,海尔创立了"人单合一"商业模式。可如今,海尔这个全球最大的家电传统企业遵循的"正三角"形科层制架构被打破,西方盛行的线性固定管理流程被废除,最为常见的员工雇佣制被舍弃……

传统企业的组织是串联式的,从企划研发、制造、营销、服务一直到最后的用户,企划与用户之间有很多传动轮,但这些传动轮并不知道用户在哪里,这是企业里的中间层。还有一些社会上的中间层,比如供应商、销售商。总而言之,这些中间层拉大了企业和用户之间的距离,出现了企业的规模越大、渠道越长,与用户的距离越远的现象。

互联网时代,用户与企业的关系正在发生改变:第一,企业和用户之间实现了信息零距离,原来企业的大规模制造注定要被大规模定制代替;第二,去中心化,每个人都是中心,金字塔式的组织架构变得扁平化;第三,分布式管理,全球的资源企业都可以为我所用,全球就是企业的研发部和人力资源部。为了达到真正的"人单合一",在互联网风暴的冲击下,在企业不断自我颠覆和探索试错中,每个海尔员工经历了一次痛苦的转型。

海尔"外去中间商,内去隔热墙",把架设在企业和用户之间的引发效率迟延和信息失真的传动轮彻底去除,让企业和用户直接连在一块,从传统串联流程转型为可实现各方利益最大化的利益共同体。在这个利益共同体里面,各种资源可以无障碍进入,同时能够实现各方的利益最大化。

要建成并联的生态圈,组织结构一定要变。现在的海尔,没有层级,只有三种人——平台主、小微主、创客,都围着用户转。平台主从管控者变为服务者,员工从听从上级指挥到为用户创造价值,必须变成创业者、创客,这些创客组成小微创业企业,创客和小微主共同创造用户、市场。小微主不是由企业任命的,而是创客共同选举的。创客和小微主间可以互选,如果小微主做了一段时间被小微成员的创客认为不称职,可以选掉。如果企业内部的人都不行,还可以引进外部资源。这些小微加上社会的资源,就变成了一个生态圈,共同去创造不同的市场。这就会形成有很多并联平台的生态圈,对着不同的市场,对着不同的用户。

32 岁的孙传滨原是青岛海尔洗衣机厂的一名员工,在这次变革中,他通过竞标抢单成为海尔免清洗洗衣机"小微主"(创业团队负责人)。传统企业先生产产品,再寻找顾客推销,孙传滨操盘的"小微"恰恰相反——先有用户再有产品。杨君是一位来自北京的海尔用户,当她把满是残垢的洗衣机内桶照片贴到用户群里,提出有没有给孩子专门使用的免清洗洗衣机时,竟得到了五六万用户的响应。这一建议被采纳后,通过 546 万人次网络交互和网络设计大赛,海尔从 800 多个解决方案中遴选出 10 个解决方案。在海尔洗衣机平台公开竞争中,孙传滨成功竞标,成为免清洗洗衣机"小微主",全权负责这款新产品的研发、生产和销售。

此前,作为传统企业的员工,孙传滨被海尔雇用,由企业付薪,日常的主要工作是执行领导的决策与命令。可当他成为"小微主"后,一切全变了。如今,孙传滨与海尔的关系是动态合伙人,海尔将经营权、用人权和分配权交由小微。作为回报,小微企业开发出新产品,海尔占有一定股份。同时,企业变革后却开始对平台主、小微主、创客们"断奶",实行"用户付薪"政策。即,一切人员的收入来自市场,如果没有销售收入,海尔只给每人发放月均 2 000 元的基本薪酬,保证基本生活,如果连续挣不到钱就地解散。

海尔"免清洗用户小微"共有四个创客,在网上广泛收集用户信息、形成产品方案后,一人与"设计小微"联系研发,一人与"线体小微"联系生产,一人与"营销小微"联系网上销售和地面销售。他们是原来洗衣机厂的不同部门,现在组成了一个独立核算的实体,进行自组织、自管理、自创业。

员工转变为创业者,身份变了,不得不面临着转型的痛苦。张瑞敏原本希望,"员工不再做生产线的附庸,成为自己的 CEO",帮助每一个员工都迅速孵化出来,从内部破壳而出。可事实上，多数人从执行者转向创业者却并非朝夕之功。数十年来，员工被雇用，由企业付薪，被培训为强有力的执行者。可如今员工们猛然发现，企业最需要他们具备的能力不是执行而是创业。过去两年间，海尔累计裁掉了高达2.6万名员工，占总人数的近一半。其中包括大量中高层管理人员。因为在扁平化组织架构中，中高层往往没有用武之地。一位海尔老员工回忆道，过去两年中，留下的海尔员工人心惶惶，要么担心被裁掉，要么担心业绩完不成。由于取消了雇佣制，海尔不与员工签订任何劳动合同。小微团队创业后，员工还与原来在海尔上班基本一样，但却成了海尔的业务关联方，有些只能与第三方劳务公司签约，让人找不到过去的归属感与安全感。

截至2015年年底，海尔集团已支持内部创业人员成立200余家小微公司。创业项目涉及家电、智能可穿戴设备等产品类别，以及物流、商务、文化等服务领域。另外，在海尔创业平台，已经诞生470个项目，汇聚1 328家风险投资机构，吸引4 000多家生态资源，孵化和孕育着2 000多家创客小微公司。越来越多的社会人员选择海尔平台进行创业，海尔创建的创业生态系统已为全社会提供超过100万个就业机会。

资料来源：①厉伟，胡兴球，杨凯钧.管理学.南京：南京大学出版社，2017；②海尔集团官方网站；③经济观察报。

参考文献

1. 郑联盛.共享经济：本质、机制、模式与风险.国际经济评论，2017(6).

2. 郑志来.共享经济的成因、内涵与商业模式研究.现代经济探讨，2016(3).

3. 杨帅.共享经济类型、要素与影响：文献研究的视角.产业经济评论，2016(2).

4. 赵浩泽.共享经济背景下的人力资源管理.经贸实践，2017(1).

5. 胡优玄.共享经济背景下企业人力资源管理模式创新研究.产业与科技论坛，2017(9).

6. 彭剑锋.人力资源管理概论.上海：复旦大学出版社，2004.

7. 李天健，苏勇.企业平台化、共享经济与人力资源管理变革.管理现代化，2018(3).

8. 赵永乐，王全蓉，薄赋徭.人力资源管理概论.3版.上海：上海交通大学出版社，2014.

9. 赵曙明.共享经济下人力资源管理面临新变化.新华日报，2018-1-17.

10. 王中莹.共享经济背景下的人力资源管理.全国流通经济，2018(2).

11. 程熙鎔，李朋波，梁晗.共享经济与新兴人力资源管理模式——以Airbnb为例.中国人力资源开发，2016(6).

12. 李春燕，杨琪.共享经济下我国企业人力资源管理挑战与机遇.现代商贸工业，2018(2).

13. 傅西洲.另一种互联网思维：共享经济下的组织结构变革.互联网周刊，2016(12).

14. 刘晖.浅析共享经济背景下人力资源管理的变化及其影响.企业技术开发，2017(36).